1920년 독립전쟁과 사회

독립기념관 학술연구총서 02

1920년 독립전쟁과 사회

초판 1쇄 발행 2021년 10월 15일

엮 은 이 I 독립기념관 한국독립운동사연구소
기   획 I 신주백 배영미 남기현
교정교열 I 최우석 구병준

펴 낸 이 I 윤관백
펴 낸 곳 I 도서출판 선인

등   록 I 제5-77호(1998.11.4)
주   소 I 서울시 마포구 마포대로 4다길 4 곳마루 B/D 1층
전   화 I 02) 718-6252 / 6257
팩   스 I 02) 718-6253
E-mail I sunin72@chol.com

정가 36,000원
ISBN 979-11-6068-618-0 93900

독립기념관 학술연구총서 02

1920년 독립전쟁과 사회

한국독립운동사연구소 편

 도서 선인 출판

▌차 례

제2부 독립전쟁과 일본군

제3부 독립전쟁과 북간도지역 민족사회

총론

봉오동 · 청산리전투 연구동향과
새로운 연구방향

봉오동 · 청산리전투 연구동향과 새로운 연구방향

신주백

2020년은 지금으로부터 100년 전인 1920년 6월과 10월 독립군이 길림성 왕청현 봉오동과 화룡현 청산리 일대에서 일본군과 싸워 승리한 해였다. 뜻깊은 승리를 기념하고 기억하기 위해 여러 학회와 기관에서 학술회의를 개최하고, 공연을 하거나 우표를 발행하였다. 독립기념관 한국독립운동사연구소도 두 곳에서 있었던 전투를 새롭게 이해하기 위해 2020년 7월과 11월에 두 차례 학술회의를 열었다.

한국독립운동사연구소는 두 차례 기획한 학술회의에서 봉오동전투와 청산리전투 자체를 조명하는 데 초점을 두지 않았다. 전투 자체는 그동안의 선행 연구들로 상당히 해명되었다고 보기 때문이다. 그래서 전투를 좀 더 다양하고 깊이 있게 이해하기 위한 또 다른 주제를 분석하는 데 치중하였다. 이때 주목한 주제가 '군사'였다. 그리고 무력이 작동하는 배경으로서 '사회'였다. 무력 대 무력의 싸움을 이해하는데 필요하고 가장 기초적인 주제가 군대와 사회인데 선행연구에서 제대로 다루지 않았을 뿐 아니라 연구자 개인의 의지에 기대어서는 앞으로도 그 결핍을 메우기가 쉽지 않을 것이라고 보았기 때문이다.

그럼 이제부터 선행연구의 동향을 시간의 흐름을 따라 추적하면서 군대와 사회에 관한 연구가 부족했던 이유를 짚어보자. 더불어 현재까지 형성된 선행연구의 논점이 무엇이고, 여전히 메우지 못하고 있는 역사에 무엇이 있는지를 압축적으로 정리하자. 여기에서 더 나아가 정리된 과제들을 군대와 사회의 측면에서 볼 때 어떻게 풀어가야 하는지 대안도 함께 제시하겠다.

Ⅰ. 연구 부재 속에 편취된 기억의 지속과 국가사로의 전유

봉오동전투와 청산리전투는 1945년 해방 이전까지도 민족운동 진영에서 기억하고 있던 역사적 사건이었다. 항일운동가들에게도 그만큼 큰 민족적 자산이었다.

그런데 해방 후 독립국가가 수립된 이후에도 그 자산이 국가의 기억으로, 국민의 정신적 자산으로 곧장 계승되지 못하였다. 오히려 두 전투에 관한 사회적 기억에 매우 큰 편차가 생겼다.[1] 봉오동전투는 해방된 지 20여 년이 지난 1960년대 중반까지도 한국 사회에서 제대로 기념되지 못했다. 자연히 홍범도를 추모하려는 움직임도 거의 없었다. 반면에 청산리전투에 관한 기억은 그렇지 않았다. 비록 개인의 영웅서사를 중심으로 회자되었지만, 주된 내용은 김좌진과 이범석 그리고 북로군정서의 활약에 초점이 맞추어져 있었다. 편취된 기억은 『한국의 분노:

---

[1] 다음 두 논문의 내용을 비교하면 쉽게 납득할 수 있을 것이다. 이 '장'은 두 논문을 기저로 작성하였다. 신주백, 「한국현대사에서 청산리전투에 관한 기억의 유동」, 『한국근현대사연구』 57, 2011; 「봉오동전투에 관한 기억의 유동과 새로운 기억을 향한 접근」, 『한국민족운동사연구』 95, 2018.

청산리 혈전 실기』(1947)라는 책을 간행한 이범석 등이 반복하여 주조
하면서 해방 직후부터 그들 중심의 기억으로 꾸준히 재생산되어 왔다.

그렇다고 청산리전투의 역사가 국민의 기억으로까지 자리를 잡았다
고 말하기도 곤란하였다. 1960년대 중반경까지 중고교 역사교과서에
봉오동전투는 차치하고 청산리전투조차 서술되지 않았기 때문이다.

그런 가운데서도 1960년대 중반경에 이르면 만주지역이 갈 수 없어
더더욱 진한 향수를 자극하는 공간에서 선조들의 근대 역사 공간으로
등장하였다. 안수길이 소설 『북간도』(1967)에서 만주지역을 한국인의
이주지이자 민족운동의 공간으로 복원한 사례가 하나의 보기이다. 또
국사편찬위원회는 자료를 번역하고 운동사를 개설적으로 기술한『한국
독립운동사』1-5(1965~1969)를 간행하여 두 전투에 학문적으로 접근할
수 있는 전환점을 제공하였다.

이즈음부터 한국 사회에서 만주라는 장소가 개인의 향수를 달래는
공간에서 역사의 공간으로 비치기 시작하였다. 동시에 이 지역에서의
민족운동사를 확장적으로 해석하고 체계화하려는 움직임이 일어났다.[2]
월간지 『신동아』는 1969년 6월호에 '만주독립군의 활동'이란 주제로 네
편의 글을 기획하였다. 그러면서 편집진은 기획의도에서 민족의 군대
인 만주독립군의 연원을 '구한국군, 의병'에서 찾고, 이를 계승하여 '광
복군과 건국 후의 국군'으로 이어진다는 관점에서 독립군의 의미를 되
살리려 했다고 밝혔다.[3] 만주지역에서의 독립운동을 한국근현대사와
접목하여 민족사의 하나로 자리매김하며 체계화하려는 문제의식은 1968,
69년 고등학교『국사』교과서 서술에 반영되었다.

1960년대 중반경에 이르러 개인차원의 산발적인 기억을 국가의 기억

2) 신주백,「한국사 학계의 만주·만주국에 관한 집단기억」,『만주연구』28, 2019, 63쪽.
3)「편집후기」,『신동아』, 1969.6, 480쪽.

으로 전유하는 흐름으로 바뀌는 데는 1965년 한일기본조약의 체결과 이때를 전후로 형성된 위기의식을 간과할 수 없다. 주지하듯이 박정희 정부는 근대화를 추진하는 과정에서 일본의 경제적 지원과 더불어 미국으로부터 정치적 인정을 받아야 하는 성과가 절실했으므로 국민의 민족 감정과 크게 충돌하는 갈등을 감수하면서도 조약 체결을 밀어붙였다. 또 식민지를 경험한 사람이 여전히 다수였던 당시 한국 사회는 일본이 경제적 문화적으로 재침략할지 모른다는 위기의식에 휘감겨 있었다. 박정희 정부로서는 한국 사회의 민족적 위기의식을 활용하고 국민의 반발을 관리하며 근대화 전략에 국민을 동원할 필요가 있었다.

박정희 정부가 이때 주목한 역사가 민족의 국난극복사였다. 독립군의 무장투쟁사는 거기에 가장 어울리는 역사소재의 하나였다. 1970년대 제3차 교육과정 때 발간된 국정의 중고교 『국사』 교과서는 이러한 역사이데올로기를 가장 잘 반영한 교재였다.

제3차 교육과정의 국정 『국사』 교과서의 바탕은 1973년과 1975년 독립운동사편찬위원회의 이름으로 간행된 『독립운동사 5·6─독립군전투사 (상)·(하)』였다. 두 권의 책은 이후 민족운동사 연구사를 고려할 때 사실상 민족운동사 연구의 본격적인 출발선언서였다. 또 표준화된 독립운동사를 국민기억으로 자리 잡을 수 있게 하는 밑바탕이자 방향타였다.

조동걸의 회고에 따르면, 편찬위원회 설치는 '역사연구의 혁명적 변화'였다. 1969년 윤병석이 쓴 「참의·정의·신민부의 성립 과정」[4]이라는 글이 만주지역 민족운동사에 관한 최초의 학술논문일 정도로 척박했던 학계의 현실에서 간행된 책이었기에 더더욱 주목을 받을 수밖에 없었을 것이다. 편찬위원회는 모두 17권의 자료집과 10권의 주제별 독

---

4) 윤병석, 「참의·정의·신민부의 성립 과정」, 『백산학보』 7, 백산학회, 1969.

립운동사를 간행하여 '독립운동사를 한국 근대사의 주류의 위치에 올려 놓았다'.[5]

『독립운동사』 제5권은 김용국, 김의환, 조동걸, 최영희, 홍이섭이 집 필하였다. 제5권은 초고 단계에서 1930, 40년대에 중국공산당 소속으로 유격 투쟁을 한 사람들과 김일성에 관해서도 언급하는 매우 파격적인 행보를 취하였다. 이로 인해 집필자들이 '반공법 파동'을 겪으며 글을 수정해야 했다는 아픈 사연을 간직한 책이었다. 분단 체제라는 구조적 요인 속에서 남북한 사이의 '경쟁과 배제의 (비)대칭적 관계'가 작동하 며 일어난 소동이었다. 당시 남북한 당국은 자신의 배타적 우월성을 증 명하면서 상대를 배제함으로써 정통성 경쟁에서 우위를 차지하려는 욕 구가 매우 강하였다. 박정희 정부가 말하는 민족의 국난극복사는 반공 민족주의에 기반을 둔 역사인식일 수밖에 없었다.

『독립운동사』 제5권은 홍범도와 최진동이 지휘하는 독립군 부대가 승리를 거둔 '봉오동전투'와 김좌진의 대한군정서군이 승리한 '청산리대 첩'을 동시에 언급하였다. 홍범도와 김좌진을 두 전투와 연관 지어 설 명할 때 작동한 분배의 논리가 정부의 공식 간행물에 등장한 것이다. 달리 보면 그것은 홍범도를 청산리전투에서 배제한 움직임들의 역사인 식을 반영한 논리였다. 분배의 역사인식은 1975년 국정으로 발행된 중 학교 국사 교과서에서도 확인된다. 국정 교과서에는 홍범도가 이끄는 독립군이 봉오동전투에서 승리하고, 김좌진과 이범석이 '독립운동사상 찬란한 빛을 남긴' 청산리대첩을 이끌었다고 압축적으로 서술되어 있다.[6]

두 전투는 새로운 서술과 접근 방식을 통해 국민의 기억으로 복권되

---

5) 조동걸, 「독립운동사편찬위원회의 존재와 저술 활동」, 『한국사학사학보』 24, 2011, 228쪽.
6) 『중학교 국사』, 문교부, 1975, 233~234쪽.

었다. 동시에 일국사적 맥락 속에서 국난극복의 신성한 사례 가운데 하나로 화려하게 재등장하였다. 이로써 '봉오동전투의 홍범도와 대한독립군', '청산리전투의 김좌진과 북로군정서군'이라는 특정한 집단기억과 분배의 역사인식이 국민의 뇌리 속에 자리를 잡아갔다.[7] 반면에 그렇지 않은 또 다른 기억은 배제되고 망각을 강요받거나 낯선 사실에 머무르게 되었다. 이 시점에 이르러 두 전투에 관한 분산적이고 개인적인 기억을 국가가 확실히 전유하여 국가사의 일부로 만든 것이다.

아무튼 전문적인 학술연구논문 한 편 없는 상황에서 두 전투에 관해 이때 주조된 기억은 이후 한국사회에 매우 견고하게 확산되면서 국민기억이 되었다. 달리 말하면 이때 등판한 중고교 역사교육이 두 전투를 국민기억으로 만들어 가는 원동력이었다는 점에서 교육이 학술을 끌고 간 모양새였다.

II. 기억을 균열시킨 연구와 최근의 새로운 경향

청산리전투에 참가한 홍범도와 그가 지휘한 연합부대에 관한 역사가 배제된 채 분배된 역사인식에 대해 신용하는 1984년에 발표한 논문에서 다른 의견을 실증적으로 제시하였다.[8] 신용하는 '독립전쟁의 제1회

---

[7] 20여 년이 더 지난 제7차 교육과정 때 발행된 6종의 『한국 근·현대사』(2003)들도 대부분 그대로 기술할 정도였다.

[8] 신용하, 「독립군의 청산리독립전쟁의 전투들의 구성」, 『사학연구』 38, 1984. 이 논문은 『한국민족독립운동사연구』(을유문화사, 1985)에 수록되었다. 이후 신용하는 홍범도를 중심으로 봉오동전투에 관해 다시 한 번 분석한 논문을 발표하였다(「홍범도 의병부대의 항일무장투쟁」, 『한국민족운동사연구』 1, 1986). 이와 달리 윤병석은 봉오동이란 공간 자체에 주목하며 전투를 분석하였다(「한국독립군의 봉오동 승첩 소고」, 『한국민족운동사연구』 4, 1989).

전'인 봉오동전투에 홍범도만이 아니라 군무도독부 등이 합류한 '대한북로독군부'가 주도한 무력항쟁이라고 해명하였다. 청산리전투 역시 김좌진부대만이 아니라 홍범도가 지휘하는 독립군도 참전한 '독립전쟁'이라고 주장하였다. 송우혜는 분배된 역사인식에 대해 더 근본적이고 직접적인 비판을 시도하였다.[9] 당시까지 청산리전투에 관한 기억의 전부라고도 말할 수 있던 『한국의 분노』(1941), 『우등불』(1971)과 중국에서 나온 『실록 홍범도 장군』(1988)을 비판적으로 분석하였기 때문이다. 그는 소외되고 왜곡되게 기억되어온 청산리전투 과정과 홍범도의 역할에 관해 진실을 규명하고자 선도적으로 노력하였다.

비판적 접근을 통해 진실을 찾으려는 움직임은 1990년대 들어 가속화하였다. 사회주의 소련이 몰락하며 세계적인 차원에서 냉전체제가 해체된 결과 몇몇 국가를 제외하고 사회주의 국가들과 왕래가 자유로워지면서 직접 소통이 가능해지고 자료를 확인할 수 있었다.

이에 따라 새로운 역사 사실이 알려지게 되었고 현장도 자유롭게 다녀올 수 있게 되었다. 봉오동전투 현장인 봉오골의 상촌과 백운평을 비롯해 청산리 일대까지 다녀온 학자가 생겨났다. 사실 봉오동전투 현장은 도문저수지가 있어 접근하기 쉽지 않고, 청산리전투 현장은 매우 넓고 숲이 우거져 있는 데다 몇 개의 산을 넘어 다녀야 하므로 단단히 마음을 먹지 않는 한 답사가 쉽지 않다. 두 전투에 대한 한국사회의 관심을 반영해 연변의 조선족 학자들도 연구와 현장답사를 진행하며 독자적인 자기 역량을 축적해 갔다.[10]

한국과 연변의 연구자들은 두 전투가 일어난 지 70주년을 기념하여

---

9) 송우혜, 「쟁점: 최근의 홍범도 연구, 오류허점 많다」, 『역사비평』 3, 1988; 「유명인사 회고록 왜곡 심하다 – 이범석의 '우등불'」, 『역사비평』 13, 1991.

10) 김춘선, 「발로 쓴 청산리전쟁의 역사적 진실」, 『역시비평』 52, 2000.

한국학술진흥재단의 지원을 받아 현장을 답사하고 폭넓은 주제로 공동
학술회의를 진행하였다. 그리고 새로운 연구 결과를 2000년『한국사연
구』111집에 발표하였다.[11] 공동연구는 두 전투에 참가한 독립군의 인
적 기반을 사람과 기지라는 측면에서 정리하였고(서중석, 최홍빈), 전
투가 있기까지 단체들 간 통합노력을 해명했으며(신주백), 분배의 역사
인식을 넘어 왕청현 일대까지를 청산리전투의 범위로 더 확장해서 보
자는 주장을 제기하였다(박창욱). 여기에 전투사 분석에 함몰하지 않고
사회에 주목하고자 일본의 군대와 경찰이 어떻게 대응했는가도 분석하
였다(김태국, 김춘선).

　이로써 1970년대 들어 확고하게 자리를 잡은 봉오동전투와 청산리전
투를 둘러싼 기억들에 작은 균열이 생겨났다. 봉오동전투와 관련해서
는 홍범도의 대한독립군이란 존재를 주목하는데 그치지 않고 대한북로
독군부라는 연합체도 주목하게 되었다. 청산리전투와 관련해서는 홍범
도의 연합부대와 김좌진의 대한군정서군을 함께 언급하는 인식이 21세
기 들어 뿌리를 내렸다. 인제야 1920년 시점에 독립군이 어떻게 움직였
는지에 관해 전개 과정을 중심으로 구성할 수 있게 되었다.[12] 다만 그
러한 재구성 과정은 특정한 인물을 중심으로 이루어지면서 그들을 영
웅시해 왔던 지난 시기의 역사인식과 거리두기를 하지 못한 한계를 드
러냈다. 동만주지역 한인 대중의 노력과 속마음을 충분히 고려하지 않

---

11) 서중석, 「청산리전쟁 독립군의 배경」; 최홍빈, 「북간도독립운동기지 연구」; 김태국, 「청산리전쟁 전후 북간도지역 일본영사관의 동향과 그 성격」; 박창욱, 「봉오동전투와 청산리전투 연구」; 김춘선, 「경신참변 연구」; 신주백, 「1920년 전후 재만한인 민족주의자의 민족 현실에 대한 인식의 변화」; 조동걸, 「만주에서 전개된 한국독립운동의 역사적 의의」.

12) 신주백, 「1920년 전후 독립전쟁론」, 『1920~30년대 중국지역 민족운동사』, 선인, 2005; 반병률, 『1920년대 전반 만주·러시아지역 항일무장투쟁』, 독립기념관 한국독립운동사연구소, 2009의 '제3,4장'.

은 것이다. 우리의 연구기획이 '사회'에 주목한 이유의 하나가 여기에 있다.[13]

한편, 1990년대 들어 무장투쟁 참가자들의 자료들이 구소련에서도 들어오기 시작하였다. 가령 「홍범도 일지」를 비롯해 홍범도 관련 자료의 일부가 국내에 유입되면서 새로운 연구가 이루어지고 자료집이 발간되었다.[14] 또 1919, 20년 동만주지역에서 독립군으로 활약하며 두 전투에 직접 참전한 사람이거나 시베리아내전에 참전한 조선인 빨치산대원들의 회고록 등 미간행된 자료들이 들어왔다. 지금 이들 자료의 대부분은 독립기념관에 소장되어 있고 자료집도 발간되어 있다.[15] 더구나 이들의 활동을 이해하는 데 큰 도움이 되는 러시아 측 자료가 21세기 들어 꾸준히 들어오고 있다.

이에 따라 새로운 자료를 적극 활용하는 주목할 만한 연구가 발표되고 있다. 반병률은 여러 판본의 '홍범도일지'를 꼼꼼하게 검토하고 복원한 데다 1920, 21년 시점에 동만주지역과 연해주지역 조선인 무장대의 움직임을 정리하여 여러 분야 연구자들의 시선을 붙잡고 있다.[16] 또 청산리전투 이후 밀산에서 대한독립군단이란 통일 무장대를 결성한 독립군이 소비에트 러시아의 이만으로 넘어갔다가 자유시에 이르렀다는 오

13) 처음 기획할 때는 동만주지역 조선인, 일본인, 중국인 사회를 각각 조망하려고 하였다. 하지만 중국 측 필자의 갑작스러운 사정으로 결국 중국인 사회에 관해서는 다루지 못하였다.
14) 장세윤, 「홍범도 일지」를 통해 본 홍범도의 생애와 항일무장투쟁」, 『한국독립운동사연구』 5, 1991; 한국정신문화연구원 편, 『한국독립운동사자료집－홍범도 편』, 1995.
15) 독립기념관 한국독립운동사연구소 편, 『이인섭과 독립운동자료집 1－자서전』, 2010; 『이인섭과 독립운동자료집 2－저술 및 회상』, 2010; 『이인섭과 독립운동자료집 3－전기류』, 2011; 『이인섭과 독립운동자료집 4－역사회상 및 역사논평』, 2011. 이들 자료는 독립기념관 한국독립운동정보시스템의 간행물－발간자료총서－독립운동가 자료집 카테고리에서도 볼 수 있다(https://search.i815.or.kr/).
16) 반병률, 『홍범도장군－자서전 홍범도 일지와 항일무장투쟁』, 한울아카데미, 2014.

래된 통설이 잘못되었다고 지적한 윤상원의 성과도 있다.[17] 두 사람은 대한독립군단이 결성된 적이 없으며, 홍범도와 김좌진 등 일부 독립군이 1921년 1월 소비에트 러시아로 이동하기 직전 결성한 조직이 '통의부'라고 분석하였다. 두 사람은 무장투쟁에 관한 연구를 시베리아지역에서부터 시작한 관계도 있었겠지만, 윤상원의 표현을 빌리자면 만주지역과 시베리아지역을 '하나의 공간'으로 간주하는 시선을 갖고 있다. '하나의 공간'으로까지 볼 수 있는지는 더 검토해 보아야겠지만, 최소한 1919년에서 1922년 사이 두 지역에서 전개된 조선인 무장투쟁을 이해할 때는 어느 한 지역의 운동만을 보아서는 현상을 제대로 납득하기 어렵다는 점에서 매우 적절한 시선이라고 말할 수 있겠다.

이처럼 두 전투를 포함해 독립군의 동향 자체를 사실적으로 재정리하려는 활발한 움직임에 동반하여, 더욱 확장된 시야를 갖고 좀 더 넓게 보려는 노력은 이제 두 전투에 관한 연구가 새로운 단계에 접어들었음을 말한다.

사실 두 전투는 동만주지역 독립군의 움직임만 보아서는 절대 납득할 수 없는 사실들이 무척 많다. 가령 독립군이 무기를 갖추고 있었기에 두 전투가 가능했다는 사실은 그냥 식상할 정도의 상식이다. 그런데 그들은 어디에서 무기를 구입할 수 있었을까. 그곳에서는 왜 무기를 독립군에게 넘겼을까. 단순한 의문을 파고 들어가다 보면, 제1차 세계대전의 전개 양상을 이해하면 납득할 수 있는 사실들이 있다. 당시 시베리아가 내전상태에 있었으니 그것만으로 설명할 수 없는 무엇인가를 여기에서 찾아야 하는 것이다. 체코군단의 움직임은 세계대전과 내전을 동시에 고려해야만 이해할 수 있기 때문이다. 그래서 이를 제1차 세

---

[17] 윤상원, 「만들어진 '신화' – 고등학교 한국사 교과서 대한독립군단 서술의 문제점」, 『한국사학보』 51, 2013.

계대전의 '연쇄'라는 관점에서 이해하면 두 전투에 담겨 있는 세계사적 연관성 내지는 트랜스내셔널한 역사성을 새삼 깨달을 수 있을 것이다. 여기에 민족사의 경계를 넘든 그렇지 않든 백군 · 적군 · 일본군 · 조선 총독부(조선군) · 중국문제 그리고 일본의 전후외교 등의 요소들이 중층 적으로 얽히며 작동하고 있는 '지역으로서 동아시아'라는 시선까지 중 첩하면 두 전투가 내포한 의미가 더욱더 새롭게 다가올 수도 있을 것이 다.[18] 우리의 연구기획이 두 전투와 관련지은 '1920년의 독립전쟁론'을 상해 또는 동만주지역으로 가두려 하지 않은 이유가 여기에 있다.

이번에는 시선을 일본본토가 있는 남쪽방향으로 두고 일본정부의 움 직임에 주목해 보자. 일본은 연합국 가운데 가장 많은 군대를 시베리아 내전에 파견한 이유가 무엇일까. 그들의 군사외교전략의 기본인 주권 선과 이익선의 측면에서 시베리아침략을 이해하고 일본군의 작전을 이 해할 필요는 없을까. 사실 독립군을 토벌하기 위해 동만주지역을 침략 한 일본군은 한반도에 주둔하고 있던 제19사단 병력이 주력이었지만, 그 외곽에는 여순 대련에 주차한 관동군과 시베리아내전에 개입한 파 견군이 버티고 있었다. 동시에 일본군의 움직임을 주목할 때는 만주지 역에 설치된 일본 외무성의 영사관경찰까지를 함께 고려할 필요가 있 다. 물리적 억압기구의 움직임과 민족운동의 상관성을 조밀하게 살펴 보아야 하는 것이다.

그런데 사실 군사외교와 관련한 군대의 움직임을 분석하기는 쉽지 않다. 우리는 봉오동전투나 청산리전투라는 전투사를 다룬 논문들이 여러 편 있으면서도 군사학적인 분석이 크게 부족한 이유에 주목할 필 요도 있다. 주지하듯이 두 전투는 군인 대 군인이 무기를 가지고 싸웠

---

[18] 한중일3국공동역사편찬위원회 지음, 『한중일이 함께 쓴 동아시아 근현대사』 1, 휴머 니스트, 2012, 162쪽.

다. 따라서 군사학적인 측면에서도 반드시 짚어야만 전투 자체를 제대로 이해할 수 있다. 하지만 역사학에서 두 전투에 접근한 연구자 대부분은 군사학과 관련한 전문지식이 부족한 게 현실이다. 이에 비해 군사학에서 두 전투를 분석한 사람들은 대부분 군 출신인데, 학문적 숙련 과정이 좀 부족한 게 사실이다. 그래서 미묘한 사각지대 또는 간극이 형성되었다.

  이러한 한계를 뛰어넘고자 청산리전투 당시 일본군의 무기와 작전을 분석하며 이 싸움을 '전투'가 아니라 '전역'이라고 규정한 조필군의 연구가 2011년에 나왔다.[19] 그는 청산리전투의 양상을 분석하면서『육군 군사술어사전』(1988)에서 언급한 전역 개념, 곧 "전역이란 특정한 공간과 시간 내에서 동시적이고 연속된 전투로서 적 부대를 격퇴시키기 위한 지속적인 작전"이라는 정의에 따라 전투보다는 전역이 적당한 개념이라고 주장하였다. 이후 뜸하다 최근 들어 '전역' 개념을 수용한 신효승이 군사학과 역사학을 모두 고려하면서 여러 편의 논문을 발표하였다.[20] 군사적인 측면에 대한 관심의 고조는 독립군의 '무기'에 관한 연구로도 이어지고 있다.[21] 그럼에도 독립군의 이동과정이나 두 전투의 전개과정과 조밀하게 연계지은 연구는 아직 만족스럽다고 말하기 곤란하다. 이때 진정 만족스러운 결과란 현장감 넘치는 디지털콘텐츠로 두 전투를 재구성할 수 있을 정도라고 말할 수도 있겠다. 우리의 이번 기획이 비록 만족스럽다고 말할 정도의 지점에 도달하지 못했지만, '군사'라는 측면에서 협력 연구를 시도한 이유의 하나가 여기에 있다.

---

19) 조필군,「청산리전역의 군사사학적 재조명」,『한국독립운동사연구』 38, 2011.

20) 신효승,「청산리 전역의 전개 배경과 독립군의 작전」,『한국민족운동사연구』 86, 2016;「청산리 전역과 절반의 작전」,『역사와실학』 73, 2020.

21) 신효승,「1차 세계대전 이후 중국 동북지역 한인 무장 단체의 무기」,『한국민족운동사연구』 103, 2020; 박환,『독립군과 무기』, 선인, 2020.

봉오동전투와 청산리전투에 관한 연구와 관련하여 새로운 경향으로 빼놓을 수 없는 동향이 기억 및 기념과 관련한 성과들일 것이다.[22] 역사교과서와 회고록 등에 서술된 두 전투에 관한 기술이 한국 현대사와의 연관 속에서 어떻게 바뀌어 왔는가를 서술한 신주백의 연구가 있다. 또 청산리전투를 자기화한 이범석의 기억과 망각술은 일본군의 행위와 독립운동의 움직임을 고려할 때 동아시아적 시선과 지평을 일국에 가두는 효과를 거두었으며, 항일을 반공과 연계지어 전투를 다루면서 소련을 택한 홍범도의 다른 길을 배제했다고 분석한 공임순의 연구가 있다. 두 글은 개인과 일국 단위의 집단기억이 국가사와 연관하여 유동(流動)한 측면을 드러내 준다는 점에서는 공통되지만, 신주백의 글이 두 전투에 관한 기억을 서사화하는 과정에서 국가사로 전유하는 흐름을 다루었다면, 공임순의 글은 국가적(사회적) 전유과정에서 이범석의 역할과 그의 회고록들이 갖는 기능에 주목하며 풍부하고 촘촘하게 풀어냈다. 하지만 두 전투에 관한 국가적(사회적) 기억에 비해 두 전투와 관련한 기억과 기념에 연구는 여전히 많다고 볼 수 없다.

III. 제기된 논점과 풀어가야 할 연구방향

이상 봉오동전투와 청산리전투에 관한 연구의 흐름을 크게 두 시기로 나누어 살펴보았다. 『독립운동사 5-독립군전투사 (상)·(하)』가 간행된 이래 두 전투를 연구한 역사가 50여 년 가까이 되었다. 그 사이

---

[22] 신주백, 「한국현대사에서 청산리전투에 관한 기억의 유동」; 「봉오동전투에 관한 기억의 유동과 새로운 기억을 향한 접근」; 공임순, 「'청산리전투'를 둘러싼 기억과 망각술-'청산리전투'에 대한 이범석의 자기서사와 항(반)일=반공의 회로」, 『국제어문』 76, 2018.

두 전투를 홍범도와 김좌진이란 영웅을 중심으로 분배한 역사인식은 극복되어 가고 있다. 특정인의 개인적 회고가 주류적 견해로 유통되던 시기도 지나갔다. 그럼에도 소수 몇몇의 지도자를 중심으로 전투가 기억되는 영웅사관에 대한 비판이 있기는 하지만 대안적 이해를 제시할 만큼 충분한 분석이 이루어졌다고 보기도 어렵다. 그런 가운데서도 연구 성과가 쌓이면서 두 전투의 전체적인 윤곽은 확실히 잡혔으며, 몇 가지 해결하기 쉽지 않은 논점도 드러났다.

전투사와 단체사, 그리고 특정 인물에 초점을 맞춘 연구 과정에서 제기된 핵심적인 논점은 황민호가 정리한 대로이다.[23] 그는 청산리전투에 관한 연구 과정에서 전투의 용어, 전투의 범위 그리고 전과와 무기에 대해 매우 다양한 의견이 제출되어 왔다고 정리하였다. 그의 분류법에 필자의 의견을 추가하여 보겠다.

전투의 용어라는 측면에서 보면, 봉오동전투에 대해서는 다른 개념어를 제시하는 연구는 없었다. 이에 비해 청산리전투라는 용어는 역사교과서를 통해 두 전투가 국가사로 전유되는 과정에서 일반화되었다. 학술적 분석이 본격화하면서 청산리독립전쟁, 청산리대첩, 청산리회전, 청산리전쟁, 경신년반토벌전 등 매우 다양한 용어가 등장하였다.[24] 우리의 기획연구에서도 용어를 통일하지 않아 필자마다 청산리전투, 청산리전역, 청산리전쟁을 자유롭게 사용하고 있다.

그런데 필자는 학문적 개념의 엄밀성이란 측면에서 볼 때 조필군이 군사학적인 측면을 고려하며 대안으로 제시한 '전역'이란 용어가 적확하다고 본다.[25] 다만, 연구자 개개인이 각자의 전거를 제시하며 사용하

---

[23] 황민호, 「청산리전투에 관한 연구 성과와 과제」, 『한국민족운동사연구』 105, 2020.
[24] 황민호, 「청산리전투에 관한 연구 성과와 과제」, 75~76쪽.
[25] 연구사 정리를 해야 하는 총론에서는 '청산리전투'를 보통명사처럼 간주하였다.

는 개념 자체를 부정할 필요는 없다고 본다.

개념과 관련하여 한 가지 덧붙이자면, 그동안 학계에서는 봉오동전투와 청산리전투가 같은 성격의 '전투'였는가에 대한 고민이 전혀 없었다. 달리 말하면, 두 전투를 동시에 언급하고 분석할 때 봉오동전투 · 청산리전투라고 병렬하는 언급이 적절한 역사인식인가에 대해 의문을 제기한 사람은 없었다. 전투의 양상을 조금만이라도 아는 사람이면 두 전투는 다르다는 데 동의할 것이다. 따라서 전투라는 용어를 동원하여 병렬하는 서술 자체가 성립할 수 없다. 청산리'전투'라는 용어를 사용하지 말아야 할 이유의 하나가 여기에 있다.

그렇다고 봉오동전투와 청산리전투를 따로따로 보기도 어렵다. 독립군이 1920년의 독립전쟁론에 입각하여 통합논의를 진행하는 도중에 싸움이 전개되었기 때문이다. 이에 따른다면 두 전투를 연속된 전개과정 속에서 하나의 틀로 함께 보되 봉오동전투를 청산리전투의 전초전처럼 취급해서도 안 된다. 두 전투를 바늘과 실의 관계처럼 보기 위해서는 누가 더 주도했다거나, 얼마만큼 승리했는가에 시선을 함몰하지 않고, '1920년의 독립전쟁론'이라는 차원에서 이해하는 시선이 필요하다. 이러한 시선을 유지하기 위해서는 대한민국 임시정부가 1919년 11월부터 가다듬기 시작한 독립전쟁론에 주목하면서 '지역으로서의 동아시아'를 시야에 두고 접근하는 태도가 필요하다.[26]

다음은 용어와도 관련이 있겠지만, 청산리전투를 어디까지로 볼 것이냐다. 전투의 범위라는 측면에서 지금은 1920년 10월 21일부터 26일까지 6일간의 싸움을 통칭하고 있다. 그런데 박창욱은 왕청현 일대에서 북로독군부 소속 독립군 등의 싸움을 동부전선에서의 전투로 보고, 우리가 말하는 청산리전투를 서부전선에서의 싸움으로 대칭하여 설정함

---

26) 신주백, 「봉오동전투, 청산리전투 다시 보기」, 『역사비평』 127, 2020, 294~295쪽.

으로써 청산리전투의 범위를 확장하자고 주장하였다. 박창욱의 주장대로 한다면 「홍범도일지」에 나오듯이 홍범도부대가 안도현 삼인방까지 가는 길에 일본군과 두 차례 싸운 전투를 어떻게 처리할 것인가의 문제도 있다.[27]

필자는 '전역'이란 군사학적인 정의를 고려할 때 6일간의 청산리전투와 나머지 전투는 성격이 다르다고 본다. 나머지 싸움은 그냥 전투(battle)였다. 그럼에도 청산리전투 이후부터 이만으로 독립군이 넘어가기까지의 이동을 고려한다면, 나머지 전투는 '청산리전투의 연쇄'라는 관점과 방법에서 접근할 필요가 있다. 달리 말하면 독립군의 입장에서 나머지 전투도 독립전쟁의 하나였다.

마지막으로 봉오동전투와 청산리전투의 전과(戰果)문제이다. 이 논점은 연구자 사이의 논점이라기보다 일본군 자료와 운동주체 측의 자료 사이에 좁히기 쉽지 않은 간극에서 발생하였다. 가령 봉오동전투 당시 일본군 사망자는 157명(임시정부 주장) 대 1명(일본군)이라는 현격한 편차를 드러내는 주장이 공존하고 있다. 청산리전투 당시 일본군 사망자는 3,300~146명+자상격살자(自相擊殺者)(독립군 측 주장) 대 1명(일본군)으로 봉오동전투 때보다 더 현격한 격차가 공존하고 있다. 더구나 앞으로도 두 전투 때 사망한 일본군에 관한 통계 차이는 극복될 가능성을 찾기가 쉽지 않다. 기존의 주장들을 뒤집을 만한 확실한 자료가 새로 나올 것 같지도 않거니와 '전장 잡음'을 제거하고 신뢰할 수 있는 통계를 제시하기도 어렵기 때문이다.[28]

독립군이 사용한 무기에 관해서는 논점이 형성되었다고 말하기 곤란

---

27) 반병률, 「탈초 '홍범도 일지'」, 『홍범도장군』, 126~127쪽.
28) 전장잡음과 독립군의 전과에 관해서는 신효승, 「'보고'에서 '석고화한 기억'으로 – 청산리전역 보고의 정치학」, 『역사비평』 124, 2018.

하다. 오히려 무기와 관련한 분석을 더 다양하게 진행한 연구가 꾸준히 나와야 한다. 독립군이 사용한 소총은 체코군단 등에서 유입된 모신나강 등이라는 정도만 밝혀져 있기 때문이다.

무기와도 연관이 있는 사항 가운데 하나가 독립군의 전술이다. 특히 홍범도의 생각이 그러하였다. 그는 독립군이 정식 군대가 아니라 '빨치산'이므로 전략과 전술에서 정식 군대와 '판이한' 차이가 있다고 보았다.[29] 실재 두 전투에서 홍범도가 구사한 지휘방식은 그러하였다. 북로독군부를 이끌고 있던 최진동과 일어난 마찰 가운데 하나도 여기에 기인하였다. 필자는 1920년 시점에 독립군에게 대포는 꼭 필요한 무기였는가에 관해 홍범도가 의문을 품었을 것이라고 본다.

그렇다고 홍범도의 부대가 마오쩌뚱의 유격전술처럼 엄격한 규율과 통일된 이념 아래 체계적으로 움직였다고까지는 보기 어려울 것이다. 홍범도가 이끄는 대한독립군은 "군대의 일반질서 급 그의 행동이 전혀 의병식이었다"고 회상한 독립군도 있었기 때문이다.[30]

물론 여기서 말하는 '의병식'이 무엇을 함축하는지는 꼼꼼하게 따져 봐야 한다. 이때 신흥학교와 북로군정서의 군사교육 교재도 함께 보아야 한다.[31] 그러면 민족운동사에서 해명하지 못하고 있는 과제인 의병과 독립군의 연관성 그리고 독립군의 전술에 대해 새롭게 해석할 여지가 있을 것이다. 의병 출신자가 독립군으로 활약했다는 차원의 수준을 넘어서는 연계성을 파악하는데 도움이 될 것이기 때문이다. 우리는 이

---

29) 리종학, 「홍범도 군대 독립군」, 『회상기(아령과 중령에서 진행되던 조선민족해방운동 1)』. (독립기념관 소장, 자료번호: 1-012259-001)

30) 김승빈, 「중령에서 진행된 조선해방운동」, 『중령에서 진행된 조선해방운동(1907년~1919년 3.1운동 전후)』. (독립기념관 소장, 자료번호: 1-012254-000)

31) 독립군의 군사교육교재는 일본군과 미군의 군사서를 번역한 책자가 유통되었다. 하지만 아직까지 전문적인 분석이 없는 편이다.

번 기획에서 그 과제를 해명하기 위한 초보적인 시도를 해 보았다.

무기를 휴대한 독립군의 언행을 가장 선명하게 확인할 수 있는 순간
이 전투 때이다. 따라서 전투사와 더불어 그 전투가 있었던 공간 자체
에 대한 연구가 필요하다. 1920년 시점에 동만주지역에 있던 독립군은
왕청현 일대에만 있지 않았다. 여러 장소에 있던 독립군 가운데 왜 봉
오동에서 독립군과 일본군 사이에 전투가 벌어졌는지를 해명할 필요가
있다. 필자는 당시 봉오동은 독립군이 일시 머무르던 동만주지역의 다
른 곳과 달리 '독립군기지'였다고 본다. 그래서 그곳에 독립군이 결집할
수 있었던 이유가 무엇이었는지를 검토할 필요가 있다. 6백여 명이 넘
는 장정이 먹고 자며 훈련할 수 있는 장소와 경제력이란 점을 고려하여
여러 측면에서 구체적인 점검이 필요하다. 그곳에서 전투가 있었음을
당연시하는 데서 멈춘다면 생겨날 수 없는 문제의식이다.

비슷한 문제의식은 동만주지역 조선인사회 전반으로 확대해서도 적
용해 볼 필요가 있다. 독립군을 지원하려는 조선인사회의 분위기와 경
제력을 꼼꼼하게 따져봐야 한다. 필자의 추측으로는 두 전투 기간 동만
주지역의 조선인사회는 통상 유추해 볼 수 있는 민간인 거주지역의 전
시 분위기와 다를 바 없었을 것이라고 본다. 조선인대중의 희생을 당연
하게 간주하지 말고, 아니면 비록 무의식적으로라도 무시하거나 배제
하지 말고, 그들이 독립을 위해서만 헌신하려고 했을까도 검토해 보아
야 한다. 그래야 독립운동 자체를 신성시하는 시선으로부터 자유로워
짐으로써 사람이 살았던 곳, 그리고 그곳에서 일어났던 역사로 접근할
수 있는 길이 열리며, 당위성 차원의 접근과 거리두기를 할 수 있다. 실
재 경신참변은 조선인 대중의 헌신과 협력동기에 찬물을 끼얹는 사건
이었다. 그래서 경신참변에 대한 검토와 더불어 그 사건을 전후하여 조
선인사회가 어떻게 바뀌었는지도 보아야 한다.

  그런데 동만주지역은 조선인만 거주하는 곳이 아니었다. 일본인도, 중국인도 거주하는 공간이었다. 1920년 시점에 독립군의 움직임과 관련하여 그들 나름대로 생각하는 바가 있었겠고 독립군의 움직임에 뭔가 대응을 했다고 유추하는 시각이 인간 사회에 대한 상식적인 추론이다. 1920년의 두 전투에 대한 분석은 여기에까지 닿아야 할 필요가 있다. 그래야 부조적인 수법으로 1920년의 전투사를 조망하는데 따른 특권화한 역사인식을 미연에 방지할 수 있을 것이다. 당위성의 함정에 빠져 관념화를 조장하는 역사연구에서 벗어날 수 있을 것이다.

참고문헌

김승빈, 「중령에서 진행된 조선해방운동」, 『중령에서 진행된 조선해방운동(1907년~
　　　 1919년 3.1운동 전후)』. (독립기념관 소장, 자료번호: 1-012254-000)
독립기념관 한국독립운동사연구소 편, 『이인섭과 독립운동자료집 1 - 자서전』, 2010.
독립기념관 한국독립운동사연구소 편, 『이인섭과 독립운동자료집 2 - 저술 및 회상』,
　　　 2010.
독립기념관 한국독립운동사연구소 편, 『이인섭과 독립운동자료집 3 - 전기류』, 2011.
독립기념관 한국독립운동사연구소 편, 『이인섭과 독립운동자료집 4 - 역사회상 및
　　　 역사논평』, 2011.
리종학, 「홍범도 군대 독립군」, 『회상기(아령과 중령에서 진행되던 조선민족해방
　　　 운동 1)』. (독립기념관 소장, 자료번호: 1-012259-001)
한국정신문화연구원 편, 『한국독립운동사자료집 - 홍범도 편』, 1995.
『중학교 국사』, 문교부, 1975.
『신동아』

박환, 『독립군과 무기』, 선인, 2020.
반병률, 『1920년대 전반 만주·러시아지역 항일무장투쟁』, 독립기념관 한국독립
　　　 운동사연구소, 2009.
반병률, 『홍범도장군 - 자서전 홍범도 일지와 항일무장투쟁』, 한울아카데미, 2014.
신용하, 『한국민족독립운동사연구』, 을유문화사, 1985.
신주백, 『1920~30년대 중국지역 민족운동사』, 선인, 2005.
한중일3국공동역사편찬위원회 지음, 『한중일이 함께 쓴 동아시아 근현대사』 1,
　　　 휴머니스트, 2012.

공임순, 「'청산리전투'를 둘러싼 기억과 망각술 - '청산리전투'에 대한 이범석의 자
　　　 기서사와 항(반)일=반공의 회로」, 『국제어문』 76, 2018.
김춘선, 「발로 쓴 청산리전쟁의 역사적 진실」, 『역시비평』 52, 2000.

김춘선, 「경신참변 연구」, 『한국사연구』 111, 2000.

김태국, 「청산리전쟁 전후 북간도지역 일본영사관의 동향과 그 성격」, 『한국사연구』 111, 2000.

박창욱, 「봉오동전투와 청산리전투 연구」, 『한국사연구』 111, 2000.

서중석, 「청산리전쟁 독립군의 배경」, 『한국사연구』 111, 2000.

송우혜, 「쟁점: 최근의 홍범도 연구, 오류허점 많다」, 『역사비평』 3, 1988.

송우혜, 「유명인사 회고록 왜곡 심하다 – 이범석의 '우등불'」, 『역사비평』 13, 1991.

신용하, 「독립군의 청산리독립전쟁의 전투들의 구성」, 『사학연구』 38, 1984.

신용하, 「홍범도 의병부대의 항일무장투쟁」, 『한국민족운동사연구』 1, 1986.

신주백, 「1920년 전후 재만한인 민족주의자의 민족 현실에 대한 인식의 변화」, 『한국사연구』 111, 2000.

신주백, 「한국현대사에서 청산리전투에 관한 기억의 유동」, 『한국근현대사연구』 57, 2011.

신주백, 「봉오동전투에 관한 기억의 유동과 새로운 기억을 향한 접근」, 『한국민족운동사연구』 95, 2018.

신주백, 「한국사 학계의 만주·만주국에 관한 집단기억」, 『만주연구』 28, 2019.

신주백, 「봉오동전투, 청산리전투 다시 보기」, 『역사비평』 127, 2020.

신효승, 「청산리 전역의 전개 배경과 독립군의 작전」, 『한국민족운동사연구』 86, 2016.

신효승, 「'보고'에서 '석고화한 기억'으로 – 청산리전역 보고의 정치학」, 『역사비평』 124, 2018.

신효승, 「청산리 전역과 절반의 작전」, 『역사와실학』 73, 2020.

신효승, 「1차 세계대전 이후 중국 동북지역 한인 무장 단체의 무기」, 『한국민족운동사연구』 103, 2020.

윤병석, 「참의·정의·신민부의 성립 과정」, 『백산학보』 7, 1969.

윤병석, 「한국독립군의 봉오동승첩 소고」, 『한국민족운동사연구』 4, 1989.

윤상원, 「만들어진 '신화' – 고등학교 한국사 교과서 대한독립군단 서술의 문제점」, 『한국사학보』 51, 2013.

장세윤, 「'홍범도 일지'를 통해 본 홍범도의 생애와 항일무장투쟁」, 『한국독립운동사연구』 5, 1991.

조동걸, 「만주에서 전개된 한국독립운동의 역사적 의의」, 『한국사연구』 111, 2000.

조동걸, 「독립운동사편찬위원회의 존재와 저술 활동」, 『한국사학사학보』 24, 2011.

조필군, 「청산리전역의 군사사학적 재조명」, 『한국독립운동사연구』 38, 2011.

최홍빈, 「북간도독립운동기지 연구」, 『한국사연구』 111, 2000.

황민호, 「청산리전투에 관한 연구 성과와 과제」, 『한국민족운동사연구』 105, 2020.

제1부
독립전쟁의 기원

1910년대 만주·연해주지역 의병세력과 독립운동

심철기

Ⅰ. 머리말

1907년 8월 1일 대한제국 군대해산 이후 전국으로 확산된 의병전쟁은 13도창의군의 서울진공작전이 실패하고, 1908년 2월 민긍호 의병장이 순국하면서 위축되기 시작하였다. 더욱이 일본군의 무자비한 탄압으로 1908년 후반기를 넘어가면서 강원도, 충청도, 경기도 등 중부권을 시작으로 의병전쟁은 더욱 위축되었다. 물론 한상렬 의병장 등 중부권 의병장들이 일제에 항전하였으나 일본군의 탄압을 버티지 못하였다. 일제는 의병전쟁 초기 의병들을 탄압하고자 강원도 원주와 충청북도 충주 등지에 특별편성부대를 파견하였으며, 이후 한국주차헌병대를 주둔시켜 지속적으로 탄압을 이어갔다. 일제가 취한 의병 탄압방식은 첫째, 친일단체를 활용하는 것이었다. 일진회 등은 자위단을 조직하여 일본군과 함께 활동하면서 의병에 대한 정보를 수집해오는 밀정의 역할을 하였다. 둘째, 무차별 살육이었다. 일본군은 충화작전, 남한대토벌에서 보이듯이 무차별 학살을 자행하였다. 셋째, 의병에 대한 귀순정책이었다. 일제는 회유책으로 면죄문빙을 보내 귀순을 유도하였다. 그 결과 1908년 12월 강원도의 경우 전체 귀순인원 828명 중 의병전쟁의 중심지였던 원주·횡성 출신이 전체 78.1%를 차지하였다.[1] 넷째, 주요 의병장에 대한 체포였다. 특히, 13도창의군 총대장 이인영에 대한 체포는 핵심 과제로 추진되었다. 이인영이 재기한다면 다시 전국적인 연합의병이 일어날 수 있었기 때문이었다. 이러한 일제의 의병 탄압은 효과를 거둬 중부권을 시작으로 의병전쟁은 쇠퇴하였다.

중부권 의병의 쇠퇴를 시작으로 국내에서 활동하기 어려워진 의병세력들은 만주, 연해주 일대로 이동하여 독립군으로 활동하였다. 당시 만주, 연해주 일대에서 국내진공작전을 준비하던 유인석 의병장, 이범윤 의병장을 비롯한 항일무장투쟁세력이 국내 의병들과 연계를 추진하고자 하였다. 의병들도 만주로 넘어가 독립군으로 활동하면서 계속해서 항일무장투쟁을 이어가고자 하였다.[2] 이와 같이 기존 연구는 의병이 만주로 넘어가 독립군이 되고 있음을 밝히면서 의병과 독립군의 연속성을 설명하였다. 하지만 구체적으로 어떠한 연속성을 가지고 있는지 설명하지 못하였다.

따라서 본고는 의병과 독립군의 연속성을 구체적으로 밝혀보고자 한다. 이를 위해 연해주에서 작성된 「의원안(義員案)」에 대한 분석을 시도하였다. 「의원안」에 대해서는 이미 박민영, 구완회 등에 의해 소개되고 내용분석이 진행되었다.[3] 그러나 「의원안」에 수록된 사람들의 출신

---

1) 심철기, 『근대전환기 지역사회와 의병운동 연구』, 선인, 2019, 247~248쪽.

2) 조동걸, 『한말의병전쟁』, 독립기념관 한국독립운동사연구소, 1989; 박민영, 『대한제국기 의병연구』, 한울아카데미, 1998; 신용하, 『의병과 독립군의 무장독립운동』, 지식산업사, 2003; 홍영기, 『한말의병에서 독립군으로 : 후기의병』, 독립기념관, 2017; 심철기, 『근대전환기 지역사회와 의병운동 연구』.

지역, 거주지역, 활동내용 등을 정리하여 종합적으로 분석하지는 못하
였다. 따라서 본고에서는 「의원안」에 수록된 인물정보를 종합적으로
분석하여 1910년 전후한 시기 연해주·북간도 일대 항일무장세력과 의
병의 관계를 파악해보고자 한다. 그러기 위해 첫째, 한인들의 만주, 연
해주 일대로 이주하는 과정과 의병세력의 이주에 대해 알아보고자 한
다.4) 한인사회의 형성과정 속에서 의병세력의 정착과정을 살펴, 이주
한인과 의병세력의 연계에 대해 살펴보고자 한다. 둘째, 「의원안」에 수
록된 인물들의 출신지, 거주지, 연령, 활동내역 등을 분석하고자 한다.
이를 통해 1910년을 전후해 조직되는 의병의 성격에 대해 파악해보고
자 한다. 셋째, 1921년에 작성된 일제의 정보문서를 토대로 1920년대 독
립군과 의병세력과의 연관성을 찾아보고자 한다.

　이러한 과정을 통해 의병과 독립군의 인적 연속성, 사상적 연속성 등
을 밝혀 의병전쟁이 독립전쟁으로 전환되는 과정에서 연속과 단절에
대해 파악해보고자 한다.

---

3) 박민영, 「연해주의병 명부『義員案』해제」, 『한국독립운동사연구』 45, 2013; 구완
회, 「연해주 시기 유인석의 의병노선과 '관일약(貫一約)'」, 『毅菴柳麟錫硏究論文選
集』 Ⅴ, 의암학회, 2018; 박민영, 『대한제국기 의병연구』.
4) 의병세력의 북상에 대해서는 박민영, 구완회, 김상기 등의 선행연구는 의병세력의
만주이동과 그곳에서의 활동에 초점이 맞춰졌다. 그러나 의병세력의 이동경로가
정해지게 된 배경, 상황, 이후 이주한인세력과의 관계 등에 대해서는 추가적인 연
구가 필요하다. 본고에서는 이 부분에 맞춰 연구를 진행하였다.

II. 의병세력의 만주·연해주 이주

1. 만주·연해주지역 조선인 이주

만주지역은 청 건국 이후 봉금령으로 거주가 제한된 곳이었으나 압록강·두만강 유역에 거주하던 조선인들은 수시로 압록강·두만강을 건너 농사를 짓고 사냥을 하였다. 조선인[5]들의 월경은 생존에 문제에서 시작되었는데, 19세기 중반에는 집단 이주의 기록도 나타났다. 중국에서 작성한 『안동성적선인이민조사(安東省的鮮人移民調査)』에 의하면 1845년 평안북도 초산군(楚山郡)에 거주하던 농가 80여 호가 압록강을 넘어 랴오닝성(遼寧省) 콴뎬현(寬甸縣) 하로하(下露河)·태평소(太平哨) 등지로 이주하여 황무지를 개간하고 벼농사를 짓기 시작하였다.[6] 그러나 본격적인 이주는 1860년 베이징(北京)조약 이후였다. 이때부터 압록강, 두만강을 넘어 만주·연해주 일대에 조선인의 집단이주가 시작되었다. 특히 러시아의 연해주 거주 조선인정책은 서간도, 북간도 거주 조선인에 영향을 미쳤다.

연해주 지역의 조선인 이주는 1863년 조선인 13가구가 두만강을 넘어 지신허(地新墟, 러시아 프리모르스키 포시에트)에 정착한 것에서 시작되었다. 당시 러시아 동시베리아 총독은 연해주 지역 개발을 위해 조선인의 연해주 이주를 환영하였을 뿐만 아니라 조선인의 러시아 국적 취득을 적극 권장하였다. 더욱이 국적 취득 조선인에게 우대정책으로 토지분배 등을 실시하였다.[7] 러시아의 조선인 우대정책은 연해주 개발

---

[5] 1897년 대한제국 선포 이전은 조선인, 이후는 한인으로 칭함.

[6] 문종철, 「한인의 단동 이주와 생활」, 『史學志』 45, 2012, 45쪽.

[7] 와다 하루키, 「소비에트극동의 조선인들 1917~1937」, 『소비에트 한인 백년사』, 도서출판 태암, 1978, 42쪽.

에 필요한 노동력 확보와 만주지역으로 팽창하기 위해 진행된 것이지만 조선인에게는 새로운 기회가 생기는 것이었기에 연해주 이주가 급증하였다. 그 결과 지신허로 이주하는 조선인은 1864년에 60호, 1868년에 165호, 1869년 766호로 매해 증가하여 1884년에는 1,164호 5,447명으로 급증하였다. 이처럼 조선인의 이주는 연해주 전체로 확대되어 1882년에 연해주 거주 조선인은 10,137명, 1892년에는 16,564명, 1902년에는 32,410명, 1908년에는 45,397명, 1917년경에는 19만 명이 거주하였다.[8]

연해주에 이주 조선인이 급격히 늘어나자 청나라는 1880년대 초 이민실변(移民實邊)[9] 정책을 실시하여 서간도, 북간도 지역 조선인의 거주를 사실상 인정하고, 추가적인 조선인의 이주는 금지하였다.[10] 그러나 두만강 상류연안과 압록강 연안은 이미 평안도, 함경도 일대 조선인들에 의해 개척되었다. 특히, 1880년 회령부사 홍남주(洪南周)는 월강죄(越江罪)를 감수하면서 북간도 지역에 대한 집단개척을 진행하였다. 그 결과 회령대안의 백여 정보를 넘어 두만강북안의 길이 500리, 너비 40·50리에 이르는 넓은 지역을 개간하였다. 조선인에 의해 북간도 일대가 개간되기 시작한 것이다. 그러자 조선정부에서 관원을 파견하여 조선인들이 개간한 토지를 조사·등록하고 토지대장을 만들어 직접 관리하였다.[11]

압록강, 두만강을 넘어 만주지역으로 이주하는 조선인들이 급증하자

---

8) 고승제, 『한국이민사연구』, 장문각, 1973, 58쪽; 고승제, 「연해주이민의 사회사적 분석」, 『백산학보』 11, 1971, 155~156쪽.
9) 이민실변은 중원지역의 밀집된 인구를 변강에 이민시키고 '屯田'의 방법으로 황무지를 개간함으로써 변강수비에 필요한 인적·물적 자원을 당지에서 확보한다는 것이다(김춘선, 『북간도 한인사회의 형성과 민족운동』, 고려대학교 민족문화연구원, 2016, 147쪽).
10) 김춘선, 『북간도 한인사회의 형성과 민족운동』, 141쪽.
11) 김춘선, 『북간도 한인사회의 형성과 민족운동』, 154~156쪽.

청나라 정부는 길림성 일대에 대한 행정제도를 정비하여 조선인에 대한 편입을 시도하였다. 그리하여 1889년부터 1894년 사이에 함경도 무산·회령·종성·온성·경원 등 대안지역을 중심으로 진원보(鎭遠堡), 영원보(寧遠堡), 수원보(綏遠堡), 안원보(安遠堡) 등 4보(堡)를 설치하였다. 또 4보(堡) 아래 39사(社)와 124갑(甲), 415패(牌)를 두어 조선인들을 통일적으로 편입시켰다. 이때 사갑(社甲)에 편입된 조선인 수는 20,899명이었고, 호구 수는 4,308호였다.[12] 이러한 청나라의 조선인 정책은 조선 정부의 즉각적인 항의를 불러일으켰다. 청나라와 조선의 조선인 정책에 대한 갈등 속에서도 조선인의 이주는 꾸준히 증가하여 1900년대 북간도지역 거주 한인은 16,101호, 82,999명이었으며, 두만강 연안인 무산대안, 회령대안, 종성대안, 온성대안에 6,753호 32,892명이 거주하였다. 연해주의병이 편성될 시점인 1909년에는 북간도지역 한인 이주민이 184,867명으로 증가하였으며, 특히 회령, 경성, 무산 등 대안 지방의 거주민은 대부분 한인들이었다.[13]

압록강을 넘은 조선인들은 안동현(安東縣, 현 단둥시구), 펑청현(鳳城縣), 콴뎬현(寬甸縣) 등지에 거주하였는데, 1905년 조사에 의하면 이들 지역에 거주하는 한인은 1,190여 호, 4,920여 명이었다. 이들 지역에서도 한인들의 이주가 증가하여 1915년에는 콴뎬현(寬甸縣)에만 2,040호, 11,307명이 거주하였다. 압록강을 넘어 이주한 한인들은 주로 압록강과 접한 평안도 사람들로 콴뎬현(寬甸縣)의 하로하(下露河)·홍퉁구(弘通沟)·보달원(步达远)·진강(振江)·석주자(石柱子)·포석하(蒲石河)·영전(永甸)·보산(宝山)·청의산(青椅山)·고로자(古楼子)·관전진(寬甸镇), 펑청현(鳳城縣)의 석성(石城)·동탕(東湯)·애양(靉阳) 초하(草河),

12) 김춘선,『북간도 한인사회의 형성과 민족운동』, 178쪽.
13) 김춘선,『북간도 한인사회의 형성과 민족운동』, 187~188쪽.

백기(白旗)·제형산(弟兄山)·변문(邊門), 동구현(東溝縣)의 탕지(湯池)·
소전자(小甸子)·용왕묘(龍王廟), 동항시의 전양(前阳), 양수(杨树), 동
항(东港)진과 오룡배(五龙背) 등지에 거주하였다.[14] 이 외에도 경상도
경주(慶州)·안동(安東)·상주(尙州)·선산(善山)·창녕(昌寧)·울산(蔚
山)·영천(永川), 황해도 개성(開城), 강원도 울진(蔚珍), 전라도 김제(金
堤), 서울 등지에서도 이주하였는데 이들은 평청현(鳳城縣) 대보(大堡)·
평청진(鳳城鎭), 단동시내 삼마로(三馬路) 등지에 거주하였다.[15]

압록강, 두만강 이북 지역인 연해주, 북간도, 서간도 등지는 1860년대
이후 조선인들의 이주가 시작되면서 이 지역에 조선인 마을이 형성되
었고 이들을 관리하기 위해 북간도지역의 경우 조선 관리가 파견되기
도 하였다. 만주·연해주 지역은 조선인들의 새로운 터전이 되었고 이
를 바탕으로 독립운동기지의 기반이 조성되었다.

2. 만주·연해주지역 의병세력 형성

1) 1896년 호좌의진의 서간도 정착

압록강, 두만강 넘어 간 조선인들이 서간도, 북간도, 연해주 등지에
거주지를 형성하면서 이들 지역은 항일투쟁의 근거지로 주목받았다.
의병세력도 국내에서 활동이 힘들어지자 이 지역을 의병운동의 근거지
로 주목하였다. 가장 먼저 주목한 세력은 유인석(柳麟錫) 의병장이 이
끌던 호좌의진(湖左義陣)이었다. 호좌의진은 1896년 음력 4월 14일(양
력 5월 26일) 제천전투에서 패한 후 경상도 풍기·영춘, 충청도 충주·

---

14) 주로 평안도 신의주(新義州)·의주(義州)·청수(淸水)·삭주(朔州)·벽동(碧潼)·창
   성(昌城)·용천(龍川)·의천(宜川)·정주(定州)·태주(泰州)·평양(平壤) 등지에 거
   주하던 사람들이 이주하였다. 문종철, 「한인의 단동 이주와 생활」, 45~47쪽.
15) 문종철, 「한인의 단동 이주와 생활」, 47쪽.

음성·괴산 등지를 거쳐 음력 4월 29일(양력 6월 10일) 강원도 원주군 강천(康川, 현 여주시 강천면)에 주둔하였다. 이때 총대장인 유인석은 휘하 의병장들과 향후 의병운동의 방향에 대해 논의하였다. 이 자리에서 유인석은 서북쪽으로 가서 굳세고 용맹스런 군사를 모집해서 다시 의병을 일으킬 것이며, 이것도 되지 않으면 청나라에 들어가서 위안스카이(袁世凱)에게 구원병을 요청하여 적을 토벌하자고 하였다.[16] 이러한 방략은 서북지역의 뛰어난 포수, 포군을 의병부대에 가입시켜 의병운동을 이어가겠다는 것이고, 이것도 여의치가 않으면 청나라의 지원을 받아 의병운동을 지속시키겠다는 것이었다. 그러나 이보다 더 주목되는 것은 다음의 내용이다.

　'들건대 요동(遼東)에는 우리나라 사람이 만 명이나 건너가 산다하며, 그 곳은 산이 깊고 땅이 비옥하다 하니, 그 곳에서 군사를 양성하면, 크게는 온 무리를 바로 잡을 것이요, 적게는 중화(中華)의 명맥을 보존할 수 있을 것이다. 제장들은 깊이 의론해서 편의를 취하라.'[17]

　즉, 요동으로 이주한 조선인들이 만 명 이상 거주하고 있고, 산이 깊고 땅이 비옥하니 요동에 의병근거지를 조성하여 의병운동을 이어나가면서 중화의 명맥을 보존하자는 것으로 최초로 국외 조선인 거류지를 중심으로 독립운동기지 건설이 논의되었다.
　그런데 호좌의진이 처음부터 요동으로 이동할 것을 생각한 것은 아니었다. 유인석은 강원도 평창에 주둔하던 1896년 음력 5월 19일(양력 6월 29일) 의병운동의 목표를 다시 천명하였는데, 첫째는 성현의 도(道)

---

16) 「毅庵柳先生西行大略」, 독립운동사편찬위원회 편, 『독립운동사자료집』 1집, 1971, 501·815쪽.
17) 「毅庵柳先生西行大略」, 『독립운동사자료집』 1집, 501~502·815쪽.

를 보존하는 것이고, 둘째는 국가의 원수를 갚는 것이라고 하였다.[18] 이는 서북행을 진행하면서 의병운동의 연속성과 더불어 중화의 명맥을 보존하는 것도 중요한 목표가 되었던 것이다. 더욱이 음력 7월 1일(양력 8월 9일) 강원도 이천군(伊川郡) 방장면 구당리에 주둔하고 있을 때 '서북쪽에서 의병을 모집할 수 없다'는 정탐보고가 올라오자 휘하 의병장들이 압록강을 건너 위안스카이에게 구원병을 청하고 그렇지 않으면 공자의 옛 터를 찾아가서 우리의 옷을 입고 우리의 머리털을 보존하여 우리 소신대로 살아가자고 강력하게 주장하였다. 이에 유인석은 이필희(李弼熙)·유치경(俞致慶)·송상규(宋尙奎)를 난징(南京), 톈진(天津), 베이징(北京)으로 파견하였다.[19] 이들의 파견은 중화의 명맥을 보존하면서 청나라의 지원을 받아 의병운동을 지속할 수 있는 곳으로 이동하기 위해 청나라 내부사정을 먼저 타진하고자 이루어진 것이었다. 이후 호좌의진은 성현의 고향인 산둥(山東)으로 이동하기 위해 서북지역에서 청나라의 선양(瀋陽) 방면으로 이동하고자 하였다. 그러나 북상하는 과정에서 관군과의 계속된 전투로 인해 평안도 초산 방면으로 이동하였다. 한편, 유인석은 본진이 압록강을 넘기 전에 서간도 방면 정탐을 위해 이범직을 대장으로 하는 선발대를 파견하였다. 하지만 청나라 사람 왕무림(王茂林)의 핍박을 받고 다시 평안도 강계로 돌아왔으나 경무사 김동근(金東根)에게 체포되어 처형당하였다.[20]

---

18) 국가의 원수를 갚으려는 것은 세 가지 이유가 있으니, 첫째는 우리나라 5백 년 동안 선왕(先王)께서 성립해 놓은 지극히 아름다운 법도가 되놈에게 짓밟힌 것이요, 둘째는 임금께서 욕을 당하신 것이요, 세째는 국모(國母)가 시해를 입은 것이다. 성인(聖人)의 도를 보존 하고자 하는 것은 4천 년 동안 서로 전해 온 문명의 정맥이니, 의병을 해산한다는 것이 어찌 말이 되느냐(「毅庵柳先生西行大略」, 『독립운동사자료집』1집, 515·821쪽).
19) 「毅庵柳先生西行大略」, 『독립운동사자료집』1집, 539·831쪽.
20) 박민영, 『대한제국기 의병연구』, 63쪽.

　　호좌의진은 청나라의 우호적이지 않은 분위기 속에 초산전투 후 아
이성(阿夷城)에서 「재격백관문(再檄百官文)」을 발송하고 압록강을 넘
어 파저강(波瀦江, 현 혼강)을 따라 서간도 일대로 들어갔다. 음력 7월
21일(양력 8월 29일) 회인현(懷仁縣, 현 환인현) 파저강변(현 遼寧省 桓
仁縣 沙尖子鎭)에 도착했을 때 회인현재(懷仁縣宰) 서본우(徐本愚)에게
무장해제를 당하였다. 결국 유인석을 비롯한 유홍석(柳弘錫), 윤정섭
(尹鼎燮), 윤양섭(尹陽燮), 김영록(金永祿), 오인영(吳寅泳), 원용정(元容
正), 박정수(朴貞洙), 정운경(鄭雲慶), 안신모(安愼模), 김화식(金華植),
구연상(具然庠), 송환국(宋煥國), 김연교(金演敎), 조봉렬(趙鳳烈), 차갑
동(車甲東), 이치수(李致壽), 최춘흥(崔春興), 김석린(金石麟), 심우춘(瀋
禹春), 이씨(李氏), 김씨(金氏) 등 22명만 남고 219명은 귀국하기로 하였
다. 유인석은 나머지 의병을 이끌고 회인현 사첨자(沙尖子)에서 덕태흥
양주장(德泰興釀酒場)의 경영책임자 손홍영(孫鴻齡, 중국인)의 도움을
받은 후 사첨자 호루두구에 근거지를 마련하고자 하였다.

　　사첨자 호루두구에 근거지를 마련하고자 한 이유에 대해 산세가 험
해 방어에 좋고, 주변에 비옥한 넓은 황무지가 있어 개간하여 주식을
해결하기에 좋은 조건이었기 때문이라고 하였다. 그런데 이뿐만 아니
라 손홍영의 도움을 받을 수 있다는 점도 영향을 미친 것으로 보여진
다. 압록강을 넘은 이후 무장해제를 당하는 등 어려움을 겪은 상황에서
손홍영의 도움은 정착하는데 큰 도움이 될 수 있었다. 그것은 윤희순
(尹熙順)이 1912년에 노학당(老學堂)을 건립할 때 손홍영이 재정, 의병
모집 등을 지원한 것에서도 알 수 있다.[21] 그러나 당시 사첨자 호루두
구는 조선인 가구가 7~8호밖에 없어 인적 충원이 어려운 곳이었다. 결

---

21) 김양, 「윤희순의사의 중국 환인현 무순지역 항일독립운동 근거지 재조명」, 『의암학
　　연구』 6, 2008, 150쪽.

국 다시 선양(瀋陽)으로 이동하여 위안스카이(袁世凱)의 지원을 받고자 하였다. 이는 근거지 조성에는 지리적 조건도 중요하지만 그 곳에 살고 있는 조선인의 규모도 중요하다는 것을 보여준다.

그러나 선양에서도 아무런 성과가 없자 재기를 위한 근거지를 마련하고자 퉁화현(通化縣) 오도구(五道溝, 현 吉林省 通化縣 果松鎭)로 이동하였다.[22] 퉁화현 오도구는 평안도 강계·만포에서 압록강을 건너 북상하면 도착할 수 있는 곳으로 이주한 조선인들이 많이 거주하고 있었다. 퉁화현도 청나라의 봉금령 폐기와 이민정책의 실시로 조선인의 이주가 증가하기 시작하였는데, 1875년 퉁화현 하전자에 거주하던 조선인 김씨가 벼농사에 성공하면서 급속히 늘어났다. 1881년 봉천성 통계에 따르면 퉁화, 회인, 흥경 지역 조선인은 8,700여 가구에 37,000여 명이었다. 이러한 퉁화현 오도구의 조건은 유인석이 오도구에 정착한 이유가 되었는데, 1896년 음력 11월 7일(양력 12월 11일) 동문들에게 보낸 「여동문사우(與同門士友)」에 잘 나타나 있다.[23] 퉁화현 오도구는 한 사람이 경작하여 10명이 먹을 수 있을 정도로 토지가 비옥하고, 조선인이 많이 거주하며 그중에는 의기(義氣)로운 사람이 있어 일을 도모할 수 있는 곳이라 하였다. 즉, 퉁화현 오도구는 토지가 비옥하고 조선인들이 대거 거주하고 있어 의병근거지를 형성하기 적합한 곳이었다.

의병근거지 조성에 있어 인적 조건이 중요했던 것은 산둥(山東)에 파견되었던 유치경이 돌아와 음력 9월 5일(양력 10월 11일)에 보고한 내

---

22) 오도구로 이동할 때 유치경, 원용정, 윤양섭, 윤정섭은 선양(瀋陽)에 남았고, 유홍석, 오인영, 김영록, 차갑동, 최춘흥, 심우춘, 김석인은 귀국하였으며, 박정수, 정운경 등은 베이징(北京)으로 파견되었다. 오도구로 함께 이동한 제자는 안신모, 조봉렬 등이었다.

23) 一人耕而食十人. 一年耕而食三四歳. 菽粟如水火. 人多有仁心. 其中往往有義氣人. 可與之爲善謀事(與同門士友(丙申十一月七日), 「書/毅庵先生文集卷之二十四」, 『毅菴集』;『국역 의암집』 3권, 의암학회, 2008.

용에서도 확인할 수 있다. '산둥은 성현의 고향이라고 하고 랴오둥(遼東)에는 우리나라 사람들이 이미 많이 와서 살며 언어, 복식이 같고 아직까지 개척하지 않은 땅이 많고 매우 비옥하지만, 백성들에 대한 교육이 없습니다. 그러므로 그곳에 근거지를 정하고 백성을 교육하며 자리를 잡은 후에 서서히 산둥으로 이동하는 것도 늦지 않습니다.'라고 하여 조선인이 많이 거주하는 랴오둥으로 이동하여 의병근거지를 마련한 후 공자의 고향인 산둥으로 이동하자는 것이었다.

결국 호좌의진은 의병근거지를 조성하기 위해 조선인이 많이 거주하고 있던 서간도 지역으로 이동하여 통화현 오도구에 정착한 것이었다. 새로운 근거지 형성에 있어 인적(人的) 조건이 매우 중요했다는 것을 보여주는 것이다

2) 북간도지역 의병세력의 형성

의병운동을 전개함이 있어 인적 기반이 중요하지만 이들을 교육하고 훈련시켜 의병으로 성장시키는 것도 매우 중요하였다. 유인석은 인적 기반의 중요성으로 일찍 서간도 지역을 주목하여 이주하였으나 1897년 3월 이용태(李容泰) 사건으로 귀국하였고 다시 1898년 서간도로 망명하였다가 1900년 의화단사건으로 다시 귀국하였다. 또 1906년 서간도 지역으로 망명을 준비하다가 포기하고 1908년 연해주로 망명하였다.[24] 유인석이 서간도지역을 포기하고 연해주로 망명한 것은 크게 2가지 이유가 있었다. 첫째, 청나라의 쇠퇴에 따른 내부불안 문제가 지속되고 있었지만 연해주 지역은 러시아의 영향력 아래서 의병운동을 전개할 수 있다고 보았다.[25] 둘째, 서간도 지역은 아직 의병으로 성장할 세력

---

[24] 유인석의 서간도 이주에 대해서는 박민영, 『대한제국기 의병연구』, 64~70쪽 참조.

[25] 本國連壞 惟淸俄兩界爲可寓 而淸弱而俄强 欲圖當爲俄勝於淸也(『毅菴集』 권55,

이 충분하지 않았지만 연해주 지역은 간도관리사 이범윤(李範允), 대부호 최재형(崔在亨) 등이 중심이 되어 이미 의병세력을 형성하고 있었다.[26] 즉, 1910년을 전후한 시기 만주·연해주 일대에서 의병근거지가 만들어지고 있던 곳은 인적 기반 위에서 항일무장투쟁을 전개할 수 있는 재정적, 군사적 기반이 갖춰진 곳이었다. 그러한 곳으로 연해주 지역이 주목을 받았던 것이다.

연해주 지역의 항일무장투쟁 기반은 간도지역 이주 한인들과 이들을 보호하기 위해 만들어진 군대에 있었다. 1900년 대한제국 정부는 두만강 남안(南岸)지역인 무산, 회령, 횡령, 종성, 온성 등 6군 지역에 진위대(鎭衛隊)를 주둔시켰으며, 1901년에는 회령군에 변계경무서를 설치하고 무산군과 종성군에 분서를 두어 간도지역 한인들의 위생, 행정, 사업 등 제반사무를 처리하도록 하였다.[27] 또한 간도지역을 함경북도변계라고 지칭하여 북강, 남강, 평강, 훈춘 등지까지 변계경무서의 활동지역으로 포함시켰다. 이에 변계경무서는 간도지역 거주 한인들 가운데 순검을 선발하여 임명하기도 하였다.[28]

한편, 청나라가 길강군을 창설하여 변계경무서를 무력으로 견제하자 대한제국 정부는 1902년에 이범윤을 간도시찰사로 파견하였다. 이범윤은 북간도에 도착하자마자 한인들의 호적조사를 실시하였다. 이 조사에 의하면 한인 가구는 27,400호였으며, 10여만 명의 한인이 거주하고 있었다. 이후 이범윤은 간도관리사로 승격되었지만 대한제국 정부의 지속적인 지원을 받지 못하였다. 결국 간도지역 한인들을 보호하기 위

「年譜」, (699쪽).

26) 연해주 의병에 대해서는 박민영, 『대한제국기 의병연구』, 285~328쪽 참조.

27) 국회도서관 편, 『間島領有關係拔萃文書』上, 1975, 95~97쪽.

28) 김춘선, 『북간도 한인사회의 형성과 민족운동』, 213쪽.

해 독자적인 무력 조직을 창설하게 되었는데, 두만강 연안의 대한제국 관내에서 충의대를 모집하여 무산군 작대동(作隊洞)에서 훈련시켰으며, 북간도에서는 사포대(私包隊)를 조직하였다. 또한 한인 촌락 유지들을 영장(領長)으로 선발하여 지방관리를 강화하였다. 이때 모아산돈태구 (帽兒山墩台溝) 총영장(總領長)에 이여준(李汝俊), 대랍자육도구(大磖子 六道溝) 영장(領長)에 임성(林姓), 발합자칠도구(鵓鴿子七道溝) 영장(領 長)에 최응석(崔應錫), 팔도하자(八道河子) 영장(領長)에 강사언(姜仕彦)·박문수(朴文秀), 광제욕(光霽峪) 영장(領長) 김극열(金克烈), 영장(領長) 전성연(全成連)·박만수(朴萬秀)·이백천(李百千), 부영장(副領長) 김자천(金子天), 검찰(檢察) 정부권(鄭富權)·박춘식(朴春植, 연해주 의병 참여), 참리(參理) 김치성(金致聲)·강용(姜龍)·김두경(金斗庚), 감무(監務) 이병일(李秉一) 등이 임명되었다. 또 강윤주(康潤珠), 허연승(許連昇), 이병윤(李秉允), 강윤관(姜允寬) 등도 함께 활동하였다.[29]

그러나 러일전쟁 이후 청나라와 일본이 간도협약을 체결하면서 이범윤은 대한제국 정부를 대표해서 활동하기 어려워졌다. 이에 간도관리사로 있으면서 임명한 검찰 박춘식 등 검찰, 영장들과 사포대를 기반으로 의병전쟁에 투신하였다. 이들은 연해주 의병의 근간이 되었으며, 유인석 등 국내 의병세력이 연해주로 이동하는데 영향을 미쳤다.

만주·연해주 지역 의병세력이 정착하는데 인적 기반, 무력 기반 등이 중요한 조건이었던 것과 맞물려 1908년 이후 만주·연해주 지역에서 의병·독립군을 양성할 수 있는 교육기관이 설립되기 시작하였다. 서간도 지역은 1911년에 설립된 신흥강습소가 대표적인 교육기관이었다. 북간도 일대에서도 사관학교 성격을 가진 학교들이 설립되었고 대한제국 육군무관학교 출신인 오영선(吳永善)[30] 등 해산군인 출신들이 교관

---

29) 김춘선, 『북간도 한인사회의 형성과 민족운동』, 220쪽.

으로 활동하였다. 이들 군사교육 기관에 연해주 의병부대와 연계된 인물들이 참여하기도 하였다. 대표적인 인물로 김립(金立)이 있다. 그는 연해주 의병명단인 「의원안」에 등재된 인물로 1908년 이동휘(李東輝)가 중심이 되어 연길현 소영자촌(小營子村)에 설립한 길동서숙(吉東書塾)[31]에서 법률과 정치를 가르쳤다. 또 1917년 이동휘가 훈춘현 서북방에 위치한 대황구에 설립한 사관학교 성격을 띤 북일중학교에서 군사과목을 가르쳤다.[32] 이는 연해주 의병에 참여했던 인물들의 성격이 다양했다는 것을 보여주는 것이다.

의병세력은 1896년 의병운동시기부터 독립운동 기지로 서간도지역을 주목하였다. 이 시기까지만 해도 근거지의 조건을 인적 기반에 두고 있었다. 그러나 1904년 러일전쟁 이후 의병운동의 기지로 북간도, 연해주 일대가 대두되었다. 이는 인적 기반 위에 무력 기반이 갖춰진 곳이 의병근거지가 되었던 것이다. 즉, 1908년 이후 군사·경제적 지원을 받을 수 있는 연해주에 의병을 비롯한 항일무장세력이 결집해 연해주 의병부대을 결성하였던 것이다. 한편, 1908년 13도창의군의 서울진공작전이 실패한 후 해산군인 등 의병세력이 본격적으로 만주·연해주 지역으로 이주하는 시기와 맞물려 독립군을 양성할 수 있는 군사교육기관이 설립되었다. 여기에 의병세력들도 참여하고 있었던 것이다.

---

30) 오영선은 이동휘가 설립한 길동서숙에서 체육과 군사교육을 실시하였고, 1914년 지린성(吉林省) 둥닝현(東寧縣) 나자구(羅子溝)에 설립한 동림무관학교(東林武官學校)에서 교사로 활동하였다. 이후 대한민국임시정부 임시의정원 경기도의원, 국무원비서장, 법무총장, 외무부장, 국무부장 등을 역임하였다.

31) 길동서숙은 1912년 광성중학으로 확대되었다.

32) 김춘선, 『북간도 한인사회의 형성과 민족운동』, 445쪽.

III. 연해주지역 의병세력과 「의원안」

1. 연해주지역 의병세력

　　연해주지역의 의병부대는 출발은 이범윤이 창설한 충의대(忠義隊)였다. 충의대는 러일전쟁 당시 러시아군을 지원하여 큰 전과를 올리지만 1906년 초 청나라는 만주 철수를 요구하였다. 이범윤은 이를 거부하고 700여 명의 충의대를 이끌고 연해주 노보키예프스크(煙秋)로 이동하였다. 노보키예프스크에 도착한 이범윤은 러시아 한인사회의 지도자인 최재형(崔在亨)의 지원을 받아 의병본부를 설치하였다. 이후 이범진(李範晉)의 명을 받은 이위종(李瑋鍾)이 1만 루블을 가지고 합류하였다. 그리고 1908년 4월 노보키예프스크에서 총장 최재형(崔在亨), 부총장 이범윤(李範允), 회장 이위종, 부회장 엄인섭(嚴仁燮), 평의원 안중근(安重根), 김기룡(金基龍) 등으로 하는 동의회(同義會, 일명 同義軍)가 조직되었다.[33] 또한 1908년 3월 이범윤이 총재로 이끌던 창의군(彰義軍)도 연해주 지역 의병부대의 주축이었다.

　　이들은 1908년 7월 국내진격작전을 실시하여 노보키예프스크(煙秋)를 출발해 두만강을 건너 무산, 삼수, 갑산을 목표로 공격해 들어갔다.[34] 이는 관북지역에서 활동하던 홍범도 의병부대, 경성의병(鏡城義兵) 등과 연합의병을 추진하고자 하였던 것이다. 관북지역 의병들과 연합의병을 추진하고자 했던 것은 우덕순(禹德淳, 일명 禹鴻)의 회고에서 알 수 있다. 그는 국내로 들어온 목적이 '홍범도 의병부대가 뛰어나지만

33) 반병률, 「露領沿海州 한인사회와 한인민족운동(1905-1911)」, 『한국근현대사연구』 7, 1997, 79~98쪽.

34) 「城津署長發 電報(1908.7.8)」·「咸警秘收 第793號의 1 (1908.7.18)」, 『暴徒에 關한 編册』(국사편찬위원회, 『韓國獨立運動史』 資料 11, 452~453, 461쪽).

천 명 정도만 총을 가졌을 뿐 나머지 2천 명은 목창(木槍)이나 작대기 같은 것으로 무장하고 있다기에 우리가 무기를 제공하여 4천 명 규모의 연합의병을 결성하는 것'이라고 하였다.[35] 즉, 홍범도 의병부대와 연합의병을 추진하는 것이었다. 또한 장석회(張錫會) 의병부대는 이남기(李南基)·최경희(崔瓊凞)가 이끄는 경성의병과 연합의병을 결성하여 1908년 9월 3일 명천(明川)을 공격하기도 하였다.[36] 이러한 국내진격작전은 동의회와 창의군이 주도하였는데, 국내진격작전에 참여한 인물들로 성진항 경무관 출신의 포병사령관 전제익(全濟益, 이명: 全警務, 全濟岳, 자: 千淳), 지신하(池信河, 지신허)에 거주한 좌영장(左令將) 엄인섭, 우영장(右令將) 안중근, 이범윤 휘하의 김중국(金仲國), 창의회 국내진격군 전위대(前衛隊) 사령장(司令長) 정위(正尉) 김영선(金榮璿), 참령(參領) 김교명(金敎明), 참위(參尉) 최기흥(崔冀興), 정위(正尉) 장석회(張錫會), 부위(副尉) 강봉익(姜鳳翼), 시어(侍御) 이규풍(李奎豊), 주사(主事) 우홍(禹鴻), 전위원대(前衛援隊) 도영장(都領長) 김찬호(金鑽鎬), 도영장서리(都領長署理) 박승규(朴昇規) 등이 있다.[37] 이들 중에는 「의원안」에 수록된 인물들도 있었다.

연해주지역 의병들의 국내진격작전은 평안도, 함경도 일대 의병들과 연합의병을 결성하고자 하는 측면이 강하게 있었다. 그러나 연합의병을 결성하지 못하고 일본군의 공격에 후퇴하는 경우가 많았다. 연해주지역 의병들의 국내진격작전은 큰 성과가 없는 것으로 보였지만 1908년

---

35) 「禹德淳先生 懷古談」(尹炳奭 譯編, 『安重根傳記全集』, 국가보훈처, 1999, 619쪽).

36) 박민영, 『대한제국기 의병연구』, 258~269쪽 참조.

37) 국사편찬위원회, 『韓國獨立運動史』 資料 7, 244쪽; 계봉우, 「만고의사 안중근전(10)」, 『권업신문』 1914년 8월 29일(尹炳奭 譯編, 安重根傳記全集, 국가보훈처, 1999); 官秘 제8호(1915년 5월 24일 접수), 「排日鮮人 退露處分에 關한 件」(1915년 5월 17일 조선총독 寺內正毅가 외무대신 加藤高明에게 보낸 문서); 한국독립운동사연구소, 『韓末義兵資料』 Ⅵ, 2003, 15~23쪽.

하반기 이후 국내에서 활동하기 힘들어진 의병들에게 국외에서 활동할
수 있는 연결고리가 되었다는 측면에서 일정정도 성과가 있었다고 할
수 있다. 즉, 연해주지역 의병들이 국내에서 연합의병을 결성하지 못하
였지만 반대로 국내 의병세력이 연해주지역으로 이동하여 그들과 함께
의병부대를 조직하기도 하였다. 그런 대표적인 인물로 유인석을 뽑을
수 있다.

　유인석은 앞서 살펴보았듯이 서간도지역에 의병근거지를 마련하고
자 노력하였지만 실패하고 국내로 귀국하였다가 1908년 연해주 지역으
로 이동하였다. 그는 연해주에 도착한 후 블라디보스토크를 거쳐 노보
키예프스크(煙秋)로 이동하여 이범윤, 최재형 등과 협력하였다. 특히,
1908년 음력 10월 「의병규칙(義兵規則)」을 제정하면서 '관리사 이범윤
이 거사하려 할 때 이것을 짓다'라고 하여 연합의병을 추진하였다. 「의
병규칙」은 국내외 의병세력 통합을 구상하면서 작성된 것이었다. 이후
러시아 한인사회의 지도자인 최재형과 이범윤의 갈등이 심해지면서 항
일세력의 통합이 강력하게 요구되었고, 그런 상황에서 관일약(貫一約)
이 출범하였다.[38] 이러한 항일세력의 통합노력은 1910년 초 통합군단
시행 세목인 「의무유통(義務有統)」을 작성하기에 이르렀고,[39] 드디어
1910년 6월 십삼도의군(十三道義軍)이 창설되었다. 십삼도의군이 창설
되기 전까지 의병세력의 활동은 연해주를 중심으로 국내외 의병세력을
비롯한 항일세력의 통합을 추진하는 것이었다. 그 과정에서 의병과 뜻
을 같이하는 사람들의 명단이 작성되었는데, 그것이 바로 「의원안」이
었다.

---

38) 구완회, 「연해주 시기 유인석의 의병노선과 '관일약(貫一約)'」, 176쪽.
39) 박민영, 「유인석의 국외 항일투쟁 노정(1896-1915) - 러시아 연해주를 중심으로 -」,
　　『한국근현대사연구』19, 한국근현대사학회, 2001.

2. 「의원안」과 연해주지역 의병참여세력

「의원안」은 1910년 전후한 시기에 연해주에서 활동하고 있던 항일세력을 기재한 명부이다.[40] 이 명부에는 유인석, 이재윤(李載允), 이범윤(李範允), 이남기(李南基), 이상설(李相卨), 우병렬(禹炳烈), 박양섭(朴陽燮), 박치익(朴治翼), 최우익(崔宇翼), 권유상(權裕相), 김립(金立), 최덕준(崔德俊), 강택희(姜宅熙), 정재관(鄭在觀), 이치권(李致權), 강순기(姜順基), 허근(許瑾), 전제익(全濟益), 이규풍(李奎豊), 이범석(李範錫), 김좌두(金佐斗), 홍범도(洪範圖) 등으로 총 535명이 수록되어 있었다.[41] 이들은 의병장, 창의회원, 한인사회당원, 연해주지역 한인사회 지도자 등이었다. 즉, 「의원안」에는 연해주·북간도 지역에서 활동하던 다양한 항일세력이 수록되어 있었다. 이는 앞서 살펴보았듯이 유인석의 항일세력 통합노력의 결과물이라고 할 수 있는데, 항일세력 통합에 대한 그의 인식은 홍범도에 보낸 서신에서 확인할 수 있다. 유인석은 1910년 4월 3일(음력 2월 24일) 국내진격을 준비하는 홍범도에게 서신을 보내 '지금 그 지혜와 용기가 어떠하기에 이렇게 하려고 합니까? 제가 보기에 지혜로운 것이 아니고 이는 몽매(蒙昧)한 것이고 용기 있는 것이 아니고 이것은 어리석은 짓입니다. 지금 일을 이루려면 한두 개인의 지모(智謀)나 한두 개인의 용력(勇力)으로 할 수 있는 바가 아니고, 반드시 한 나라 사람의 지혜와 한 나라 사람의 힘을 합해야 가능합니다.'[42]라

---

40) 박민영, 「연해주의병 명부『義員案』해제」에서 「의원안」을 의병명부로 보았지만 구완회, 「연해주 시기 유인석의 의병노선과 '관일약(貫一約)'」, 181~182쪽에서 의병 명부가 아닌 연해주 지역 항일세력을 망라한 명부라고 하였다.

41)『義員案』에 기재된 내용은 박민영, 「연해주의병 명부『義員案』해제」에 수록된 「의원안」을 참조하였음.

42) 의암학회,『국역 의암집』2권, 2007, 477쪽; "今其智勇何如而乃爲是 以愚觀之 非智伊昧 非勇伊癡也 今欲濟事 非一二個人智謀一二個人勇力所可爲 必合一國人之謨一

고 하였다. 다양한 세력을 하나로 뭉쳐 싸울 때만이 일본을 이길 수 있다는 것이다.[43] 그래서 유인석은 「의원안」을 작성할 때 의리를 같이하는 사람들을 열거하여 힘을 단합하려는 것이라고 하였다.[44] 따라서 「의원안」에 수록된 사람들은 넓은 의미에서 의병이라고 할 수 있다. 이는 「의원안」이라는 제목에서 보여주는 것도 있지만 1921년 3월 러시아 아무르주 크라스노야로보 마을에서 개최된 한인무장부대들의 전체회의를 전한의병대회(全韓義兵大會)라고 한 것[45] 등에서 알 수 있다. 다양한 세력이 참여하였다고 하더라도 항일무장투쟁에 가담하고 동조하고 있었다면 의병이라고 칭하였던 것이다. 즉, 「의원안」에 이름을 수록했다는 것은 세력은 다를 수 있지만 연해주 일대를 중심으로 의병이라는 이름아래 항일무장투쟁을 전개하는 것에 동조하고 있었다는 것을 의미한다.

「의원안」에 수록된 535명을 분석해보면, 먼저 수록된 인물들의 연령층은 〈표 1〉에서 보는 것과 같이 10대~70대까지 다양한 연령층이 수록되어 있다.

〈표 1〉「의원안」에 기재된 출생연대별 인원(1910년 기준)

출생년	1830~39 (70대)	1840~49 (60대)	1850~59 (50대)	1860~69 (40대)	1870~79 (30대)	1880~89 (20대)	1890~99 (10대)	미기재	합계
인원	3	22	68	95	123	88	14	122	535

國人之力乃可"(의암학회, 『국역 의암집』 2권, 「毅菴集 原文」, 2007, 220쪽).

[43] 이와 같은 인식은 1896년 의병운동 단계보다 발전한 것으로 국권을 빼앗기는 상황에서 지향하는 노선이 달라도 항일투쟁이라는 목표로 뭉칠 수 있다는 것을 보여준다.

[44] 구완회, 「연해주 시기 유인석의 의병노선과 '관일약(貫一約)'」, 182쪽.

[45] 임경석, 『한국사회주의의 기원』, 역사비평사, 2003, 334~336쪽.

〈표 1〉에 의하면 30대가 123명으로 전체 22.9%를 차지하여 가장 많이 참여하고 있었다. 그 다음으로 40대가 95명으로 17.7%, 20대가 88명으로 16.4%, 50대가 68명으로 12.7%를 차지하였다. 생년이 기재되지 않은 인물은 122명으로 전체 22.8%를 차지하고 있지만 그 경향성에는 문제가 없어 보인다. 즉, 20~40대가 연해주지역 항일운동의 중추라고 할 수 있다. 이들이 출생하거나 어린 시절을 보낸 1880년대는 만주·연해주 방면으로 이주가 급속히 늘어나던 시기로 국내외로 매우 열악한 시기였다. 또 이들이 성인이 되었을 때 일제의 침략이 가속화되었으며 이에 대응해서 의병운동을 비롯한 항일운동이 본격적으로 일어나기 시작하였다. 이들은 항일운동의 시기에 성장하면서 의병운동, 계몽운동, 간도지역 충의대 활동 등에 참여할 수 있는 기회를 맞이했던 사람들이었다. 그것은 이들의 거주지(출신지) 분석을 통해서도 어느 정도 확인할 수 있다.

〈표 2〉 「의원안」에 기재된 거주지별 인원

도	강 원 도											합계
군	杆城	江陵	襄陽	通川	春川	淮陽	横城	歙谷	-	-	-	
인원	1	2	1	1	1	2	1	1	-	-	-	10
도	경 기 도											합계
군	京	開城	江華	廣州	金浦	安城	楊州	長湍	-	-	-	
인원	17	1	1	1	1	1	1	1	-	-	-	24
도	경 상 북 도											합계
군	大邱	尙州	安東	-	-	-	-	-	-	-	-	
인원	1	1	1	-	-	-	-	-	-	-	-	3
도	경 상 남 도											합계
군	釜山	宜寧	陜川	晋州	南海	-	-	-	-	-	-	
인원	1	1	1	1	1	-	-	-	-	-	-	5

도	전 라 남 도										합계
군	務安	長城	-	-	-	-	-	-	-	-	
인원	1	1	-	-	-	-	-	-	-	-	2
도	충 청 북 도										합계
군	沃川	忠州	堤川	-	-	-	-	-	-	-	
인원	1	1	2	-	-	-	-	-	-	-	4
도	충 청 남 도										합계
군	公州	牙山	-	-	-	-	-	-	-	-	
인원	1	1	-	-	-	-	-	-	-	-	2
도	평 안 북 도										합계
군	江界	博川	寧邊	宣川	雲山	義州	定州	鐵山	楚山	-	
인원	1	4	7	1	1	2	2	1	1	-	20
도	평 안 남 도										합계
군	江西	价川	德川	肅州	安州	龍崗	殷山	中和	平壤	-	
인원	2	1	1	1	5	1	1	1	7	-	20
도	함 경 북 도										합계
군	鏡城	慶源	慶興	吉州	富寧	茂山	明川	城津	穩城	鍾城	會寧	
인원	49	27	22	85	6	17	25	3	7	8	15	264
도	함 경 남 도										합계
군	甲山	德源	端川	高原	北靑	三水	永興	利原	定平	咸興	洪原	
인원	24	6	21	1	11	4	1	6	1	3	5	83
도	황 해 도										합계
군	金川	平山	海州	-	-	-	-	-	-	-	
인원	1	3	6	-	-	-	-	-	-	-	10
거 주 지 미 기 재											88
총　계											535

　「의원안」에는 '거주지'라고 하여 국내에서 거주하였던 지역을 기재하고 있다. 또한 연해주·북간도 등 현재 거주하고 있는 지역도 기재하고 있다. 이를 통해 「의원안」에 수록된 인물들의 국내 출신지와 현재 거주지역을 파악할 수 있다. 〈표 2〉는 「의원안」에 수록된 인물들이 국내에

거주하였던 거주지(출신지)를 지역별로 정리한 것이다. 〈표 2〉에 의하면 「의원안」에 국내 거주지가 기재되어 있어 확인된 곳은 함경북도 경성(鏡城)을 포함하여 총 74곳이었으며, 그중에서 가장 많은 사람들이 거주하였던 지역은 함경북도 길주(吉州)로 85명(15.8%)이 거주하였다. 그 다음으로는 함경북도 경성(鏡城) 49명(9.1%), 함경북도 경원(慶源) 27명 (5%), 함경북도 명천(明川) 25명(4.6%), 함경남도 갑산(甲山) 24명(4.4%), 함경북도 경흥(慶興) 22명(4.1%), 함경남도 단천(端川) 21명(3.9%) 순이었다. 대부분 두만강 남안(南岸)으로 함경도에 거주하였던 사람들이었다. 함경도에 거주하였던 사람들은 함경북도에 264명(49.3%), 함경남도에 83명(15.5%)으로 총 347명(64.8%)이었다. 함경도 지역은 1880년대부터 조선인들이 두만강을 넘어 만주·연해주 지역으로 집단 이주를 시작한 곳이었다. 따라서 이 지역에 거주하였던 사람들이 많았다는 것은 함경도 일대에서 활동하였던 홍범도 의병부대 등 의병세력들이 있었다고 하더라도 만주나 연해주로 이주한 사람들이 「의원안」에 상당수 수록되었다는 것을 의미한다. 그들 중에는 간도관리사 이범윤이 북간도 일대에서 편성한 사포대에 참여했던 사람들도 있었다. 대표적인 인물로 함경북도 경성에 거주하였던 박춘식(朴春植)이 있다. 그는 이범윤이 간도관리사로 북간도일대에 대한 관리를 강화하기 위해 임명하였던 검찰 중에 한 명이었다. 이범윤이 연해주로 이동할 때 함께 이동한 활동하였던 것이다. 박춘식은 이후 대한군정서(大韓軍政署) 경신분국(警信 分局) 제31분국 8과장으로 북간도 왕청현에서 활동하였다.[46] 이러한 그의 활동은 1910년대 연해주 지역에서 항일의병활동이 더 이상 전개하기 어렵게 되자 초기 정착지며 근거지였던 북간도 왕청현으로 돌아가

---

[46] 『해외의 한국독립운동사자료 ⅩⅩ-北間島지역 獨立軍團名簿』, 국가보훈처, 1997, 57쪽.

활동하였던 것으로 볼 수 있다. 박춘식 이외에도 이규풍, 박승규(朴昇奎, 경원거주) 등이 이범윤이 이끌던 창의회에서 활동하다가 「의원안」에 수록된 인물들이다.

한편, 거주지가 3명 이하인 곳은 전체 74곳 중 51곳으로 전체 대비 68.9%나 되었다. 이는 만주·연해주 지역으로 집단 이주한 사람들이 수록되었다가보다는 국내 의병세력이 유인석을 중심으로 재집결한 결과라고 할 수 있다. 그것은 1~2명의 거주지로 국내에서 의병활동이 활발하게 전개되었던 횡성, 춘천, 충주, 강화, 개성, 개천, 공주, 광주, 장단, 제천 등지가 있다는 것에서 알 수 있다. 함경도, 평안도 일대 의병들뿐만 아니라 경기, 강원, 충청 등 전국에서 활동하던 의병들이 북상하면서 연해주지역 의병들과 연합하고자 했던 것이다. 연해주 지역의 의병으로 국내의병세력과 관련 있는 인물은 첫째, 강원도 횡성을 거주지로 하는 한상열 의병장이 있다. 그는 강원도 원주·횡성·홍천, 충청북도 제천·충주 등지에서 민긍호 의병장과 함께 활동하였다. 둘째, 함경도 지역 의병부대에서 활동한 인물들이다. 그들은 홍범도(洪範圖, 평양거주), 최학선(崔學善, 북청거주), 김기준(金基俊, 경성거주) 등으로 홍범도가 이끌던 산포수 의병부대 사람들이다. 최학선은 홍범도 의병부대 제2중대장이었으며, 거주지는 함경남도 북청(北靑)으로 기재되어 있었다.[47] 김기준은 안산, 안평 산포수 의병부대 제2분대 소속으로 거주지는 함경북도 경성(鏡城)으로 되어 있었다. 따라서 이들은 홍범도 함께 활동하다가 연해주지역으로 이동한 것으로 볼 수 있다. 또한 최우익(崔宇翼, 길주거주), 최덕준(崔德俊, 경성거주), 허근(許瑾, 회령거주) 등 함경도 일대에서 명성을 떨치던 의병장들도 수록되어 있다. 셋째, 북청진위대 출신으로 함경남도 북청, 풍산, 홍원 등지에서 70여 명의 의병을

---

[47] 박민영, 『대한제국기 의병연구』, 207쪽.

이끌고 활동하던 강택희(姜宅熙, 경원거주) 의병장이다. 그가 수록되었
다는 것은 연해주지역 의병활동에 해산군인 출신들도 참여하고 있었다
는 것을 의미한다. 또 북청지역을 거주지로 한 11명 중에는 강택희 의
병부대와 관련 있는 인물들이 상당수 있을 것으로 보여진다. 넷째, 경
성의병에서 활동한 인물들이다. 경성의병장 이남기(李南基, 경성거주)
를 비롯하여 경성의병이 거의할 때부터 참여한 강봉운(姜鳳云, 경성거
주), 김성삼(金成三, 갑산거주) 등이다. 이는 경성의병이 북상하여 연해
주 지역 의병들과 연합하고 있음을 보여주는 것이다. 그런데 경성의병
의 특징 중 하나가 대한협회 경성지회가 의병을 지원한 것인데,[48] 대한
협회 경성지회 간사원인 박시환(朴時煥, 명천거주)과 대한협회 경성지
회 일반회원 출신의 의병인 이용욱(李容郁, 길주거주)이「의원안」에 수
록되어 있다. 이들은 경성의병이 북상할 때 같이 북상하여 1910년을 전
후해서 연해주 블라디보스토크와 곡포(曲浦)에 거주하면서 의병을 지
원하고 있었던 것으로 보인다. 다섯째, 우병렬(禹炳烈, 평산거주), 박양
섭(朴陽燮, 평산거주), 박치익(朴治翼, 선천거주) 등으로 황해도, 평안도
일대에 거주하면서 화서학파의 영향을 받아 유인석을 따른 사람들이
다. 또한 황해도 지역에서 활동한 이종섭(李鍾聶, 이명: 이진용, 길주거
주) 의병장 등도 수록되어 있다.

그밖에「의원안」에 수록된 인물 중 특기할 만한 인물은 우선, 김립
(金立, 명천거주)이 있다. 김립은 이동휘와 함께 활동하면서 길동서숙
(吉東書塾), 북일중학교에서 법률, 정치, 군사과목을 가르쳤으며, 이후
한인사회당을 결성하는 등 한인공산주의운동을 주도했던 인물이다. 다
음으로 이규풍은 창의회 소속으로 국내진격작전에 참여했던 인물로 이
치권, 김좌두(덕원거주)와 함께 블라디보스토크 한인사회의 지도자로

---

48) 박민영, 『대한제국기 의병연구』, 247쪽.

활동하였다. 또 강순기는 1909년 2월 7일 결성된 동의단지회 회원이었
으며, 전제익은 성진항 경무관을 지낸 경찰 출신으로 창의회 포병사령
관으로 국내진격작전에 참여했던 인물이다. 이들은 국내에서 의병운동
을 했던 것은 아니지만 연해주 지역에서 창의회 등에 가담하여 의병활
동을 전개하거나 의병활동에 동의했던 인물들로 항일세력이라고 할 수
있다. 이를 통해 「의원안」은 의병세력을 비롯한 항일세력을 망라한 명
부라는 것을 알 수 있다.

「의원안」에는 거주지(출신지) 이외에 현거주지도 기재되어 있다. 현
거주지가 기재된 사람은 214명으로 전체 대비 39.9%였다. 이들의 현거
주지는 〈표 3〉과 같다. 현거주지는 46곳으로 가장 많은 사람들이 거주
하고 있는 곳은 곡포(曲浦)로 42명이 거주하고 있었다. 곡포에 거주하
고 있던 사람들은 전체 「의원안」 인원 대비 7.8%에 해당하였고, 현거주
지가 확인되는 사람 214명에 대비 19.6%에 해당하였다. 곡포 거주자 중
국내 거주지가 함경북도 명천인 사람은 23명으로 곡포 거주자의 54.7%
를 차지하였다. 명천지역에서 집단 이주한 사람들이 가담하고 있는 것
으로 볼 수 있다. 앞서 살펴본 인물 중에서는 박시환이 곡포에 거주하
였다. 다음으로는 차거우(車巨隅, 자피거우)에 33명이 거주하였다. 자피
거우는 십삼도의군이 편성되었던 곳으로 함경북도 길주 출신들이 7명
(21.1%)으로 가장 많이 거주하고 있었다. 천리도포(泉里都浦)에는 20명
이 거주하였는데, 경흥, 길주 출신들이 많았다. 이들의 출생년이 1850~
60년대인 것으로 보아 1880년대 집단 이주하는 과정에서 이주한 사람
들로 보여진다. 이처럼 10명 이상 거주하고 있던 지역은 상곡포(上曲
浦) 15명, 초평(草坪) 15명, 쌍성곡포(雙城曲浦) 14명이었다. 또한 이 지
역은 함경도 일대에서 거주하던 사람들이 집단으로 이주하고 있었다.
그래서 현거주지에 살고 있는 사람들의 거주지를 보면 함경도 일대의

2~3개 도시에서 이주한 것으로 되어 있다. 따라서 10명 이상 거주하고 있는 곳은 연해주 지역으로 이주한 한인 거주지로 볼 수 있으며 그곳을 거점으로 독립운동세력이 활동하고 있었으며, 그곳은 독립운동의 거점이 될 수 있는 지역이었다.

〈표 3〉「의원안」에 기재된 현거주지별 인원

현거주지	開拓里	傑仁洞	曲浦	官地	馬山	孟嶺	上曲浦
인원	2	1	42	5	1	3	15
현거주지	小王小山峙	蘇王營黃坪	水淸	蓮秋	水淸東湖	水淸武湖	時芝味
인원	1	1	2	3	1	2	1
현거주지	水淸江巨峴	芋芝美新開許	堯峯	王所山	泉里都浦	六道溝	梓皮洞
인원	1	1	1	1	20	9	7
현거주지	秋豊大田峙	柳亭口末口東浦	初頭溝	草坪	千里道浦	湯浪水	沈湹隅
인원	1	1	1	15	1	1	1
현거주지	秋豊梓皮洞	海三	海港	紅美峙	火磨隅	黃坪	哈爾賓
인원	5	4	1	1	1	1	1
현거주지	雙城南乾乭	車巨隅米釀庫	西江	西江三峯	雙城曲浦	車巨隅	下馬灘
인원	1	1	2	1	14	33	2
현거주지	雙城黃坪	車巨隅草坪	蘇王嶺	哈馬湯	합계	거주지	46
인원	2	1	2	1		인원	214

또한 많은 인원이 거주하는 곳은 아니었지만 소왕령(蘇王嶺, 우수리스크)에는 이남기, 최문근(崔文瑾, 명천거주), 김운오 등이 거주하였고 하마탕(哈馬湯)에는 박용진(朴容瑨, 명천거주)이 거주하였다. 연추(蓮秋, 크라스키노)에는 조원선(趙元善, 덕원거주), 박창겸(朴昌謙, 경원거주)이 거주하고 있었으며, 유인석이 거주하고 있던 멍고개(孟嶺, 몽구가이)에는 이종하(李鍾夏, 1862년생, 길주거주), 황해도 의병장인 이종섭(李鍾聶, 이명: 이진용, 1860년생, 길주거주), 김진홍(金鎭弘, 1863년생,

경흥거주) 등이 거주하였다. 북간도(西江) 지역에 거주하며 연해주지역 의병으로 활동한 인물들도 있었다. 그들은 최우익(1872년생, 길주거주), 박재원(1881년생, 함흥거주), 김형중(1864년생, 단천거주) 등이었다.[49]

3. 1920년대 독립군과 「의원안」

1920년 전후 독립군 중에는 「의원안」에 수록된 인물들도 있었다. 일제는 1921년 4월경에 「間島方面ニ於ケル不逞鮮人團ノ組織及役員調査書」를 작성하였다.[50] 여기에는 대한군정서, 대한국민회, 대한의군부 등 북간도지역에서 활동하던 17개 독립군단체와 이들을 지원하던 대한민국임시정부 및 산하 조직으로 대한청년단연합회, 대한적십자회, 독립신문, 신대한 등의 조직 및 2,328명의 명단이 수록되어 있다. 이들 독립군 중에는 「의원안」에 수록되었던 인물들도 있었다. 그들은 현재 확인된 것으로 17명으로 전체 대비 1%도 되지 않는다. 「의원안」이 작성된 지 11년이 지났고, 연해주 지역을 중심으로 작성되었으며, 독립군의 주축이 1900년 전후에 출생한 세대라고 할 때 비율이 낮은 것은 당연한 것일지 모르나 16명 중에서 의병, 연해주지역 의병, 독립군으로 이어진 사람들도 있고, 연해주지역 의병에서 독립군으로 이어진 사람들도 있

---

[49] 현재 확인되는 북간도 거주인원은 3명이지만 현거주지가 확인되지 않는 인물이 300명이 넘기에 더 늘어날 수 있다. 또한 「의원안」에 기재된 국내거주지, 현거주지 등을 비교하여 이주 한인들의 지역적 특성과 1920년대 독립군 활동에 대해서는 추후 논문으로 밝혀보고자 한다.

[50] 日本外務省史料館 소장의 『自大正10年5月1일지동년7月 31日, 不逞鮮人團關係雜件, 28』에 수록되어 있으며, 1921년 6월 27일자 「間島總領事의 來信 機密 제263호의 附屬」 문서이다. 여기에는 북간도 지역에서 상당한 위치에 있던 대한군정서, 대한국민회, 대한북로독군부, 대한독리군, 대한군무도독부, 대한의군부, 대한의민단 등 17개 단체가 수록되어 있다. 자세한 해제는 『해외의 한국독립운동사자료 ⅩⅩ-北間島지역 獨立軍團名簿』 참조.

었다. 따라서 의병세력이 만주·연해주 지역으로 이동한 후 독립군으로 전환되는 과정을 파악할 수 있는 사례로 의미가 있다고 하겠다. 그들은 〈표 4〉와 같다.

〈표 4〉 1921년 조사 독립군 중 「의원안」 수록 인물

이름	한자명	생년	거주지	현거주지	국내의병	독립군
김경화	金京華	1861	甲山	연길현 崇禮鄕	-	대한민국의민단 제1지방회 지회장
김득형	金得亨	-	慶興		-	독립신문
김립	金立	1881	明川		이동휘 길동서숙	대한민국임시정부 국무원 비서국장
김병언	金炳彦	-	鍾城	왕청현 春葬鄕 安山	-	대한국민회 제1북지방회 제4지회
김사일	金仕日	1882	慶興	화룡현		대한의군부 西地方部 募捐隊員
박춘식	朴春植		鏡城	연길현 崇禮鄕		대한군정서 警信分局 제31분국 8과장
이범윤	李範允	1856	京	-	간도관리사	대한의군산포대 본부장 총재, 대한광복단 단장, 대한총군부 총장
이봉섭	李鳳燮	1866	明川	화룡현 明新社 土山子 南陽洞		대한국민회 서부지방회 제22지회 경호구장
이용국	李龍國	1879	富寧	화룡현 明新社 臥龍湖		대한국민회 서부지방회 제13지회 재무
이치권	李致權	-	-	연길현 志仁鄕 太陽村	충의대	대한의군부 산포대 재무과장
최덕준	崔德俊	1879	鏡城	-	함경도 의병장	훈춘한민회 사령관
최우익	崔于翼	1872	吉州	북간도 (西江)	함경도 의병장	대한의군부 본부 검사부장, 대한의군부 산포대 본부 총무, 대한총군부 부총재

한상렬	韓相烈	1876	橫城	-	한상렬 의병부대	대한의군부 대한의군전위대 참모
허근	許瑾	1867	會寧	-	함경도 의병장	대한의군부 대한의군전위대 대장
홍범도	洪範圖	1869	平壤	-	홍범도 의병부대	대한북로독군부 북로정일제1군사 령부 사령부장

〈표 4〉에 의하면 「의원안」에 수록되었던 인물들은 주로 대한의군부, 대한국민회, 대한민국임시정부 등지에서 활동하였다. 의병장 출신들은 홍범도를 제외하고는 대한의군부에 소속되어 활동하였다. 대한의군부는 북간도를 중심으로 인접한 연해주 지역까지 포함하는 의병 중심의 독립군단이었다. 총재는 이범윤이었고, 허근, 한상렬, 최우익, 이치권, 김사일 등이 활동하였다. 즉, 의병세력은 이범윤을 중심으로 의병이 주축이 된 독립군을 창설하여 활동하였던 것을 알 수 있다. 따라서 부대구성도 의병부대와 유사성을 가지고 있다고 할 수 있다. 대한의군부의 부대구성은 대한의군전위대(大韓義軍前衛隊), 대한의군산포대(大韓義軍山砲隊)로 되어 있으며, 대한의군전위대는 허근이 대장으로 약 100명이 소속되어 있다. 대한의군사포대는 최우익이 총무로 약 160명이 소속되어 있었다. 산포대는 산과 들을 경장(輕裝)으로 달리면 유력한 사격으로 기습을 목적으로 하는 별동대였다.[51] 전위대와 산포대는 통합되어 대한의군이 되고 최우익이 총판으로 실질적으로 주도하였다. 대한의군부의 지방조직인 중부(中部)는 북간도 연길현 지인향(志仁鄕) 의란구(依蘭溝) 남동(南洞)에 위치하였고, 서지방부(西地方部)는 화룡현 용신사(勇新社) 양목정자(楊木亭子)에 위치하였다.

의병세력이 의병이 주축이 된 부대에서 활동했다는 것은 「의원안」에

---

[51] 「義軍山砲隊規則 註記」, 『해외의 한국독립운동사자료 ⅩⅩ-北間島지역 獨立軍團名簿』, 230쪽.

수록되었던 김경화가 대한민국의민단 제1지방회 지회장을 맡고 있는
것에서도 확인할 수 있다. 대한민국의민단은 1920년 4, 5월경 연길현
숭례향(崇禮鄕) 묘구(廟溝)에서 천주교도와 의병이 중심이 되어 조직된
독립군이었다.

  대한의군부 다음으로 많이 가담한 독립군단은 대한국민회였다. 대한
국민회는 지방조직이 북간도 전역에 걸쳐 가장 잘 정비된 한인민정기
관이었다. 처음에는 기독교도 중심으로 조직되었으나 국민군이 항일전
쟁을 시작한 이후 불교, 천도교, 공교회 계통의 인물들도 가담하였다.
따라서 대한국민회에 가입하여 활동한 인물들은 의병세력이기보다는
연해주지역 의병에 동조하여 가담하였던 항일세력으로 보여 진다.[52]

IV. 맺음말

  압록강, 두만강 이북 지역인 연해주, 북간도, 서간도 등지는 1860년대
이후 조선인들의 이주가 시작되면서 이 지역에 조선인 마을이 형성되
었고 이들을 관리하기 위해 북간도지역의 경우 조선 관리가 파견되기
도 하였다. 만주·연해주 지역은 조선인들의 새로운 터전이 되었고 이
를 바탕으로 독립운동기지의 기반이 조성되었다. 이러한 만주·연해주
지역을 가장 먼저 주목한 세력은 의병들이었고, 1896년 호좌의진이 의
병근거지를 조성하기 위해 통화현(通化縣) 오도구(五道溝)에 정착한 것
이 독립운동기지 건설의 시초라고 할 수 있다. 호좌의진이 통화현 오두
구에 정착했던 것은 그곳에 조선인이 많이 거주하고 있었기 때문이었

---

[52] 북간도지역 독립군에 대한 분석을 통해 다시 밝혀보고자 한다.

다. 새로운 근거지 형성에 있어 인적(人的) 조건이 매우 중요했다는 것을 보여주는 것이다

의병세력은 1896년 의병운동시기부터 독립운동 기지로 서간도지역을 주목하였다. 그러나 1904년 러일전쟁 이후 북간도, 연해주 일대가 대두되었다. 이는 인적 기반 위에 무력 기반이 갖춰진 곳이 의병근거지가 되었던 것이다. 즉, 1908년 이후 군사·경제적 지원을 받을 수 있는 연해주에 의병을 비롯한 항일무장세력이 결집해 연해주 의병부대를 결성하였던 것이다. 유인석도 1908년 연해주 지역으로 이동하여 그곳에서 의병활동을 하고 있던 이범윤, 최재형 등과 협력하였다. 「의병규칙(義兵規則)」, 「의무유통(義務有統)」 등을 작성하면서 통합의병 결성에 노력한 결과 1910년 6월 십삼도의군이 창설되었다. 십삼도의군이 창설되기 전까지 의병세력의 활동은 연해주를 중심으로 국내외 의병세력을 비롯한 항일세력의 통합을 추진하는 것이었다. 그 과정에서 의병과 뜻을 같이하는 사람들의 명단이 작성되었는데, 그것이 바로 「의원안」이었다.

「의원안」에 기재된 인적구조를 통해 1910년대 의병세력의 분포와 1920년대 독립전쟁과의 관계를 보면, 첫째, 「의원안」에는 경성, 온성, 경원, 회령, 종성, 무산 길주 등 두만강 유역에서 거주하다가 북간도 지역으로 이주한 한인들이 참여하고 있었다. 이들의 참여는 간도관리사를 역임한 이범윤이 큰 역할을 하였다. 그는 간도관리사로 있으면서 사포대를 조직하는 등 북간도 지역 한인사회를 독립군으로 전환시킬 수 있는 조직을 구축하였다.

둘째, 함경도 일대에서 의병전쟁을 전개하였던 산포수 의병부대, 경성의병 등의 참여이다. 이들은 국내활동이 어렵게 되자 북간도, 연해주 일대로 이동하여 활동하였는데, 홍범도 의병장이 대표적인 인물이었다.

따라서 「의원안」에 기재된 인물 중 북청 등 함경도 일대에서 참여하고 있던 상당수 인원들은 의병세력으로 볼 수 있다.

셋째, 거주지 인원이 1~2명이면서 국내 의병전쟁 격전지였던, 제천, 횡성, 강릉, 충주, 개성, 해주 등지가 거주지인 사람들은 의병세력으로 볼 수 있다. 이들은 평안도, 강원도, 충청북도, 경기도, 황해도 일대에서 의병전쟁에 참여했던 인물들이고 국외에서 의병전쟁을 이어가기 위해서 유인석 의병장이 있던 연해주로 이동한 인물들이다. 대표적으로 한상렬 의병장이 있다. 특징적인 것은 남부지역 의병세력의 참여는 거의 찾아보기 힘들다. 그것은 일본군의 남한대토벌작전으로 인해 호남지역 의병들이 큰 피해를 입었다는 것과 유인석, 이범윤 등이 중심이 되어 「의원안」을 작성하였기 때문이다.

넷째, 현거주지가 기재된 사람들은 주로 북간도, 연해주 일대에서 거주하고 있었으며, 이들은 「의원안」 전체 대비 39.9%에 해당하였다. 즉, 1910년대 연해주 일대에서 결성된 의병세력은 이미 한국을 떠나 북간도, 연해주 일대에 정착하고 있던 사람들이었다. 이들은 한인 거주지역을 중심으로 김립의 경우와 같이 사관학교에서 독립군을 양성하거나 직접 참여함으로써 1920년 독립전쟁에 참여하고 있었다.

다섯째, 국내 의병세력과 연해주 의병세력, 나아가 1920년대 독립군과의 관계는 인적으로 이어지는 부분도 있었지만 그 수는 많지 않았던 것으로 보인다. 오히려 북간도 지역, 연해주 지역 거주 한인들의 참여가 더 많은 것으로 보여 진다. 즉, 의병세력이 국내에서 활동하면서 내세웠던 명분, 목표에 동의하는 북간도, 연해주 일대 한인들이 주축이 되었다고 할 수 있겠다. 이는 의병의 독립군 전환이 인적인 부분에서 전환되는 것도 있지만 국권침탈 과정에서 국권을 지키고 국수(國粹)를 지키겠다고 한 의병전쟁의 목적, 의병정신이 이어지고 있었다고 할 수 있겠다.

【부록】

의원안(연해주 1910년경)

성명	한자명	이명 (字)	생년	생년 (서기)	본관 (貫)	거주지 (居)	현거주지 (時居)	비고
류인석	柳麟錫							
이재윤	李載允							
이범윤	李範允	汝玉	丙辰	1856	完山	京		
이남기	李南基	于天	己未	1859	全州	鏡城	蘇(蕪)王嶺 : 니콜리스크 (우수리스크)	鏡城義兵 總務
이상설	李相卨	舜五	庚午	1870	慶州	京		
우병렬	禹炳烈	仲悅	丙辰	1856	丹陽	平山		
박양섭	朴陽燮	景明	甲寅	1854	竹山	平山		
박치익	朴治翼	子敬	乙卯	1855	竹山	宣川		
심상돈	沈相敦				青松	京		
안종석	安鍾奭	聖保	壬申	1872	廣州	廣州		
차재정	車載貞	復元	乙丑	1865	延安	肅州		
김병진	金秉振	聲玉	乙丑	1865	慶州	明川		
이승호	李昇鎬	汝淡	庚申	1860	全州	鏡城		
이종하	李鍾夏	尙禹	壬戌	1862	全州	吉州	孟嶺: 몽구가이	
최병규	崔秉奎	宋五	戊辰	1868	水原	吉州		
방병교	方炳敎	善一	癸丑	1853		茂山		
최만억	崔萬億	仁卿	乙巳	1845	江陵	端川	梓皮洞	
강만필	姜萬弼	良汝	甲辰	1844	晋州	會寧	初頭溝	
최진해	崔珍海	致彦	丙午	1846	江陵	鏡城		
이형재	李亨在	永舜	庚戌	1850	全州	吉州	時芝味	
박영수	朴永守	元翁	丁未	1847	密陽	會寧		
양윤수	梁潤洙	子永	辛亥	1851	南原	鏡城		
최우익	崔于翼	聖瑞	壬申	1872	原州	吉州	西江	
김만송	金晩松	中和	庚辰	1880	金海	明川		
이윤	李潤	共栢	癸酉	1872	全州	洪原		
최문근	崔文瑾	寶汝	癸酉	1872	原州	明川	蘇(蕪)王嶺	
김광열	金光烈	承彦	癸未	1883	龍潭	明川		
이환유	李煥裕	聖餘	庚申	1860	全州	端川	梓皮洞	
김덕오	金德梧	順學	丁卯	1867	安東	安東	梓皮洞	
이종섭	李鍾晶	雲瑞	庚申	1860	全州	吉州	孟嶺	
염덕언	廉德言	成七	癸亥	1863	坡州	端川		

성명	한자명	이명 (字)	생년	생년 (서기)	본관 (貫)	거주지 (居)	현거주지 (時居)	비고
현정은	玄貞殷		庚午	1869	延州	明川	梓皮洞	
김진홍	金鎭弘	卿弘	癸亥	1863	淸風	慶興	孟嶺	
임표준	林豹儁	公烈	辛未	1871	全州	鏡城	梓皮洞	
박영실	朴永實	春和	乙亥	1875	密陽	春川		
한상렬	韓相說	文克	丙子	1876	淸州	橫城		
이영실	李英實	春白	己巳	1869	淸州	北靑		
우문선	禹文善	叔賢	庚午	1870	丹陽	平山		
박창순	朴昌淳							
권유상	權裕相				安東	牙山		
안재희	安載熙	聖天	己卯	1879	順興	安州		
박용근	朴龍根	雲瑞			密陽	博川		
전광언	全光彦	帥彦	戊申	1848	慶州	鏡城	梓皮洞	
이용구	李龍九	中五	乙酉	1885	牛峰	忠州		
박승연	朴勝衍	致善	辛巳	1881	潘南	博川		
백경환	白慶煥	善汝	壬午	1882	水原	德川		
김두운	金斗運	復汝	丙戌	1886	慶州	寧邊		
이동섭	李東燮	正克	甲申	1884	慶州	安州		
한봉섭	韓鳳燮	儀卿	丁亥	1887	淸州	博川		
홍석우	洪錫禹	子範	乙酉	1885	南陽	定州		
이석기	李錫驥	景雲	壬午	1882	全州	堤川		
홍범태	洪範泰	士亨	壬午	1882	南陽	定州		
이종협	李鍾協	巳五	戊子	1888	全義	金川		
강철묵	康喆默	久明	己丑	1889	信川	寧邊		
이중희	李重熙	允洽	己丑	1889	廣州	价川		
강기복	康基復	汝剛	辛卯	1891	信川	寧邊		
현경균	玄敬均	直臣	癸巳	1893	延州	博川		
김동여	金東礪	說甫	己丑	1889	慶州	寧邊		
문승도	文昇道	德汝	丁卯	1867	南坪	北靑		
최병선	崔秉先							
윤경수	尹卿秀	建權	戊午	1858	坡平	鏡城		
이시봉	李時奉	雲甫	己酉	1849	全州	端川		
강기원	姜基元	子仁	庚寅	1890	晋州	會寧		
정병주	丁丙柱	久伯	癸亥	1863	羅州	慶源		
염승옥	廉承玉	德三	甲申	1884	坡州	鏡城		
윤욱	尹煜							
구덕승	具德昇							
안기선	安基璿	德三	甲申	1884	順興	京		

성명	한자명	이명(字)	생년	생년(서기)	본관(貫)	거주지(居)	현거주지(時居)	비고
윤응규	尹應奎	賢五			坡平	鏡城		
정홍규	丁弘奎	國瑞	壬辰	1892	羅州	慶源		
박제준	朴濟俊							
김계현	金啓賢	英華	乙亥	1875	金海	吉州		
이화필	李華弼	炳龍	辛未	1871	金海	會寧		
이승갑	李升甲	允化	辛亥	1851	全州	明川		
임중보	林仲甫	貴孫	乙巳	1845	仁川	鏡城		
이용국	李容國	龍瑞	乙卯	1855	全州	吉州		
방중겸	方仲謙	德梧	丙子	1876	坡州	鏡城	梓皮洞	
박홍섭	朴洪燮	文差	庚辰	1880	密陽	富寧		
이경천	李京千	宗秀	甲戌	1874	全州	吉州		
김영두	金英斗	應洛	乙亥	1875	慶州	北靑		
김기준	金基俊		辛卯	1891	旌善	鏡城		안산, 안평 산포수의병 제2분대
이운봉	李雲峯	雲學	戊辰	1868	慶州	鐵山		
방명덕	方明德	春和	戊寅	1878	溫陽	江陵		
김봉주	金鳳周	守德	乙亥	1875	金海	義州		
엄사간	嚴士侃	士乾	癸卯	1843	寧越	端川		
강여용	姜汝龍	成樂	辛未	1871	全州	端川		
김교환	金敎煥	熙世	壬子	1852	慶州	咸興		
조상열	趙相說		辛酉	1861	密陽	州		
김종협	金鐘協	天鳳	甲戌	1874	金海	明川		
김문호	金文浩	奉春	戊寅	1878	慶州	楚山		
전봉준	全鳳俊	元俊	己卯	1879	天安	鏡城		
최광	崔廣	贊玉	壬午	1882	廣州	宜寧		
김호	金虎	明淑	癸酉	1873	金海	洪原		
신창규	申昌奎		戊寅	1878	平山	淮陽		
한기순	韓基淳		丁亥	1887	淸州	甲山		
이도현	李道鉉		壬申	1872	全州	安城		
문성용	文成龍		戊午	1858		海州		
윤시혁	尹時赫	致雲	丁丑	1877	坡平	鏡城	馬山	
김립	金立	遠輔	辛巳	1881	全州	明川		이동휘 길동서숙 참여(법률과 정치 교수)
박진태	朴鎭台	英三			密陽	京		

성명	한자명	이명 (字)	생년	생년 (서기)	본관 (貫)	거주지 (居)	현거주지 (時居)	비고
최학선	崔學善	承千	庚申	1860	全州	北青		홍범도 의병 제2중대장
이군천	李君天	君三	乙丑	1865	青海	北青		
김덕성	金德聲		庚午	1870	淸州	平壤		
노의섭	盧義燮		己巳	1869	州	龍崗		
박광섭	朴光燮		辛未	1871	密陽	平壤		
이창국	李昌國		壬辰	1892	全州	明川		
김병순	金炳順		丙戌	1886	全州	永興		
최경남	崔敬南		庚辰	1880	全州	會寧		
장창악	張昌樂		甲申	1884	蔚珍	吉州		
최중원	崔仲源		癸酉	1873	海州	鏡城		
윤치기	尹治基		丁亥	1887	坡平	鏡城		
윤경항	尹景恒	景彦	乙酉	1885	坡平	鏡城		
김덕언	金德彦	昌玉	壬申	1872	全州	明川		
염승진	廉昇珍		丁亥	1887	坡平	鏡城		
윤섭	尹灄	駿千			坡平	南海		
방기형	方璣衡	禹瑞	己巳	1869	溫陽	鏡城		
이봉섭	李鳳燮	禹若	丙寅	1866	全州	明川		
박규승	朴奎承	允洺	戊辰	1868	密陽	長湍		
이	李	仁化	癸亥	1863	全州	慶興	秋豊梓皮洞	
이보현	李輔賢	聖瑞	壬午	1882	全州	鍾城		
강수현	姜壽鉉		丙戌	1886	晉州	會寧		
이공묵	李公默		戊寅	1878	平昌	穩城	秋豊梓皮洞	
박문길	朴文吉		庚申	1860	密陽	吉州	秋豊梓皮洞	
남규원	南奎源		己未	1859	宜寧	慶興	秋豊梓皮洞	
남학철	南鶴哲	黃仁	庚申	1860	宜寧	慶興	秋豊梓皮洞	
이병태	李炳台	致三	己卯	1879	星山	晉州		
배추규	裵樞奎							
정갑묵	鄭甲默							
최덕준	崔德俊	德俊, 瑗熙	己卯	1879	江陵	鏡城		
玄								
조원선	趙元善	牲一	甲戌	1874	永春	德源	蓮秋(연해주 하산스키군 크라스키노)	
오추성	吳樞星		庚午	1870	海州	海州		
이기	李起	一超	戊辰	1868	慶州	堤川		

성명	한자명	이명(字)	생년	생년(서기)	본관(貫)	거주지(居)	현거주지(時居)	비고
장윤권	張允權							
강택희	姜宅熙	文伯	癸酉	1873	晋州	慶源		경성, 북청 진위대 부위 출신으로 북청, 풍산, 홍원 등지에서 70여 명의 의병을 이끌었음
김상헌	金商憲							
김성준	金聖畯							
조영진	趙永晉	昌浩	丁丑	1877	淳昌	通川		
장인권	張仁權							
정재관	鄭在寬							
박치운	朴治雲							
김현토	金顯土							
백인건	白仁建							
이용욱	李容郁	周文	戊辰	1868	全州	吉州	海三(블라디보스토크)	대한협회 일반회원 출신 의병
최봉진	崔鳳鎭		戊午	1858	海州	吉州		
함	咸							
이치권	李致權							
이용덕	李容德	景瑞	丙午	1846	全州	吉州		
강순기	姜順基							
함동철	咸東哲							
허근	許瑾	公希	丁卯	1867	陽川	會寧		
전제익	全濟益							
이규풍	李奎豊							
이중호	李仲鎬	汝丁	乙丑	1865	全州	鏡城		
함석흥	咸錫興	日樞	乙卯	1855	江陵	京		
이응수	李應洙							
김태근	金泰根							
김사일	金仕日		壬午	1882	金海	慶興		
박승규	朴昇奎	汝日	乙亥	1875	固城	慶源	芋芝美新開許	
김병권	金秉權	柄哲	甲戌	1874	金海	慶興	秋豊大田峙	
허재용	許在龍		丙子	1876	陽川	端川		
김진도	金陳道		丙子	1876	金海	務安		
김윤택	金允澤		戊辰	1868	全州	端川		

성명	한자명	이명(字)	생년	생년(서기)	본관(貫)	거주지(居)	현거주지(時居)	비고
김사열	金思烈		戊寅	1878	金海	利原		
조병규	趙柄奎	瀅鍊	丁亥	1887	晋州	端川		
강윤선	姜允善		庚辰	1880	晋州	江界		
전재홍	全在弘		癸酉	1873	旌善	利原		
이호연	李浩連		乙亥	1875	全州	甲山		
정중은	鄭仲銀		丁丑	1877	溫陽	京		
이봉진	李鳳進		癸未	1883	全州	甲山		
김낙승	金洛昇		甲申	1884	金海	富寧		
백봉준	白鳳俊		乙亥	1875	水原	端川		
김창일	金昌一		庚寅	1890	金海	鍾城		
이용국	李龍國		己卯	1879	全州	富寧		
박병렬	林柄烈		壬午	1882	密陽	會寧		
신복	申福		壬申	1872	平山	釜山		
이범인	李範麟				全州	京		
최일권	崔一權		甲申	1884	海州	會寧		
장흥경	張興慶		癸酉	1873	仁同	楊州		
차재윤	車載倫	益如	丙戌	1886	延安	靑川		
이범석	李範錫	棣九	壬戌	1862	靑海	京		
김임호	金任鎬	周贄	甲申	1884	金海	江華		
장발	張發	命中	乙酉	1885	鎭安	開城		
이현직	李賢稷	冕后	戊午	1858	公州	吉州		
김좌두	金佐斗		甲子	1864	江陵	德源		
김요선	金堯璿	衡玉	乙酉	1885	蔚山	長城		
최윤갑	崔淪甲	泰	己巳	1869	開寧	吉州	海三	
박광규	朴光奎	天有	庚申	1860	固城	慶源		
김민규	金敏奎	泰日	甲寅	1854	平山	茂山		
이정찬	李鼎燦	德汝	甲戌	1874	全州	江西		
김성일	金聖一	貫燮	癸酉	1873	善山	端川		
허건	許健	自一	庚辰	1880	陽川	茂山		
이순현	李舜鉉		壬辰	1892	丹陽	中和		
채기영	蔡琪泳	明瑞	戊子	1888	平康	慶源	蓮	
김홍기	金鴻機	公敏	戊子	1888	淸風	沃川		
민효식	閔孝植	忠甫	癸巳	1893	驪興	京		
서성정	徐成正	文益	庚午	1870	利川	京		
홍범도	洪範圖	汝千	己巳	1869	南陽	平壤		
김창욱	金昌郁	子允	己巳	1869	康津	安州		
김달봉	金達鳳	泰翼	己丑	1889	金海	雲山		

성명	한자명	이명(字)	생년	생년(서기)	본관(貫)	거주지(居)	현거주지(時居)	비고
채제윤	蔡濟允	允吉	丙子	1876	平康	慶源		
김원일	金元一		辛未	1871	淸風	慶興		
김원필	金元弼	永芝	甲寅	1854	淸風	慶興		
김필규	金弼奎	台彦	壬申	1872	平山	茂山		
박창익	朴昌益		庚戌	1850	固城	慶源		
신모	申模	益京	庚申	1860	平山	會寧	海三	
서오성	徐五星	仲見	戊寅	1878	達城	大邱		
김봉래	金鳳徠	致修	丙戌	1850	延安	安州		
석진재	石鎭哉	良弼	己丑	1889	忠州	安州		
박용진	朴容瑨	文重	任戌	1862	密陽	明川	哈馬湯	
박재원	朴在元	汝道	辛巳	1881	密陽	咸興	西江三峯	
최인진	崔仁鎭				慶州	茂山		
박동규	朴東奎				固城	慶源		
김병련	金炳鍊	玄五			平山	茂山		
박남순	朴南順				固城	慶源		
최형진	崔亨鎭				慶州	茂山		
주봉국	朱鳳國	自寬			寧越	鍾城		
정봉규	鄭鳳奎	化一			州	鏡城		
이동명	李東明				江陵	茂山		
전정석	全定錫	化允			黃澗	穩城		
황낙천	黃洛天					明川		
박창낙	朴昌洛	宅甫			固城	慶源		
김추억	金秋億				淸風	慶興		
채동수	蔡東秀				平康	茂山		
최제규	崔濟奎				海州	慶源		
김응섭	金應燮	京五			安東	富寧		
최동규	崔東奎				海州	海州		
김형종	金亨鍾				淸風	慶興		
황하성	黃河成				楊州	慶源		
박증진	朴曾鎭	周八			巖	慶興		
박진양	朴鎭良	汝弼			固城	慶源		
박춘식	朴春植	致彦			忠州	鏡城		이범윤 검찰
황낙여	黃洛汝					慶源		
신봉직	申鳳直				平山	平壤		
김병언	金炳彦				慶州	鍾城		
김득형	金得亨	成玉			金海	慶興		
유달주	柳達株	河洙	辛亥	1851	文化	城津	海三	

성명	한자명	이명(字)	생년	생년(서기)	본관(貫)	거주지(居)	현거주지(時居)	비고
이정요	李晶堯	松波	丁亥	1887	全州	殷山		
김기정	金夔定	政日	丁亥	1887	商山	京		
나윤일	羅允一	丙極	丙子	1876	羅州	鏡城		
정동규	丁桐圭	龍化	己丑	1889	羅州	高原	湯浪水	
박창겸	朴昌謙	希周	庚戌	1850	密陽	慶源	蓮秋	
초양섭	楚陽燮	公敏	壬戌	1862	巴陵	明川		
서경택	徐景澤	澤	甲申	1884	利川	洪原		
이철학	李喆學					咸興		
김연상	金演祥	其玉	己卯	1879	江陵	長湍		
김기혁	金箕赫							
설병두	薛秉斗	柱七	庚辰	1880	淳昌	利原		
문경근	文敬根		庚辰	1880	南平	海州		
이희수	李熙洙	永禧	丙子	1876	公州	鏡城		
채완묵	蔡完默	君七						
박기화	朴基化							
이원필	李元弼	君三	戊辰	1868	全州	德源		
이덕권	李德權		丁丑	1877	全州	京		
최형순	崔亨淳	兩千	甲申	1884	全州	利原		
박병열	朴丙烈	英極	庚辰	1880	順天	鏡城	水淸江巨峴	
한홍범	韓洪範	爾善	戊戌	1838		鏡城	六道溝	
전재희	全在熙	間緝	甲戌	1874		會寧	六道溝	
김정환	金正煥	京道	乙酉	1885		鍾城	六道溝	
최응성	崔膺聖	萬汝	丁未	1847		穩城	六道溝	
박현범	朴賢範	律卿	庚子	1840		慶源	六道溝	
김양필	金良弼	用卿	辛未	1871		鍾城	六道溝	
오병준	吳秉濬	彙之	甲子	1864		會寧	六道溝	
오종범	吳宗範		癸巳	1893		會寧	六道溝	
오평준	吳平濬	逸之	己巳	1869		會寧	六道溝	
황용연	黃龍淵	澤乾	丙子	1876	平海	端川	水淸	
이종익	李鍾翊		癸未	1847	慶州	襄陽		
최병수	崔炳洙							
박석능	朴錫能							
허승현	許昇炫	于日	壬申	1872	陽川	城津		
허경	許境	元汝	辛未	1871	陽川	吉州		
김흥운	金興云		庚申	1860	安東	鏡城		
이종악	李鍾嶽					鏡城	水淸	
박기춘	朴基春		癸巳	1893	密陽	甲山		

성명	한자명	이명(字)	생년	생년(서기)	본관(貫)	거주지(居)	현거주지(時居)	비고
김정수	金正洙							
김상훈	金祥勳							
김운오	金雲五						蘇王營黃坪	
박상춘	朴尙春		庚午	1870	靈巖	三水	曲浦	
김명종	金明宗	萬寶	己未	1859	全州	鏡城		
강수문	姜守文	文化	丙寅	1866	晋州	鏡城		
노창신	盧昌信		乙丑	1865	光州	甲山		
허병욱	許柄旭						堯峯	
최양혁	崔陽赫						火磨隅	
허희섭	許希爕		乙丑	1865		吉州		
김봉만	金鳳萬							
김순팔	金舜八							
채중삼	蔡仲三		庚午	1870		茂山	千里道浦	
□시홍	□時弘		乙巳	1845		吉州	車巨隅草坪	
박중극	朴仲極		癸亥	1863	密陽	鏡城	車巨隅米釀庫	
진광협	陳光俠		癸卯	1843	陽	慶源		
허중유	許仲有						曲浦	
유명서	俞明瑞						車巨隅	
이동하	李東夏		丙申	1836	全州	吉州	下馬灘	
이동칠	李東七		壬寅	1842	全州	吉州	下馬灘	
최종기	崔宗岐							
이명호	李明浩		乙亥	1875	星州	寧邊		
박창래	朴昌來							
김□□	金□□							
김일택	金一澤	元瑞	乙卯	1855	善山	公州	哈爾賓	
이경필	李京弼						車巨隅	
황치화	黃致化						車巨隅	
박돈섭	朴敦爕						小王小山峙	
허익	許益						紅美峙	
김운서	金雲瑞						王所山	
최한봉	崔漢鳳							
김응수	金應洙							
신정균	申正均	君若	丙寅	1866	平山	吉州		
노기정	魯基禎						寧邊	
양태일	梁泰一		乙卯	1855	南原	吉州	柳亭口末口東浦	
민영기	閔泳琦	昌佑	丁丑	1877	驪興	德源	海港	
지병규	池炳奎	致旭	戊子	1888	忠州	明川		

성명	한자명	이명 (字)	생년	생년 (서기)	본관 (貫)	거주지 (居)	현거주지 (時居)	비고
심용수	沈龍洙	雲瑞	己丑	1889	三陟	江陵		
허완규	許玩奎	允權	甲寅	1854	陽川	吉州		
이병인	李炳寅	春景	壬戌	1862	全州	吉州		
방화춘	方和春	廣述	辛巳	1881	溫陽	北青		
강봉운	姜鳳云		癸酉	1873	晋州	鏡城		경성의병 의안
이효진	李孝鎭	忠三	己丑	1889	丹陽	北青		
이필수	李弼秀	輔汝	丁亥	1887	天安	京		
조정국	趙定國	君和	丙寅	1866	漢陽	北青		
홍명순	洪明淳	明三	丁亥	1887	南陽	北青		
나상륜	羅尙崙	乃鉉	乙酉	1885	羅州	明川		
최윤옥	崔允玉	龍三	壬申	1872	水原	明川		
김찬호	金瓚鎬					平壤		
박희한	朴希漢		乙未	1835	靈巖	三水	雙城曲浦	
최영호	崔營鎬							
이형순	李衡淳	致律	丁卯	1867	全州	吉州		
이흥교	李興喬	允三	癸酉	1873	河濱	端川	水清東湖	
김명남	金明南	普淵	丙寅	1866	金海	利原	水清武湖	
이혁순	李赫淳	星七	乙丑	1865	全州	吉州		
박만금	朴萬金		癸未	1883	密陽	北青		
이병순	李秉純	公厚	丙辰	1856	完山	金浦		
전춘경	全春景	雲鶴	丙戌	1886	定山	京		
김춘화	金春華	丙先	癸未	1883	江陵	北青		
박중선	朴中善	致弘	丙戌	1886	平澤	茂山		
김병진	金秉軫	春澤	戊子	1888	旌善	慶興		
김윤오	金允五		壬戌	1866	金海	吉州		
김형중	金衡重	權一	甲子	1864	善山	端川	西江	
김순구	金舜九	昇閏	辛未	1871	金海	利原	水清武湖	
이찬하	李燦夏	然甫	辛巳	1881	全州	端川		
주춘화	朱春和		丙子	1876	新安	京		
오춘성	吳春星		甲戌	1874	海州	京		
최병윤	崔秉玩	利旬	戊辰	1868	海州	會寧	雙城南乾乭	
정기현	鄭紀鉉	士中	庚辰	1880	東萊	陜川		
유문권	柳文權		癸丑	1853	文化	海州	雙城曲浦	
노창신	盧昌信	景書	乙丑	1865	光州	甲山	雙城曲浦	
노봉우	盧鳳佑		乙酉	1885	光州	甲山	雙城曲浦	
김치언	金致彦		甲戌	1874	金海	吉州	雙城曲浦	
배진오	裵辰五		己丑	1889	全州	吉州	雙城曲浦	

성명	한자명	이명(字)	생년	생년(서기)	본관(貫)	거주지(居)	현거주지(時居)	비고
이용을	李龍乙		乙亥	1875	全州	吉州	雙城曲浦	
허공칠	許公七		戊辰	1868	陽州	吉州	雙城曲浦	
김영선	金永善		乙巳	1845	金海	淮陽	雙城曲浦	
안기열	安基悅		壬申	1872	順興	吉州	雙城曲浦	
허용흡	許龍洽	仲禹	庚辰	1880	陽川	吉州	雙城曲浦	
박호범	朴浩範		丁亥	1887	密陽	吉州	雙城曲浦	
김원섭	金元燮		丙子	1876	慶州	德源	雙城曲浦	
최도순	崔道淳		庚辰	1880	江陵	吉州	雙城曲浦	
백만수	白萬壽		丙子	1876	水原	寧邊	曲浦	
김팔용	金八龍		甲申	1884	忠州	吉州	曲浦	
김신화	金信化		甲申	1884	善山	鏡城	曲浦	
박승권	朴承權		甲子	1864	密陽	三水	曲浦	
박가선	朴可善		丙寅	1866	密陽	海州	曲浦	
이경삼	李京三		戊寅	1878	韓山	鏡城	曲浦	
안대현	安大鉉		辛酉	1861	順興	吉州	曲浦	
안태원	安泰元		己巳	1869	順興	吉州	曲浦	
안정호	安正鎬		辛未	1871	順興	吉州	曲浦	
안백련	安百鍊		丁亥	1887	順興	吉州	曲浦	
홍수련	洪秀鍊		甲戌	1874	南陽	甲山	曲浦	
최용국	崔龍國		甲申	1884	江陵	吉州	曲浦	
황하벽	黃河碧		丙子	1876	海州	吉州	曲浦	
박화삼	朴化三		丙子	1876	密陽	富寧	曲浦	
최익범	崔益範		戊午	1858	慶州	明川	曲浦	
이응희	李應熙		癸酉	1873	公州	吉州	曲浦	
김춘택	金春澤		癸未	1883	綾州	德源	曲浦	
박원섭	朴元燮		乙丑	1865	密陽	慶興	曲浦	
안중인	安重仁		壬申	1872	順興	吉州	曲浦	
최중화	崔重化		甲戌	1874	水原	吉州	曲浦	
박성율	朴成律		癸酉	1873	密陽	吉州	曲浦	
허석송	許錫松		戊子	1888	陽川	吉州	曲浦	
허기용	許己龍		丁亥	1887	陽川	吉州	曲浦	
허명	許明		丙子	1876	陽川	吉州	曲浦	
김봉우	金鳳禹		乙亥	1875	金海	吉州	曲浦	
김시운	金時運		丁卯	1867	善山	鏡城	曲浦	
최병율	崔秉律		庚午	1870	水原	鏡城	曲浦	
이기화	李技和		壬子	1852	全州	慶興	曲浦	
김동두	金東斗	瑞貫	甲子	1864	全州	鏡城	曲浦	

성명	한자명	이명 (字)	생년	생년 (서기)	본관 (貫)	거주지 (居)	현거주지 (時居)	비고
허유	許宥		癸丑	1853	陽川	吉州	曲浦	
박원범	朴元範	斗亨	壬戌	1862	靈巖	吉州	曲浦	
박인춘	朴寅春	道回	庚午	1870	靈巖	吉州	曲浦	
이병호	李炳鎬	希道	壬子	1852	全州	吉州	曲浦	
허약	許若	在權	庚戌	1850	陽川	吉州	曲浦	
송태용	宋泰鏞		丁巳	1857	恩津	江西	曲浦	
현희종	玄熙鍾	京皓	壬申	1872	延州	吉州	曲浦	
안정로	安正路		壬戌	1862	順興	吉州	曲浦	
이영실	李榮實		己巳	1869	丹陽	義州	曲浦	
허종섭	許鍾燮	希涉	乙丑	1865	陽川	吉州	曲浦	
박시환	朴時煥		壬戌	1862	密陽	明川	曲浦	대한협회 경성 지회 간사원
정치건	鄭致健	基永	壬子	1852	東萊	甲山		
이인규	李寅奎	鍾協	戊寅	1878	全州	吉州		
김공서	金公瑞		庚戌	1850	光山	吉州		
노명율	盧明律	于道	乙丑	1865	光山	甲山		
김경화	金京華	官迪	辛酉	1861	慶州	甲山		
백경삼	白京三		戊午	1858	水原	甲山		
김병옥	金炳玉		甲申	1884	慶州	三水		
김윤환	金允煥	亨英	乙卯	1855	慶州	吉州	上曲浦	
박문협	朴文協	乃元	辛亥	1851	密陽	甲山	上曲浦	
김복만	金福滿		癸亥	1863	善山	吉州	上曲浦	
최진형	崔進衡	雲夏	壬子	1852	青松	城津	上曲浦	
이봉화	李奉和	榮根	癸酉	1873	慶州	杆城	上曲浦	
김성식	金聖植	亨律	甲辰	1844	全州	甲山	上曲浦	
염응섭	廉應涉		辛巳	1881	坡州	端川	上曲浦	
유문석	俞文錫		丁丑	1877	杞溪	甲山	上曲浦	
김천일	金千鎰		戊寅	1878	善山	鏡城	上曲浦	
심상열	沈相說	化俊	乙亥	1875	青松	甲山	上曲浦	
오태선	吳泰善		癸酉	1873	海州	平壤	上曲浦	
진석범	陳錫範	善化	丙子	1876	扶餘	歙谷	上曲浦	
이인신	李寅信	元甫	丁巳	1857	全州	甲山	上曲浦	
김성삼	金成三		丙子	1876	金海	甲山	上曲浦	경성의병(경성 군 주북사 포 평 거주)
김덕순	金德順	于南	壬子	1852	善山	吉州		
최윤학	崔允鶴	化龍	甲寅	1854	忠州	甲山		

성명	한자명	이명(字)	생년	생년(서기)	본관(貫)	거주지(居)	현거주지(時居)	비고
박권흥	朴權興	中執	己卯	1879	密陽	甲山		
박윤범	朴允範	允三	己未	1859	高城	慶興	車巨隅	
박세헌	朴世憲		戊午	1858	密陽	明川	車巨隅	
김기열	金基說		己未	1859	慶州	吉州	車巨隅	
황치선	黃致善	希宗	庚午	1870	平海	明川	車巨隅	
배언순	裵彦順		壬戌	1862	慶州	鏡城	車巨隅	
오희문	吳希文		丙寅	1866	海州	平壤	車巨隅	
유광철	俞光哲	明瑞	壬戌	1862	杞溪	慶興	車巨隅	
김계화	金桂華		丁丑	1877	金海	吉州	車巨隅	
최창오	崔昌五	德順	丙寅	1866	珍山	穩城	車巨隅	
김여백	金汝伯	成龍	丙辰	1856	三水	甲山	車巨隅	
정봉주	鄭鳳周	成瑞	甲子	1864	河東	端川	車巨隅	
최호길	崔鎬吉		丁未	1847	慶州	明川	車巨隅	
오금용	吳金龍	瑞文	癸未	1883	海州	鏡城	車巨隅	
이세준	李世俊		丙辰	1856	全州	鍾城	車巨隅	
김명보	金明甫	德五	壬申	1872	慶州	吉州	車巨隅	
김여순	金汝順	賢燮	癸丑	1853	慶州	明川	車巨隅	
진상수	陳祥守		丙辰	1856	興德	慶源	車巨隅	
김장손	金長孫		庚子	1840	慶州	穩城	車巨隅	
강영석	康寧錫	京三	壬申	1872	通州	茂山	車巨隅	
이문엽	李文燁		辛亥	1851	全州	吉州	車巨隅	홍범도 후치령 전투 참어
남영준	南永俊	彦三	丙辰	1856	宜寧	吉州	車巨隅	
김경필	金京弼	汝元	戊午	1858	全州	吉州	車巨隅	
김성윤	金成允		甲子	1864	全州	吉州	車巨隅	
안만근	安萬根	春三	丙子	1876	順興	甲山	車巨隅	
허계	許季				陽川		車巨隅	
진홍필	陳弘弼				興德		車巨隅	
이성화	李聖化				全州		車巨隅	
김여화	金汝化				慶州		車巨隅	
박중극	林仲極		丙子	1876	密陽	慶源	車巨隅	
박도경	朴道京		戊寅	1878	密陽	鏡城	車巨隅	
유계성	俞季聖				杞溪			
진수경	陳守京				興德			
김운서	金云瑞				金海			
김학교	金學敎				金海			
진홍택	陳洪澤				興德			

성명	한자명	이명 (字)	생년	생년 (서기)	본관 (貫)	거주지 (居)	현거주지 (時居)	비고
진우종	陳禹宗				興德			
이경환	李京煥				全州			
진홍극	陳洪極				興德			
김응수	金應守				慶州			
한영기	韓永基				淸州			
진상원	陳尙元				興德			
윤철준	尹哲俊				坡平			
한경세	韓京世				淸州			
민병수	閔秉守		辛酉	1861	驪興	吉州	傑仁洞	
송계심	宋桂心							
김자열	金子烈							
김희서	金希瑞							
여정학	呂正學							
김준원	金俊元							
홍용화	洪龍化							
이덕현	李德鉉							
김성종	金成鍾							
차천일	車天日							
전용연	全龍淵				全州			
이경칠	李京七							
여우길	呂禹吉							
허학	許學				陽川			
여학수	呂學守							
박문삼	朴文三							
김순문	金順文							
김원식	金元植		甲辰	1844	全州	鏡城	草坪	
이사범	李士範		丙子	1876	全州	端川	草坪	
김충삼	金忠三		乙丑	1865	金海	鍾城	草坪	
방도일	方道日		甲申	1884	溫陽	穩城	草坪	
김보여	金甫汝		丙辰	1856	金海	慶源	草坪	
서원경	徐元京		甲戌	1874	利川	鏡城	草坪	
이원필	李元弼		丙子	1876	廣州	端川	草坪	
안기준	安基俊		辛卯	1891	順興	慶源	草坪	
홍민언	洪敏彦	利善	丙辰	1856	南陽	慶源	草坪	
김윤오	金允五		庚申	1860	金海	端川	草坪	
김병호	金秉鎬		丙寅	1866	交河	吉州	草坪	
방명범	方明範		壬戌	1862	溫陽	鏡城	草坪	

성명	한자명	이명 (字)	생년	생년 (서기)	본관 (貫)	거주지 (居)	현거주지 (時居)	비고
방화세	方化世		辛巳	1881	溫陽	鏡城	草坪	
방경삼	方京三		壬戌	1862	溫陽	鏡城	草坪	
전재원	全在元	在仁	辛未	1871	寧越	吉州	開拓里	
김유성	金有聲		癸酉	1873	金海	洪原	開拓里	
정효묵	鄭孝默	道明	丁巳	1857	晋州	尙州		
신동낙	申東洛	鳳瑞	庚申	1860	平山	茂山	官地	
황선오	黃善五	京甫	壬申	1872	楊州	慶源	官地	
황이현	黃利賢	德文	己巳	1869	楊州	慶源	官地	
이흥재	李興在		乙卯	1855	全州	吉州	官地	
노병수	盧秉秀	成三	壬戌	1862	光州	甲山	官地	
이명서	李明瑞	明祿	壬戌	1862	全州	慶興	泉里都浦	
황금록	黃金祿		辛卯	1891	平海	富寧	泉里都浦	
서희원	徐喜源	春三	丁丑	1877	利川	洪原	泉里都浦	
김이건	金利建		甲子	1864	南原	慶興	泉里都浦	
이문일	李文一	士雲	丁未	1847	全州	慶興	泉里都浦	
김사현	金思賢	順五	戊午	1858	延安	吉州	泉里都浦	
김우은	金禹銀	文珠	丙寅	1866	慶州	吉州	泉里都浦	
채승용	蔡承龍		乙亥	1875	平康	茂山	泉里都浦	
이방운	李芳芸	聖文	丁巳	1857	全州	鏡城	泉里都浦	
최철준	崔哲俊		乙酉	1885	杆城	穩城	泉里都浦	
김여영	金麗英	玄日	甲子	1864	晋州	鏡城	泉里都浦	
채정규	蔡廷奎	敏彦	丙午	1846	平康	茂山	泉里都浦	
이윤갑	李允甲		癸丑	1853	全州	慶興	泉里都浦	
채영업	蔡英業	元甫	壬子	1852	平康	慶源	泉里都浦	
김광묵	金光默		癸丑	1853	南原	慶興	泉里都浦	
한정흡	韓貞洽	德允	甲寅	1854	淸州	茂山	泉里都浦	
김치선	金致善		乙卯	1855	金海	吉州	泉里都浦	
채민준	蔡敏俊		壬子	1852	平康	慶源	泉里都浦	
김영칠	金永七		乙未	1895	金海	吉州	泉里都浦	
채중삼	蔡仲三		甲子	1864	平康	茂山	泉里都浦	
남규	南奎		乙卯	1855	宜寧	吉州		
박경선	朴京善		癸酉	1873	密陽	明川		
서봉규	徐鳳奎	聲儀	戊寅	1878	利川	吉州		
이화선	李化善		乙亥	1875	全州	甲山	草坪	
김기현	金基鉉							
동철모	董喆模	承模	癸亥	1863	廣川	明川		
이병훈	李炳訓		甲戌	1874	全州	吉州	沈許隅	

성명	한자명	이명(字)	생년	생년(서기)	본관(貫)	거주지(居)	현거주지(時居)	비고
한순서	韓順瑞				淸州	定平		
이병섭	李炳燮		甲寅	1854	全州	吉州	雙城黃坪	
허택	許澤	卿心	甲子	1864	陽川	吉州	雙城黃坪	
허일	許鎰	萬秀	甲戌	1874	陽川	吉州	黃坪	
허봉의	許鳳儀	政舜	丙子	1876	陽川	吉州		
김영희	金永禧	皥汝	庚辰	1880	淸風	端川		

참고문헌

「間島案(1906. 11 ~ 1908. 5)」 1, 『백산학보』 6, 1969.

「間島案(1908. 7 ~ 1909. 11)」 2, 『백산학보』 7, 1969.

「慶源郡越便韓民戶總田結成册」, 『백산학보』 제5호, 1968.

국가보훈처, 『해외의 한국독립운동사자료』 ⅩⅩ, 1997.

국사편찬위원회, 『韓國獨立運動史』 資料 7, 1978.

국사편찬위원회, 『韓國獨立運動史』 資料 11, 1982.

국회도서관 편, 『間島領有關係拔萃文書』 上, 1975.

독립기념관 한국독립운동사연구소, 『韓末義兵資料』 Ⅵ, 2003.

독립운동사편찬위원회, 『독립운동사자료집』 1집, 1971.

尹炳奭 譯編, 『安重根傳記全集』, 국가보훈처, 1999.

의암학회, 『국역 의암집』 2권, 2007.

의암학회, 『국역 의암집』 3권, 2008.

조선총독부, 「국경지방시찰복명서」(1915), 『백산학보』 9 · 10 · 11, 1970 · 1971.

중추원, 「東部間島及咸鏡南北兩道 特別調査報告書」(1918), 『백산학보』 23 · 24, 1977 · 1978.

고승제, 『한국이민사연구』, 장문각, 1973.

김춘선, 『북간도 한인사회의 형성과 민족운동』, 고려대학교 민족문화연구원, 2016.

박민영, 『대한제국기 의병연구』, 한울아카데미, 1998.

신용하, 『의병과 독립군의 무장독립운동』, 지식산업사, 2003.

심철기, 『근대전환기 지역사회와 의병운동 연구』, 선인, 2019.

임경석, 『한국사회주의의 기원』, 역사비평사, 2003.

조동걸, 『한말의병전쟁』, 독립기념관 한국독립운동사연구소, 1989.

홍영기, 『한말의병에서 독립군으로 : 후기의병』, 독립기념관, 2017.

고승제, 「간도이민사의 사회경제적 분석」, 『백산학보』 5, 1968.

고승제, 「만주농업이민의 사회사적 분석」, 『백산학보』 10호, 1971.

고승제, 「연해주이민의 사회사적 분석」, 『백산학보』 11호, 1971.

구완회, 「연해주 시기 유인석의 의병노선과 '관일약(貫一約)'」, 『毅菴柳麟錫研究論文選集』 V, 의암학회, 2018.

김 양, 「윤희순의사의 중국 환인현 무순지역 항일독립운동 근거지 재조명」, 『의암학연구』 6, 2008.

문종철, 「한인의 단동 이주와 생활」, 『史學志』 45, 2012.

박민영, 「유인석의 국외 항일투쟁 노정(1896-1915)—러시아 연해주를 중심으로—」, 『한국근현대사연구』 19, 한국근현대사학회, 2001.

박민영, 「연해주의병 명부 『義員案』 해제」, 『한국독립운동사연구』 45, 2013.

반병률, 「露領沿海州 한인사회와 한인민족운동(1905-1911)」, 『한국근현대사연구』 7, 1997.

서현일, 「1910년대 북간도의 민족주의 교육운동(Ⅰ)」, 『백산학보』 29, 1984.

서현일, 「1910년대 북간도의 민족주의 교육운동(Ⅱ)」, 『백산학보』 30·31합호, 1985.

오세창, 「재만한인의 사회적 실태(1910~1930)」, 『백산학보』 9, 1970.

오세창, 「재만조선인민회연구」, 『백산학보』 25, 1979.

와다 하루키, 「소비에트극동의 조선인들 1917~1937」, 『소비에트 한인 백년사』, 도서출판 태암, 1978.

홍종필, 「재만 조선인이민의 분포상황과 생업」, 『백산학보』 41, 1993.

1920년의 임시정부 독립전쟁론과 북간도지역 독립군*

신주백

Ⅰ. 머리말 : 기억과 연구의 흐름

    2020년은 봉오동전투와 청산리전투 100주년을 맞는 해였다. 이 글도 그것을 기념하는 기획 학술회의에서 발표되었다. 특정한 날을 기념하는 기획연구는 그날의 의미를 되새겨 보기 위해 조직된 경우가 대부분이듯이 이 글도 그 가운데 하나이다. 집단의 기억은 구성원 사이의 연대감과 소속감을 확보하는데 기여한다. 흔히 이를 정체성이라 말한다.
    정체성은 고유함을 특징으로 하지만 그것조차 고정 불변이 아니다. 모든 기억은 유기체이기 때문이다. 유동하는 기억은 현재에 머무르지 않고 현재와의 관계 속에서 과거의 존재를 불러 미래를 말하려고 한다. 또한 기억의 역동성은 개인과 국가를 구별하지 않는다. 특히 국민국가

---

* 본고는 신주백, 「1920년의 임시정부 독립전쟁론과 북간도지역 독립군」, 『한국민족운동사연구』 106, 2021을 대폭 수정·보완한 것이다. '제4장'은 신주백, 『1920, 30년대 중국지역 민족운동사』, 선인, 2005, '제1장'을 크게 수정·보완하였다.

만들기에서 기억은 학교교육과 군대에 의해 다시 창조되는 경우가 대부분이었다. 다시 창조되는 기억은 개인의 기억을 교집합으로 종합한 결과인 집합기억이 아니다. 특히 국가의 기억이 그렇다. 집합기억과 구별되는 이 기억을 집단기억이라 한다. 집단기억을 대표하는 국가의 기억은 개인의 기억과도 다를 수 있고, 개별 사실과도 다를 수 있다. 기억 자체가 하나의 신념 체계로서 독립된 생명력을 갖고 있으면서 집단의 정체성을 대변한다.

봉오동전투와 청산리전투에 관한 한국사회의 기억사가 이러한 기억의 특징을 잘 보여주는 사례의 하나일 것이다.[1] 그에 관한 기억의 역사를 거칠게 정리하면, 두 전투가 일어났을 당시 독립신문에 보도된 봉오동전투는 삼둔자전투로 대표되었다. 청산리전투도 북로군정서 군대의 보고서가 한국인의 기억을 지배하였다. 해방 후 주권국가를 수립했음에도 20여 년이 넘도록 두 전투에 관한 국민의 기억은 없었다. 국가가 기념하지 않았기 때문이다.

두 전투의 실상은 1970년대 들어 학교 교육에서부터 복원되었다. 학교 교육은 독립군의 희생적인 싸움과 더불어 봉오동전투를 홍범도가, 청산리전투를 김좌진이, 각각 지휘한 듯이 학생들에게 전승하였다. 이 구분법은 21세 초반까지도 유통된 기억이다. 반면에 북한의 역사 교육은 홍범도까지만 언급한다. 김좌진이 없고 청산리전투의 한계를 지적하는 데 방점이 있다. 첨언하자면, 남북한에서의 이러한 인식의 차이는 한국 민족운동사 인식을 둘러싼 분단시대의 자화상이라고 말할 수 있겠다.

---

[1] 신주백, 「한국현대사에서 청산리전투에 관한 기억의 流動─회고록·전기와 역사교과서를 중심으로」, 『한국근현대사연구』 57, 2011; 신주백, 「봉오동전투에 관한 기억의 流動과 새로운 기억을 향한 접근─지역으로서 동북아와 근원적 사실을 향해」, 『한국민족운동사연구』 95, 2018.6; 신주백, 「석고화한 기억의 재구성과 봉오동전투의 배경─1919, 20년 시점에 동만주지역의 운동공간에 대한 새로운 시선」, 『만주연구』 26, 2018.10.

한국에서 이 시점에 두 전투가 국가사로 복원된 이유는 활발한 학술 연구의 결과가 아니었다. 김일성을 중심에 두고 주체사상에 입각하여 항일운동사를 전면적으로 재해석하고 있던 북한의 움직임에 대응한 측면이 매우 컸다. 유신정권이 무장투쟁을 포함하는 독립운동사를 기억함으로써 임시정부를 독립운동사의 중심으로 내세워 대한민국의 역사적 정통성을 강화하려 했기 때문이다. 국민기억으로의 역사화는 남북한 사이의 역사적 정통성 경쟁이 매우 치열하게 전개된 그 시점에 본격화한 것이다. 때문에 그 과정에서 강렬한 통합기억을 만들어내는 한편에서, 기억을 적대적으로 배제하는 움직임도 그만큼 강력하였다. 포섭과 배제의 원리는 지금도 두 전투에 관한 기억을 둘러싸고 작동하고 있다.

배제의 대상이었던 청산리전투의 홍범도가 일반인에게 알려지기 시작한 때는 신용하의 연구에 의해 뒷받침되면서였으며, 그의 활약에 대한 본격적인 재조명은 1980년대 후반경에 이르러서였다.[2] 그때는 냉전체제가 동요하며 사회주의 국가들이 개혁 개방에 나선 시점이었고, 이후 1991년 사회주의 소련이 몰락하며 세계적인 차원에서 냉전체제가 해체된 시점이었다. 중국과 러시아에서 홍범도에 관한 새로운 정보가 많이 쏟아졌다. 결국 홍범도는 소련공산당에도 입당하였고, 중앙아시아로 강제이주 당해 고국을 그리워하다 크질오르다라는 곳에서 1943년에 순국하였음이 알려졌다. 홍범도의 여러 활약상이 알려지는 가운데 그가 청산리전투의 한 축을 담당하는 부대를 지휘했다는 사실도 더욱 명확해졌다. 그러면서 봉오동전투와 청산리전투의 영웅을 나누어 구분하는 한국사회의 기억도 해체되어 왔다.

그런데 두 전투의 실상을 밝히는 작업은 어디에서 어떤 일본군과 싸

---

[2] 신용하, 「홍범도의 대한독립군의 항일무장투쟁」, 『한국학보』 12-2, 1986; 송우혜, 「쟁점 최근의 홍범도 연구, 오류·헛점 많다」, 『역사비평』 3, 1988.

위 승리했는가에 초점을 맞추는 전투사 중심이었다. 그러다 보니 홍범
도와 김좌진은 영웅으로 받들어졌다. 반면에 이름 없는 독립군에 대한
관심은 간단한 말잔치에 불과하였다. 이들보다 더 잊힌, 아니 관심의
대상 자체도 되지 못한 사람들도 있었다. 독립군을 도와준 이름 없는
민초가 바로 그들이다. 영웅사관에서 벗어나려는 해석은 최근에 들어
와 시도되고 있다.[3] 또한 전투사 중심의 연구는 봉오동전투와 청산리
전투에 관한 연구를 북간도라는 공간에 시선을 가두는 문제점을 들어
냈다. 이를 넘어서려는 연구는 임시정부의 독립전쟁 준비나 시베리아
내전과의 연관성, 더 나아가 '지역으로서 동아시아'의 역사에 주목하는
움직임에서 구체화하고 있다.[4]

　필자는 1920년 시점에서 임시정부의 독립전쟁론을 후자의 새로운 연
구경향과 같은 맥락에서 작성하였다. 이때 봉오동전투와 청산리전투를
분절적으로 보아 왔던 시선을 거두고, 독립군이란 주체가 계속 움직였
던 과정으로 보겠다. 또한 무장투쟁의 주체가 이어졌다는 단순하고 협
소한 시각에서 벗어나 전략 차원의 독립전쟁이란 큰 틀에서 국내외를
하나의 시야에 넣고 독립운동을 전체적이고 입체적으로 조망하겠다.

　독립전쟁론의 측면에 착목하는 접근법을 달성하려면 1920년 시점에
임시정부의 독립전쟁론에 대한 정리가 필요하다. 필자는 제3장에서 이
를 서술하겠다. 이어 독립전쟁론을 단순히 주장하는데 그치지 않고 법
제를 갖추어갔다는 측면에서 더 나아가, 그것을 현실화하는 구체적인

---

3) 신주백, 「봉오동전투, 청산리전투 다시 보기」, 『역사비평』 127, 2019.
4) 반병률, 「홍범도 장군의 항일무장투쟁과 고려인 사회」, 『한국근현대사연구』 67,
　2013, '제2장'; 신효승, 「상해 대한민국 임시정부의 군사전략과 '陸軍臨時軍制' 변화」,
　『역사민속학』 54, 2018; 황정식, 「상해 대한민국 임시정부와 체코군단」, 『동국사학』
　67, 2019; 박환, 『독립군과 무기』, 선인, 2020; 한중일3국공동역사편찬위원회 지음,
　『한중일이 함께 쓴 동아시아 근현대사』 1, 휴머니스트, 2012, 161~163쪽.

과정에 주목해야 한다. 제4장에서 이를 분석하겠다. 특히 필자는 북간 도지역 독립군의 동향에만 주목하거나, 국내의 비밀결사운동에만 주목 하는 분절적인 시야를 넘어서려고 의식적으로 노력하겠다. 그래서 북 간도지역 독립군의 동향을 시간의 흐름을 따라 정리하면서도 상해의 임시정부, 국내와 시베리아 지역에서의 움직임도 함께 포착하면서 자 유시참변 때까지를 기술해 보겠다.

필자는 독립운동가들이 만나 회의하고 논쟁하거나 조직을 결성하고 해체하는 과정을 독립운동이라고만 보지 않고 권력을 행사하거나 권력 을 획득하고 유지하기 위한 그들 사이의 치열한 정치행위라는 시각에 서 '운동정치'라는 용어를 사용하겠다. 운동정치라는 신조어를 사용하 면 임시정부 내부의 복잡한 관계에 주목함과 동시에 만주지역 독립군 의 다양한 움직임도 파악하면서 양자 사이의 관계까지 좀 더 실재적이 고 현실적으로 정리하는 데 도움이 될 수 있다. 운동정치라는 시선은 독립운동 자체를 신성하고 순수해야 할 맑은 수정체와 같은 존재로 간 주하는 암묵적인 편견과 당위성을 내세운 절대적 역사인식에서 벗어나 는 데 영향을 줄 수 있을 것이다. 그러면 연구목적의 대전제인 '전략론 으로서 독립전쟁론'에 관해 먼저 정리해 보겠다.

II. 전략론으로서 독립전쟁론과 대외정세활용론

일제하 민족운동사에서 일본과 싸워 독립을 달성하고 자신들이 꿈꾸 는 근대국민국가를 세우려는 움직임을 크게 계열화하면 민족주의운동 계열과 사회주의운동 계열로 구분할 수 있겠다.[5] 그리고 그들이 추구

---

5) 필자는 아나키즘계열을 '세력'이라는 맥락에서 볼 때 두 민족운동 계열과 동렬에서

한 항일운동론 곧, 전략론으로서 민족운동론을 각각 독립전쟁론과 조선혁명론이라 말할 수 있을 것이다.

식민지 조선에서 사회주의운동 계열은 코민테른이란 국제공산주의운동 조직이 성립한 이후 본격화했기 때문에 유럽 지역과 다른 특징이 있다. 하나는 사회주의운동 계열 내에서 '직접 사회주의혁명론' 곧, 1단계 혁명론을 주장한 경우가 거의 없었다는 점이다. 다른 하나는 사회주의운동 계열이 러시아혁명 과정에서처럼 아나키즘이나 사회민주주의 세력과 논쟁을 거치는 과정에서 성장하지 않았다는 점이다. 마지막으로 식민지에서 전개된 사회주의운동은 민족적 대안을 모색하는 과정에서 유입된 사회주의사상에 바탕을 두고 있어 참가자의 대다수가 민족주의 성향을 가진 저항운동이었다. 때문에 사회주의운동 세력은 일제강점기 내내 민족주의운동 세력과 경쟁과 연대를 계속 반복하였다. 달리 말하면 일본으로부터 독립하기까지의 전체 과정을 놓고 보면 두 계열 사이의 관계가 기본적으로 적대적이었다고 보기 어렵다.

조선의 사회주의운동자들은 2단계 혁명론 곧, 부르주아민주주의혁명론과 사회주의혁명론에 입각하여 항일운동에 참가하였다. 제1단계인 부르주아민주주의혁명의 기본 과제는 독립과 건국이었다. 일제하 사회주의운동자도 민족적 과제인 항일과 독립을 제1차적인 과제로 내걸고 여기에 충실했다.

조선혁명론에 대칭하는 위상을 갖는 민족주의운동 계열의 운동론이 독립전쟁론이다. 사실 그동안 한국사 학계는 독립전쟁이란 용어를 전략 차원에 종속되는 전술 또는 투쟁방법 아니면 투쟁수단의 하나로 간주해 온 경우가 많았다. 이는 한국사 학계가 독립전쟁이란 개념으로 독립운동사를 이해하기 시작하면서부터 시작된 내재적 한계였다.

독립된 설명 단위로 설정하기는 무리라고 본다.

한국사 학계에서 '독립전쟁'이란 용어를 발굴하고 그것을 독립운동사 인식에 처음 적용한 책은『독립운동사 제5·6권-독립군전투사(상)·(하)』 (독립유공자사업기금운영위원회, 1973·1975)이었다. 여기에 집필자로 참여한 김의환은 1974년 학술논문에서 처음으로 독립전쟁이란 용어를 활용하며 1910년대 만주지역 독립운동을 분석하였다.[6] 두 성과물에서 말하는 독립전쟁이란 투쟁방법으로서 항일무장투쟁을 함의하는 경우 였다. 한국사 학계에서 흔히 쓰는 독립전쟁이란 용어는 무장투쟁을 투 쟁방법으로 사용하는 독립전쟁이거나 전술 단위의 싸움으로서 독립전 쟁을 말하는 경향이 일반적이다.

하지만 필자는 독립전쟁론이란 항일무장투쟁을 핵심 투쟁방법으로 삼고 있기는 하지만, 무장투쟁만을 말하거나 그 일변도의 투쟁만을 가 리키는 용어가 아니었다고 본다. 그렇지 않으면 한국광복군의 국내진 공작전 준비와 연합군에 참여하려는 노력을 전체 민족운동의 시야에서 제대로 설명하지 못한다. 자치를 내세우며 이주한인의 정착과 실력양 성에 큰 비중을 두고 활동했던 참의부 정의부 신민부의 역사성을 제대 로 설명할 수 없다. 이 글이 다루고자 하는 1920년의 독립전쟁론에 관 한 이해도 올바르게 할 수 없을 것이다. 전략으로서 독립전쟁을 '평화 적 전쟁과 전투적 전쟁'으로 구분한 안창호의 다음과 같은 설명에서 시 사받을 수 있다.

戰鬪的戰爭을 오게 하기 **爲하야는 平和的戰爭**을 **繼續**하여야 하오 **平和的 戰爭**이란 무엇이오 **萬歲運動**도 **其一**이오 **毋論 萬歲**로만 **獨立**될 것 아니지만 은 그 **萬歲**의 힘은 **甚**히 **偉大**하여서 **內**로는 **全國民**을 **動**하엿고 **外**로는 **全世**

---

6) 김의환, 「만주에 있어서의 초기 독립전쟁의 고찰」, 『霞城 이선근박사 고희기념 논 문집』, 형설출판사, 1974.

界를 動하엿소 過去에는 美國人民이 우리를 爲하야 政府를 策勵하더니 只今
은 도로혀 議院과 政府가 人民을 激勵하오 나는 上議院에서 우리를 爲하야
小冊子를 돌니난 것도 보앗소 이 亦是 平和的戰爭의 效果가 아닙니가 大韓
同胞로써 敵의 官吏된 者를 退職할것도 다 平和的戰爭이오 一般國民으로 하
여곰 敵의게 納稅를 拒絕하고 大韓民國政府의 納稅케 할 것 日本의 旗章을
使用치 말고 大韓民國의 旗章을 使用할 것, 可及的 日貨를 排斥할 것, 日本
官廳에 訟事 其他의 交涉을 斷絕할 것-이런 것도 다 平和的戰爭이오 이것도
힘 잇는 戰爭이 아닙닛가 國民 全部는 말고 一部만 이러케 한다 하더라도
効力이 엇더하겟소 或 이것으로만 아니된다 하나 **大戰이 開하키까지는 그것
을 繼續**하여야 하오 **이러한 平和的戰爭에도 數十萬의 生命을 犧牲하여야 하
오 이것도 獨立戰爭이외다.** (강조 – 인용자)[7]

이처럼 안창호의 독립전쟁론이란 즉각적인 결전론이 아니었고, 상대
적으로 긴 시간의 평화적 전쟁에 이어 상대적으로 짧은 시간이 걸리는
전투적 전쟁의 단계 곧, '대전을 시작'할 때까지를 거쳐 독립을 쟁취하
는 전략론이었다. 달리 말하면 독립전쟁론은 항일무장투쟁을 핵심 운동
방법으로 추구하면서도 수많은 사람이 참여한 가운데 그것을 수행하는
데 필요한 여러 조치에 노력과 시간을 들여 갖추기까지를 포함하는 항일
운동론이었다. 결국 1920년의 시점에서 볼 때 안창호의 시각만이 독립
전쟁론의 전부였다고 말하기는 어렵겠지만, 그렇다고 당시 그의 위상
과 활약을 고려할 때, 그의 독립전쟁론은 매우 큰 영향력을 갖고 있었
음을 숨길 수 없다. 달리 보면 필자는 1920년 초반기 시점의 이동휘를
포함한 임시정부의 독립전쟁론, 특히 안창호의 독립전쟁론을 준비론이
나 단계론이라고 규정하는 시각을 적절한 시선이라고 보지 않는다.

그래서 필자는 1920년 초반기 시점의 독립전쟁론을 포함해 전략으로

---

7) 『獨立新聞』 1920년 1월 8일, 「우리 國民이 斷定코 實行할 六大事(一)」.

서 독립전쟁론이란 우리 민족이 일제로부터 독립하기 위해 독립군을 양성하는 한편, 정치·경제적인 실력을 양성하여 충분히 독립할 실력을 갖추어 가는 도중에라도 한반도 주변에서 미·일, 중·일, 러·일 등의 사이에 전쟁이 일어나면, 일제를 상대로 그동안 준비한 실력을 바탕삼아 '자력으로 독립전쟁을 일으켜 독립을 쟁취한다'는 전략방침이라고 정의하겠다.[8] 주지하듯이 독립전쟁론은 시기와 지역에 따라 구체적인 양상에 약간의 변화가 있었다. 만주지역의 경우 결정적 시기에 대비하여 재만한인의 정치·경제적인 실력을 양성하는 데 활동의 무게를 둘 것인가, 아니면 무장력을 강화하고 일상투쟁 차원에서 무장투쟁을 적극 전개할 것인가에 따라 구체적인 활동양상이 달랐다. 비록 독립전쟁이라는 시각에서 접근한 분석이 아직까지 없지만, 전자는 자치를 표방하면서 활동한 참의부 정의부 신민부라는 삼부의 사례에서 찾을 수 있다. 후자의 사례는 1920년 북간도지역의 독립군 활동이나 1931년 일본의 만주침략에 대한 저항에서 찾을 수 있다. 또한 결정적인 시기에 '자력으로 독립을 쟁취'할 것인가, 아니면 주변 국가와 함께 항일투쟁에 참전하여 그 일원이 됨으로써 반일연합전쟁에서 승리한 이후 '교전단체로서의 자격을 획득'할 것인가는 시기(단체)에 따라 달랐다.

그런 가운데서도 민족주의운동 계열 사람들 사이에 일관되게 관통해 왔던 특징적인 인식은 독립전쟁론을 구체적으로 실천하는 과정에서 무장투쟁의 결정적 시기를 일제와 한인 대중 사이에 내재된 모순이 폭발한 데서 찾지 않고, 일제와 외세 사이의 외적인 모순, 특히 한반도 주변에서 일본과 반일 연합국가들 사이의 전쟁에서 찾았다는 점이다. 결정적인 시기를 선택하는 순간을 한반도 주변 정세의 변동에서 찾으려는 전략론과 일본제국주의와의 투쟁 속에서 만들어가며 조성하려는 전략

---

8) 신주백, 『만주지역 한인의 민족운동사(1920~45)』, 아세아문화사, 1996, 18쪽.

론은 아주 큰 차이가 있다. 상황과 시기를 능동적으로 선택할 여지, 내지는 주체적인 선택을 어느 정도 할 수 있느냐를 좌우하기 때문이다. 단적인 보기가 1920년대 중반 장제스가 추진한 중국의 국민혁명과 민족운동 세력의 전략적 행동 사이의 관계에서 확인할 수 있다. 필자는 독립전쟁론자가 무장투쟁의 결정적 시기를 일제와 한인 대중 간의 내재적 모순의 폭발에서 찾지 않고, 일제와 외세 사이의 외적인 모순, 특히 전쟁에서 찾고 그때를 결정적 기회로 간주했던 전략론을 대외정세활용론(對外情勢活用論)이라 부르겠다.[9]

독립전쟁론과 대외정세활용론에 대한 실체적 이해는 1920년 임시정부의 움직임을 통해 확인할 수 있다. 특히 1920년 안창호나 임시정부에서 발표한 독립전쟁론과 대외정세활용론, 그리고 그것을 구체화하려는 노력은 1907년부터 1945년 사이에 민족주의운동 계열이 추구한 독립전쟁론 가운데 전체상을 가장 잘 보여준다. 필자가 1920년의 독립전쟁론을 분석하려는 이유 가운데 하나도 여기에 있다. 그러면 다음 '제3장'에서 전략론으로서 독립전쟁론을 구상한 임시정부의 움직임과 국내외 민족운동의 동향을 정리해 보자.

III. 임시정부의 독립전쟁 준비와 국내외 움직임

1920년 임시정부의 전략론을 가장 잘 알 수 있는 글은, 안창호가 1월 1일의 신년 축하회 때 「新年은 戰爭의 年」이라는 제목으로 연설한 축사, 그리고 1월 3일 상해의 민단에서 주최한 신년 축하회 때 안창호가 「우리 國民의 斷定코 實行할 六大事」란 제목으로 연설한 내용이다. 안

---

9) 신주백, 『만주지역 한인의 민족운동사(1920~45)』, 19쪽.

창호는 1일의 신년 축하회 때 "우리가 오래 기다리던 독립전쟁(獨立戰爭)의 시기(時機)는 금년(今年)인가 하오 독립전쟁(獨立戰爭)의 년(年)이 니른 것을 깃버하오"라고 말함으로써 임시정부가 1920년에 독립전쟁을 벌일 계획을 세우고 있음을 만천하에 공개하였다.[10] 그래서 『獨立新聞』이 "명년(明年) 이날은 우리 한성(漢城)에서 신년축하회(新年祝賀會)를 열고야 만다 금년 1년(今年 一年) 안에는 우리의 신성국토(神聖國土)를 회복(恢復)하고야 만다 독립(獨立)은 하고야 만다 간단(簡單)히 말하면 이것이 일반(一般)의 감상(感想)이엿다. 동시(同時)에 결심(決心)이엿다"고 회의장의 분위기를 전한 데서도 짐작할 수 있듯이, 참가자들은 독립전쟁을 전개하여 독립을 획득하고 고국으로 돌아간다는 기대에 매우 열광했을 것으로 쉽게 추측할 수 있다.[11]

1월 1일과 3일자 연설은 안창호가 개인 차원의 생각을 즉흥적으로 드러낸 가벼운 처신이 아니었다. 그가 연설한지 한 달 후인 2월 1일에 임시정부에서 공포한 「국무원포고 제1호」도 1920년이 죽느냐 자유냐 "독립대전쟁(獨立大戰爭)의 제1년(第一年)을 작(作)"하는 때라고 밝히면서 시작된다.[12] 물론 전쟁계획 자체를 가장 중요한 보안사항으로 간주했을 것이므로 전체적이고 체계적인 내용을 알만한 자료는 현재까지 알려져 있지 않다. 하지만 1월 3일자 연설문은 이 시점에 임시정부의 구상을 개괄적이나마 어느 정도 파악할 수 있게 하는 자료임이 분명하다. 그때까지 임시정부 내에서의 논의를 가장 풍부하게 드러낸 자료라고 볼 수 있겠다.[13] 그리고 안창호의 일기에 보면, '독립대전쟁'을 전개

---

10) 『獨立新聞』 1920년 1월 17일, 「戰爭의 年」.

11) 『獨立新聞』 1920년 1월 8일, 「臨時政府新年祝賀會」.

12) 『獨立新聞』 1920년 2월 5일, 「國務院布告 第一號(1920.2.1.)」.

13) 1907년에서 1945년까지 '독립전쟁'의 방략을 설명한 글 가운데 앞서 인용한 두 글처럼 나름 체계를 갖추고 구체적인 실천으로 연결하는 데까지 이어진 문헌을 찾기는

하기 위해 우선 준비해야 할 군사에 관한 내적인 요건으로 다음과 같은
세 가지 사항을 들었다.

> 우리의 主眼點은 一은 政府 持續策이오. 二는 事業 進行策이라. …… 事
> 業 進行策을 言하면 一, 民籍을 實施하여 納稅·兵役과 法律 服從의 業務를
> 다하는 國民을 募進하고, 從하여 此를 統治하는 機關을 施設할 것이오. 二,
> 志願兵을 募集하고 此를 屯田制와 如히 應募된 軍人에게 職業을 獎勵하며
> 規律있게 編成하여 서로 聯絡이 有케 할 것이오. 三, 有爲한 靑年을 訓鍊하
> 여 士官의 資格을 養成할 것이라. 우리가 부르짖는 實力이라는 것은 以上
> 三種이 中心되는 바라.[14]

이처럼 안창호가 말하는 독립전쟁을 실행하기 위해 군사적으로 준비
해야 할 내적인 핵심 요건은 국민개병제를 실시하고, 그 이전에 지원병
으로 군대를 조직하는 한편, 지휘관을 양성해야 한다는 것이었다.

그렇다면 이처럼 엄청난 준비과정이 있어야 하는 일인데 왜 1919년
말에서 1920년 1월 시점에 말했을까. 달리 말하면 독립전쟁론을 수립하
고 구체화하려는 노력을 이 시점부터 부쩍 강조한 이유는 무엇일까.

지금까지 학계의 연구는 외교 우선론을 내세웠던 안창호가 '독립전
쟁'을 선언한 배경의 하나로 1919년 11월 3일부터 이동휘가 국무총리로
취임했다는 사실 곧, 무장투쟁을 특히 중요시하는 세력이 임시정부에
합류했다는 데서 찾았다. 안창호와 임시정부의 새로운 선택은 파리강
화회의에 대한 기대가 좌절된 현실과 맞물려 파악해 왔던 선행연구의
이해는 적절하였다. 하지만 안창호와 임시정부가 왜 이 시점에 독립전
쟁을 말했으며, 그것을 어떻게 하려 했는지를 제대로 분석한 연구를 찾

쉽지 않다.

[14] 「안창호일기」 1920년 2월 6일자.

기는 쉽지 않다.

그런데 1월 3일 연설에서 안창호는 1920년이 시기로 보나 의리로 보나 싸워야 할 때라고 주장하였다. 그는 이날의 연설에서 왜 지금인가에 대해 분명한 근거를 제시하지 않았다. 그런데도 이즈음의 자료들을 보면 수많은 독립운동가가 미국과 일본의 전쟁에 가장 주목했음을 알 수 있다. 이는 안창호의 일기에서도 그렇고, 임시정부의 기관지『獨立新聞』에서도 확인할 수 있다.

주지하듯이 미일전쟁설은 독립운동가 사이에서 이미 10여 년 전부터 회자되었다.[15] 그런데 1920년 초반의 시점에 임시정부가 미일관계에 또 다시 주목한 이유는 1919년 6월에 베르사이유강화조약이 체결되었지만 미국 의회에서 이를 비준하지 않아 앞으로도 통과를 예측하기 쉽지 않다는 데 있었다. 미국이 베르사이유강화조약을 이행할 수 없는 현실에서 일본과 충돌할 수 있다는 예측인 것이다. 또한 중국에서도 조약안에 동의하지 않았으므로 산동문제가 중일만이 아니라 미일 사이에도 갈등요인이라고 보았다. 더구나 일본민족의 쇼비니즘과 군사력을 과신하는 '망상'까지를 고려할 때, 임시정부는 "일본내의 사회혁명이 돌발한다며 모르거니와, 현금의 형세대로 진보한다 하면 미일의 개전은 길어도 수년내에 빠르면 수삭내(數朔內)에 잇스리라 단정할 수" 있다고 분석하였다.[16]

그렇다면 1920년 초반 시점에 미일전쟁이란 사건은 독립전쟁론에서 어떤 전략적 위치에 있었던 것일까. 이를 이해하면 임시정부 인사들이 미일전쟁에 관심을 집중한 이유를 납득할 수 있을 것이다.

안창호와 이동휘 등 독립전쟁을 준비하는 임시정부 인사들은 독립군

---

[15] 예를 들어『공립신보』1907년 9월 6일, 「미일전쟁담」.
[16]『獨立新聞』1920년 3월 20일, 「美日戰爭」.

을 자체적으로 준비하는 한편에서 독립전쟁에 우호적인 반일연대를 다음과 같이 구상하였다.

> 우리의 主眼點은 一은 政府 持續策이오. 二는 事業 進行策이라. …… 事業 進行策을 言하면 …… 其次에는 俄羅斯(러시아)에 對하여는 莫斯科(모스크바)를 表準하고, 中國에 對하여는 各省 排日督軍을 表準하여 韓·中·俄 (한국·중국·러시아) 三國이 日本에 對한 聯盟을 立하고, 三國이 聯合한 最高機關을 組織하여 日本에 對한 軍事行爲는 三國이 다 最高 機關의 命令을 服從케 할지니 如此히 하면 俄羅斯(러시아)나 中國에 있는 바는 우리의 있는 바가 되고, 우리의 있는 바는 中·俄(중국·러시아)에 있는 바가 되어 自然 有無의 相通이 될지라. 然則 우리에게 이미 人民과 軍士와 將士가 있고, 三國의 聯盟 結果로 從하여 武裝과 軍需品이 有하여 日本을 對敵할 만한 自信力이 完全할 것이오. 其次에는 三國이 聯合하여 日本에 民主主義와 過激主義를 宣傳하여 內亂을 促起할 것이오.[17] (강조 – 인용자)

1920년 1, 2월의 시점에 안창호는 한국 중국 러시아가 연대한 반일연합전쟁을 구상했던 것이다. 안창호는 3국이 연합하면 "하여(何如)한 수단으로든지 미일전쟁을 촉진케 할 수" 있고, 일본 국내에서 내란이 일어나게 할 것이라고 전망하였다.[18] 이리 되면 일본이 패배하고 의심의 여지 없이 우리의 독립이 완성될 것이라고 낙관적으로 전망하였다. 결국 1920년 초반의 시점에서 안창호와 임시정부에게 미일전쟁은 한반도 주변에서 3국의 연맹처럼 주변국과 일본 사이의 갈등이 반일연합전쟁으로 확대되는 중심 고리였던 것이다.

1920년 초반 임시정부의 독립전쟁론에는 동북아 정세에 대한 낙관적

---

[17] 「안창호일기」 1920년 2월 6일자.
[18] 「안창호일기」 1920년 2월 6일자.

인 인식이 깔려 있었다. 그렇게 인식한 근거의 하나는 동북아에서 일본
의 국제적 고립화라는 측면에 더 초점을 맞춘 데 기인하였다. 다음과
같은 주장이 이를 시사해 준다.

> 西比利亞는 過軍의 手中에 入하엿다, 過軍은 日本과 싸호랴 한다, 俄國은
> 大韓의 獨立을 承認하엿고 大韓의 獨立을 援助하기를 聲言하엿다.
> 　中國은 起하려 한다, 山東問題와 韓國獨立援助問題를 提하고 起하려 한
> 다
> 　美國은 山東問題로 日本을 抵制하고 韓國獨立運動을 援助하라는 소리는
> 上院에 下院에 報紙에 敎會에 演說會에 瀰滿하엿다
> 　時哉時哉라 天이 주신 時로다 뉘라서 **이러한 好時機가 이러케 速히 來到**
> **할 줄을 預想하엿던고**
> 　**獨立軍을 編成하자,** 國民아 나셔거라, 太極旗를 날리는 飛行機가 三角山
> 한 모통이로 도라들 날이 멀지 아니하다.
> 　아아 大韓의 男女야, 닐어나거라 나셔거라.[19] (강조 - 인용자)

그래서 독립운동가들은 이 시점에 독립군을 편성하기 위해 "위급한
형세에 대한 면밀한 연구와 충분한 준비를 쉬지 안음이 이 시대의 처한
오족의 임무"로 간주하였다.[20]

안창호는 독립전쟁을 위한 연구와 준비의 일환으로 국민이 "결탄코
실행할 6대사"로 군사, 외교, 교육, 사법, 재정, 통일을 들었다.[21] 그는
6대사가 "강폭(强暴)한 일본을 파괴하고 일헛던 국가를 회복하려"는데
있어 가장 중요하다고 단정하였으며, 그중에서도 군사를 가장 먼저 언

19) 『獨立新聞』 1920년 2월 7일, 「時事短評」.
20) 『獨立新聞』 1920년 3월 20일, 「美日戰爭」.
21) 이하 안창호의 주장은 『獨立新聞』 1920년 1월 8일, 「우리 國民이 斷定코 實行할 六
大事(一)」를 정리하였다.

급하였다.

안창호와 임시정부는 군사 분야에서 가장 먼저 준비해야 할 일로 군사 지식과 경험이 있는 사람을 조사하고 모집하는 과제를 들었다. 앞서 언급한 표현을 빌리면, 1920년 2월의 시점에 임시정부가 '주안점'을 둔 '사업진행책'은 지원병 모집과 사관 양성이 우선이었다. 실제 대한애국부인회는 병력을 모으기 위해 응모권고서를 만들고 배송하며 군사가명부(軍事假名簿)를 만들었다.[22]

안창호로서는 군대를 새롭게 편성하는 일이 중요했으므로 군 경력자를 우선 강조하는 접근은 어찌 보면 당연한 선택이었다. 이때 우리가 주목해야 할 사항이 "진실로 독립전쟁을 주장할진대 반다시 일제히 이동휘의 명령을 복종하여야 하오"라고 안창호가 강조했다는 점이다.[23] 국무총리 이동휘를 중심으로 단결하여 독립전쟁을 준비하자라고 강조한 것이다.

사실 이동휘는 국무총리에 취임하자마자 무장투쟁 방안을 수립하는 준비에 들어갔다. 그 스스로 대통령 이승만에게 보고하고자 작성한 12월 22일자 문서에서 국무총리에 취임한 이후 여러 업무를 처리하면서도 "오직 우리의 일은 방침(方針)이 선립(先立)하여야 기실행(其實行)을 전력(專力)하겟삼기 요사이 광복사업의 대방침안을 작성하여 국무회의에 의결 실시하려 하오니 물론 작정(作定)되난듸로 녹정(錄呈)하리다"고 언급한 데서 알 수 있듯이, 그와 임시정부는 기본 운동방안을 마련하는 데 몰두하였다.[24] 여기에서 그가 말하는 '대방침안'이란 당시 임시정부

---

22) 「안창호일기」 1920년 1월 20일자, 2월 7일자.

23) 안창호가 두 번째로 강조한 사항은 훈련이었다. 그는 훈련 가운데서도 전술 배우기보다 정신훈련을 더 중요시하였다.

24) 「大韓民國 元年 十二月 十八日(木曜) 下午 二時~소 三時 定例國務會議」, 『대한민국임시정부자료집』 8, 국사편찬위원회, 2006에도 수록된 내용인데, 필자는 국사편찬

요인들 사이에서 흔히 사용하던 말로 하면 독립전쟁과 관련한 대정방침(大政方針)을 가리킨다.

이동휘는 임시정부에 합류한 바로 다음날인 4일에 열린 특별국무회의에서 이전부터 추진해 오던 서간도의 한족회와 협력하는 문제 곧, '서간도 타협안'을 안건으로 상정하고 논의하였다.[25] 한족회와의 의견 차이를 좁힌 결과 11월 12일자로 임시정부에서 결정하여 국무총리의 이름으로 반(半)공식문서처럼 만들어 서간도 측에 보낸 타협안의 내용은 다음과 같다.

> 一. 西間島 軍事機關(軍政府) 自治機關(韓族會)은 臨時政府統治下에 歸함.
> 二. 軍政府는 廢止하고 臨時軍政署를 置하여 曾往軍政府로서 行하든 政務를 引行하되 臨時政府로서 軍制를 完成實施하기까지 効力이 有함.
> 三. 民政은 政府로서 地方行政令을 完成하여 實施할 째가지 曾往制度를 繼續하되 此를 臨時로 軍政署에 委託하여 管理케 함.
> 四. 西間島 人民에게 收納하는 財政은 西間島 軍民 兩機關에 使用케 하되 財務行政上 統一을 爲하야 財務部로서 收支케 함[26]

가장 먼저 주목해야 할 타협안은, 군대를 편성해야 한다고 간주한 임시정부의 국무회의는 군사와 민정을 분리하고, 두 계통이 임시정부를 중심으로 체계화할 때까지 현지를 담당하는 '군정서'를 유지할 방침이다. 독립운동사 연구자 사이에서 그동안 익숙하게 언급해 온 서로군정서, 북로군정서의 '군정서'란 무장투쟁조직 또는 군정과 민중이 한 단체

위원회 한국사데이터베이스에서 참조했으므로 별도의 '쪽' 표시를 하지 않았다.
25) 「국무원 제(ㄱ) 258호 : 국무회의 경과 상황에 관한 보고(1919.12.20.)」, 『대한민국임시정부자료집』 8, 국사편찬위원회, 2006에도 수록된 내용.
26) 「국무원 제(ㄱ) 258호 : 국무회의 경과 상황에 관한 보고(1919.12.20)」.

내에서 분립하지 않은 단체로 간주해 왔다. 하지만 더 정확히 말하면 임시정부를 축으로 군정과 민정 체계를 완전히 분리한 기관으로 바뀌어 가는 과정에서 과도기적 위상을 갖는 군민기관이 군정서였다. 또한 위의 문서에 따르면 임시정부는 현지 단체의 재정문제에 관한 한 현지 단체의 이해를 인정하고 존중하는 방향으로 정리하였다.

일련의 결정들은 서간도와 매우 멀리 떨어져 있을 뿐 아니라 연락도 원만하지 못한 현실을 반영한 결과이다. 더구나 현지의 한인 대중을 임시정부가 실질적으로 장악할 수 없었다. 현지의 한인 대중을 자신의 영향력 아래 직접 두고 있는 한족회 지도부로서는 조직을 유지하고 영향력을 계속 확대하기 위해 양보할 수 없었을 것이다. 따라서 임시정부로서는 현지의 대중에 대한 한족회 곧, 서로군정서의 영향력을 인정할 수밖에 없었을 것이다. 달리 말하면 임시정부가 구상하는 독립전쟁론의 구체적인 준비과정에 내재한 한계가 여기에 있었다. 1920년 시점에 독립전쟁을 수행할 주체들의 단체는 임시정부를 중심으로 일사분란하게 움직이거나 상하 명령계통이 확고한 조직체계를 갖추기 어려웠다. 달리 말하면 그들 사이에는 논쟁도 하고 타협도 하는 역학관계, 또는 파워게임이 작동하는 운동정치의 공간이 존재했던 것이다.

이런 가운데서도 1919년 11월의 시점에 서간도지역 한인사회를 이끌고 있던 한족회와 신흥무관학교 세력이 임시정부를 지지했다는 데 주목해야 한다.[27] 산재한 이주한인 단체들을 임시정부 산하로 편입하려는 노력은 북간도에서도 확인된다. 북간도지역에서 가장 영향력이 컸던 대한국민회는 이동휘의 영향을 받고 있었기 때문이기도 하겠지만 임시정부를 지지하고 「諭告(1919.10)」에서 임시정부가 인정한 '통일기관'임

---

[27] 3.1운동 직후에 그 영향으로 세워진 임시정부의 권위를 처음부터 정면으로 부인할 사람이나 조직은 없었을 것이다.

을 밝히기도 하였다.[28] 대한국민회의 규칙 제2조에서도 "임시정부의 법령 범위 내에서 독립사업의 완성을 기도"하겠다고 명시할 정도였다.[29] 신민단도 1919년 7월 6일자로 임시정부를 승인하였다.[30] 김좌진 서일 등이 나서서 1919년 10월에 결성한 군정부가 12월에 대한군정서로 조직을 개편한 이유도 임시정부를 지지해서였다.[31] 국무총리 이동휘는 여러 무장단체가 산재해 있는 만주지역의 "조선독립운동 간부"들에게 1919년 11월 27일자로 편지를 보내, 자신의 고충을 보고 충성을 안다면, 자신을 도와서 임시정부를 '옹대(擁戴)'하자고 호소하였다.[32]

또한 임시정부는 하얼빈에서 열리는 군무회의에도 관심이 많았다. 러시아의 한인사회 및 일본의 시베리아침략에 대항하고 있던 한인 무장력에도 관심을 두었기 때문이다. 임시정부는 러시아 한인사회와의 연계 및 무장력 조직화에 대해 다음과 같은 방침을 결정하였다.

　方針의 槪略은 三段이니
一, 民事機關을 施設擴張하여 民心을 收拾하되 崔在亨 等 有力者에게 最高權力을 與할 것이오.
二, 軍事機關을 施設하되 柳東說君으로 最高權力을 掌握하여 軍事人物을 網羅케 할 것이오.
三, 俄國에 相當한 外交員을 派遣하여 俄國과 關係를 結할 것 等이라.[33]

---

28) 『獨立新聞』 1920년 1월 10일.
29) 國家報勳處, 『北間島지역 獨立軍團名簿』, 1997, 186쪽. 일본 외무성의 외교사료관에 있던 「間島方面ニ於ケル不逞鮮人團ノ組織及役員調査書(1920.4)」를 國家報勳處가 편집한 것이다.
30) 「騷密 第6126號 獨立運動ニ關スル件(1919.8.5)」, 姜德相 編, 『現代史資料』 26, みすず書房, 1967, 251쪽.
31) 이는 12월 1일자 정례국무회의에서, 정부의 이름을 표방한 단체의 이름을 '서'로 바꾸도록 명령하는 결정에 따른 것이다.
32) 姜德相 編, 『現代史資料』 27, みすず書房, 1970, 190쪽.

더구나 임시정부는 중국과의 국경을 맞대고 있는 러시아에서 농장을 건설하여 경제문제를 안정적으로 해결하려는 의도도 있었다.[34]

위의 결정사항은 임시정부 측에서 시베리아지역의 현지 사정을 봐가면서 그곳의 러시아 혁명세력과 협의하여 진행할 사안이었다. 지역 차원의 접근법이라고 말할 수도 있겠다. 하지만 현실에서 구체화하기 어려웠다. 1920년 4월 연해주 일대에서 일본군이 조선인을 무차별적으로 공격하여 살해하고 불태우는 만행을 저지른 4월참변이 일어났기 때문이다. 결과적으로 4월참변은 연해주에서 임시정부의 사회적 지지기반을 무너뜨렸다.

한편, 위에서 인용한 내용과 비교했을 때 다음 사항은 소비에트 러시아 정부의 최고위층과 합의한 사항이라는 특징이 있다. 위의 제3항에서 말하는 '상당한 외교원 파견'이란 언급과 관련된 인물은 한형권일 가능성이 크다. 1920년 1월과 2월 임시정부가 러시아에 파견할 외교원을 선정하는 과정에서 한형권을 특사로 모스크바에 파견하기로 최종 결정했기 때문이다.[35] 이후 복잡한 과정을 거쳐 한형권 만이 4월 말경 모스크바를 향해 상해를 떠났다.[36]

한형권은 소비에트 러시아에 처음 온 외국 손님이어서 레닌을 비롯해 여러 정부 당국자와 회담하여 다음과 같은 4개 항을 합의하였다.

　1. 노농로서아 정부는 대한민국임시정부를 승인할 것.
　2. 우리 한국독립군의 장비를 적위군과 일양(一樣)으로 충실하게 하여 줄 것.
　3. 우리는 독립군을 크게 양성하여야 할 터인데 지휘사관이 부족하니 서

---

33) 「안창호일기」 1920년 3월 16일자.
34) 「안창호일기」 1920년 2월 20일자.
35) 「안창호일기」 1920년 1월 16일, 21일, 22일, 31일자.
36) 반병률, 『통합임시정부와 안창호, 이동휘, 이승만』, 신서원, 2019, 262쪽.

백리아 지정 장소에 사관학교를 설치하여 달라.

4. 우리 상해정부에 독립운동 자금을 거액으로 원조하여 달라.[37]

한형권이 소비에트 러시아 정부의 고위층으로부터 협력방안을 끌어내는 외교적인 성과를 거둔 것이다. 특히 제4항과 관련해서 소비에트 러시아 정부는 200만 루블을 제공하겠다고 약속했고, 실제 1차로 40만 루블이 상해로 오게 된다. 이로 인해 발생한 사건이 유명한 40만원사건이다.

북간도, 서간도, 그리고 시베리아지역의 무장력을 우선 결집하려는 임시정부의 움직임은 세 곳에 각각 지구사령부를 두려는 '분치안(分置案)'을 구체화하는 과정의 하나였다.[38] 지구사령부를 두는 과정은 '군정서'에서의 민정 기능을 임시정부를 정점에 두고 재조직하는 과정이기도 하였다. 임시정부에서 거류민단제를 도입하는 움직임이 바로 그것이다. 그 구체적인 움직임은 다음 '제4장'에서 다룰 북간도지역 무장단체의 통합 움직임이 단순히 무장조직을 하나로 엮는 작업에 그치지 않고 민정과 군정으로 독립운동 조직을 이원화하려는 시도로 이어졌다는 데서 확인할 수 있다.

다른 한편에서 임시정부는 군사제도를 정비하는데 큰 노력을 기울였다. 임시정부는 1920년 1월 24일 '국무부 포고' 제1호에서 독립전쟁에 필요한 국민의 의무를 밝혔다. 임시정부는 포고에서 자신이 독립운동의 최고 기관으로 명령의 중앙 본부이므로 국민은 여기에 복종해야 하며, 러시아와 중국 지역에 거주하는 2백만 동포와 국내에 거주하는 2천만 동포가 모두 군인이 되도록 노력하여 군사를 주비해야 한다고 밝혔

---

37) 반병률, 『통합임시정부와 안창호, 이동휘, 이승만』, 262쪽. 원전: 한형권, 「혁명가의 회상록 : 레닌과 담판, 독립자금 20억 원 획득」, 『삼천리』 6, 1948.10, 10쪽.

38) 이에 대한 시사는 「안창호일기」 1920년 2월 12일자 참조.

다. 국민개병주의를 지향한 임시정부는 솔선수범하는 차원에서 3월 20일 갑종 40명과 을종 100여 명으로 국민군을 편성한 적도 있었다.[39] 또한 임시정부는 3월 16일 총 3편 13장 55조로 구성된 '대한민국육군임시군제'를 제정하였다.[40]

군사를 조직화하려는 임시정부의 노력은 국내에서도 비밀결사 형태로 구체화하였다. 임시정부는 1919년 12월 18일자 '군무부령 제1호'를 공포하고 군사주비단 준비에 들어갔다. 군사주비단이란 육군을 만들기 위한 준비조직을 꾸리는데 목적을 둔 조직이었다. 그래서 가장 우선한 활동이 단원 곧, 군사를 모집하는 일이었다. 또한 군사주비단은 국내 일본군의 상황을 파악하는 한편, 군수품 등을 조사하고 만세시위 등을 조직하는데 목적이 있었다.[41]

주비단의 조직과 활동은 50여 명의 단원을 포섭한 황해도와 서울 등지에서 확인된다.[42] 그리하여 주비단은 각 단체를 "군기적 조직하(軍紀的 組織下)에 대동 통일(大同 統一)"하여 국방계획을 완성하려는 조직이었다.

주비단과 마찬가지 목적으로 결성된 단체로 의용단(義勇團)이란 단체도 있었다. 1920년 1월 안창호 등이 나서서 결성한 단체로 평양, 서울 지역을 비롯해 황해도와 평안북도 등지에 조직원이 있었다.[43] 안창호

---

39) 「군무부의 역사보고 奉呈의 건(軍秘發 제1호 呈文 : 1921.1.7.)」, 『대한민국임시정부 자료집 9 : 군무부』, 국사편찬위원회, 2006에 수록되어 있다.

40) 이에 관해서는 신효승, 「20세기 초 국제 정세 변동과 한인 무장 독립운동」, 연세대학교 박사학위논문, 2018, 151~166쪽 참조.

41) 법령은 「군무부의 역사보고 奉呈의 건(軍秘發 제1호 呈文 : 1921.1.7)」 참조.

42) 김은지, 「대한민국임시정부의 '독립전쟁의 해' 선포와 국내에서의 군사적 활동」, 『한국민족운동사연구』 103, 2020, 157~158쪽.

43) 김은지, 「대한민국임시정부의 '독립전쟁의 해' 선포와 국내에서의 군사적 활동」, 158~160쪽.

스스로도 단원이 천여 명에 달한다고 기록할 정도였고,[44] 일제의 신문에도 200여 명을 체포했다는 보도가 나온다.[45] 비밀결사 조직으로는 짧은 시간에 나름 성과가 있었다고 확인할 수 있는 대목이다. 결국 주비단이나 의용단은 독립전쟁론의 실제화 곧, 대외정세활용론에 입각하여 독립군이 반일연합전쟁에 참가하는 전쟁이 일어나면, 국내에서 임시정부의 지휘를 받는 육군으로 활약할 예비 전력이었던 것이다. 달리 말해 이들 단체를 항일비밀결사 조직이었다고만 파악하면, 1920년 시점에서 국내 비밀결사운동의 특징을 제대로 담아내지 못하는 시각이다.

하지만 독립전쟁 준비가 원만하게 이루어질 수는 없었다. 우선, 안창호 이동휘와 임시정부의 정세판단에 문제가 있었다. 대외정세활용론에 입각해 독립전쟁을 준비하던 임시정부에게 가장 큰 걸림돌은 미일전쟁의 가능성이 점차 약화되어 가는 현실이었다. 사실 베르사이유강화조약은 승전국이 패전국에게 가혹한 배상을 결정한 회의이기도 했고, 패전국의 식민지를 해체하는 결정이기도 했지만, 또 다른 측면을 주목할 필요가 있다. 서구 열강은 미래 패권이 태평양 일대에서 누가 더 강한 영향력을 확보하느냐에 따라 좌우된다고 보고 파리강화회의를 전후한 시기부터 건함경쟁(建艦競爭)에 뛰어들었다.

그렇다고 승전국 사이의 협력적 관계가 지배적이었던 당시 국제정세의 분위기가 무너졌다는 뜻은 아니다. 흔히 이를 베르사이유체제라고 한다. 미국 의회조차 자국의 대통령 윌슨이 주도한 강화조약안을 비준하지 않았지만, 열강 간의 협조체제를 유지하며 국제질서를 관리하려는 움직임 자체를 거부하지는 않았다. 당시만 해도 미국의 리더십은 단독체제가 아니라 협조체제에서만 발휘될 수 있었기 때문이다. 그것을

44) 「안창호일기」 1920년 7월 5일자.
45) 『東亞日報』 1925년 11월 12일, 「만오개년만에 義勇團長 金氏 假出獄」.

증명해 주는 뚜렷한 사례가 1921년 워싱턴회의이다. 그래서 이 회의 때 마무리된 동아시아 국제질서 곧, 열강 사이에 중국문제를 중심으로 하는 동아시아판 협조체제가 성립하여 동아시아지역 정세가 상대적 안정기에 들어서게 된 이 지역의 국제질서를 워싱턴체제라고 말한다. 임시정부의 독립전쟁안은 새로운 국제질서의 이러한 본질을 제대로 주목하지 못했다.

1월 즈음에 예상했던 낙관적 정세와 달랐기 때문이었을까. 안창호는 여운형, 황진남과 같이 "미국탐보원(美國探報員) 밀나드군(君)"을 만나 정세를 토론하는 중에 다음과 같은 이야기를 들어야 했다.

> 우리 獨立運動에 關하여 善良한 意見을 求한 즉, 君曰 少毫라도 輕動치 말고 內部를 善히 組織하고 오래 끌어 나아가다가 美日戰爭의 時期를 利用하여서 最後의 目的을 達하는 것이 可打 하다. 只今 韓人의 獨力으로 獨立戰爭한다는 것은 多數 生命을 犧牲할 뿐이오, 아무 效果가 無할 줄 生覺하노라. 韓國이 일어나 戰하면 美國이나 其他國의 援助하기를 企望치 말지라. 他國들이 各各 自國의 利害를 爲하여 戰하나, **오직 韓國뿐으로는 不爲할지라. 美日戰爭의 時期는 五年內에 在하다고 生覺하노라** 하다.(강조 - 인용자)[46]

밀나드라는 사람은 앞으로 일어날 반일 연합전쟁의 일원으로 한국의 독립운동 세력이 참여해야 국제협조를 이끌어 낼 수 있으며, 미일전쟁도 몇 개월 이내에 일어나지 않고 5년 정도를 예상한 것이다. 이는 1920년의 시점에 대외정세활용론에 따라 독립전쟁론을 구체화할 기회가 주어지지 않을 것이라는 정세판단이다.

다른 하나는, 독립전쟁을 지휘할 지도부가 안정되어 있지 않았다.[47]

---

46) 「안창호일기」 1920년 3월 25일자.
47) 흔히들 말하는 '지방열'에 대해서는 일본 치안당국이 말했던 정도는 아니라고 보고,

1920년 1, 2월의 시점에 운동자간의 노선 차이는 크게 중요하지 않았다. 흔히들 말하는 이승만의 외교노선과 달리 안창호와 이동휘가 독립전쟁론을 선명하게 내세우고 있었기 때문이다. 둘 사이에 노선을 둘러싼 갈등이 드러날 정도로 차이가 없었으므로 독립전쟁론을 밀어붙일 기본 동력은 있었다.

필자가 보기에는 오히려 새로운 다른 요인에 더 주목할 필요가 있다. 이승만을 대통령에서 끌어내리려는 움직임이 윤현진 김립을 중심으로 하는 차장급 선에서 강력하게 진행되었다는 점이다.[48] 이때 차장급들의 움직임은 임시정부 내에서의 파워게임의 일환이기도 했다는 점에서 운동정치라는 시각에서 볼 필요도 있다. 차장급들은 신대한신문에서 함께 활동하던 사람이거나 한인사회당에 관계한 사람들이어서 서북파라고 단정하기는 어렵지만, 안창호를 따른다는 공통점이 있었다.[49] 결국 1920년 2월 윤현진이 안창호에게 이승만의 축출을 건의하면서부터 수면 위로 떠 오른 대통령불신임활동은 역설적으로 임시정부에서 안창호의 지도력을 약화시킬 우려도 있었다. 그것은 반이승만운동세력이 의도하지 않았겠지만, 그들의 반이승만 활동은 독립전쟁을 구상하고 실천하는데 필요한 지도부의 안정적인 조직운영을 방해하는 측면도 있었기 때문이다. 6월 7일 윤현진 등이 대통령불신임안을 제출했다가 안창호 등의 반대로 철회하면서 대통령불신임활동은 중지되었다.

더구나 5월 말에 이르면 미국의원단의 동북아시아 '시찰'문제가 급속히 수면 위로 떠오르고 있었다. 외교론적인 접근에 큰 비중을 둘 사안

1920년 상반기의 특정한 요인에 집중해 분석한다는 측면에서 언급하지 않겠다.
[48] 대통령불신임운동을 추진하는 사람들이 생각하는 임시정부 개편안은 「안창호일기」 1920년 3월 12일자 참조.
[49] 자세한 내용은 이혜린, 「1920년대 대한민국임시정부 대통령불신임운동 주체와 성격」, 『인문과학』 57, 2015 참조.

이 돌출한 것이다. 따라서 대통령불신임활동은 더욱 수면 아래로 가라
앉을 수밖에 없었다.

이처럼 독립전쟁에 불리하게 작용할 동아시아 국제정세에 대한 새로
운 이해와 임시정부 안팎의 어려운 상황 전개는 1920년 6, 7월에 이르
면 독립전쟁 지휘부의 급속한 약화로 이어졌다. 이동휘는 6월 18일 이
승만을 불신임하는 사유서와 국무총리직 사직서를 제출하고, 22일 위
해위로 가버렸다.[50] 이동휘는 임시정부의 차장급 인사들과 벌인 이승
만불신임운동이 안창호의 강력한 반대로 좌절한 데다 오히려 고립되
자, 이승만을 축출해야 한다는 자신의 강력한 견해를 관철시켜 보고자
압력의 방법으로 선택한 행동이었다. 7월 27일 안창호가 미국 의원단을
맞이한다며 홍콩으로 떠나갔다. 이동휘가 임시정부에 복귀한 이후에는
오히려 안창호가 고립되는 처지였다. 이동휘가 기호 출신 총장들과 제
휴했기 때문이다. 이렇듯 독립전쟁의 최고 지도부가 복잡하게 갈등하
고 있었으니, 임시정부는 봉오동전투 이후 북간도지역 독립군을 추스
르고 계속되는 일본군의 위협에 대응방안을 제시하며 지도력을 발휘할
수 없었다.

여기에 임시정부로서는 재정문제를 풀어가기가 쉽지 않았다. 안창호
가 노백린 군무부장에게 다음과 같이 말한 고민을 통해 이를 확인할 수
있다.

> 우리의 主眼點은 一은 政府 持續策이오. 二는 事業 進行策이라. 一은 政
> 府 維持策이니, 此를 維持할 經濟力을 調査하며 內地財産家에게 金錢을 運
> 動하는 것과 俄(러시아)黨과 美 財本家의 援助와 其他 俄 · 中(러시아 · 중국)
> 領 僑民에게 金錢運動은 다 希望에 付할 뿐이요, 到底히 信할바 無한 지라.

---

[50] 그는 8월 11일에 사퇴를 철회하고 상해로 복귀하였다.

然則 現時의 金力 辦出될 處는 오직 美(미국)領에 在한 勞 同胞 外에 無한 지라. 在美 勞 同胞의 數를 量한 즉 一年에 三萬五千달러 外에는 辦出키 難 한 지라. 如此한 額數의 金錢으로 政府를 維持하려면 政府 本 機關을 極端 으로 縮少하여 聯合 事務制를 用하여 一個 小規模의 事務所를 構成하고, 從 하여 附屬 各 機關의 支撑치 못할 것은 撤廢하고 華府(워싱턴)의 委員部와 巴里(파리)의 宣傳部 等을 縮少하는 것이 可하고, **其後 希望하던 金錢이 多 少間 入手되면 政府로서 直接 開坼 其他 營業에 着手하여 스스로 金力을 辦 備해야 할지라.** 獨立 完成이 明年 或 來 明年에 在하다면 已어니와 不然하 여 十年 或 二十年을 維持하려면 如此히 하여야 可할지라.(강조 – 인용자)[51]

1920년 1월과 달리 시간이 흐를수록 임시정부를 유지하는데 필요한 재정문제가 매우 큰 현안이었음을 안창호의 일기는 말해주고 있다. 안 정되게 예측 가능한 활동자금을 미주의 국민회가 제공해 주고 있는데, 그 액수는 3만 5천 달러가 최대라는 현실 진단이 바로 그것이다. 이러 한 재정 상태로는 임시정부를 유지하면서 독립전쟁을 준비할 수 없다 는 우려가 안창호의 발언 속에 깔려 있다. 그에게 3만 5천 달러는 재정 의 큰 어려움을 말해줄 뿐 아니라 그것을 어디에 우선 투입해야 하느냐 의 문제와도 연관되어 독립전쟁이란 구상을 현실화하는 데 더 어려움 을 가중하는 제한적인 액수였다. 따라서 이런 정도의 재정은 임시정부 조직을 유지하고 운영하는 데도 벅찬 예산이어서 독립군 등을 지원한 다는 정책을 꿈도 꿀 수 없었다는 현실을 말해줄 뿐 아니라, 만주지역 등지의 독립군을 임시정부에서 실질적으로 장악하기도 어려웠다는 현 실을 시사해 준다.

---

51) 「안창호일기」 1920년 2월 3일자.

Ⅳ. 북간도지역에서 독립전쟁론의 구체화 과정으로서
독립군 통합논의와 전투

서간도의 한족회는 안창호 등과 독립전쟁 방안에 대해 견해 차이를 드러내며 북간도지역 독립운동 세력과 달리 임시정부와 전적으로 의기 투합하지는 않았다. 상대적 독자성을 유지하려고 하였다. 이에 비해 북간도 지역 독립운동 세력은 임시정부를 지지하고 독립군을 하나로 묶어가기 위한 회합을 거듭하는 한편에서, 국내진공작전을 벌였다. 1920년 6월에 이르면 독립전쟁에 대한 열기가 임시정부 내에서 활력소로 작용하고 있지 않았는데 비해, 북간도의 독립운동 세력 사이에서는 정반대의 정세가 전개되었다. 6월의 봉오동전투와 10월의 청산리전투는 한인 독립운동 세력 내부에서 활동지역 간 정세의 불균등한 발전을 고려하는 지도력을 임시정부에서 실질적으로 발휘하지 못한 독립전쟁이었다. 이제 그 과정을 살펴보자.

북간도지역에서 이동휘의 독립전쟁론을 적극 실천한 사람은 홍범도였다. 이동휘는 이미 1919년 5월경 러시아 쑤이푼(秋豊)에서 자신을 지지하고 있던 홍범도를 "총사령관"으로 임명하였다.[52] 레닌을 따르는 볼세비키파의 입장에서 무장대를 편성하려는 활동이 김하석 등의 방해로 원만하게 진행되지 못한 때도 있었지만,[53] 홍범도는 1919년 8월 8일 106명의 대원을 이끌고 노령에서 북간도를 향해 출발하여 훈춘현 초모정자(草帽頂子)를 거쳐 10월 14일 연길현 합마당(蛤蟆塘) 상촌(上村)인

[52] 韓國精神文化硏究院 編, 「이인섭의 편지(1969.2.5)」「정태의 편지」, 『韓國獨立運動史 資料集 : 洪範圖篇』, 韓國精神文化硏究院, 1995, 33쪽, 86쪽; 姜德相 編, 「騷密 第2439號 獨立運動ニ關スル件(1919.5. 16)」, 『現代史資料』 26, 173쪽.
[53] 韓國精神文化硏究院 編, 「이인섭의 편지(1969.2.5)」, 『韓國獨立運動史 資料集 : 洪範圖篇』, 34쪽.

예수촌에 도착하였다.[54] 홍범도가 이끄는 대한독립군은 군자금을 모집
하거나, 대한국민회의 결사대로부터 물자를 지원받는 등 국내 진격을
준비하면서 다른 단체와의 연락도 계속 유지하였다.[55]

　홍범도는 1919년 겨울 대한독립군의 보급문제 등을 해결하고자 대한
국민회와 연계하였다. 그는 대한국민회와 함께 단체의 통합에 노력하
여 1920년 1월 중순경 잠시 블라디보스톡에 가서 임시정부 군무부장인
노백린을 만나 통일문제를 협의하였다. 대한국민회의 구춘선 회장과 홍
범도를 비롯한 각 단체의 대표자 40명은 1920년 3월 8일부터 3일간 합
마당의 상촌에 모여 통일문제를 논의하였다. 비록 복벽주의를 지향하
는 대한광복단의 이범윤 등이 복벽(復辟)을 시도했으므로 통합을 달성
하지 못했지만,[56] 통합의지만은 서로 확인한 자리였다.

　3월회의에 참가한 단체 가운데 6개 단체(신민단, 대한군정서, 군무도
독부, 광복단, 의군부, 대한국민회)의 대표자는 5월 3일 왕청현 봉오동
에 모였다. 참가자들은 18가지 항목의 「재북간도각기관협의회서약서
(在北墾島各機關協議會誓約書)」를 채택하였다. 이에 따르면 5월 11일까
지 각 단체의 모연대(募捐隊)를 소환하고 중복된 군적을 근거로 독립군
에 강제로 편입하지 않고, 지방기관의 설립과 인원모집은 민의에 따르
며, '협의회'(매월 1일, 15일 정기회)의 의결을 거쳐 자금을 모으기로 합
의하였다.[57] 6개 단체가 구성한 협의회는 공화주의를 지향하는 단체였
다. 북간도지역 독립운동 세력의 주도권을 공화주의 세력이 확실히 장

---

54) 韓國精神文化硏究院 編, 「홍범도의 일지(1958.4.16)」, 『韓國獨立運動史 資料集 : 洪
範圖篇』, 13쪽. 新民團의 기반인 草帽頂子에는 기독교와 성리교도 한인이 많이 거
주하였고, 大韓國民會 본부가 있던 蛤蟆塘에는 기독교도가 많이 거주하였다.

55) 朴昌昱, 「國民會를 論함」, 『國史館論叢』 15, 1990, 206쪽.

56) 姜德相 編, 「朝特報 第21號 鮮內外一般ノ狀況(1920.4.5.)」, 『現代史資料』 26, 301쪽.
대표적인 참석자 : 洪範圖 具春先 李範允 金光國 洪林 徐成權 黃丙吉 田義根 등.

57) 姜德相 編, 『現代史資料』 27, 391~392쪽.

악한 것이다.

상시적인 협의체를 구성한 민족운동가들은 단체의 통일성을 강화하기 위해 노력한 결과, 대한국민회의 대표 김병흡과 군무위원회 대표 안무, 그리고 군무도독부의 대표 최진동이 5월 19일 봉오동에 모여 대한북로독군부(大韓北路督軍府)를 결성하였다. 대표자들은 회합에서 대한국민회를 행정기관, 대한북로독군부를 군사기관으로 구분하여 역할을 분담하고, 대한국민회가 대한북로독군부를 보조하면서 모든 군무를 주비하기로 합의하였다.

5월 합의는 군정기관과 민정기관을 분리하려는 임시정부의 이원체제에 동의하는 결정이었다. 군정과 민정 부분으로 헤쳐모여를 하지 않고, 단체별 장점을 살려 각자의 영향력과 기득권을 유지하려 했다고 보아도 맞을 것이다. 서로 이해가 맞은 타협이었다고 볼 여지도 있는 합의였다는 점에서 그들만의 정치가 있었다고 말할 수 있겠다.

그런데도 참가자들은 통합임시정부를 거부하지 않았지만, 국민회가 통합임시정부와의 관계를 독점하려는 움직임에 대해서는 반발하였다. 5월 5일 신민단, 대한군정서, 군무도독부, 광복단, 의군단 관계자가 모여, 1919년 11월 대한국민회 측이 발표한 '고유문(告諭文)'에 대한 사죄를 요구하는 한편, 대한국민회에서 임시정부에 파견한 2인의 '대의사'가 민의를 대변하지 못하니 즉각 소환해야 한다고 요구하였다. 7개 항 요구서의 핵심은 협의회의 이름으로 움직여야 한다는 것이었다. 국민회로서는 북간도지역을 대표하는 단체로서의 위상이 약해질 수밖에 없었으므로 5월 15일에 회의를 열고 이 요구를 수용하지 않았다.[58]

국민회와 나머지 다섯 단체 사이의 마찰이 어찌 정리되었는지는 확인하지 못했지만, 대한군정서 측이 이후 대한국민회가 참가하는 협의

---

58) 姜德相 編, 「國民會ト他ノ團體トノ確執ニ關スル件」, 『現代史資料』 27, 392~393쪽.

에 빠진 점으로 보아 원만하게 이루어지지 않은 것 같다.[59] 그것은 협
의회의 중요한 한 축인 국민회가 빠짐으로써 한 부분을 채우지 못했음
을 의미한다.

　북간도지역 무장단체를 통일하려는 움직임이 전개되고 있는 와중인
3월 1일부터 6월 초 사이에 국내진공작전이 활발히 전개되어 모두 32회
의 전투가 있었다.[60] 일본으로서는 독립군의 활동이 조선 통치에 직접
영향을 미치면서 북간도지역이 "어제의 낙토(樂土)가 아니라 불령선인
의 소굴로" 바뀌었으므로 독립군의 동향에 주목할 수밖에 없었다.[61] 그
연속선상에서 일어난 전투가 봉오동전투이다.

　전투가 끝난 후에도 독립군을 통일하려는 움직임은 여전히 이어졌지
만 감정의 골은 더 깊어졌다. 가령 봉오동전투 과정에서 홍범도가 지휘
하는 군대가 애초 계획과 달리 전투현장에서 먼저 이탈하면서 신민단
등의 희생이 컸었다. 그런데 봉오동전투에 참전한 김재규가 〈의군부〉
란 제목의 회고에서 이와 달리 기억하였다. 8명의 신민단 대원이 영웅
적으로 사망하였지만, "우리는 다른 데서 온 군인들이니 당신네 군대
명령에 복종하지 아니한다"며 개인행동을 하다 죽었다는 것이다.[62] 신
민단 대원의 죽음은 그들의 독단적인 선택의 결과이지 전술의 차이가

---

59) 대한국민회는 1919년 10월에 발표한 유고(諭告)에서, 임시정부가 인정한 북간도지
　역의 통일기관이 있음에도 군정부(대한군정서의 전신)를 표방하며 통일에 협조하
　지 않은 단체를 한시라도 "용서"할 수 없다고 했을 만큼 두 단체는 경쟁 관계였다
　(『獨立新聞』 1920년 1월 10일). 이에 대래 대한군정서 측의 김품성은 '대한군정서약
　사'를 임시정부에 제출하면서 대한국민회가 북간도를 대표하는 단체가 될 수 없다
　고 주장하며, 위원을 북간도에 파견하여 실상을 조사하도록 임시정부에 요구하였
　다(『獨立新聞』 1920년 4월 22일).
60) 「군무부의 역사보고 奉呈의 건(軍秘發 제1호 呈文 : 1921.1.7.)」. 여기에 수록된 '北
　墾島에 在한 我獨立軍의 전투보고'에서 인용하였다.
61) 金正柱 編, 「間島二於ケル不逞鮮人團ノ狀況(1920.10)」, 『朝鮮統治史料』 8, 한국사료
　연구소, 1971, 206쪽.
62) 「회상기(아령과 중령에서 진행되던 조선민족해방운동)」 1, 독립기념관 1-012259-001.

아니라는 회고이다.

하지만 홍범도와 최진동은 전술에서 분명한 차이가 있었다. 봉오동 전투는 매복포위전을 기본으로 하는 전투였지만, 홍범도는 유격전의 시각에서 일본군의 공격에 대응하였고, 최진동은 진지전의 입장에서 이 전투에 참가했다. 실재 홍범도는 자신들이 정식 군대가 아니고 빨치산이므로 전략과 전술도 판이하게 달라야 한다고 대원들에게 연설하기도 했다.[63] 두 지도자 사이의 생각의 차이가 선명하게 드러난 전투가 봉오동전투였던 것이다. 이에 대한북로독군부를 지휘하고 있던 최진동과 홍범도 사이에 골이 깊어져 갔다.

그런 가운데서도 전투가 끝난 후 북간도지역 독립군은 6월 21일 봉오동 부근에 있는 장동(獐洞)에 모였다. 회의에는 17일에 북간도에 도착한 임시정부의 파견원 이용(李鏞)도 참석하였다. 분립하고 대항하는 행위는 있을 수 없음을 절감한 참가자들은 군량을 저장하고 무기를 수입하는 방법을 서로 협의하였다. 각 단체의 이름도 취소하고 결집력을 강화하고자 하였다.[64] 하지만 단체의 독립성을 내세운 대한군정서가 참가를 거부하였다.

7월 1일 가야하(嘎呀河) 방면에서 대한군정서를 제외한 9개 단체의 대표가 모였다. 회의에서는 "각 단(團) 연합 통일의 필요상" 명칭을 취소할 것, 이에 기초하여 북간도지역과 노령지역에 산재해 있는 각 단체 소속의 모든 기관을 통일하여 2부제로 할 것, 각 단체가 소장하고 있는 무기는 한 곳에 집합시키기로 결의하였다.[65] 여기서 말하는 2부제란

---

[63] 「회상기(아령과 중령에서 진행되던 조선민족해방운동)」 1. 독립기념관 1-012259-001. 홍범도 부대에서 활동한 이종학의 '홍범도 군비단'이란 제목의 회고록에 있는 내용이다.
[64] 姜德相 編, 「不逞鮮人行動狀況報告」, 『現代史資料』 27, 352쪽.
[65] 姜德相 編, 「不逞鮮人行動狀況報告」, 『現代史資料』 27, 355쪽.

민정과 군정의 이원체제를 의미한다. 7월 7일경에도 안도현 옹성라자에서 회의가 열렸다. 연합 협의회에는 최진동 이외에도 임시정부 파견원으로 6월 27일 북간도에 온 왕삼덕과 안정근도 참석하였다. 결국 9개 단체 대표회의는 세 지역에 지구사령부를 설치하려 했던 임시정부의 구상과 맞물린 지구 단위의 부대 창설과 민단을 조직하려는 임시정부의 방침을 구체화하는 회의였다.

이러한 일련의 흐름은 임시정부 파견원으로 북간도에 온 안정근과 왕삼덕이 6월 27일 명월구에 도착하여 한 발언과 연관 지어 볼 필요도 있다. 두 사람은 연합회에 참가하지 않은 단체는 "토벌 진압하여 우리 독립군의 안정을 통일"하라는 임시정부의 명령을 전달하였다.[66] 당시 상설적인 협의체에는 의민단, 라자구에 있는 국민의사회 훈춘한민회 그리고 안무가 이끄는 대한국민회의 군무위원회도 새로 참가하였다. 하지만 대한군정서는 홍범도가 이끄는 "대한북로사령부의 2단"과 함께 7월 1일자 결정에 '찬동'하지 않았다.[67] 특히 대한군정서는 자신의 주요 활동지와 대감자(大坎子) 부근의 한인조차 연합회에 참가하려고 했기 때문에 "초초 낭패(稍稍 狼狽)"였다.[68]

그런데 7월 13일에서 15일 사이에 연길현 지인향 구룡평에서 열린 세 번째 대표자회의에 대한군정서도 참가하였다. 회의에서는 지난번의 결정에 따라 민단제(民團制)에 입각하여 행정기관으로 대한민단, 군무기관으로 동도군정서(東道軍政署)와 동도독립군서(東道獨立軍署)를 설치하기로 합의하였다. 회의는 단장에 구춘선, 부단장에 서상룡, 경호대

---

66) 姜德相 編, 「不逞鮮人行動狀況報告」, 『現代史資料』 27, 355쪽. 임시정부에서 이처럼 강력하게 말했는지, 두 사람이 임의로 말했는지는 더 따져봐야 할 것이다.

67) '대한북로사령부 2단'이란 중국에서 團은 우리의 聯隊에 해당하니, 대한북로사령부 2연대라는 뜻일 것이다.

68) 姜德相 編, 「不逞鮮人行動狀況報告」, 『現代史資料』 27, 355쪽.

를 지휘하는 군사위원장에 김은광, 민단고문과 군사 및 군무고문에 임
시정부의 파견원인 이용과 안정근을 선출하였다. 또한 대한군정서를
동도군정서로 개칭하고 서장(署長)에 서일(徐一), 4개 부대를 지휘할 사
령관에 김좌진, 북로독군부를 동도독립군서로 바꾸고 서장 겸 사령관
에 홍범도를 임명하였다. 대한군정서의 회의 참가는 독립된 지휘체계
를 보장받았기 때문일 것이다. 지구사령부 단위로 군대를 결집할 때 임
시정부의 의사대로 관철될 수 없는 현실을 여기에서도 목격할 수 있다.

이렇듯 임시정부의 이름으로 '행정' 기능은 미약하나마 하나로 향해
갖지만, 북간도지역의 한인 무장력을 사실상 삼분하고 있던 대한북로
독군부, 홍범도의 부대와 대한군정서는 명칭과 지휘체계만을 형식적으
로 통일하였다. 따라서 행정기관이 군사기관보다 우위에 서서 군사기
관을 통제할 수 없었던 당시 민족운동의 일반적인 경향을 고려할 때 실
효성이 높은 통합이 아니었다.

단체의 통합이 힘을 받을 수 없었던 또 다른 이유의 하나는 군사기
관의 지휘권 문제와 국내진공작전에 대해 대한군정서가 다른 견해를
드러냈기 때문이다.[69] 군사기관의 지휘권 문제는 대한국민회와의 경쟁
에서 주도권을 잡으려는 대한군정서의 의도와 연관이 있었을 것이다.
실제 군수품과 병력을 완전히 갖춘 후 일본에 선전을 포고하고 그들과
자웅을 겨뤄보자는 단체와 달리, 홍범도는 조국의 독립을 달성하기 위
해 우선 간도에서 일본관헌의 활동을 저지하고 이곳에 독립운동의 기
초를 확고히 세워야 한다는 생각이었다. 내외적인 정세를 보아 시기를
기다렸다가 전쟁을 선포하고 싸우자는 입장과 일상적인 무장활동 속에
서 역량을 키우며 일제와 전쟁에 대비하자는 주장은 엄청나게 다른 견
해다. 형식적인 연합에 그친 또 다른 원인은 안정근이 특히 대한군정서

---

[69] 姜德相 編, 「大韓軍政署側ノ行動ニ關スル件」, 『現代史資料』 27, 357쪽, 366쪽.

측의 체면을 세워주어야 한다는 태도를 취함으로써 임시정부의 통합원
칙에 일관성이 없었다.[70]

 더구나 봉오동전투 이후 봉오동이란 독립군 근거지를 벗어난 대한북
로독군부는 통일성을 유지하지 못하고 몇 갈래로 나뉘어 움직였다. 홍
범도는 부대를 이끌고 명월구를 거쳐 8월에 화룡현 와룡동(臥龍洞)에
주둔했다. 이렇게 되자 대한북로독군부의 제2, 3, 4대가 그의 뒤를 따랐
고,[71] 최진동은 군무도독부의 군대를 이끌고 왕청현 라자구로 이동하
였다. 이에 대한북로독군부 문제를 해결하고자 8월 7, 8일 이틀간 일양
구(一兩溝)에서 연합 협의회가 다시 열렸지만 의견 절충에 실패하였
다.[72] 안무가 이끄는 국민회군 80여 명도 이들과 함께 하지 않고 안무
의 부친이 있는 가매골(부동, 釜洞)로 이동하였다. 그는 여기에서 병력
을 모아 부대 규모를 200여 명으로 늘렸다.[73]

 이 시점에 이르면 사실상 해체된 대한북로독군부 내부에서 일어난
중요한 갈등은 최진동의 군무도독부와 홍범도의 대한독립군 또는 대한
국민회 사이의 대립이었다. 회의 직후인 8월 12일에 군무도독부의 부대
가 대한국민회 동부지부의 구역에 들어가 활동하며 국민회를 압도하려
고 움직임에 따라 양측의 갈등이 더욱 첨예화하였다. 이에 대해 대한국
민회 지방조직들은 홍범도부대에 의탁하는 경향이 강화되었다. 대한국
민회 중앙 지도부도 8월 12일자로 국민회군무회를 설치하고 안무를 사
령관으로 하는 국민군사령부도 두었다. 대한국민회가 대한국민군이란

---

70) 姜德相 編, 「情報」, 『現代史資料』 27, 395쪽.

71) 姜德相 編, 「大韓北路獨軍府ノ內訌二關スル件」, 『現代史資料』 27, 396쪽.

72) 姜德相 編, 「不逞鮮人根據地並二各組織二關スル件」, 『現代史資料』 27, 368쪽. 대
한국정서는 이번 회의에도 참석하지 않았다.

73) 「회상기(아령과 중령에서 진행되던 조선민족해방운동)」 1. 독립기념관 1-012259-001.
김희영이 '국민회 안무 군대'라는 제목의 회고에서 남긴 내용이다.

독자적인 부대를 갖추기 위해 움직인 것이다.

결국 이때에 이르면 북간도지역 무장대는 대한군정서, 홍범도부대, 군무도독부, 대한국민군이 지역을 대표했다고 볼 수 있겠다. 봉오동전투와 단체들의 통합논의 과정에서 홍범도의 군사적 영향력은 증대해 갔으며, 대한군정서는 자신만의 독자성을 계속 유지한 데 비해, 군무도독부의 군사적 영향력은 현저히 약해져 갔다. 안무의 대한국민군은 이후 청산리전투 때까지의 움직임을 보더라도 독자적인 행동을 통해 무장력과 활동력에서 존재감을 들어낼 만큼의 위상을 갖지는 못하였다. 그래서 봉오동전투 이후 북간도지역 독립군의 구성이 크게 보면 사실상 세 갈래로 움직였던 것이다.

청산리전투가 일어나기 직전에 북간도지역 무장대의 세 갈래 움직임을 이동휘의 임시정부는 다음과 같이 정리하고 있었다.

> 第一聯隊長 洪範圖는 其部下聯隊(六中隊 缺)를 引率ᄒ고 完櫻溝 中央山麓에 占位케 ᄒ고 第二聯隊長 金佐鎭은 其部下聯隊(二大隊 缺)를 二道溝 左便 高地에 占位케 ᄒ고 第三聯隊長 崔振東은 其部下聯隊(六中隊 缺)를 引率ᄒ고 二道溝 右便 高地에 占位ᄒ야 隱蔽潛伏ᄒ얏따가 我의 後兵이 抗戰을 ᄒ다가 佯敗退却ᄒ면 敵은 반다시 驕傲ᄒ 態度로 追行手段을 皎ᄒ리니 機會를 失치 말고 射擊케 ᄒ다.[74]

이동휘는 세 갈래의 독립군에 일련번호를 붙이고 '연대' 단위로 호명하며 독립군의 동향을 파악하고 있었다. 그가 말하는 제3연대는 이미 9월 11일 '양자정자(楊子頂子)'를 출발하여 왕청현 라자구로 이동하였다.[75] 제3연대와 달리 홍범도의 대한독립군 등에 이어 김좌진의 대한

---

[74] 「군무부의 역사보고 奉呈의 건(軍秘發 제1호 呈文 : 1921.1.7.)」. 여기에 수록된 '北墾島에 在한 我獨立軍의 전투보고'에서 인용하였다.

군정서 군대도 백두산 방향인 서쪽으로 이동하였다. 독립군의 이동 방향에 대해서는 크게 두 가지 의견이 있었다.

> 이영지(移營地)를 결정하는 과정에서 양론(兩論)이 있었다 한다. 서일 총재는 후방인 중소 국경지대로 옮기자고 하는 데 반하여 현천묵 총재는 백두산으로 가자는 것이다. **후방으로 가면은 인적 물적 곤란이고 전방으로 가면 인적 물적으로 유리하다는 것이다.** 그럼으로 현총재에 의견을 따라 … (강조 – 인용자)[76]

독립군을 중소 국경지대로 옮기자는 주장은 서일의 의견만이 아니고 군무도독부 소속 최진동부대의 선택에서도 확인할 수 있다. 이와 달리 대다수 독립군은 백두산이 있는 서쪽으로 이동해야 한다고 보았다. 식민지 조선과 인접하고 이주 한인이 많이 거주하는 북간도지역을 떠날 수 없다는 판단 때문이었다.

대다수 독립군이 백두산 방향으로 이동하는 과정은 크게 두 갈래 움직임이 있었다. 하나는 10월 10일경 화룡현 삼도구 청파호(靑坡湖)에 결집한 600여 명의 대한군정서의 이동이다. 다른 하나는 10월 16일 어랑촌(漁郎村)에 결집한 홍범도부대, 일부의 대한국민군, 훈춘한민회부대 등 홍범도 연합부대의 움직임이다.[77]

---

75) 「大正9年10月1日 不逞鮮人ノ行動ニ關スル件」, 『不逞團關係雜件－朝鮮人의 部－在滿洲의 部』22, 134쪽.

76) 『청산리대첩 이우석 수기―신흥무관학교』, 독립기념관, 2013, 95쪽.

77) 여기에서 말하는 대한국민군이란 안무가 이끄는 부대가 아니다. 필자가 '일부의 대한국민군'이라 표현한 이유가 여기에 있다. 안무의 부대에서 모연대원으로 활동한 김희영의 회고에 따르면, 안무의 부대는 청산리전투에 참전한 적이 없다. 일본군의 추격을 피해 이동을 기듭하다 독립군이 리시아 이민으로 갔다는 소문을 듣고 밀산을 경유하여 이만으로 갔다. 이때까지 그는 홍범도, 김좌진, 최진동이 이끄는 부대와 별도로 행동하며 월경한 것이다.

홍범도의 연합부대는 10월 13일 북합마당(北蛤螞塘)에서 대한국민회 신민단 의민단 훈춘한민회의 대표자와 회합하며 형성되었다. 회의에서는 무력을 통일하고 대한국민회의 군적(軍籍)에 오른 사람을 총동원하며, 군량과 군수품을 긴급히 징집하기로 결정하였다. 또한 일본군의 허(虛)를 찌르거나 산간으로 유인하는 활동 이외에는 전투를 하지 않기로 결정하였다. 월등한 군사력을 보유한 일제와의 정면 대결보다는 군사 역량을 보호하는 대응이 우선이라고 판단했기 때문일 것이다.

백두산 방향으로 이동하던 두 부대가 추격하는 일본군을 따돌릴 수 없어 선택한 전투 장소가 청산리 일대였다. 주지하듯이, 청산리전투는 두 사람이 지휘하는 독립군이 1920년 10월 21일부터 6일 동안 각각 싸운 전투였다. 두 사람이 지휘하는 독립군은 청산리에 함께 매복하기로 약속하거나, 전투가 벌어진 청산리 일대의 공간을 전투 이전에 의식적으로 분담하지 않았다. 애초부터 공동 작전 차원에서 연합하여 싸우는 전투와는 거리가 있었다. 그리고 지역에서의 활동 기반은 상실했지만, 독립군은 일본군의 목표처럼 섬멸당하지 않고 어느 정도의 역량을 보존하였다.

청산리전투 후 홍범도가 이끄는 부대는 안도현 방향으로 이동하다 일본군과 두 차례 전투를 치뤘다.[78] 안도현 삼인방에서 1920년 11월 광복단의 독립군, 신흥무관학교 교성대의 도수(徒手)학생을 합쳐 대한의용군을 조직하였다. 3개 부대를 대한의용군은 12월 들어 안도현을 출발 밀산 방향으로 북상하였다. 그리고 밀산현과 호림현의 경계에 있는 도목구(到木溝)에서 북로군정서와 연합하여 '통의부'를 결성하였다. 서일이 총재, 홍범도가 부총재에 선출되었다.[79] 지금까지 독립군이 이만으

---

78) 반병률, 「탈초'홍범도일지'」, 『홍범도장군 – 자서전 홍범도 일지와 항일무장투쟁』, 한울아카데미, 2014, 126~127쪽.

로 월경하기 직전 밀산에 집결하여 결성한 통일조직이 대한독립군단이
라 알려져 있었지만, 대한독립군단은 결성된 적이 없었다. 1921년 1월
통의부는 국경을 넘어 이만에 도착하였다.[80]

한편, 라자구 방면으로 북상한 군무도독부는 1920년 10월 광복단, 공
의단, 의군부, 의사부 그리고 이범윤과 함께 문창범을 총장으로 하는
대한총군부(大韓總軍府)를 결성하였다. 이들은 서쪽 방면으로 이동한
독립군을 제1공일군(第1攻日軍), 동녕현 노흑산 방면의 독립군을 제2공
일군으로 간주하며 서로 호응하고, 북간도의 각 독립군으로부터 3백 명
의 결사대를 조직하여 폭탄과 배일선전문을 휴대하고 조선으로 잠행하
여 각지에서 소요를 일으킬 계획을 수립하였다. 동시에 시베리아내전
에 참여하고 있는 조선인 대원 3백 명과의 제휴도 모색하였다.[81]

하지만 계획으로 끝났다. 대한총군부는 일본군의 공격으로 대오를
제대로 유지하지 못하였다. 12월이 되자 광복단과 의사부는 탈퇴하였
다. 북로독군부와 의군부는 행동을 같이하며 라자구를 떠나 목릉현의
팔면통(八面通)을 거쳐 이수진(梨樹鎭) 평양진(平陽鎭) 당벽진(當壁鎭)
을 지나 밀산에 도착하였다.[82] 그리고 1921년 1월 이만에 이르렀다.

독립군의 북상과 동시에 그들의 기반인 한인사회가 무너졌다. 경신
참변이란 일본군의 제노사이드가 결정타였다. 독립군을 도운 한인사회
는 일본군의 만행에 대해 독립군으로부터 아무런 보호조치를 받지 못

79) 대한의용군과 통의부의 결성에 관해서는 다음 자료를 참조하였다. 「中領(중국)에
서 進行된 朝鮮解放運動(一九〇七年~一九一九年 三·一운동 前後)」, 독립기념관
1-012254-000. 김승빈이 회고한 부분이다.

80) 반병률, 「탈초'홍범도일지」, 128쪽.

81) 「大正9年11月30日 間情 第59號 送付」, 『不逞團關係雜件－朝鮮人의 部－在滿洲의
部』 24, 122쪽, 140쪽, 142쪽.

82) 「회상기(아령과 중령에서 진행되던 조선민족해방운동)」 1, 독립기념관 1-012259-001.
김재규가 '의군부'라는 제목의 회고에서 남긴 내용이다.

했다. 이에 대한 비판이 거셀 수밖에 없었다. 이승만이 1920년 12월 미국에서 상해에 올 수밖에 없었던 이유도 사태를 수수방관하고 대통령으로서 지도력을 발휘하지 못한다는 비판 때문이었다. 대한민국임시정부의 지도력이 무너진 것이다. 일본군에 귀순한 독립군이나 밀정에 대한 독립군의 단호한 조치도 없었다. 북간도지역 한인사회는 어느 한순간부터 독립군과의 거리두기를 하며 독자 생존을 모색할 수밖에 없었다. 이로써 연해주의 4월참변이 조선인사회에 미친 영향처럼 1920년 독립전쟁의 사회적 기반이 무너짐에 따라 북간도지역에서 무장을 앞세운 독립전쟁이 끝났다. 1920년 임시정부가 독립전쟁론을 구체화할 결정적 지역기반이 무너졌다.

이만에 도착한 독립군은 러시아 측의 정책에 따라 무장을 해제하고 자유시로 이동하였다. 독립군이 백두산으로 이동할 때만 해도 계획에 없던 국경을 넘은 이유는, 봉오동전투와 청산리전투를 치르면서 소진된 탄약을 만주에서 보충할 가능성이 없기 때문이었다.[83] 또한 전투 당시에는 몰랐는데, 북쪽으로 이동하면서 보니 일본군이 남북만주 일대와 북간도지역에 인접한 국경선 일대에서 독립군을 상대로 사단(師團) 규모의 군사작전을 벌이고 있다는 사실을 알고 중과부적의 형세라 판단했기 때문이었다.[84] 그런데 독립군이 보기에 소비에트 러시아를 반대하는 일본군이 시베리아지역에 남아있어 러시아의 원조를 받으며 일본 군대와 싸울 가능성이 있다고 판단하였다. 더구나 두 차례 큰 전투

---

[83] 「中領(중국)에서 進行된 朝鮮解放運動(一九〇七年~一九一九年 三·一운동 前後)」. 독립기념관 1-012254-000. 김승빈이 회고한 '중령(중국령)에서 진행되던 조선해방운동'이란 내용의 일부이다.

[84] 「中領(중국)에서 進行된 朝鮮解放運動(一九〇七年~一九一九年 三·一운동 前後)」. 독립기념관 1-012254-000. 강근이 회고한 '군정서에 대한 회상'이란 내용의 일부이다.

를 치르는 과정에서 병사들도 크게 지친 데다 엄동설한을 견딜 만한 의복과 식량을 비롯해 군수물자도 충분하지 않았다. 결국 독립군이 생각하기에 원동공화국은 독립전쟁을 다시 전개할 준비를 하며 재충전할 기회의 공간이었다.[85]

러시아 측의 입장에서도 1,900여 명에 달하는 조선인 무장대는 탐나는 무장집단이었다. 그런데도 그들은 이만에서 국경을 넘어온 독립군의 무장을 해제하였다. 시베리아지역에서 빨치산 활동을 하다 이동해 온 부대들의 무장도 해제하려고 하였다. 어쩌면 동유럽에 있던 체코 군단이 일본-태평양-대서양-유럽으로 이동하고자 블라디보스토크까지 가겠다고 했을 때 그들에게 무장을 인정한 판단에 대한 뼈아픈 반성과 연관이 있을 것이다.

그런데 자유시에서 독립군의 무장해제를 추진하던 고려혁명군정의회의 지시에 사할린의용대가 반발하였다. 이에 고려혁명군정의회는 저항하는 사할린의용대의 무장을 강제 해제하기로 결정하고, 원동공화국 제2군단 제29연대 소속 병력 1만여 명을 동원하였다. 이때 일어난 참극을 자유시참변이라 한다.

고려혁명군정의회 측이 코민테른 동양비서부에 보고한 진상에 따르면, 가해자 측은 1명 사망, 9명 부상이었고, 사할린부대는 36명 사망, 60명 행방불명, 무장 해제된 사람이 860명이었다. 부질없는 정쟁으로 100명이 넘는 고귀한 목숨을 앗아간 자유시참변은 한국민족운동사에서 씻을 수 없는 상처를 남긴 참극이었다.[86] 러시아 측은 1921년 8월 고려혁명군정의회 소속 군대를 해소하고 소비에트 적군 제5단 직속 '조선여단'

---

85) 만주에서 월경한 독립군만 자유시에 집결한 것이 아니었다. 시베리아지역에서 빨치산 활동을 하던 조선인 부대도 1921년 3월 자유시에 집결하였다.

86) 반병률, 『홍범도장군-자서전 홍범도 일지와 항일무장투쟁』, 187쪽.

으로 개편하였다. 여단장은 칼란다라쉬빌리였고, 홍범도는 제1대대장에 임명되었다.[87]

자유시참변은 민족운동 세력 사이의 다툼에다 통제권을 가진 소비에트 러시아 공산당 사람들의 일관되지 않은 무원칙한 편 가르기 때문에 일어난 사건이었다. 더구나 현지의 러시아 공산당은 외국인부대인 독립군과 혁명의 성공을 지원하는 빨치산부대에 대한 국제주의원칙을 저버리고 자기중심적인 태도를 보임으로써 참변이 확대되는 근본 원인을 제공하였다.

자유시참변은 한국민족운동사 시각에서 볼 때 4월참변이나 간도참변과 조금 달랐다. 4월참변과 간도참변은 일본군이 완력으로 독립군의 활동 공간을 조선인사회와 분리한 사건이었다. 이에 비해 자유시참변은 공간이 아니라 사람 곧, 독립군을 없애고 러시아혁명에 흡수해버림으로써 독립군부대들을 소멸시킨 사건이었다. 대한민국 임시정부도 이 상황에 아무런 대책을 세우지 못하였다. 안창호를 비롯해 임시정부의 한계를 인정한 사람들도 민족운동의 새로운 진로를 모색하기 위한 회의체로서 대한국민회를 조직하고자 몰두하고 있어 독립군이 러시아 측에 흡수당한 현실에 대해 아무런 역량을 투입할 수 없었다.[88] 이로써 1920년의 독립전쟁론을 구체화하려는 마지막 노력도 여기에서 멈추었다.

이제는 새로운 독립전쟁을 모색해야 하였다. 이때부터 1931년 일본이 만주를 침략하여 상황이 완전히 바뀔 때까지 1920년대 만주지역 민족주의운동 계열의 특징적인 역사 곧, 자치의 역사는 만주지역 민족주의운동 계열의 움직임이 장기적인 항전에 대비하는 실력을 여러 방면에서 축적하려는 움직임의 역사였다.[89] 안창호가 말하는 '평화적 전쟁'

---

87) 반병률, 『홍범도장군─자서전 홍범도 일지와 항일무장투쟁』, 188쪽.

88) 『獨立新聞』 1921년 5월 31일, 「第2會 演說會에서 術한 安島山先生의 演說」.

의 의미와 비슷한 맥락의 움직임이었던 것이다.

V. 맺음말

이상으로 1920년 시점에 임시정부가 구사하는 전략론으로서 독립전쟁론을 정리하며 국내와 미주, 만주, 특히 북간도지역에서 그것이 어떻게 구체화해 갔는지 국내외를 하나의 시야에 넣고 전체적이고 입체적으로 살펴보려 노력하였다.

1920년 안창호의 '6대사'로 대표되는 독립전쟁론은 군사를 최우선으로 하면서 나머지 5개 항목을 준비하는 무장투쟁론이었다. 임시정부는 최고의 지도기관으로서 국내외의 모든 역량을 하나로 엮어내려는 구상 아래 독립전쟁론의 전략을 구상하고 다듬는 한편, 국민개병주의와 각 지역의 정세를 고려하여 독립전쟁론을 구체화해 갔다. 미주에서는 대한국민회를 중심으로 임시정부의 운영에 필요한 재정을 안정되게 지원하고자 노력했고, 국내에서는 주비단, 의용단처럼 군사모집을 최우선 과제로 하는 비밀결사를 조직해 갔다면, 만주와 노령에서는 산재한 독립군 단체를 지구사령부 단위로 엮어내려고 노력하는 한편, 동포사회의 연계망을 민단제로 완성하려 하였다.

행정과 군정이란 이원체계의 시스템을 구축하려는 임시정부의 노력은 현지에 뿌리를 두고 있던 독립군 단체들의 직접적인 이해와 상충할 경우 애초 구상과 달리 적용될 수밖에 없었다. 한족회와 대한군정서의

---

89) 자세한 내용은 신주백, 「1920年代 中後半 在滿韓人 民族運動에서의 "自治"問題 檢討 : 獨立戰爭論의 變化와 關聯하여」, 『한국독립운동사연구』 17, 2001 참조. 이 글을 수정 보완하여 『1920~30년대 중국지역 민족운동사』(선인, 2005)에 수록하였다.

움직임에서 확인되는 공통점이 바로 여기에 있다. 두 단체는 임시정부를 지지하는 총론을 내세워 조직을 과도기적인 성격의 '서(署)'가 들어가는 명칭으로 바꾸었음에도, 재정과 대중에 대한 영향력이란 부분에서 독자적인 영역을 확보하려고 임시정부와 다른 입장을 견지하였다. 임시정부로서는 먼 곳에서 지휘할 수밖에 없는 불가피함을 파견원을 보내 운동의 당위와 권위를 만회해 보려고 했지만, 자신의 입장을 관철하기에는 역부족이었다.

1920년 초반의 독립전쟁론은 1920년 1, 2월의 시점에 즉각 일본군과 싸우는 독립전쟁을 벌여야 한다는 전쟁론이 아니었다. 최소한 1920년 어느 달, 또는 몇 년 이내를 전망하며 구체적 준비를 진행하자는 전쟁론이었다. 물론 대외정세활용론에 입각해 있었으므로 독립전쟁을 시작하는 시기는 계속 유동적일 수밖에 없었다. 그래서 3, 4월 시점에 임시의정원을 중심으로 즉각 결전론이 제기된 적도 있었지만, 그 주장은 임시정부의 입장을 바꾸는 데까지 영향력이 미치지 못하였다.[90] 더구나 안창호와 이동휘가 주도하고 있던 그 시기 임시정부의 독립전쟁론은 안으로는 군대를 조직하고, 밖으로는 대외정세활용론에 따라 러시아, 중국과 연합하여 일본에 대응하면서 미일전쟁을 중심 고리로 일본을 사면초가에 빠지게 하려는 반일연합전쟁론이었다.

하지만 1920년 중반으로 향하는 시점에도 대외정세를 활용하여 독립전쟁을 벌일만한 기회가 오지 않았다. 오히려 5년 정도 이후를 예상하는 정세인식도 있었다. 임시정부를 겨우 유지할 정도의 재정에다 준비부족에 내부 갈등까지 겹치면서 독립전쟁을 구체화할 수 있는 여지는 더 좁아졌다. 임시정부 내부에서의 운동정치는 좁아진 여지를 더 흔들었다. 결국 1920년 중반경에 이르면 초반경과 달리 임시정부에서 핵심

---

[90] 『獨立新聞』 1920년 4월 3일, 「尹琦燮氏等의 提出한 軍事에 關한 建議案」.

지도자라고 말할 수 있는 안창호와 이동휘가 내부 갈등 등으로 독립전쟁을 공공연하게 직접 말하며 적극적으로 추진하지 않게 되었다.

그런데 그즈음 북간도의 정세는 달랐다. 1920년 중반경에 이르러서도 북간도지역의 정세는 임시정부의 잘못된 동아시아 정세판단, 독립전쟁에 관한 거친 기본구상 및 구체적인 노력과 상관없이 독립전쟁 열기가 꾸준히 지속되어 갔다. 독립군의 국내진공작전이 일본군경과 독립군 사이의 긴장관계를 팽팽하게 조성함으로써 북간도지역만의 특수정세를 만들어낸 결과였다. 마치 전쟁 분위기였던 것이다.

당시 임시정부로서는 이러한 정세발전의 불균등성을 예측하지도 못했고 조절할 능력도 없었다. 북간도지역 독립군 사이에서도 독립전쟁 전체를 보며 지역에서의 무장 활동에 완급과 행보를 조절할 필요가 있다는 문제의식조차 없었다. 결국 봉오동전투와 청산리전투라는 두 차례의 전투는 이주한인 사회에 정신적 승리를 안겨주었지만, 임시정부가 '군사'를 중심으로 구상한 독립전쟁론을 구체화할 수 있는 적절한 준비기간을 갖지 못하게 하였다. 전체 독립운동에서 볼 때 두 전투는 불균등한 정세 속에서 고립된 싸움을 했다고 볼 수 있는 것이다.

1920년 청산리전투를 전후한 시기부터 일본군이 만주지역 한인사회를 대상으로 벌인 간도참변이란 제노사이드는 1920년 만주지역에서의 독립전쟁론을 완전히 좌절하게 만드는 결정적 사건이었다. 독립전쟁론의 사회적 기반을 무너뜨린 사건이었다. 여기에 적절한 대응을 하지 않은 임시정부도 많은 비판에 시달리면서 운동적 권위에 커다란 상처를 받았다. 공간기반을 상실하게 만든 사건이 4월참변과 간도참변이라면, 인적기반을 잃어버리게 한 사건이 자유시참변이었다. 결국 간도참변과 자유시참변은 임시정부의 1920년 독립전쟁론에 최종적인 마침표를 찍은 사건이었다. 이후 만주지역 독립군의 회복은 자치를 우선하는 방향,

달리 말하면 즉각결전론을 극복하고 안창호의 표현을 빌리자면 '평화적 전쟁'론에 입각하여 장기적인 전망과 기초를 다지려는 실천행위, 특히 사회주의운동 계열과의 경쟁 속에서 독립전쟁론을 구체화하며 조금씩 이루어졌다.

참고문헌

『독립운동사 제5·6권-독립군전투사(상)·(하)』, 독립유공자사업기금운영위원회,
    1973·1975.
『대한민국임시정부자료집』8, 국사편찬위원회, 2006.
『不逞團關係雜件-朝鮮人의 部-在滿洲의 部』22, 24.
『北間島지역 獨立軍團名簿』, 國家報勳處, 1997.
『청산리대첩 이우석 수기—신흥무관학교』, 독립기념관, 2013.
金正柱 編, 『朝鮮統治史料』8, 한국사료연구소, 1971.
姜德相 編, 『現代史資料』26·27·28, みすず書房, 1967.
韓國精神文化研究院 編, 『韓國獨立運動史 資料集: 洪範圖篇』, 韓國精神文化研究
    院, 1995.
「中領(중국)에서 進行된 朝鮮解放運動(一九〇七年~一九一九年 三·一운동 前後)」.
    독립기념관 1-012254-000.
「회상기(아령과 중령에서 진행되던 조선민족해방운동)」1. (독립기념관 1-012259-001)
「안창호일기」 (독립기념관 1-A00031-001~003)
『공립신보』, 『獨立新聞』, 『삼천리』

박환, 『독립군과 무기』, 선인, 2020.
반병률, 『홍범도장군-자서전 홍범도 일지와 항일무장투쟁』, 한울아카데미, 2014.
반병률, 『통합임시정부와 안창호, 이동휘, 이승만』, 신서원, 2019.
신주백, 『만주지역 한인의 민족운동사(1920~45)』, 아세아문화사, 1994.
신주백, 『1920~30년대 중국지역 민족운동사』, 선인, 2005.
한중일3국공동역사역찬위원회 지음, 『한중일이 함께 쓴 동아시아 근현대사』1,
    휴머니스트, 2012.

김은지, 「대한민국임시정부의 '독립전쟁의 해' 선포와 국내에서의 군사적 활동」,
    『한국민족운동사연구』103, 2020.

김의환, 「만주에 있어서의 초기 독립전쟁의 고찰」, 『霞城 이선근박사 고희기념
　　　논문집』, 형설출판사, 1974.

朴昌昱, 「國民會를 論함」, 『國史館論叢』 15, 1990.

반병률, 「홍범도 장군의 항일무장투쟁과 고려인 사회」, 『한국근현대사연구』 67,
　　　2013.

송우혜, 「쟁점 최근의 홍범도 연구, 오류·헛점 많다」, 『역사비평』 3, 1988.

신용하, 「홍범도의 대한독립군의 항일무장투쟁」, 『한국학보』 12-2, 1986.

신주백, 「1920年代 中後半 在滿韓人 民族運動에서의 "自治"問題 檢討 : 獨立戰爭
　　　論의 變化와 關聯하여」, 『한국독립운동사연구』 17, 2001.

신주백, 「한국현대사에서 청산리전투에 관한 기억의 流動 － 회고록·전기와 역사
　　　교과서를 중심으로」, 『한국근현대사연구』 57, 2011.

신주백, 「봉오동전투에 관한 기억의 流動과 새로운 기억을 향한 접근 － 지역으로
　　　서 동북아와 근원적 사실을 향해」, 『한국민족운동사연구』 95, 2018.

신주백, 「석고화한 기억의 재구성과 봉오동전투의 배경 － 1919, 20년 시점에 동만
　　　주지역의 운동공간에 대한 새로운 시선」, 『만주연구』 26, 2018.

신주백, 「봉오동전투, 청산리전투 다시 보기」, 『역사비평』 127, 2019.

신효승, 「20세기 초 국제 정세 변동과 한인 무장 독립운동」, 연세대학교 박사학위
　　　논문, 2018.

신효승, 「상해 대한민국 임시정부의 군사전략과 '陸軍臨時軍制' 변화」, 『역사민속
　　　학』 54, 2018.

이혜린, 「1920년대 대한민국임시정부 대통령불신임운동 주체와 성격」, 『인문과학』
　　　57, 2015.

황정식, 「상해 대한민국 임시정부와 체코군단」, 『동국사학』 67, 2019.

제2부

독립전쟁과 일본군

「봉오동부근전투상보」를 통해 본 봉오동전투

이상훈

I. 머리말

봉오동전투는 일제에 의해 우리나라가 병탄된 이래 독립군이 일본 정규군과 싸워 최초로 승리한 '독립전쟁[1] 1회전'으로 평가된다.[2] 현재까지 봉오동전투에 대한 중요성과 관심으로 봉오동전투 개괄, 당시 국내외 정세, 독립운동조직 활동, 독립운동사적 의의 등 다양하고 심도있는 연구가 진행되어 왔다.[3] 하지만 아직 연구가 미흡한 부분이 남아있

---

[1] 독립전쟁론은 3.1운동의 비폭력 투쟁의 한계를 인식하고 무력으로 일제를 몰아내자는 방법론으로서(윤상원, 「무장부대 통합운동과 대한독립군단: 1920년대 초 만주와 연해주 무장부대들의 동향」, 『역사문화연구』 24, 2006, 110~111쪽), 일제강점기내내 독립운동의 최고 전략이 되었다(조필군, 「항일무장독립전쟁의 군사사학적 논의」, 『군사연구』 134, 2012, 263~264쪽).

[2] 국방부 군사편찬연구소, 『독립군과 광복군 그리고 국군』, 국방부 군사편찬연구소, 2017, 85쪽.

[3] 봉오동전투와 관련된 대표적인 연구는 다음과 같다. 신용하, 「홍범도 의병부대의 항일무장투쟁」, 『한국민족운동사연구』 1, 1986; 윤병석, 「한국독립군의 봉오동승첩 소고」, 『한국민족운동사연구』 4, 1989; 장세윤, 『홍범도의 독립전쟁』, 한국독립운동

는 것도 사실이다. 특히 전투사적 연구는 관련 자료의 제한으로 인해 크게 진전되지 못했다.[4] 최근 봉오동전투에 대한 전과기록 문제, 독립군의 무기와 무장 문제 등으로 논의가 확장되고 있다.

봉오동전투는 일본군의 독립군 '섬멸'이라는 전투 목적을 좌절시키고 대승을 거두었기 때문에,[5] 독립군의 승리라는 것은 분명하다. 다만 독립군과 일본군 사이에 전과에 대한 인식 차이가 있는 것도 사실이다. 일각에서는 독립군과 일본군 전과 기록을 교차 검증해야 하며, 일방적으로 독립군의 기록만 중시해서는 곤란하다고 한다. 일본 측 사료는 일본군 전사상자 숫자가 비교적 일관되며, 특히 사망자는 거의 1명으로 기록되어 있다는 것이다.[6] 물론 양측의 관련 사료를 교차 검증하는 것은 당연히 필요한 과정이다. 그런데 독립군과 일본군의 전과 기록은 사망자 기준으로 '157:1'이라는 극명한 차이를 보이고 있어 주의를 요한다.[7]

이러한 양자의 간극을 메우기 위한 시도는 꾸준히 진행되어 왔다. 임시정부 자체 조사로는 일본군 전사자 120명으로 되어 있어,[8] 『독립신문』

사연구소, 2007; 박창욱, 「봉오동전투와 청산리전투 연구」, 『한국사연구』 111, 2000; 신효승, 「한말 일제초 홍범도 의병의 활동과 전략 변화」, 연세대학교 석사학위논문, 2012; 김주용, 「홍범도의 항일무장투쟁과 역사적 의의」, 『한국학연구』 32, 2014; 신주백, 「봉오동전투, 청산리전투 다시 보기」, 『역사비평』 127, 2019.

[4] 서인한은 봉오동전투를 전형적인 유격전 양상이라 평가한 바 있다(서인한, 「홍범도 장군의 무장투쟁의 전략 전술과 유격전」, 『여천 홍범도 장군 순국 70주기 추모식 및 학술회의 발표자료집』, 2013).

[5] 신주백, 「봉오동전투, 청산리전투 다시 보기」, 314쪽.

[6] 이우희, 「'봉오동 전투'가 승전? 일본군 공식 사망자는 단 1명에 불과」, 『미디어워치』 2019년 8월 16일자.

[7] 6월 13일 간도국민회 제2북부지방회의 「공보」를 주목하여, 일본군 장교급 3명과 병졸 49명 전사가 실상에 가깝다고 본 견해도 있다(박창욱, 「봉오동전투와 청산리전투 연구」, 116~117쪽).

[8] 金正明 編, 「朝鮮民族運動年鑑」, 『朝鮮獨立運動』 2, 原書房, 1967, 239~246쪽; 장세윤, 「독립군 봉오동전투의 실상과 역사적 의의(2011)」, 『여천 홍범도 학술회의 종합

의 일본군 전사자 157명은 약간 과장된 숫자로 보는 경향이 일반적이
다.[9] 학계는 물론 군에서도 비슷한 맥락에서 정리되고 있다. 전과는 다
소 과장이 있을 수 있지만, 일본군 추격대 거의 전원이 살상될 정도로
대승을 거둔 것은 분명하다는 입장이다.[10] 반면 일본 측은 자신들의 피
해는 전사자 병졸 1명, 부상자 병졸 1명 및 순사 1명에 불과하며 오히
려 독립군 전사자가 24명이라고 하여, 패전 사실을 축소·은폐하고 있
는 것으로 파악된다.[11]

　전투라는 특수 상황 속에서는 자기중심적 과대평가의 가능성이 높아
지기 마련이다. 전과 기록에서 '전장잡음'을 구별하고 전과를 확정하는
것은 대단히 중요하고 어려운 작업이다. 자칫 전과 기록 숫자에만 매몰
되어 전투의 실상과 의의를 간과하는 우를 범하기도 한다.[12] 다만 일반
인들의 경우 전사상자 숫자를 기준으로 서로의 승패를 인식하는 경향
이 강한 점을 부정할 수는 없다. 그 만큼 독립군과 일본군의 전과 기록
자체를 주목하지 않을 수 없는 것이다.

　일본 측 전과 기록에서 준거로 활용되고 있는 것은 「봉오동부근전투
상보(鳳梧洞附近戰鬪詳報)」[13]다. 그 기록의 상세함으로 인해, 가장 우
선시되는 동시에 신빙성이 높다고 여겨지고 있다. 이를 따른다면 봉오

논문집(2010~2016)』, 2017, 104쪽 참조.

9)　장세윤, 『중국동북지역 민족운동과 한국현대사』, 명지사, 2005, 43쪽; 국방부 군사
　편찬연구소, 『독립군과 광복군 그리고 국군』, 85쪽.

10)　육군군사연구소, 『한국군사사 10』, 육군본부, 2012, 77쪽; 국방부 군사편찬연구소,
　『한국 군사역사의 재발견』, 국방부 군사편찬연구소, 2015, 401쪽.

11)　윤병석, 「한국독립군의 봉오동승첩 소고」, 『한국민족운동사연구』 4, 1989, 127쪽;
　육군군사연구소, 『한국군사사 10』, 77쪽 주 212.

12)　신효승, 「'보고'에서 '석고화한 기억'으로–청산리 전역 보고의 정치학–」, 『역사비
　평』 124, 2018, 249~251쪽.

13)　봉오동전투 이후 일본군이 작성한 일종의 전투보고서로서, 현재 독립기념관 한국
　독립운동정보시스템(https://search.i815.or.kr/main.do)에서 자료를 제공하고 있다.

동전투에서 일본군의 피해는 전사자 1명, 부상자 2명에 불과하다. 독립
군의 전과 기록을 이해하기에 앞서, 일본 측 전과 기록은 과연 얼마나
정확하고 신빙성이 높은지 검토할 필요성이 제기된다.[14] 현재까지「봉
오동부근전투상보」기록 자체를 비판적으로 접근한 연구는 제시되지
않고 있다.[15]

봉오동전투가 봉오동 상촌(上村) 일대에서 발생한 것은 어느 정도 알
려져 있다.[16] 하지만 전투가 발생했던 구체적인 현장은 아직까지 제대로
규명되지 않고 있다. 100년이라는 시간이 흐르면서 당시 상황을 직접
증언할 생존자가 없고, 정확한 관련 지도나 사진도 남아있지 않다. 또
중국 영토 내에 위치하기 때문에 현지조사도 제한되어 있는 실정이다.

따라서 본고에서는「봉오동부근전투상보」의 의문점들을 먼저 확인
하고, 이를 바탕으로 일본 측 관련 사료들을 활용하여 전사상자의 이해
와 일본군의 병력 규모에 대한 이해를 넓히고자 한다. 나아가 독립군의
부대 배치와 일본군과 전투 상황 그리고 일본군의 기동로 등을 파악하
여 봉오동전투의 성격을 규명해보고자 한다.

---

[14] 일본 측 자료는 그들의 피해를 다분히 축소했기 때문에, 쉬운 일은 아니겠지만 일
본 측 자료를 충분히 더 수집하여 더 완벽한 진상을 검증·보완해야 한다(장세윤,
「독립군 봉오동전투의 실상과 역사적 의의(2011)」, 104쪽). 이와 관련하여 최근 일
본군 자료가 지속적으로 발굴되고 있어 고무적이다(황선익,「일본 방위연구소 소
장 조선 주둔 일본군 관계 사료의 구성과 성격」,『한국민족운동사연구』83, 2015
참조).

[15] 이미 무장투쟁에 대한 일본 측 시각을 파악한 연구가 제시되어 있다(신주백,「무장
투쟁에 대한 일본의 시각(2015)」,『여천 홍범도 학술회의 종합 논문집(2010~2016)』,
2017). 다만 이 연구에서는 일본군 전과 기록 자체를 대상으로 한 것은 아니다.

[16] 아직까지도 봉오동 하촌(下村)에 위치한 봉오저수지 일대를 봉오동전투의 현장으
로 인식하는 사례도 많은 실정이다. 현재 저수지 입구에 봉오동전투기념비가 세워
져 있으며, 저수지 안쪽으로는 출입이 제한되어 있다.

II. 일본 측 전과기록의 검토

1. 「봉오동부근전투상보」의 의문점

봉오동전투에 관한 일본 측 전과 기록 중 가장 자세한 것은 「봉오동부근전투상보」다. 봉오동전투에 직접 참가했던 일본군 장교가 전투 후 작성한 보고서로서, 일본 측 전과 기록에서 기준이 되는 자료다.

작성 주체는 일본군 추격대장이었던 야스카와(安川) 소좌다. 야스카와 소좌는 일반적으로 '야스카와 지로(安川二郎)'라고 알려져 있는데,[17] 야스카와 지로라는 인물은 현재까지 일본 측 기록에서 확인되지 않고 있다. 1920년 당시 일본 육군의 장교 명단에 따르면,[18] 19사단 보병 73연대 소속의 소좌는 '야스카와 사부로(安川三郎)'다. 후쿠오카(福岡) 출신으로 1903년 소위로 임관하였고, 1919년에 소좌로 진급하여 1920년 당시 보병 73연대에 복무 중이었다. 따라서 봉오동전투에 참가했던 일본군 소좌는 '야스카와 사부로'라고 보는 것이 마땅할 것이다.

작성 시점은 명기되어 있지 않는데, 상부에 빠르게 보고해야 했으므로 전투 후 오래지 않은 시점에 작성된 것으로 짐작된다. 이와 관련하여 1920년 6월 20일에 발간된 『매일신보(每日申報)』 기사가 참조된다. 「조선인 무장단에 대한 월강(越江) 추격전의 경과(1)」라는 제목으로 3면 5단에 실려 있는데, 그 내용 중에 "군사령부의 발표가 19일에 있었다"라는 기록이 있다.[19] 조선군사령부가 공식 발표를 하기 이전에 봉오동전

---

[17] 최근 개봉했던 영화 「봉오동전투」에도 야스카와 지로라고 표기되었는데, 언제부터 그리고 누가 이렇게 표기하기 시작했는지는 아직 명확하지 않다.

[18] 陸軍省 編, 『陸軍現役將校同相當官實役停年名簿』, 1920(大正9年 9月1日), 217쪽.

[19] 『每日申報』 1920년 6월 20일 자. 『매일신보』는 원래 1904년 영국인이 창간한 『대한매일신보』였으나, 1910년 강제 병합 이후 '대한'이라는 글자를 떼고 일제의 기관지 역할을 하게 되었다.

투에 관한 보고서가 제출되었을 가능성이 크다. 그렇다고 한다면 「봉오동부근전투상보」는 전투가 발생한 6월 7일에서 공식 발표가 있었던 6월 19일 사이에 작성되었다고 할 수 있다.

〈표 1〉 「봉오동부근전투상보」의 추격대전투상보

추격대전투상보	전거	쪽수20)
1. 전투 개시 전에 있어 피아 형세의 개요 (1) 아군의 상태	2쪽 2쪽	1쪽
2. 기후 및 전투지의 상태와 이 전투에 미치는 영향 (1) 기후 (2) 전투지의 상태 (2) 적의 상태	3쪽 3쪽 3쪽 4쪽	2쪽
3. 피아 병력 및 교전한 적병의 소속계통 및 지휘관의 씨명 (1) 피아 병력 (2) 교전한 적병의 소속계통 및 지휘관의 씨명	5쪽 5쪽 7쪽	3쪽
4. 전투의 경과 7쪽 (1) 7쪽, (2) 8쪽, (3)·(4) 11쪽, (5)·(6) 12쪽, (7) 15쪽, (8) 17쪽, (9)·(10)·(11) 18쪽, (12) 19쪽, (13)·(14) 20쪽, (15) 21쪽, (16)·(17)·(18) 22쪽, (19) 23쪽, (20) 27쪽, (21) 31쪽, (22) 33쪽, (23) 35쪽, (24) 37쪽, (25)·(26) 38쪽, (27)·(28) 39쪽 「신미중위보고」 8쪽 「추격대명령」 9~11쪽 「추격대명령」 14~15쪽 「중국순경과 문답」 24~26쪽 「추격대명령」 31~33쪽	7~ 40쪽	32쪽
5. 추격을 위해 취한 처치	40쪽	1쪽
6. 대행리에 대해	40쪽	
7. 통신연락	41쪽	1쪽
8. 피아의 손해	41쪽	

9. 소견	42쪽	
(1) 적의 소질에 대해	42쪽	
(2) 부대의 편성	43쪽	
(3) 적의 병기	43쪽	
(4) 지형과 부대의 행동에 대해	44쪽	
(5) 지형과 기관총의 관계	44쪽	
(6) 대행리에 대해	45쪽	7쪽
(7) 공세의 방법	46쪽	
(8) 침입 행동의 범위	46쪽	
(9) 전장 소제에 대해	46쪽	
(10) 중국 관헌의 고려	47쪽	
(11) 후방 연락에 대해	47쪽	
(12) 대안 부근의 지형을 아는 장교를 투입하는 것을 필요로 함	48쪽	
(13) 밀정의 사용법	48쪽	
대정9년 6월 7일 전투사상표	49쪽	
대정9년 6월 7일 전투무기탄약소모표	50쪽	3쪽
대정9년 6월 7일 전투노획표	51쪽	
합 계		50쪽

전체 구성은 총 62쪽에 달하는 보고서로서, 표지를 제외하고 봉오동전투에 관한 내용이 50쪽이다. 그에 앞서 발생한 삼둔자전투에 관한 내용이 11쪽으로 뒤에 붙어있다. 봉오동전투에 해당되는 부분은 '추격대전투상보(追擊隊戰鬪詳報)'라고 되어 있으며, 삼둔자전투에 해당되는 부분은 '남양파견대삼둔자부근전투상보(南陽派遣隊三屯子附近戰鬪詳報)'라고 되어 있다. '추격대전투상보'는 전투의 경과에 대한 내용이 32쪽으로 전체에서 64%를 차지하고 있으며, 소견에 대한 내용이 7쪽으로 14%를 차지하고 있다. 보고서라는 제한된 지면을 감안하면, 전투의 진행 상황과 전투 이후 대응 방안을 가장 중시했음을 알 수 있다.

20) 1쪽은 총 11행으로 되어 있는데, 과반이 넘으면 1쪽으로 산정하였음을 밝혀둔다.

〈표 1〉에서 확인할 수 있듯이 「봉오동부근전투상보」는 당시 적군과 아군의 상태, 기후와 지형 정보, 전투의 진행 과정, 병참과 통신 수단, 전투에 대한 소견 등을 아주 구체적으로 작성하였다. 마지막 부분에 첨부된 '전투사상표'에 따르면(〈표 2〉) 추격대의 사망자는 1명이고, 부상자는 2명으로 되어 있다. 사망자는 보병 제73연대 11중대 일등졸 호리이 시게쿠니[21](堀井茂邦)로 흉복부(胸腹部)에 관통 총상을 입었다고 되어 있다. 부상자 1명은 보병 제75연대 2중대 일등졸 카지우라 긴지로(梶浦銀次郎)로 우족관절(右足關節)에 관통 총상을 입었고, 경찰관 1명은 좌중지(左中指)에 관통 총상을 입었다고 되어 있다. 전사상자의 소속, 계급, 성명, 부상 부위까지 작성하고 있어 상당히 신빙성이 높은 자료로 평가되고 있다.

하지만 「봉오동부근전투상보」는 일본군이 일본 입장에서 남긴 기록이므로 세심히 살펴볼 필요가 있다. 이 기록에는 몇 가지 의문점들이 존재하고 있다.

첫째, 목차의 구성이다. 〈표 1〉을 참조해 보면, "1. 전투 개시 전에 있어 피아 형세의 개요" 하위 항목으로 "(1) 아군의 상태"가 설정되어 있다. 그런데 하위 항목의 하나인 "(2) 적의 상태"는 "2. 기후 및 전투지의 상태와 이 전투에 미치는 영향" 부분에 작성되어 있다. 이는 「봉오동부근전투상보」 자체가 시간에 쫓겨 작성되면서 생각보다 치밀하지 않음을 보여주는 사례라고 여겨진다.

둘째, 병력수의 상이함이다. 「봉오동부근전투상보」에는 일자와 시각별로 일본군 추격대의 병력수를 정리해두었다. 6월 6일 오후 4시에서 오후 7시 사이 하탄동(河灘洞)에 집결할 때 추격대의 병력수를 합산해

---

21) 일본인의 성명읽기는 가문이나 개인의 의지에 따라 다를 수 있는데, 원문에 훈독이 없으므로 여기에서는 일반적인 성명읽기로 작성하였음을 밝혀둔다.

보면 230명이다.[22] 그런데 6월 6일 오후 9시 30분 월강(越江)을 준비할 때 병력 수는 250명이다.[23] 월강 이후 6월 7일 오전 3시 20분 봉오동으로 추격명령을 하달 때 병력 수는 209명이다.[24] 최초 투입된 병력과 중간에 편성된 병력과 최종 정리된 병력이 모두 다르다. 물론 작전 수행 과정에서 일부 변동이 있을 수 있지만, 이 정도로 병력수가 들쭉날쭉하다는 것은 당시 투입된 병력들의 편제가 일정치 않았거나 실제 병력 수에 가감이 있었을 가능성이 크다.

셋째, 전사상자 현황이다. 「봉오동부근전투상보」를 따른다면, 전사자는 병졸 1명으로 '상봉오동(上鳳梧洞)'에서 사망한 것으로 되어 있다.[25] 부상자는 병졸 1명과 경찰 1명이다. 그런데 카지우라 긴지로는 안산(安山) 북방 약 2km에 위치한 무명 부락(部落)에서 부상당한 것으로 되어 있다.[26] 경찰 1명을 제외하면 일본 측이 기록한 '상봉오동'에서 실제 부상당한 일본군은 단 1명도 없다는 얘기가 된다. 그렇다면 우리가 인식하고 있는 봉오동전투(상촌)에서 추격대는 일본군 사망자 1명과 경찰 부상자 1명만 발생시켰다고 볼 수 있다. 일본군 스스로 "4면에서 공격을 받아 전황이 불리했지만[27] 각 부대가 용감히 조치하여 점차 전황이 유리해졌다"라고 표현했다.[28] 4~5시간 동안 치열한 교전을 벌여, 사망자가 발생한 상황에서 경미한 부상자는 단 1명도 발생하지 않았다는 점을 그대로 받아들이기는 어렵다.

---

22) 「봉오동부근전투상보」, 2쪽.
23) 「봉오동부근전투상보」, 6~8쪽.
24) 「봉오동부근전투상보」, 14쪽.
25) 「봉오동부근전투상보」, 29~30쪽.
26) 「봉오동부근전투상보」, 16쪽.
27) 「朝特第35號」, 6月8日 午後6時10分 發. 朝特은 조선군사령관이 육군대신에게 전송한 電報다.
28) 「봉오동부근전투상보」, 27쪽.

넷째, 부상자 후송이다. 「봉오동부근전투상보」를 따른다면, 부상자는 병졸 1명과 경찰 1명이다. 6월 7일 오전 5시 안산 북방 약 2km에 위치한 무명 부락 전투 이후, 야스카와 소좌는 부상자를 후송시켰다. "나카니시(中西) 소대의 고쿠라(小倉) 군조(軍曹)가 11명을 거느리고 부상자를 후송했다"고 되어 있다.[29] '전사상표'에 따르면, 카지우라 긴지로는 오른쪽 다리 관절에 관통 총상을 입었고, 경찰 1명은 왼쪽 중지에 관통 총상을 입었다. 경찰의 경우 스스로 이동할 수 있었으므로 크게 문제가 되지 않는다. 그렇다면 오른쪽 다리를 다친 카지우라 긴지로 1명의 후송을 위해 나카니시 소대의 12명이 차출되었다는 얘기가 된다. 봉오동 전투에서 사망한 것으로 되어 있는 호리이 시게쿠니의 경우도 참고가 된다. "카미야(神谷) 중대에서 상등병 이하 5명으로 하여금 우차(牛車)에 전사자와 니이미(新美) 소대의 군장 일부를 실어 후송했다"고 되어 있다.[30] 군수품이 일부 포함되기는 했지만, 교전 중인 상황에서 전사자가 1명에 불과한데 후송병 6명을 차출했다는 것은 납득하기 어렵다.

다섯째, 장교 활동의 부재다. 「봉오동부근전투상보」의 전투사상표에 따르면(〈표 2〉), 헌병장교 1명을 제외하고 추격대에 편성된 보병장교는 10명이다. 그런데 실제 내용을 검토해보면 야스카와(安川) 소좌, 무라카미(村上) 대위, 카미야(新谷) 대위, 모리(森) 대위, 야마자키(山崎) 중위, 나카니시(中西) 중위, 오카베(岡部) 중위, 니이미(新美) 중위 이상 8명만 확인이 가능하다. 물론 전방 전투에서 직접 활동하지 않았거나 특기할 만한 별다른 활동상이 없었을 수도 있다. 하지만 준사관은 물론 아래로 일·이등졸의 활동까지 모두 기록되어 있으며, 대대 부관(副官)이었던 무라카미 대위가 봉오동에서 병사 4~5명을 거느리고 사격을 지

---

[29] 「봉오동부근전투상보」, 19쪽.
[30] 「봉오동부근전투상보」, 32~33쪽.

휘했던 사안까지 기록되어 있다.[31] 이러한 맥락에서 볼 때 보병장교 2명의 기록 부재는 부자연스러울 수밖에 없다.

2. 일본 측 기록의 전사상자

〈표 2〉「봉오동부근전투상보」의 전투사상표

---

31) 「봉오동부근전투상보」, 36쪽.

전투사상표에 기록된 추격대의 병력을 합산해 보자. 장교 10명, 준사관 이하 230명, 헌병 11명, 경찰 11명으로 총 262명이다. 이 가운데 준사관 이하 230명이 주력 병력이었음을 알 수 있다. 그런데 준사관 이하 230명을 기록한 부분을 다시 한 번 살펴볼 필요가 있다. 최초 180으로 기록했다가 두 줄로 삭선을 긋고 오른쪽에 220 혹은 240으로 표시했다가 다시 지운 후, 왼쪽에 다시 3을 추가하여 최종적으로 230으로 기록한 것으로 여겨진다. 추격대의 병력 수에 여러 차례 가필을 했다는 것은 그만큼 편제 인원의 출입이 심했거나 통계 자체가 부정확했던 정황을 시사한다.

〈표 3〉「봉오동부근전투상보」의 '피아의 손해'

구 분	전 사	부 상	비 고
아군(일본군) 손해	병졸 1명	병졸 1명	·
적군(독립군) 손해	안산 북방 부근 3명 남부 봉오동 부근 6명 상봉오동 부근 24명	·	기타 사상자 다수

「봉오동부근전투상보」 전투사상표의 비고(備考)에서 일본군의 피해는 사망자 1명과 부상자 1명으로, 경찰은 부상자 1명으로 정리해 두고 있다. 한편 독립군의 피해는 총 사망자 33명으로 기록하였는데, 안산 북방에서 3명, 남부 봉오동에서 6명, 상봉오동에서 24명이다. 본고에서 중점적으로 다루고 있는 것은 일본 측에서 상봉오동이라고 표현한 부분이다. 따라서 일본 측은 봉오동전투에서 사망한 독립군을 24명으로 최종 정리하고자 했음을 알 수 있다.

1920년 6월 9일 「월경추격대의 상황에 관한 건」[32]에는 일본군 전사

---

[32] 「越境追擊隊ノ狀況ニ關スル件」, 6月9日 午後9時 發. 간도 일본 총영사 대리가 외무

자 1명, 독립군 전사자 24명으로 기록되어 있다. 또 6월 10일 「추격대와 불령선인단의 교전상황」[33]에도 일본군 전사자 1명, 독립군 전사자 20여 명으로 기록되어 있다. 이를 통해 일본은 일관되게 자신들의 전사자는 1명에 불과하며, 독립군 전사자는 24명으로 인식하려는 경향이 강했음을 알 수 있다.

그런데 일본군이 상봉오동에서 전사시켰다고 하는 독립군 24명에 대한 신원은 제대로 확인되지 않고 있다.[34] 「봉오동부근전투상보」에는 "오후 4시 20분 기후가 불순해지고"[35] "후속하는 부대가 부족해"[36] 제대로 전장 정리를 하지 못했다고 되어 있다. 일본군의 독립군 전사자 확인에 대한 신빙성이 의심되는 대목이다. 이와 관련하여 봉오동전투 이후 일본 측과 중국 측이 민간인 사망자를 조사한 내용이 참조된다.

〈표 4〉 민간인 사망자 조사결과

구분	일본 측 조사			중국 측 조사		
1	김수범 처 김씨	45세	여	김성도 처 전씨	42세	여
2	김수범 자	4세	남	김성도 자	5세	남
3	○서능열 처 김씨	55세	여	●서병해 모	56세	여
4	○서능열 손녀	10세	여	●서병해 녀	10세	여
5	조대종	52세	남	조대경	53세	남
6	○최충권 부	58세	남	●최충웅	59세	남
7	한태일 처 조씨	25세	여	한태일 처	30세	여
8	한태일 자 창여	2세	남	한태일 녀	3세	여

대신에게 발송한 전보다.

33) 「追擊隊ト不逞鮮人團ノ交戰狀況」, 6月10日 午後5時 發.

34) 이에 24명은 봉오동전투에서 사망한 독립군이 아니라 무고한 민간인 희생자로 보는 견해가 제시되어 있다(박창욱, 「봉오동전투와 청산리전투 연구」, 116쪽).

35) 「봉오동부근전투상보」, 38쪽.

36) 「봉오동부근전투상보」, 47쪽.

9	최태형 녀	23세	여	·		·	·
10	○최태형 녀	18세	여	◗최태항 녀	18세	여
11	○한춘보 처 강씨	52세	여	●한춘보 처	53세	여
12	○한춘보 자(경부)의 처 양씨	26세	여	●한춘보 婦 양씨	26세	여
13	○한춘보 자(경부)의 자	7세	남	●한춘보 손	7세	남
14	○한춘보 자(경부)의 자	4세	남	●한춘보 손	4세	남
15	○한춘보 자(경섭)의 처 양씨	22세	여	●한춘보 婦	22세	여
16	○한춘보 자(경섭)의 녀	2세	여	●한춘보 손	2세	여
합계	16명			15명		

〈표 4〉는 간도 일본 영사분관의 와쿠이(和久井) 경부(警部)가 작성한 「복명서(復命書)」[37]에서 '지방민 사상자'라는 항목에 보이는 명단들이다. 여기에는 중국 공병대가 조사한 내용도 포함되어 있다. 「복명서」에 서술된 민간인 사망자 명단을 보면 일본 측 조사에서는 16명, 중국 측 조사에서는 15명이다. 전체 31명이지만 중복되는 인원이 있어 주의가 필요하다. 최대한 비슷한 인원별로 재정리한 것이 〈표 4〉다.

(1·2) 김수범의 처자와 김성도의 처자는 이름과 나이가 달라 서로 관련없는 인물들이다. (3·4) 서능열의 처 김씨와 서능열의 손녀는 서병해의 모녀와 동일 인물일 가능성이 있다. 단정할 수는 없지만, 서능열의 아들이 서병해라고 한다면 2명은 동일 인물이 된다. (5) 조대종과 조대경은 성명과 나이가 다르므로 형제일 가능성이 크다. (6) 최충권의 부와 최충웅은 나이는 차이가 있지만 동일 인물일 가능성을 배제할 수는 없다. (7·8) 한태일(韓泰一)의 처자와 한태일(韓泰日)의 처녀는 음운상 관련이 있어 보이지만, 처의 나이와 자녀의 성별이 다르므로 동일

---

37) 「越境追擊地方面ノ踏査復命書進達ノ件」, 『中國東北地域民族運動 4』. 「복명서」는 와쿠이가 봉오동전투 이후 현지 조사에 나서 그 결과를 정리하여, 1920년 7월 3일 간도 일본 총영사 대리(代理) 사카이 요사키치(堺與三吉)에게 보고한 것이다.

인물로 보기는 어렵다. (9·10) 최태형(崔太衡)의 녀와 (10) 최태항(崔太恒)의 녀는 아버지의 이름과 인원수가 다르지만, 아버지의 이름은 음운상 유사성이 높으며 둘째의 나이와 성별이 같으므로 동일인물 가능성을 완전히 배제하기는 어렵다. (11~16) 한춘보의 일가 6명은 가족관계를 통해 볼 때 동일 인물군임에 틀림없다.

동일 인물을 최소로 볼 때, 한춘보 일가 6명을 제외하면 민간인 사망자는 25명이 된다. 동일 인물을 최대로 볼 때, 가능성이 있는 10명을 제외하면 20명이 된다. 동일 인물 가능성이 높은 서병해 모녀를 포함할 경우, 민간인 사망자는 23명이 된다. 23명을 기준으로 본다면 그 가운데 남자 50세 이상 4명, 남자 10세 이하 5명, 부녀자 14명이 된다. 청년기의 성인 남자는 단 1명도 없고, 노약자·어린이·부녀자만 사망했음을 알 수 있다.

「복명서」에는 사망자 외에 부상자도 기록해 두고 있다. 부상자 가운데 사망자와 가족관계가 확인되는 인원은 1명이다. 중국 측 조사에 12세 한춘보의 손자가 기록되어 있다. 한춘보 일가가 모두 살해당하는 현장에 같이 있었음에 분명하다. 다만 중상을 입었으나 용케 생존했을 가능성이 크다. 일본군은 사살 현장을 기억하고 증언할 수 있는 인원을 남겨두지 않기 위해 일가족 몰살을 시도했다고 여겨진다. 일본군은 12세 손자를 포함하여 한춘보 일가 7명을 사살한 것으로 인식했을 여지가 있다. 그렇다고 한다면 일본군이 인식한 민간인 사망자는 24명이 될 수 있다.

봉오동전투에서 사망한 민간인이 정확히 24명이었는지는 단정할 수 없다. 하지만 최소 20여 명이었으며, 일본군이 주장하는 독립군 전사자 숫자와 유사한 것은 분명한 사실이다. 앞서 언급한 6월 9일 「월경추격대의 상황에 관한 건」에서 독립군 사망자가 24명이라고 했던 점과 6월

10일 「추격대와 불령선인단의 교전상황」에서 독립군 사망자가 20여 명이라고 했던 점과 일치한다. 이는 6월 8일 조선군사령관이 육군대신에 보낸 전보에서 "유기된 사체 24"라고 표현한 점에서도 확인이 가능하다.[38] 「봉오동부근전투상보」는 초기 전보에 보고된 내용을 그대로 반영했음을 알 수 있다.

와쿠이 경부의 「복명서」에는 "봉오동에서 아군의 사망은 병졸 1명, 부상 5명"이며, 이어 "7명 혹은 10여 명이라고 하는 자도 있다"라고 되어 있다. 일본군 전사자는 1명이라고 되어 있지만, 부상자 숫자가 크게 차이나고 있다. 〈표 2〉에서 보듯이 일본군 부상자는 병졸 1명과 순사 1명이며, 그 소속·계급과 총상 부위까지 자세히 작성된 점에서 볼 때, 와쿠이 경부의 조사 결과는 음미해볼 만하다. 「봉오동부근전투상보」가 1920년 6월 19일 이전에 군부 기준으로 이미 작성된 상태에서, 와쿠이 경부의 「복명서」가 1920년 7월 3일에 다시 작성되었던 것이다. 다시 말해 일본군 부상자 현황만을 보더라도 「봉오동부근전투상보」의 신뢰성에 의심이 가기 때문이다.

이러한 일본군의 전사상자에 대한 부정확한 기록 정황은 다음의 신문기사에서 새삼 확인이 가능하다.

A. 서로 싸우다가 약 4시간 후에 겨우 격퇴시켰는데, 조선사람 병력은 분명히 알지 못하겠으나 대략 100명 가량일 듯하며, 또 서로 손해가 적지 아니한 바 일본 사상병은 12명이요, 조선사람의 손해는 미상이나 내어버린 시체가 24요, 기타 상당한 사상이 있는 듯하여… [39]

---

38) 「朝特第35號」, 6月8日 午後6時10分 發.
39) 『每日新報』 1920년 6월 10일, 「國境 對岸에 武裝團이 襲來」.

사료 A는 『매일신보』의 1920년 6월 10일자 3면 1단 기사다. 군부 내에서 주고받은 전보(電報)나 전투 후 작성한 보고서(報告書)에 비해 신빙성이 떨어질 수도 있다. 하지만 봉오동전투 발생 후 3일된 시점에서 민간 신문사에 일본군 사상자가 12명으로 알려졌다는 자체를 주목할 필요가 있다. 여기에도 독립군 시체가 24구라고 표현된 점에서 항간에 떠도는 낭설 수준이 아니었음을 짐작할 수 있다. 실제 군 관계자나 일부 고위층이 아니고서는 봉오동에서 전투가 벌어졌다는 사실 자체도 알기 어려웠던 시점이기 때문이다.

그런데 같은 신문이지만 시간이 어느 정도 흐르자 다른 내용이 실린다. 『매일신보』는 1920년 6월 20일과 21일 양일에 걸쳐 봉오동전투에 관한 경과를 자세히 게재하였다. 6월 20일에 "19일 군사령부 발표"가 있었다고 한 후, 전투 전의 일반적인 상황들을 서술했다.[40] 6월 21일에는 야스카와 추격대의 전투 상황을 묘사했는데, 여기에는 일본군 피해가 전사자 1명과 부상자 1명으로 되어 있다.[41] 봉오동전투 이후 초기인 10일에는 일본군 사상자가 12명으로 알려졌지만, 19일 군사령부 발표를 기점으로 사망자와 부상자가 각 1명으로 고정되었던 것이다. 이를 통해 볼 때 조선군사령부에서 전사상자 숫자를 통제했을 가능성이 크다.

  B. 상해에 있는 소위 가정부(假政府)는 온성(穩城) 대안(對岸)의 불령선인단이 봉오동에서 아군 추격대를 만나 참패(慘敗)했음에도 불구하고 오히려 대승(大勝)으로 바꾸어 여러 차례 불온문서(不穩文書)를 인쇄 발표하였다.[42]

「임시정부의 전보 발표에 관한 건」은 8월 9일 조선총독부 경무국장

40) 『每日申報』 1920년 6월 20일, 「朝鮮人 武裝團에 대한 越江 追擊戰의 經過(1)」.
41) 『每日申報』 1920년 6월 21일, 「朝鮮人 武裝團에 대한 越江 追擊戰의 經過(2)」.
42) 高警 第23631號, 「假政府ノ電報發表ニ關スル件」, 8月9日.

(警務局長)이 외무차관에게 보낸 것이다. 여기에는 상해의 임시정부가 봉오동전투에 관한 전과를 왜곡하여 전파한다는 내용을 담고 있다. 봉오동전투에서 독립군이 '참패'했음에도 불구하고 '대승'으로 승패를 바꾸어 여러 차례 '불온문서'를 만들어 배포했다는 것이다. 뒤집어 보면, 일본 측은 봉오동에서 일본군이 '대승'을 거두었고 독립군이 '참패'했다고 인식하고자 했음을 알 수 있다.

일본군은 "불령선인단[독립군]에게 섬멸적 타격을 줄 필요가 있다"고 인식했으며, "특히 전멸시키기 위해 병력을 대안(對岸)으로 출동시킨다"는 목표를 가지고 있었다.[43] 오히려 전투 목표를 전혀 달성하지 못하고, 사상자를 발생시켰으며, 중국과 외교 마찰을 일으킨 것은 일본군이다. 일본군이 '대승'이라고 말하는 독립군 전사자의 경우도 민간인 사망자일 가능성이 크다. 봉오동전투는 1919년 3.1운동 이후 독립운동 열기가 확산되는 과정에서 발생했다. 이러한 봉오동전투의 결과가 대외적으로 알려지는 것을 두려워한 것은 일본일 수밖에 없다.[44]

3. 일본군의 전투 참가 규모

일반적으로 야스카와 추격대의 병력은 200여 명으로 알려져 있다.[49]

---

[43] 「武裝不逞團擊退及軍隊越境理由等ニ關スル件」, 6月8日 午後1時 發.
[44] 6월 15일 간도 일본 총영사 대리가 외무대신에게 보낸 제166호 전보에는 "또한 이를 기회로 하여 각 단체 간의 결속을 굳게 하고 있다. 이번 추격은 오히려 악결과(惡結果)를 후에 잉태한 것이라 관찰된다"라고 되어 있다(「不逞鮮人團ノ勝利宣傳」). 봉오동전투의 결과에 대한 일본인들의 경계심을 엿볼 수 있는 대목이다.
[45] 「봉오동부근전투상보」, 2쪽.
[46] 「봉오동부근전투상보」, 6~8쪽.
[47] 「봉오동부근전투상보」, 14쪽.
[48] 「봉오동부근전투상보」, 49쪽.
[49] 6월 8일 간도 일본 총영사 대리가 외무대신에서 보낸 전보에는 "대대장 지휘하에

〈표 5〉 야스카와(安川) 추격대 인원 구성

구 분	지휘관(자)	6월 6월 16시[45]	6월 6일 21시[46]	6월 7일 03시[47]	전투사상표[48]	
추격대장	安川 소좌	1	1	1	장교	10
추격대 본부	村上 대위	(1)	1	(1)	준사관 하사졸	230
	主計	(1)	1	(1)		
	計手	(1)	1	(1)		
	馬丁	(1)	1	(1)		
73연대 10중대	神谷 대위	51	71	51		
기관총 1소대	柴山 준위	(28)	28	24	헌병	11
75연대 2중대	森 대위	124	124	107		
헌병	小原 대위	11	11	(11)	경찰	11
경찰	葛城 경시	11	11	(11)		
합 계	·	230	250	209	262	

「봉오동부근전투상보」에서 야스카와 추격대의 인원 구성을 알 수 있는 부분은 세 시기다. 첫째, 6월 6일 오후 4시에서 7시 사이 하탄동에 집결할 당시 하위 부대 구성을 보면 230명으로 추산된다. 둘째, 6월 6일 오후 9시 30분에 월강(越江)을 준비할 당시 하위 부대 구성을 보면 250명임을 알 수 있다. 셋째, 6월 7일 월강한 이후 오전 3시 20분에 봉오동으로 추격명령을 하달할 당시 하위 부대 구성을 보면 209명으로 추산된다.

여기에 먼저 월강했던 니이미(新美) 중위가 통솔하던 남양수비대 병력을 추가해야 한다. 당시 남양수비대는 니이미 중위가 지휘하는 보병 19명과 야마모토(山本) 오장 이하 헌병 8명으로 구성되어 있었다.[50] 니이미 중위를 포함하여 총 29명이다. 남양수비대는 6월 7일 오전 5시 오

2개 중대 약 200명"이라고 되어 있으며(「武裝不逞團擊退及軍隊越境理由等二關スル件」), 6월 9일 조선총독이 외무대신에게 보낸 전보에도 "야스카와 소좌가 이끄는 약 200명"이라고 되어 있다(「日本軍隊越境行動二關スル派遣員ノ報告」).

50) 「봉오동부근전투상보」, 2쪽.

하라(小原) 대위의 지휘하에 들어가라는 야스카와 소좌의 명령을 받게
된다.[51] 따라서 「봉오동부근전투상보」의 전투사상표에 기록된 추격대
262명과 남양수비대 29명을 합산할 필요가 있다. 그렇다면 총 291명으
로 월강한 병력이 거의 300명에 육박한다.

「봉오동부근전투상보」에 따르면, 추격대의 주력은 보병 73연대의 10중
대와 보병 75연대의 2중대라고 되어 있다. 75연대 2중대는 총원이 124명
인데, 73연대 10중대는 "카미야 대위가 지휘하는 50명의 혼성(混成) 중
대"라고 표현되어 있다.[52] 10중대의 하위 부대는 괄호 안에 "(나남부대
에서 혼성(混成)의 야마자키 중위 이하 22명, 종성수비대에서 카미야
대위 이하 21명, 동관진파견대에서 하사 이하 7명)"이라고 되어 있다.
부대 자체가 건제 단위를 유지하지 못하고 상당히 기형적이라 할 수 있
다. 그런데 「봉오동부근전투상보」의 전투사상표 〈표 2〉를 보면, 73연대
10중대가 아니라 '11중대'의 병졸이 전사했음을 확인할 수 있다. 물론
혼성 부대이다 보니 하위 부대원들의 지원·배속의 결과라 볼 수도 있
다. 하지만 한편으로 73연대에서 10중대뿐만 아니라 11중대도 투입되었
을 가능성도 시사한다.

C-① (6월 3일 오후 3시) 함경북도 온성군 운무령(雲霧嶺) 서남방 초산(楚
山) 부근에 잠복한 무장독립단을 토벌하기 위해 나남(羅南)으로부터 보병
2중대, 기병 13명 및 경원·종성수비대 보병의 일부로 편성된 토벌대를 조
직, 나카무라(中村) 소좌(보병 제73연대 대대장) 지휘로 오늘 북창평(北倉枰)
으로 급진(急進) 행동을 개시하였는데, 헌병장교 이하 30명, 경찰관 30명이
이에 참가함.[53]

---

51) 「봉오동부근전투상보」, 18쪽.
52) 「봉오동부근전투상보」, 2쪽.
53) 「朝特第29號」, 6月3日 午後3時 發.

C-② (6월 5일 오후 1시 40분) 남양 수비에 부응할 목적으로 종성수비대에서 일부 부대를 급파하고, 더하여 사단장은 보병 73연대(나남)에서 기관총 1소대, 보병 75연대(회령)에서 보병 1중대를 <u>야스카와(安川)</u> 소좌의 지휘하에 5일 출발시켜 해당 방면으로 급행하게 하고, 또 보병 73연대에서 1소대를 종성으로 보내 그곳의 수비를 맡김.[54]

C-①은 야스카와 소좌가 출동하기 전의 상황을 나타내고 있다. 6월 3일 독립군을 '토벌'하기 위해 나남에서 보병 2개 중대와 기병 13명, 경원수비대와 종성수비대의 일부 병력, 헌병 31명, 경찰 30명이 나카무라(中村) 소좌 지휘하에 편성되었다. 1920년 당시 일본 육군의 장교 명단에 따르면,[55] 19사단 보병 73연대 소속의 소좌는 '나카무라 마사오(中村正夫)'다. 나카무라 소좌는 와카야마(和歌山) 출신으로 1901년 소위로 임관하였고, 1916년에 소좌로 진급하여 1920년 낭시 보병 73언데의 대대장으로 복무 중이었다. 야스카와 소좌에 비해 임관 2년 선배였다. 야스카와 소좌의 '추격대' 편성 이전에 나카무라 소좌의 '토벌대' 편성이 먼저 이루어졌던 사실을 알 수 있다.

C-②는 야스카와 소좌가 출동하는 상황을 나타내고 있다. 6월 5일 남양 수비를 지원하기 위해 종성수비대가 급파되었고, 추가로 73연대의 기관총 1개 소대, 75연대의 보병 1개 중대가 야스카와 소좌 지휘하에 편성되었다. 또 종성 수비를 위해 73연대의 1개 소대가 파견되었다. 6월 3일 나카무라 소좌가 이끄는 부대가 먼저 파견되었고, 6월 5일 야스카와 소좌가 이끄는 부대가 다시 증원되었던 것이다. 그렇다면 봉오동전투 발발 직전에 두만강 하류의 온성군(종성) 일대에 2명의 소좌가 이끄는 부대들이 집결해 있었음을 알 수 있다.

54) 「朝特第32號」, 6月5日 午後1時40分 發.
55) 陸軍省 編, 『陸軍現役將校同相當官実役停年名簿』, 1920(大正9年 9月1日), 172쪽.

C-③ 6월 상순에 온성 방면으로 출동했던 나카무라(中村) 토벌대(討伐隊)
및 야스카와(安川) 추격대(追擊隊)에 속하는 모든 부대는 6월 22일 그들을
거두어들여 각 소속으로 복귀함.56)

물론 야스카와 소좌의 '추격대'가 도착하면서 나카무라 소좌의 '토벌
대'는 해체되고 야스카와 소좌가 병력들을 인수받았을 수도 있다. 하지
만 C-③을 보면 야스카와의 '추격대'가 활동하던 기간에도 나카무라의
'토벌대'는 그대로 유지되고 있었음을 알 수 있다.57) 나카무라 부대와
야스카와 부대는 공식적으로 6월 22일에 해체되어 소속 부대로 복귀하
였다. 그렇다면 봉오동전투가 벌어지던 당시 나카무라 부대도 인근에
주둔하면서 직간접적으로 야스카와 부대를 지원했을 가능성이 있다.

〈표 6〉 나카무라 토벌대와 야스카와 추격대의 병력수

구분	부대명		병력 수	추산	합계
6월 3일	中村토벌대	나남 (73연대) 보병 2중대	·	248	492
		기병	13	13	
	경원수비대 보병	일부	6		
	온성수비대 보병	일부	6		
	헌병	·	31	31	
	경찰관	·	30	30	
6월 5일	종성수비대	·	일부	6	
	安川추격대	73연대 기관총 1소대	·	28	
		75연대 보병 1중대	·	124	

〈표 6〉은 사료 C-①② 그리고 「봉오동부근전투상보」를 참조하여, 당

---

56) 「朝特第49號」, 6月23日 午後3時30分 發.
57) "6월 8일 제19사단장은 나카무라(中村) 토벌대의 병력을 북창평에 집결하도록 명령
함"(「朝特第37號」, 6月10日 午前11時20分 發)이라는 기록에서도 확인이 가능하다.

시 동원되었던 전체 병력을 추산한 것이다. 73연대의 보병 2개 중대는 75연대의 보병 1개 중대(124명)[58]와 동일한 규모가 동원되었다고 볼 경우, 1개 중대 124명으로 2개 중대 248명이 된다. 경원수비대·온성수비대·종성수비대의 일부는 편제 최소 단위인 오장(伍長) 이하 5명으로 가정하고 모두 6명으로 산정하였다. 73연대의 기관총 1개 소대는 28명이었으며,[59] 75연대의 보병 1개 중대는 124명이었다. 그렇다면 봉오동전투 직전 온성군(종성) 일대에 집결한 일본군 전체 병력 수는 492명에 달한다. 여기에 기존의 남양수비대 병력, 종성수비대 일부 병력, 종성수비로 파견된 73연대의 1개 소대 병력 등을 합하면, 500명을 초과하게 된다.

여기에서 관건은 두만강 하류 일대에 집결한 400~500명의 병력이 과연 얼마나 월강했느냐이다. 「봉오동부근전투상보」 기록만 보자면, 야스카와 소좌가 지휘하는 추격대 인원이 전부라고 할 수 있다. 하지만 야스카와 추격대 편성 이전에 이미 나카무라 토벌대가 편성되어 있었던 점을 고려해야 한다. 나카무라 토벌대의 일부 혹은 상당수가 월강했을 가능성은 전혀 없었는지 고민할 필요가 있다.

　　D. 증원대의 파견은 중국측에는 비밀로 하고, 사단에서 요코오(橫尾) 대위로부터 전보온 것에 따르면 야스카와 소좌가 지휘하는 보병 1중대, 기관총 1소대는 5일 같은 방면으로 급행하고, 종성에는 회령에서 보병 1소대가 증원하는 것으로 되어 … 월강(越江)하여 각지(各地)로 진출한 부대의 증원(增員)을 위해, 사단은 더하여 5일 일부 부대를 같은 방면으로 급행시켰고…[60]

---

58) 「봉오동부근전투상보」, 2쪽.
59) 「봉오동부근전투상보」, 6쪽.
60) 「日本軍隊ノ支那領侵入ニ關スル件」, 6月6日 午後1時5分 發.

'월강하여 각지로 진출했다'는 것은 수사적인 표현일 수도 있지만, 군사 관련 보고문인 것을 감안하면 그럴 가능성은 희박하다. 다시 말해 각지로 진출했다는 것은 일본군이 최소 1곳 이상의 지역으로 부대를 이동시켰다는 것을 의미한다. 「봉오동부근전투상보」에 따르면, 먼저 월강한 남양수비대와 후속한 야스카와 추격대는 동일한 방향으로 진출하여 결국 합류했다. 그렇다고 한다면 야스카와 추격대 이외에 또 다른 방향으로 월강한 부대가 존재했을 가능성을 완전히 배제하기는 어렵다.

현재 우리가 인지하고 있고 주목하고 있는 것은 '야스카와 추격대의 전투상보'다. 그런데 앞서 편성되었던 '나카무라 토벌대의 전투상보'는 존재 유무조차 알 수 없다. 실제 별다른 전투를 치르지 않아 전투상보 자체가 없을 수도 있지만, 토벌대와 추격대는 '불령선인'을 토벌하고 추격하기 위한 같은 맥락의 부대였다는 점을 상기할 필요가 있다. 다시 말해 상급자인 나카무라 토벌대가 먼저 편성되어 활동하였고, 이 토벌대를 증원하기 위해 추격대가 추가로 편성되었던 것이다. 따라서 이 두 부대의 상호 관련성을 부정하기는 어렵다.

    E. 6월 24일 (목) 맑음

    오전 7시 관저(官邸)를 출발, 자동차(전 여행중 차절(借切))로 원주에 향함. … 원주에서는 수비중대(守備中隊)를 시작으로 재향군인(在鄕軍人), 내선학교(內鮮學校) 생도(生徒), 내선(內鮮) 관민(官民) 등 꽤 많은 수의 환영이 있었음(그중에는 앞서 북함(北咸)에서 월강(越江), 불령선인(不逞鮮人) 때문에 중상을 입은 안헌병보(安憲兵補)의 어머니도 환영나왔다고 함).[61]

사료 E는 조선군사령부 사령관 우쓰노미야 타로(宇都宮太郞)가 남긴

---

61) 宇都宮太郞關係資料硏究會, 『日本陸軍とアジア政策3－陸軍大將宇都宮太郞日記－』, 岩波書店, 2007, 414~415쪽.

일기의 일부분이다. 1920년 6월 7일 봉오동전투 이후, 오래지 않은 6월 24일에 강원도 원주를 방문했던 상황을 묘사하고 있다. 자신을 환영하러 나온 인파 가운데 '안헌병보(安憲兵補)'의 어머니도 있었다고 한다. 안헌병보라는 표현을 통해 안씨 성을 가진 조선인 헌병보조원이었음을 짐작할 수 있다. 여기에서 주목할 것은 안헌병보가 '북함(北咸)'에서 월강(越江)하였고 불령선인(不逞鮮人) 때문에 중상을 입었다'는 점이다. 북함은 함경북도를 의미하고, 일본군이 독립군을 공격하기 위해 월강한 것은 봉오동전투 당시밖에 없다. 우쓰노미야가 조선군사령관으로서 일본군이 월강했던 상황을 분명히 인지하고 있었기 때문에, 안헌병보 어머니의 행동을 따로 기록해두었다고 볼 수 있다.

　그렇다면 안헌병보는 야스카와가 지휘하는 월강추격대에 편성되었다고 할 수 있다. 하지만 남양수비대나 야스카와 추격대의 부상자 명단 어디에도 기록되어 있지 않다. 「봉오동부근전투상보」에는 일본인만 기록되어 있을 뿐, 친일 부역을 했던 조선인에 대한 기록은 전혀 찾아볼 수 없다. 전투와 수색을 보조하던 헌병보조원[62]이나 길안내, 통역, 운반 등을 수행하던 밀정들[63]이 제외되어 있는 것이다. 토벌대와 추격대에는 헌병보조원, 순사보조원, 밀정이 상당수 동원되었을 것이며, 여기

[62] 구한말 일본 헌병은 헌병보조원과 함께 전국적으로 의병을 탄압했는데, 1909년 당시 경기도 의병장 이은찬이 헌병보조원들에게 보내는 비밀통문에는 일본 헌병 1명이 헌병보조원 3~4명을 이끌고 다닌다고 되어 있다(조재곤, 「러일전쟁 이후 의병탄압과 협력자들」, 『한국학논총』 37, 2012, 449쪽). 1920년 당시 헌병보조원이 얼마나 동원되었는지는 알 수 없지만, 나카무라 소좌의 부대명이 '토벌대'였다는 점을 상기할 필요가 있다.

[63] 1914년 통계에 따르면 헌병 11,159명 가운데 밀정이 3,000명 포함되어 있었다고 한다(이상열, 「일제 식민지 시대 하에서의 한국경찰사에 관한 역사적 고찰」, 『한국행정사학지』 20, 2007, 83쪽). 1920년 당시 일본 헌병에서 밀정의 규모나 운용이 어떠했는지는 정확히 알 수 없지만, 독립군과의 접전이 지속되면서 적지 않은 수가 운용되었을 가능성이 크다.

에는 적지 않은 친일 조선인들도 참가했을 가능성이 높다.

> F. 밀정 사용법
> 밀정에 조선인을 사용하는 것은 불리하여 <u>이후 혹은 전적으로 조선인 밀정은 진입을 허가하지 말며</u> 오히려 중국인 특히 중국 하급관리를 매수해서 밀정으로 하는 방침이 필요함.[64]

야스카와 소좌가 「봉오동부근전투상보」의 마지막에 덧붙인 '소견(所見)' 가운데 밀정 사용법에 관한 내용이다. 일본군이 밀정을 운용함에 있어, 조선인 진입을 차단하고 중국인 밀정을 매수해야 한다고 하였다. 다시 말해 봉오동전투 당시 조선인 밀정을 운용했던 정황을 충분히 짐작할 수 있다.

「봉오동부근전투상보」에는 일본군 보병부대 중심의 '추격대' 상황만 기록되어 있을 뿐이라서, 다수의 경찰과 민간인이 소속되었을 것으로 여겨지는 '토벌대'의 상황은 전혀 알 수 없는 형편이다. 봉오동전투 당시 두만강 하류 일대에는 500명을 초과하는 일본군 병력이 집결해 있었다. 이러한 맥락에서 야스카와가 지휘하는 추격대 외에 나카무라가 지휘하는 토벌대 일부가 월강했을 가능성도 충분히 열어두고 접근해야 한다.

> G. 19년 10월 14일 붙엄 20년 3월 초3일에 무단봉에 나가 사흘 유숙하고 있다가 행군하여 봉오꼴 최진동 진과 연합하여 1920년 4월 초3일 일병과 접전하여 <u>일병 370명 죽고</u> 저녁편에 소낙비가 막쏘다 지는데 운무가 자욱하게 끼여 사람이 뵈이지 않게 자욱하게 끼운데 <u>일본 후원병 100여 명이</u> 외성으로 그 높은 산 뒤에로 영상에 올나서자 봉오꼴서 쌈하던 남은 군사 퇴진하

---

64) 「봉오동부근전투상보」, 48쪽.

여 오든 길로 못가고 그 산으로 오르다가 신민단 군사 80명이 동짝산에 올
낫다가 일병이 저이 있는 곳으로 당진하니까 내려다 총질하니 일병은 갈 곳
이 없서 맞우 총질한 즉 올나가는 철에 후병이 몇이 죽으니까 쏙째포로 내
려다가 붙니니 신민단 군사 한 개도 없이 죽고 일병이 수백명 죽고 서로 코
코 소리듯고 총소리 끊어지었다. <u>그때 왔던 일병이 오육백명 죽었다.</u>[65]

「홍범도 일지」에는 일본군 370명이 전사했고, 후원병 100여 명이 존
재했으며, 결과적으로 500~600명이 사망했다고 되어 있다. 일반적으로
「홍범도 일지」의 일본군 전사자 370명은 상당히 과장된 것으로 파악하
는 경향이 강하다. 하지만 일본군 370명이 죽었다고 한 것은 약간 과장
된 서술로 볼 수 있지만, 출동한 일본군 규모와 비슷하게 맞아 떨어진
다는 점에서 신빙성이 있다는 견해가 제시되어 있다.[66] 즉 홍범도의 이
와 같은 회고는 숫자 그 자체에 집착해서가 아니라, 승전했다는 사실
그 자체를 강조하고 싶어하는 심정의 표현이라는 것이다.

당시 두만강 하류 일대에 일본군 400~500명이 동원되어있던 정황을
상기해보자. 김정규는 그의 일기 『야사(野史)』에 봉오동전투에 대해 "아
침에 온 서신에 따르면 일병 400명이 돌연 왕청현 봉오동 지방에 와서
우리 군과 수 시간동안 싸워 사상자가 심히 많았다"라고 기록하였다.[67]
일기 작성시점은 봉오동전투가 발생한 2일 뒤인 1920년 6월 9일이다.[68]
봉오동전투 당시 일본군이 200명 단위가 아니라 400~500명 단위라고 하
는 기록들을 믿을 수 없다고 단순히 흘려버려서는 곤란할 것이다.

65) 「홍범도 일지」, 21쪽; 반병률, 『홍범도 장군』, 한울아카데미, 2014, 122~123쪽.
66) 장세윤, 「「홍범도 일지」를 통해 본 홍범도의 생애와 항일무장투쟁」, 『한국독립운동
사연구』 5, 1991, 268쪽.
67) 『龍淵 金鼎圭 日記(下)』, 독립기념관 한국독립운동사연구소, 1994, 630쪽.
68) 장세윤, 「독립군 봉오동전투의 실상과 역사적 의의(2011)」, 105쪽 참조.

「홍범도 일지」에는 일본군 370명 전사, 후원병 100여 명, 전체 사망자 500~600명으로 되어 있다. '독립군이 당시 동원된 일본군 500~600명을 물리쳤다'는 맥락에서 충분히 수긍할 수 있는 부분이라 여겨진다. 또 「홍범도 일지」에는 100여 명의 일본군 후원병이 있었다는 점을 기록하고 있어, 야스카와의 추격대 이외에 또 다른 부대의 존재를 가능성을 열어두고 있다.[69] 이렇듯 일본군의 전사상자 숫자나 전투 참가 규모에 따라, 독립군의 전과 신빙성이나 실제 전투 상황에 대한 이해가 달라질 수밖에 없다.

「봉오동부근전투상보」에 대해서는 시기별 투입 병력의 상이함, 전사상자 현황의 부정확성, 부상자 후송이나 장교 활동 등에 대한 의문점 그리고 나카무라 토벌대의 존재와 활동 등을 감안해 인식해야 한다. 다시 말해 일본 측 사료의 객관적 준거가 아니라 당시 급박하고 불안정했던 전황을 반영하고 있는 사료로 보아야 할 것이다.

III. 봉오동전투의 현장

1. 독립군의 부대 배치와 사격 위치

1920년 6월 6일, 야스카와 사부로(安川三郎) 소좌가 지휘하는 월강추격대(越江追擊隊)는 온성군 남양(南陽)에 집결했다. 이들은 야음을 타서 비밀리에 두만강을 건너기 시작했고, 도하는 다음날 새벽 3시 넘게

---

[69] 봉오동에 거주했던 1908년생 이종만 씨로부터 다음과 같은 증언도 확보되어 있다 (김춘선, 「발로 쓴 청산리전쟁의 역사적 진실」, 『역사비평』 52, 2000, 259쪽). "봉오동에서 패배한 일본군은 호박골로 퇴각하다가 피파골에서 일본군 증원부대와 마주치자 상대방이 독립군인 줄 알고 서로 한바탕 싸웠다."

까지 이어졌다. 6월 7일 새벽, 월강추격대는 앞서 두만강을 건넜던 니이미(新美) 중위가 지휘하는 남양수비대(南陽守備隊)와 합류했다. 이들이 봉오동을 향해 북상하기 시작하자, 독립군은 방어준비에 나섰다.

A. 봉오동부근(鳳梧洞附近)의 전(戰)

1. 전투전피아(戰鬪前彼我)의 형세(形勢)

적은 봉오동을 아군의 책원지(策源地)라 하여 포위공격을 하려하고, 적의 보병 약 1대대는 보병을 선두로 하여 고려령 방면으로 전진중이며, 따라 아군은 작전계획을 여좌(如左)히 하다.

제1연대를 봉오동 상촌부근에 재(在)한 **연병장**에 집합하고 작전명령을 하(下)하여 각 부대의 전투구성 및 그 임무를 정할새, 제1중대장 이천오는 부하중대를 인솔하고 봉오동 상촌 서북단(西北端)에, 제2중대장 강상모는 동산(東山)에, 제3중대장 강승범은 북산(北山)에, 제4중대장 조권식은 서산(西山) 남단(南端)에, 연대장 홍범도는 2개 중대를 인솔하고 서산(西山) 중북단(中北端)에 점위(占位)하고, 각기 엄밀한 전비(戰備)를 하였다가 적이 래도(來到)할 시에 그 전위(前衛)를 동구(洞口)에 통과케 한 후에 적의 본대가 아군의 잠복한 포위중에 입(入)할 때에 호령에 의하여 사격케 하고, 연대부(聯隊附) 장교 이원은 본부와 잔여중대를 영솔하고 서북산간(西北山間)에 점위(占位)하여 병원(兵員)증원과 탄약보충 식량급양에 임(任)케 하고, 특히 제2중대 3소대 제1분대 이화일로 그 부하 1분대를 인솔하고 고려령 북편 약 1,200m 되는 고지와 그 동북편 촌락 전단에 약간 병원을 분(分)하여 잠복했다가 적이 래도(來到)하거든 전진을 지체케 하다가 봉오동 방면으로 양패(佯敗) 퇴각케 하고, 사령관 최진동 부관 안무는 동북산(東北山) 서간(西間) 최고봉 독립수하(獨立樹下)에 재(在)하여 지휘케 하다.[70]

사료 A는 봉오동전투 직전에 독립군들이 어떻게 배치되었는가를 알

---

[70] 『獨立新聞』 제88호, 1920년 12월 25일, 「北間島에 在한 我獨立軍의 戰鬪詳報」.

수 있는 『독립신문』 기록이다. 제1연대는 주력인 6개 중대와 지원중대
로 구성되었다.[71] 봉오동 상촌(上村)에 이천오의 1중대, 동산(東山)에
강상모의 2중대, 북산(北山)에 강승범의 3중대, 서산(西山)에 조권식의
4중대와 홍범도의 2개 중대, 서북산간에 이원의 지원중대가 배치되었
다. 정리하면 독립군은 봉오동 상촌을 중심으로 동산, 북산, 서산에 집
중 배치되었음을 알 수 있다.

그런데 「봉오동부근전투상보」에 따르면 "사면(四面)에서 공격을 받
아 전황이 불리했다"고 되어 있다.[72] 다시 말해 봉오동 상촌의 남산(南
山)에도 독립군이 배치되어 있었던 것이다. 「홍범도 일지」를 비롯한 여
러 기록을 통해 남산에는 신민단(新民團)이 배치되어 있었음을 알 수 있
다.[73] 실제 전투 상황에서도 일본군은 봉오동 상촌의 남쪽을 공격했다.

사료 A는 상해임시정부 군무부(軍務部)의 발표로서, 대한북로독군부
(對韓北路督軍部)[74] 중심의 전투 상황임을 짐작할 수 있다. 따라서 봉
오동전투 상황을 제대로 복원하기 위해서는 일본 측 자료와 대조하면
서 세밀하게 검토할 필요가 있다. 일본 측 자료 가운데 봉오동전투를
가장 상세히 기록한 것은 「봉오동부근전투상보」다.[75] 봉오동전투에 직

---

[71] 여러 기록별 독립군 중대의 숫자가 서로 다른데(박창욱, 「봉오동전투와 청산리전투
연구」, 111~113쪽 참조), 여기에서는 독립군의 배치 경향을 파악하기 위해 구체적
으로 논하지 않는다.

[72] 「봉오동부근전투상보」, 27쪽.

[73] 「홍범도 일지」, 21쪽; 반병률, 『홍범도 장군』, 123쪽.

[74] 1920년 5월, 북로군정서(北路軍政署), 대한국민회(大韓國民會), 군무도독부(軍務都
督府), 대한신민단(大韓新民團), 광복단(光復團), 의군부(義軍府) 등이 봉오동에 모
여 서로 연합하기로 결정했다. 우선 홍범도의 대한독립군, 안무의 국민회군, 최진
동의 군무도독부가 연합하여 대한북로독군부가 결성되었다. 당시 독립군의 통합과
정에 관해서는 장석흥, 「만주 독립군의 형성과 홍범도의 대한독립군」, 『한국근현대
사연구』 66, 2013, 57~58쪽 참조.

[75] 「봉오동부근전투상보」는 현존하는 유일의 일본 측 전투보고서라 할 수 있다. 다만
이를 그대로 인용하는 것은 심각한 사실 왜곡에 빠질 수도 있음을 유의해야 한다

접 참가했던 야스카와 소좌가 전투 후 작성한 보고서로서, 일본 측 전
과 기록에서 기준이 되는 자료다.

> B. 오후 0시 20분 첨병 선두가 상봉오동(上鳳梧洞) 동남방 약 300m 삼차
> 로(三叉路)에 도달했을 때, 상봉오동 북방 약 800m에 **연병장**으로 보이는 전
> 지(畑地)에 약 10명의 선인(鮮人) 집단이 있었는데 바로 동요를 시작하는 동
> 시에, ①상봉오동 남방 약 3,500미터 표고 503고지의 북방 약 1,000m 능선
> 그 동방 약 1,000m 고지 능선, ②상봉오동에서 표고 445 안부(鞍部)로 통하
> 는 점선로(點線路) 북측 고지, ③상봉오동 동북방 약 2,000m 표고 504 남방
> 고지선과 그 서측 고지 능선, ④상봉오동 서측 고지에서 사격을 받았는데,
> 적은 교묘히 지물(地物)을 이용해서 그 위치가 명확하지 않고 탄환은 사면
> (四面)에서 날아와 전황이 불리한 상황에 빠졌지만, 장교 이하의 용감한 동
> 작과 각 대장(隊長)의 시의적절한 조치는 점차 전황을 유리하게 만들었음.[76]

6월 7일 12시 20분, 일본군 첨병 선두가 상봉오동의 동남방 약 300m
삼차로(三叉路)에 도착했을 때, 독립군의 사격이 시작되었다. 일본군이
독립군으로부터 사격받은 위치를 통해, 역으로 독립군의 배치 상황을
추정해 볼 수 있다. 상봉오동은 봉오동의 상촌(上村)이다. 그리고 일본
군 서술의 기준점은 삼차로가 된다. 독립군(A)과 일본군(B) 기록에는
모두 '연병장'이 공통으로 언급되고 있어 동일한 장소임을 알 수 있다.
사료 B에 드러난 독립군의 사격 지점을 정리하면 다음의 〈표 1〉과 같
다.

(황선익, 「「봉오동전투에 대한 일본측 전과기록의 검토」에 대한 토론문」, 『홍범도
장군 순국76주기 추모식 및 학술회의 발표집』, 2019, 92쪽).
[76] 「봉오동부근전투상보」, 27쪽.

〈표 1〉 독립군의 사격 위치

구 분	방 향	고 지	위 치
상봉오동	남방 약 3,500m	503고지	북방 약 1,000m 능선 동방 약 1,000m 고지 능선
상봉오동	·	표고 445	북측 고지
상봉오동	동북방 약 2,000m	표고 504	남방 고지선 서측 고지 능선
상봉오동	·	서측 고지	·

일본군 입장에서 볼 때, 서술 기준점은 상봉오동(상촌)이다. 봉오동 일대의 503고지, 445고지, 504고지가 2차 기준점이 된다. B-②에 서술된 '표고(標高) 445 안부(鞍部)'라는 용어를 통해 이곳은 고지가 아니라 고개임을 알 수 있다. 거리 확인이 가능한 곳은 3곳이다. 상촌 북쪽 약 0.8km 지점에 연병장이 있고, 상촌 남쪽 약 3.5km 지점에 503고지가 있고, 상촌 동북쪽 약 2km 지점에 504고지가 있음을 알 수 있다.

또 하나 주목할 고지가 있다. 봉오동 일대에서 가장 높은 고지는 봉오동 남쪽의 735고지다. 야스카와 소좌는 "이 일대 부근에서 가장 높은 고지로서, 이곳을 점령하면 적을 감제하는 것에 유리하다"라고 언급하였다.[77] 정리하면 봉오동 일대의 주요 지형지물은 504고지, 503고지, 445고개, 735고지 4곳이다.

2. 일본군의 사용 지도와 전투 상황

앞서 언급했던 504고지, 503고지, 445고개, 735고지가 확인되는 지도가 있다.

---

[77] 「봉오동부근전투상보」, 31쪽.

〈지도 1〉 일본군 사용 추정 지도

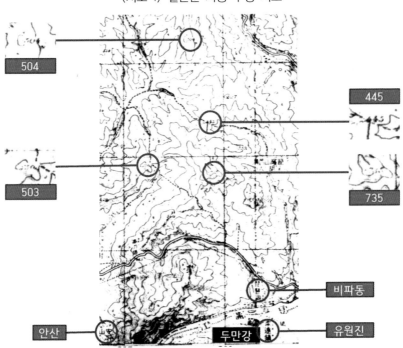

504

445

503

735

비파동

안산   두만강   유원진

〈지도 1〉은 1933년 2월 25일에 일본 임시측도부(臨時測圖部)·육지측량부(陸地測量部)·참모본부(參謀本部)가 발행한 군사극비(軍事極祕)지도의 일부다. 만주(滿洲) 100,000 : 1 축척으로 가야하(嘎硏河) 부분의 하단이다. 1907년 10월에 측도(測圖)되었다가, 1911년에 제판(製版)된 것이다. 이후 1921년에 부분 수정하여 측도하였고, 1922년에 개판(改版)하였으며, 1933년 방안(方眼)을 추가로 그려 넣은 것이다.

〈지도 1〉 하단을 보면 두만강(豆滿江), 안산(安山), 비파동(琵琶洞), 유원진(柔遠鎭) 등의 지명이 확인된다. 주요 고지의 표기를 보면, 위에서부터 504·445·503·735고지 등이 확인된다. 503고지와 735고지의 경

우 숫자가 명확하지 않다. 하지만 등고선 높이로 보면, 500m 이상과 700m 이상으로 503고지와 735고지임을 알 수 있다.

사료 B-②의 "표고 445 안부(鞍部)로 통하는 점선로(點線路)"라는 표현에서 이 지도가 「봉오동부근전투상보」 서술에 활용되었음을 알 수 있다. 다시 말해 봉오동전투 당시 일본군이 사용한 군사지도였던 것이다. 이 지도는 1907년 최초 측도되었고, 1921년 부분 수정되었다. 따라서 1920년 봉오동전투 당시 두만강 이북의 주요 지형지물을 거의 그대로 지도에 반영하고 있는 것으로 볼 수 있다.

〈지도 2〉 봉오동 상촌과 주변 고지

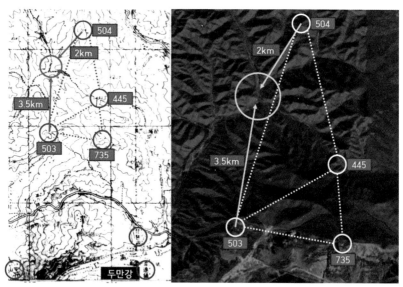

〈표 1〉을 참조해 보면 봉오동전투 당시 일본군은 503고지에서 북쪽으로 약 3.5km 지점, 504고지에서 서남쪽으로 약 2km 지점에 위치했음을 알 수 있다. 좌상단에 원으로 표시된 지역이 일본군이 사면에서 독

립군의 공격을 받은 위치다. 원 중심부에 삼차로가 위치하고 있으며, 삼차로는 북·서남·동남 방향으로 갈라진다. 사료 B에 보이는 바로 그 삼차로인 것이다.

당시 일본군이 사용했던 〈지도 1〉에 표기된 고지군(高地群)의 위치와 지형을 감안하면, 현재 구글어스 위성사진에서 그 위치를 추정해 볼 수 있다. 현재의 지형에 주요 지형지물을 비정한 것이 〈지도 2〉의 우측 지도다. 당시 일본군이 사용하던 지도와 현재의 지형이 정확도에서 약간 차이가 있지만, 전체적으로 볼 때 대체로 일치함을 알 수 있다.

C-① 쿠보다(久保田) 군조(軍曹) 이하 7명의 척후는 <u>삼차로 동북측 고지로 나아가 동 고지의 적</u>을 격퇴·점령했는데, 동 고지에는 적의 중요 서류를 수납한 배낭이 유기되어 있는 것에서 판단해 보면 **유력한 부대**가 있는 것으로 추정됨.[78]

② 또한 중대 주력은 <u>상봉오동과 그 동북방 고지의 적</u>에 대해 사격을 개시함. 이어 <u>상봉오동 서북방의 적</u>이 우세하다는 보고를 받고 토야마(外山) 준위(准尉)에게 1개 소대(30명)를 지휘하게 하여, 상봉오동 서측 고지에 이르게 함. 미시마(三島)·나가나와(長繩) 두 척후를 아울러 지휘하게 하고 동 고지의 적을 공격하여 **다대(多大)한 손해**를 주고 대대의 배후를 안전하게 함.[79]

③ 제10중대(神谷중대)의 야마자키(山崎) 소대(山崎 중위 이하 13명)는 적의 **집중화(集中火)**를 무릅쓰고 분연히 <u>삼차로 남측의 적</u>을 공격하여 결국 적을 격퇴, 동 고지를 점령함. 동 고지라는 곳은 장래 추격대의 공격 거점으로서 게다가 동 고지의 적은 우리에게 가장 가까워 위험을 느낄 수 있는 곳으로서, 이 용감한 공격에 힘입어 성공의 단서를 얻음.[80]

---

78) 「봉오동부근전투상보」, 28쪽.
79) 「봉오동부근전투상보」, 29쪽.
80) 「봉오동부근전투상보」, 29쪽.

공격 전진중 1등졸 호리이 시게쿠니(堀井茂邦)는 솔선 용분(勇奮)해서 다른
이들의 지기(志氣)를 고무하고 적의 **맹화(猛火)**를 무릅쓰고 침착하게 사격하
여 적을 쓰러뜨리고 용감히 싸웠는데, 적탄(敵彈)이 복부를 관통하는 중상을
입었음에도 불구하고 총을 손에서 놓지 않고 사격하였고 소대장의 후퇴 명
령에도 따르지 않고 전투를 계속 하려하다가 결국 절명(絕命)함.[81]

④ 우선 지근 거리에 있는 상봉오동의 적을 섬멸하기 위해 기관총 소대를
본도(本道) 삼차로로 보내 상봉오동의 적에 대한 사격을 명령함. 기관총 소
대는 적의 사격을 무릅쓰고 명받은 진지로 진입하여 상봉오동의 적에 대해
500 조척(照尺)으로 맹렬히 사격하였고 적은 **다대(多大)한** 손해를 받은 것으
로 보임.[82]

사료 C는 일본군이 봉오동 상촌에서 독립군의 공격을 받은 이후 전
투 수행한 상황을 정리한 것이다. 사료 C의 내용들을 보다 간략히 정리
해 보면 다음의 〈표 2〉와 같다.

〈표 2〉 일본군과 독립군의 전투 상황

일본군 부대	독립군 위치	전투 상황	전거
제2중대 三島 군조	상봉오동 서측 고지의 적	▶集中火를 받음	28쪽
外山 준위 소대	상봉오동 서측 고지의 적	◀多大한 損害를 줌	29쪽
山崎 소대	삼차로 남측의 적	▶集中火를 받음	29쪽
1등졸 堀井茂邦	삼차로 남측의 적	▶猛火를 받음	29쪽
기관총 소대	상봉오동의 적	◀多大한 損害를 줌	30쪽
기관총 소대	735고지 서북방 약 1,700m 능선에 있는 적	◀多大한 損害를 줌	33쪽
中西 소대	삼차로 동방 약 1,500m 谷地에 있는 적	◀多大한 損害를 줌	37쪽

---

81) 「봉오동부근전투상보」, 29~30쪽.
82) 「봉오동부근전투상보」, 30쪽.

"집중화(集中火)" "다대(多大)한 손해(損害)" "맹화(猛火)" 등은 모두 치열했던 교전 상황을 반영하고 있다. 서로 주고받았으므로 일방적인 사격이라 보기는 어렵다. 〈표 2〉를 참조해보면, 일본군이 독립군의 최초 사격을 받은 이후 치열하게 교전을 전개한 곳은 5곳이다. 상촌 서쪽, 삼차로 남쪽, 상촌, 735고지 서북쪽 1.7km 지점, 삼차로 동쪽 약 1.5km 지점이다. 〈표 1〉에 보이는 독립군의 최초 사격 위치를 추가하여, 지도에 반영한 것이 다음의 〈지도 3〉 좌측이다.

〈지도 3〉 봉오동 일대 전투 상황

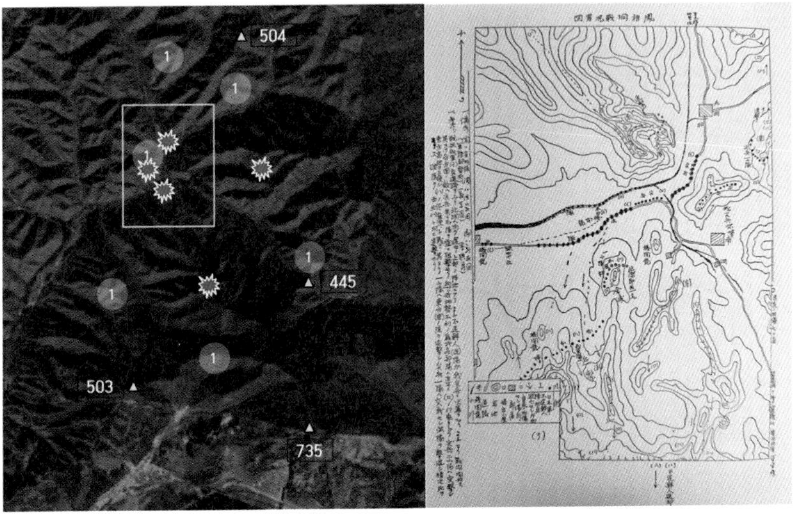

〈지도 3〉 우측 지도인 '봉오동전황약도(鳳梧洞戰況略圖)'는 좌측의 구글어스 지도보다 협소한 구역이다. 대체로 구글어스 지도의 네모 구역을 반영하고 있다. '봉오동전황약도'는 일제의 간도(間島) 총영사관 국자가(局子街) 분관 경찰서에서 작성한 것으로, 군사지도를 활용한 것이 아니라 수기로 작성되었다. 이에 지형의 정확도는 다소 떨어진다.

하지만 지도의 정보를 통해 주요 지형지물과 경향성을 파악할 수 있다. 야스카와 부대는 앞 쪽에 첨병이 이동하고, 그 뒤에 본대가 따르고 있었다. 또한 이 약도를 통해 홍범도, 최진동, 신민단의 부대 위치를 확인할 수 있다.[83]

지형과 거리를 감안하면, 네모 구역 이외 지역에서는 사격이 거의 불가능하다. 〈표 1〉에 기록되었듯이 503고지 북방 약 1km 지점에서 봉오동 상촌까지의 거리는 2.5km이고, 503고지 동방 약 1km 지점에서 상촌까지도 2km가 넘는다. 또 445고지에서 상촌까지도 2km가 넘는다. 따라서 독립군과 일본군과 최초 교전이 치열하게 전개된 곳은 네모 구역일 수밖에 없다. 일본군도 이 네모 구역을 중심으로 '봉오동전황약도'를 작성한 것으로 볼 수 있다.

〈지도 4〉 좌측 지도는 '봉오동전황약도'를 봉오동 상촌을 중심으로 조금 더 확대한 것이다. 봉오동 북동과 남동 그리고 삼차로 등이 표기되어 있다. 홍범도와 최진동 등 독립군의 방어진지와 병력이 배치된 곳을 확인할 수 있다.[84] 〈지도 4〉 우측 지도는 '봉오동전황약도'를 바탕으로 지형을 참조하여 이를 구글어스 지도에 반영한 것이다.

이 가운데 북동과 남동 사이 개미허리처럼 생긴 구릉이 주목된다. 상촌의 북동과 남동을 연결하는 동시에 두 곳을 통제할 수 있는 곳이다. 사료 C-①에서도 "삼차로 동북측 고지로 나아가 동 고지의 적을 격퇴·점령했는데, 동 고지에는 적의 중요 서류를 수납한 배낭이 유기되어 있는 것에서 판단해 보면 유력한 부대가 있는 것으로 추정"된다고 하였

---

83) 지도 좌측에 (崔)는 崔明錄으로, (洪)은 洪範圖로, (新)은 新民團으로 부연 설명을 해두었다. 다만 최명록은 최진동의 또 다른 이름이다.

84) 최운산장군기념사업회에서 역사학자들과 함께 이 일대를 답사한 결과 여러 곳에 조성된 참호가 확인되었다고 한다(최성주, 『최운산, 봉오동의 기억』, 필로소픽, 2020, 226~227쪽).

〈지도 4〉 봉오동 상촌 주변 독립군 배치

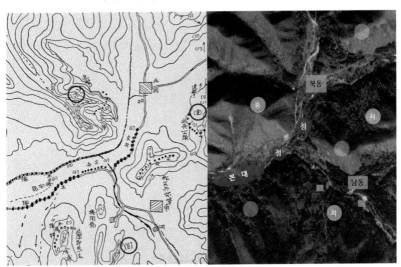

다. 봉오동 일대에 배치된 독립군을 유기적으로 연결할 수 있는 주요지
역이라 판단된다.

정리하면 독립군은 남동과 북동 사이의 개미허리 고지를 중심으로
사방으로 배치되었다. 독립군과 일본군의 봉오동전투는 〈지도 4〉에 보
이는 지역에서 치열하게 전개된 것이다. 이곳이 바로 봉오동전투의 가
장 핵심되는 전투 현장이라고 할 수 있다.

3. 일본군의 기동로와 전투 성격

봉오동전투는 독립군이 일본 정규군에 맞서 승리한 전투임을 잘 알
고 있다. 야스카와 소좌가 이끄는 월강추격대를 상촌의 포위망까지 충
분히 끌어들인 다음 사방에서 집중 공격했다.[85] 그렇다면 사격을 받은

---

85) 독립군은 철저한 사격 통제로 매복 작전을 성공시킬 수 있었다(신효승, 「한말 일제

당사자 야스카와 부대는 봉오동전투를 어떻게 인식하고 대처했을까?

〈표 3〉 야스카와 소좌의 '추격대명령(追擊隊命令)'[86]

추격대명령

6월 7일 오후 1시 5분 상봉오동 남방에서

1. 적정(敵情)은 현재 상황으로 볼 때 그 주력은 표고 735고지 서북방 약 1,000m의 고지에 있는 것으로 추정됨

2. 추격대는 주력으로 표고 735고지 서북방 약 1,000m의 고지에 있는 적을 **공격**하는 것으로 함

3. 카미야(神谷) 중대는 제1선 바로 앞 야마자키(山崎) 소대가 점령하고 있는 고지와 그 남방 고지에서 전진하여 <u>표고 735고지 서북방 약 1,000m의 고지에 있는 적을 **공격**</u>할 것

4. 기관총 소대는 동남측 고지로 진출하여 카미야(神谷) 중대의 **공격**을 원조할 것

5. <u>모리(森) 중대의 1개 소대(中西 중위 이하 27명)</u>은 상봉오동 동남방 고지 방향에서 적을 공격하고 또 **대대의 좌측을 엄호**할 것

6. <u>모리(森) 중대의 1개 소대(外山 준위 이하 40명)</u>은 상봉오동 서측 고지 방향에서 그 서북방 적을 공격하고 또 **대대의 배후를 엄호**할 것

7. 카미야(神谷) 중대에서 상등병 이하 5명으로 하여 牛車(전사자와 배낭 일부(新美 소대 분)를 실음)를 직접 엄호하게 하고 본도(本道)를 비파동(琵琶洞) 방향으로 전진시킬 것

8. 잔여는 예비대가 되어 야마자키(山崎) 소대의 후방을 전진할 것

9. 나는 야마자키(山崎) 소대와 예비대의 중간을 전진함

추격대장 야스카와(安川) 소좌

초 홍범도 의병의 활동과 전략 변화」, 70쪽). 이러한 봉오동전투의 승리요인으로 연합부대의 구성, 숙련된 정규군과 비슷한 독립군 보유, 현지민들과 교감 등이 거론된다(김주용, 「홍범도의 항일무장투쟁과 역사적 의의」, 480쪽).

야스카와 소좌는 봉오동 상촌에서 독립군의 포위 공격을 받자, 최초
당황했다가 오래지 않아 명령을 내렸다.[86] 그는 독립군의 주력을 남쪽
에 위치한 735고지에 있는 것으로 추정하고, 주력부대로 하여금 735고
지 서북쪽 약 1km 지점을 공격케 하였다. 주력부대의 공격 방향에 따
라 다른 부대들의 목표와 이동 방향이 설정되었다.

'추격대명령서' 1과 2의 문장을 액면 그대로 받아들이면, 적(독립군)
의 위치를 파악한 후 공격하는 것처럼 보인다. 명령서에는 '공격'이라는
용어가 총 5회 사용되어, '공격명령서'로 이해할 수도 있다. 하지만 사
료 A를 참조해 보면, 독립군은 봉오동의 동산, 서산, 북산에 배치되었
다. 봉오동 남쪽에 신민단이 배치되어 있었지만, 주력은 동산, 서산, 북
산 등에 배치된 대한북로독군부였다. 야스카와 부대는 독립군 주력이
배치된 곳이 아닌 남쪽으로 '공격' 방향을 잡았던 것이다.

> D. 니이미(新美) 소대는 표고 503고지 북방 약 1,000m 부근의 고지에 있
> 는 적에 대해 사격하고, **대대의 우측을 엄호하면서** 전진함. 나카니시(中西)
> 소대는 명받은 고지를 점령하고 주력으로 주공격 방면을 사사(斜射)하고 일
> 부는 북방과 동방의 적에 대해 사격하여 주공격을 용이하게 하고, 또 좌측
> 을 엄호함.[88]

사료 D는 야스카와 소좌가 내린 '추격대명령' 이후의 전투 상황을 보
여주고 있다. 나카니시(中西) 소대가 대대의 좌측을 엄호하고(추격대명
령 5), 토야마(外山) 소대가 대대의 배후를 엄호하며(추격대명령 6), 니
이미(新美) 소대가 대대의 우측을 엄호하였다. 야스카와 소좌의 명령은

86) 「봉오동부근전투상보」, 31~33쪽.
87) 일본군이 독립군으로부터 최초 공격을 받은 상황은 사료 B 참조.
88) 「봉오동부근전투상보」, 34~35쪽.

대대의 좌우측과 후방을 엄호하면서 비파동 방향으로 '전진'하는 것이
었다.

  '전진'이라는 용어가 3회 사용되었지만, 실제로는 '퇴각'이라는 용어를
대입하면 자연스럽다. 야스카와 부대의 투입 목적이 독립군과 근거지
'소탕'이었음을 감안할 필요가 있다. 일본군은 "불령선인단[독립군]에게
섬멸적 타격을 줄 필요가 있다"고 인식했으며, "특히 전멸시키기 위해
병력을 대안(對岸)으로 출동시킨다"는 목표를 가지고 있었다.[89] 하지만
야스카와 소좌의 '공격명령서'는 독립군에 대한 '토벌'이나 '공격'이 아니
라, 전형적인 '퇴각' 명령이었음을 알 수 있다.

〈지도 5〉 '진입경로 및 안산교전'과 '봉오동전쟁약도' 지도

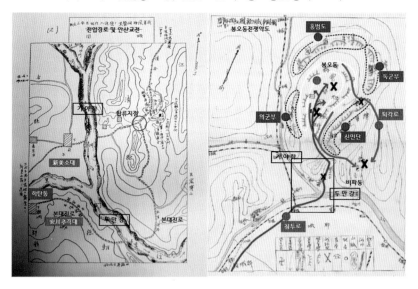

  〈지도 5〉의 좌측 지도는 일본군이 작성한 '봉오동 공격 당시 진입경

---

89) 「武裝不逞團擊退及軍隊越境理由等二關スル件」, 6月8日 午後1時 發.

로 및 안산교전' 상황도이다. 니이미(新美) 중위가 지휘하는 남양수비
대는 삼둔자전투(三屯子戰鬪) 후 도문(圖們)을 경유하여 동쪽으로 가야
하(嘎珚河)를 도하했다. 야스카와 소좌가 지휘하는 월강추격대는 하탄
동(남양)에서 집결 후 동쪽으로 이동해 두만강을 도하했다. 이후 두 부
대가 안산(安山) 일대에서 합류해 봉오동으로 북상했다.

〈지도 5〉의 우측 지도는 봉오동전투에 참가했던 박승길(신민단 사
령)이 광복 후 당시 상황을 그린 '봉오동전쟁약도'다. 여기에서도 월강
추격대가 두만강과 가야하 합수부 남쪽에서 도하했음을 알 수 있다.
'봉오동전쟁약도'는 축척에 다소 한계가 있지만, 대한북로독군부 외에
신민단과 의군부 등이 참가했음을 반영하고 있다. 박승길의 '봉오동전
쟁약도'에서 특히 주목되는 부분은 일본군의 퇴각로를 2곳으로 표기한
점이다.

> E. 나카니시(中西), 토야마(外山) 양 소대와 연락이 불충분해서 피아의 식
> 별이 곤란해졌는데, 나팔을 불어 좌측 고지(高地)와 곡지(谷地)를 전진중인
> 양 소대와 연락을 취해 양측 고지로 척후를 보내 주력은 비파동을 향해 전
> 진함.[90]

사료 E는 오후 4시 20분경 갑자기 천둥번개가 치고 비바람이 몰아친
이후의 상황이다. 야스카와 소좌의 주력부대와 대대의 좌측·배후를
엄호하기로 한 2개 소대와 연락이 곤란했던 정황이 그대로 드러나 있
다. 폭우로 피아식별이 곤란할 정도로 거리가 이격되어 있었음을 알 수
있다.

〈표 3〉의 '추격대명령'을 참조해보면, 야스카와 부대의 이동 경향을

---

90) 「봉오동부근전투상보」, 39쪽.

확인할 수 있다. 야스카와 부대의 주력은 735고지 서북쪽 약 1km 지점으로 이동하는데, 카미야(神谷) 중대가 선두에 서고 기관총 소대가 지원하였다. 그 뒤를 야스카와 소좌를 비롯한 예비대가 후속하였다. 즉 카이먀 중대가 주력이 되어 735고지를 향해 전진했던 것이다.

　모리 중대의 나카니시 소대는 대대의 좌측을 엄호하고, 토야마 소대는 대대의 배후를 엄호하였다. 사료 E를 참조해보면, 나카시니 소대와 토야마 소대는 대대의 좌측으로 445고지 방향으로 전진했음을 알 수 있다. 특히 사료 E에서 '곡지(谷地)'를 전진했다는 것은 445고지 방향으로 난 점선로를 이용한 것이 틀림없다. 사료 D를 참조해보면, 니이미 소대는 대대의 우측으로 503고지 방향으로 전진했음을 알 수 있다.

〈지도 6〉 야스카와 부대의 퇴각로

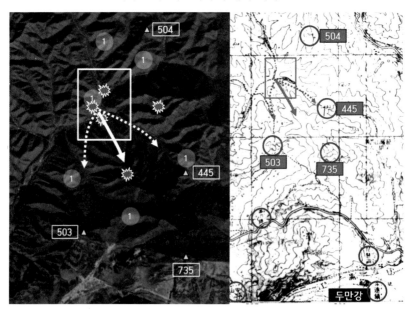

정리하면 야스카와 부대의 주력은 735고지 방향으로 그대로 남진하고, 좌우익은 445고지와 503고지 방향으로 이동했다. 즉 〈지도 6〉 우측에 보이는 735고지를 기준으로 좌우측 점선로를 모두 사용했던 것이다. 이에 따라 박승길의 '봉오동전쟁약도'에 일본군의 퇴각로가 2곳으로 그려졌던 것이다.

〈지도 7〉 봉오동전투 당시 일본군 기동로

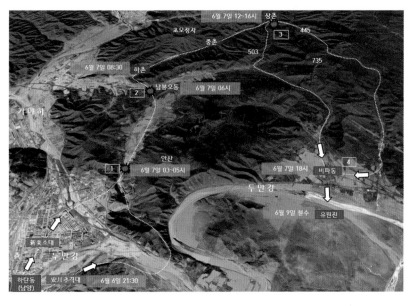

지금까지 논의된 내용들을 정리하면 다음과 같다. 니이미 중위의 남양수비대는 삼둔자전투를 치른 후, 도문을 거쳐 먼저 가야하를 도하해 안산 앞쪽에서 대기했다. 야스카와 소좌의 월강추격대는 하탄동에 집결한 후, 동쪽으로 이동해 두만강과 가야하 합수부 아래쪽에서 도하해 안산 앞쪽에서 남양수비대와 합류했다. 북상하면서 안산과 남봉오동 일대에서 독립군과 교전했다. 이후 하촌에서 중촌을 거쳐 상촌까지 수

색을 벌이며 이동하다 독립군의 매복 공격을 받았다. 결국 퇴각을 결정하고 남쪽 735고지 방향으로 공격을 시작했다. 비파동에 집결해 있다가 조선군사령부의 명령을 받고 6월 9일 유원진으로 철수하고 말았다.

〈표 4〉 야스카와 소좌의 '소견(所見)'[91]

항목	주요 내용
1. 적의 素質에 대해	전원 러시아식 소총 무장, 탄약·脊負囊 휴대, 상당한 사격 훈련, 백병전에는 취약
2. 부대의 편성	1개 중대는 3개 소대로 편성, 1개 소대는 30명으로 편성, 1개 조는 10명으로 편성
3. 적의 병기	소총·권총 다수, 나팔 휴대, 쌍안경 약간, 폭탄 소지 확실, 기관총 미소지한 것으로 판단됨
4. 지형과 부대의 행동에 대해	경사 급한 산지로 행동 곤란, 고지에서 감제할 경우 불리, 피로도 고려하여 경무장할 필요 있음
5. 지형과 기관총의 관계	산지라서 공격 행동 곤란, 다수의 기관총 배속 필요, 운반을 위한 지원 필요, 山砲를 배속할 필요 있음
6. 大行李에 대해	대대급 이하 소규모일 경우 휴대 가능, 도로가 험준하고 대부대일 경우 대규모 호위병이 필요해 불리
7. 공격의 방법	기습적으로 빠르게 고지를 점령할 필요 있음, 적이 도주할 경우 공격 효과 감소함
8. 침입행동의 범위	1일 일정 이내로 해야 함, 적에게 노출될 경우 적이 도주함, 기습 후 다음날이 될 경우 행동 제약됨
9. 戰場 掃除에 대해	상당 병력을 전투부대 후방에 후속시킬 필요 있음, 이번 전투에서 유력한 노획품을 유기하여 유감임
10. 중국 官憲의 고려	중국 관헌과 마주칠 시 아군 행동이 제약됨, 중국 관헌은 불령선인에게 호의적
11. 후방 연락에 대해	공격시 통신 연락을 위해 상당 병력을 주요 지점에 잔류시킬 필요 있음
12. 對岸 근방의 지형을 알고 있는 장교를 포함시키는 것이 필요함	이번 전투에서 대안의 지형이 명확하지 않았기 때문에 적의 주력을 놓침
13. 密偵의 사용법	조선인 밀정 사용 불리, 향후 조선인 배제, 중국인 하급관리를 밀정으로 매수하는 방침 필요

91) 「봉오동부근전투상보」, 42~48쪽.

봉오동전투에 참가했던 야스카와 소좌는 「봉오동부근전투상보」 마지막에 자신의 '소견(所見)'을 남겼다. 1~3은 독립군의 수준과 무장 상태를 언급하고 있다. 그런데 일본군이 의병이나 독립군을 낮게 평가하는 일반적 서술과 달리 상당히 높게 평가하고 있다. 4~13은 전투 당시 문제점이나 향후 보완점 등을 구체적으로 서술하고 있다. 그런데 내용 서술에 사용된 용어는 모두 부정적이다. '불리' '곤란' '감소' '제약' '유감' 등이다. 1~13의 내용을 살펴보면, 향후 보완이나 발전방향이 아니라, '변명'에 가깝다. 자신들의 과오를 숨기기 위해 적을 높이고 있는 것이다.

이와 관련하여 「봉오동부근전투상보」 마지막에 별도로 첨부되어 있는 「남양파견대삼둔자부근전투상보(南陽派遣隊三屯子附近戰鬪詳報)」가 참조된다. 여기에는 7번째 항목으로 "장래에 관한 의견"이 서술되어 있다.[92] 주요 내용은 다음과 같다.

① 두만강 때문에 대안(對岸)의 적을 포위하기 위해서는 병력 일부가 중국으로 도하해야 함

② 불령재독립군는 교묘히 변장해서 촌락에 숨으므로 가택 수사를 철저히 해야 함

③ 불령자가 또 다시 침입시 상당한 병력을 동원해 그들의 근거지 봉오동을 타격해야 함

④ 남양(南陽) 일대 교통이 불편한 곳은 도로를 개설하고 감시소의 간격을 축소해야 함

⑤ 강안 헌병 감시소에 속히 쌍안경을 공급할 필요가 있음

삼둔자전투를 치른 남양수비대의 '의견'과 봉오동전투를 치른 월강추격대의 '소견'이 대조적임을 알 수 있다. 결론적으로 현존하는 일본군

---

92) 「봉오동부근전투상보」, 58~59쪽.

유일의 전투보고서인「봉오동부근전투상보」는 '패전보고서'에 가깝다고 할 수 있다. 봉오동전투는 독립군을 과소평가한 월강추격대의 분명한 패배이자, 철저히 준비된 독립군의 분명한 승리이다.

Ⅳ. 맺음말

봉오동전투는 그 중요성로 인해 다각도로 연구되어 왔다. 하지만 관련 자료와 현지 조사의 제한 등으로 전투가 구체적으로 어떻게 이루어졌는지에 대한 논의는 미진한 편이다. 본 연구에서는 먼저 일본 측 기록의 전거가 되는「봉오동부근전투상보」의 의문점들을 살펴보고, 그를 바탕으로 봉오동전투의 현장을 복원하고자 하였다.

독립군은 봉오동전투에서 일본군의 '불령선인단(不逞鮮人團) 섬멸'이라는 전투 목적을 좌절시키고 승리했다. 하지만 독립군과 일본군 사이에는 전과에 대한 인식 차이가 있다. 상해 임시정부 군무부(軍務部) 발표에는 "일본군 전사 157명, 부상 300명이며, 독립군 전사 4명, 부상 2명"이라고 되어 있다. 일본 측 기록에는 "일본군 전사 1명, 부상 2명이며, 독립군 전사 24명, 부상 다수"라고 되어 있다.

일본 측 기록의 준거가 되는 자료는「봉오동부근전투상보」다. 봉오동전투에 직접 참가했던 야스카와 소좌가 작성한 전투 후 보고서다. 봉오동전투 이후 이에 대한 일제 조선군사령부(朝鮮軍司令部)의 공식 발표가 있었다. 보고서의 작성 시점은 조선군사령부의 공식 발표가 있던 6월 19일 이전으로 추정된다.

보고서는 전체 총 62쪽에 달한다. 당시 적군과 아군의 상태, 기후와 지형 정보, 전투의 진행 과정, 병참과 통신 수단, 전투에 대한 소견 등이 구체적으로 작성되어 있다. 전사상자의 소속, 계급, 성명, 부상 부위까지 기록되어 있어, 신빙성 높은 자료로 평가되어 왔다. 하지만 주제별로 편성된 목차에 오류가 있고, 시간별로 일본군 병력 수 기록에 차이가 있으며, 사상자 현황에도 오류가 있다. 또 부상자 후송에 의문점이 남아 있으며, 일부 장교의 활동 부재도 확인되고 있다. 「봉오동부근전투상보」는 여러 차례 가필이 있었으며, 시간에 쫓겨 급히 정리된 문서로 파악된다. 조선군사령부는 봉오동전투로 인한 파급력을 우려했다. 그에 따라 전사상자 숫자를 통제한 후, 보고서의 일부만 공개했던 것이다.

봉오동전투가 구체적으로 봉오동 상촌의 어디에서 발생했는지를 살펴보았다. 먼저 우리 측 기록인 『독립신문』의 관련 기사와 일본 측 유일한 전투보고서인 「봉오동부근전투상보」를 비교해 보았다. 당시 일본군이 사용한 것으로 추정되는 군사지도에서 「봉오동부근전투상보」에 보이는 504, 445, 503, 735고지 등이 확인 가능하다. 이를 통해 일본군의 부대 위치를 파악하고, 현대의 지형에 위치 비정을 시도하였다.

독립군 주력부대는 봉오동 상촌의 삼차로를 기준으로 동산, 서산, 북산을 중심으로 배치되었고, 봉오동 남산에는 신민단이 배치되어 있었다. 봉오동전투 당시 일본군이 삼차로 일대에 들어서자, 독립군이 일제사격을 가해 큰 피해를 입혔다. 독립군의 공격을 받은 야스카와 소좌는 당황했다가, 남쪽 735고지를 향해 전진하라고 명령을 내렸다. 일본군의 목표가 독립군 섬멸이라는 점에서 볼 때, '토벌'이나 '공격' 명령이라 보기 어렵다. 일본군은 독립군의 매복 공격에 피해를 입고, 남쪽으로 철수를 감행했던 것이다. 「봉오동부근전투상보」에 보이는 야스카와 소좌의 명령서는 공격명령서가 아니라 퇴각명령서였음을 알 수 있다.

봉오동전투 당시 일본군의 목표는 "불령선인단에게 섬멸(殲滅)적 타

격을 줄 필요가 있으며, 특히 전멸(全滅)시키기 위해 병력을 대안(對岸)
으로 출동시킨다"였다. 일본군은 전투 목표를 전혀 달성하지 못했다.
그 과정에서 다수의 사상자를 발생시켰으며, 중국과 외교 마찰도 일으
켰다. 봉오동전투는 1919년 3.1운동 이후 독립운동 열기가 확산되는 과
정에서 발생하였다. 이러한 봉오동전투의 결과가 대외적으로 알려지는
것을 두려워한 것은 일본이었다. 봉오동전투는 명백한 독립군의 승리
였다.

참고문헌

「鳳梧洞附近戰鬪詳報」「홍범도 일지」

『獨立新聞』『每日申報』『龍淵 金鼎圭 日記(下)』

金正明 編, 「朝鮮民族運動年鑑」, 『朝鮮獨立運動』 2, 原書房, 1967.

宇都宮太郎關係資料研究會, 『日本陸軍とアジア政策3－陸軍大將宇都宮太郎日記－』,
        岩波書店, 2007.

陸軍省 編, 『陸軍現役將校同相当官実役停年名簿』, 1920(大正9年 9月1日).

국방부 군사편찬연구소, 『한국 군사역사의 재발견』, 국방부 군사편찬연구소, 2015.

국방부 군사편찬연구소, 『독립군과 광복군 그리고 국군』, 국방부 군사편찬연구소,
        2017.

반병률, 『홍범도 장군』, 한울아카데미, 2014.

육군군사연구소, 『한국군사사 10』, 육군본부, 2012.

장세윤, 『중국동북지역 민족운동과 한국현대사』, 명지사, 2005.

장세윤, 『홍범도의 독립전쟁』, 한국독립운동사연구소, 2007.

최성주, 『최운산, 봉오동의 기억』, 필로소픽, 2020.

김주용, 「홍범도의 항일무장투쟁과 역사적 의의」, 『한국학연구』 32, 2014.

김춘선, 「발로 쓴 청산리전쟁의 역사적 진실」, 『역사비평』 52, 2000.

박창욱, 「봉오동전투와 청산리전투 연구」, 『한국사연구』 111, 2000.

서인한, 「홍범도 장군의 무장투쟁의 전략 전술과 유격전」, 『여천 홍범도 장군 순
        국 70주기 추모식 및 학술회의 발표자료집』, 2013.

신용하, 「홍범도 의병부대의 항일무장투쟁」, 『한국민족운동사연구』 1, 1986.

신주백, 「무장투쟁에 대한 일본의 시각(2015)」, 『여천 홍범도 학술회의 종합 논문
        집(2010~2016)』, 2017.

신주백, 「봉오동전투, 청산리전투 다시 보기」, 『역사비평』 127, 2019.

신효승, 「한말 일제초 홍범도 의병의 활동과 전략 변화」, 연세대학교 석사학위논

문, 2012.

신효승, 「'보고'에서 '석고화한 기억'으로 – 청산리 전역 보고의 정치학 –」, 『역사비평』 124, 2018.

윤병석, 「한국독립군의 봉오동승첩 소고」, 『한국민족운동사연구』 4, 1989.

윤상원, 「무장부대 통합운동과 대한독립군단: 1920년대 초 만주와 연해주 무장부대들의 동향」, 『역사문화연구』 24, 2006.

이상열, 「일제 식민지 시대 하에서의 한국경찰사에 관한 역사적 고찰」, 『한국행정사학지』 20, 2007.

장석흥, 「만주 독립군의 형성과 홍범도의 대한독립군」, 『한국근현대사연구』 66, 2013.

장세윤, 「「홍범도 일지」를 통해 본 홍범도의 생애와 항일무장투쟁」, 『한국독립운동사연구』 5, 1991.

장세윤, 「독립군 봉오동전투의 실상과 역사적 의의(2011)」, 『여천 홍범도 학술회의 종합 논문집(2010~2016)』, 2017.

조재곤, 「러일전쟁 이후 의병탄압과 협력자들」, 『한국학논총』 37, 2012.

조필군, 「항일무장독립전쟁의 군사사학적 논의」, 『군사연구』 134, 2012.

황선익, 「일본 방위연구소 소장 조선 주둔 일본군 관계 사료의 구성과 성격」, 『한국민족운동사연구』 83, 2015.

청산리 전역시 일본군의 군사체계와 독립군의 대응

신효승

Ⅰ. 머리말

1910년 한일 강제 병합을 전후하여 국내의 무장투쟁 세력은 독립군 기지를 만주로 옮긴 이후 투쟁을 계속 이어갔다.[1] 일제는 러일전쟁 이후 기존의 수세적인 작전방침을 공세로 전환하는 대륙정책을 수립하였다.[2] 중국 연변지역을 기반으로 한 독립군과 중국 동북지역을 거쳐 대륙으로 진출하려는 일본군 간의 무력충돌은 불가피한 상황이었다.

일본은 1920년 10월 2일 훈춘사건을 구실로 중국 연변지역에 군대를 파병하였다.[3] 일제는 중국에 압력을 넣어 일방적으로 약 2개월 동안 중국 연변지역 등에 주둔하겠다고 통고하고는 일본군을 두만강 너머에 배치했다. 일본군은 독립군 기지가 있는 중국 연변지역을 포위하는 한

1) 신용하, 『의병과 독립군의 무장독립운동』, 지식산업사, 2003.
2) 黑川雄三, 『明治から昭和・平成まで 近代日本の軍事戰略槪史』, 芙蓉書房出版, 2003.
3) 다나카 류이치, 「훈춘 일빈인사회와 훈춘사건」, 『1920년 독립전쟁과 사회』, 선인, 2021, 339~379쪽.

편 포위망 안으로 조선에 주둔 중인 '조선군'을 중심으로 토벌대를 편성
하여 독립군 기지와 부대를 섬멸하고자 하였다.[4]

1910년대 독립군 부대는 양적, 질적 성장을 통해 국내 진공 등 세력
을 확대하였다.[5] 하지만 아직 일본군과 정규전을 치르기에는 역량이
부족하였다.[6] 독립군은 일본군이 중국 연변지역의 독립군 부대를 탄압
한다는 소식을 중국군으로부터 입수하고, 대응책을 논의한 결과 '피전
책(避戰策)'을 통해 전투력을 보존하기로 하였다. 이에 따라 독립군 부
대들은 8월 하순부터 홍범도 부대를 시작으로 본거지를 이동하였다.[7]
이러한 과정 중에 독립군과 일본군은 화룡현 삼도구 일대에서 조우하
게 되었고, 이것이 청산리 전역(戰役)의 시작이었다.[8]

이처럼 강제병합 이후에도 민족의 주권 의지가 계속 이어진다는 측
면에서 청산리 전역은 독립운동의 이념과 방략을 실현 가능한 형태로
설정했다는 의미가 있다.[9] 지금까지 청산리 전역에 대한 연구는 주로
항일 무장투쟁의 가장 큰 성과로서 민족의식의 고양이라는 차원에서
이뤄졌다.[10] 강제병합 이후 식민지 상황에서 당시 1차 세계대전의 승

---

4) 장세윤, 『봉오동 청산리 전투의 영웅, 홍범도의 독립전쟁』, 역사공간, 2007, 169쪽.
5) 松田利彦, 『日本の朝鮮植民地支配と警察──一九〇五年~一九四五年』, 校倉書房, 2009, 334쪽.
6) 『독립신문』 1920년 4월 3일, 「尹琦燮氏等의 提出한 軍事에 關한 建議案이 一人의 反對가 無히 最終日의 議政院을 通過하다」.
7) 장세윤, 『봉오동 청산리 전투의 영웅, 홍범도의 독립전쟁』, 164~165쪽.
8) 용어 사용과 관련해서 청산리 일대에서 벌어진 전체 전투 과정을 청산리 전역(전쟁사적인 개념에서는 '주어진 시간과 공간 내에서 전략적 또는 작전적 목표를 달성하기 위해 실시하는 일련의 연관된 군사작전'을 전역이라고 한다(『군사용어사전』, 2006))으로 그리고 작전 행동의 한 수단으로서 독립군과 일본군 간에 벌어진 직접적인 충돌을 전투로 분류하였다(박창욱, 「봉오동전투와 청산리전투 연구─庚申年 反討伐戰을 재론함」, 『한국사연구』 111, 2000, 132~133쪽).
9) 조동걸, 「청산리전쟁 80주년의 역사적 의의」, 『한국근현대사연구』 15, 2000, 118쪽.
10) 조동걸 등, 『독립운동사 : 독립군전투사』 5, 독립운동사편찬위원회, 1973; 신용하, 『한국민족독립운동사연구』, 을유문화사, 1985; 전사편찬위원회, 『민족전란사(2)─

전국이었던 일본군을 독립군이 격퇴하였다는 사실은 3.1운동 이후 독
립을 위한 민족의 무장투쟁 세력에게 매우 고무적인 사건이었다. 더욱
이 당시 일본군은 기병연대장을 비롯하여 많은 사상자가 발생하였다고
알려졌고, 이러한 전과가 열세한 독립군이 우세한 일본군을 상대로 이
뤄낸 성과라는 측면에서 대한민국 임시정부를 비롯한 독립 세력이 무
장투쟁을 통한 독립운동의 가능성을 제시하였다는 의미가 있다.[11]

　그러나 이러한 관점은 민족의식의 고양이라는 측면에서는 유효하지
만, 정작 당시 상황을 제대로 이해한다는 측면에서는 많은 문제를 안고
있다. 특히 청산리 전역 당시 일본군의 피해 규모를 비롯하여 일본군의
투입 규모 등에 대해서는 참고한 자료에 따라 연구자 간에 많은 의견
차이가 있다.[12] 또한 청산리 전역 중 가장 큰 전투였던 어랑촌 전투의

독립군 항쟁사』, 국방부, 1985; 송우혜, 「최근의 홍범도 연구, 오류 허점 많다」, 『역
사비평』 5, 1988; 윤병석, 『독립군사-봉오동 청산리의 독립전쟁』, 지식산업사, 1990;
김택, 「왜곡된 청산리전투사의 진상을 논함」, 『한민족독립운동사논총』, 수촌박영석
교수화갑기념논총간행위원회, 1992; 신재홍, 『항일독립운동연구』, 신서원, 1999; 조
동걸, 「청산리전쟁 80주년의 역사적 의의」; 박창욱, 「봉오동전투와 청산리전투 연
구-경신년반토벌전을 재론함」; 김용달, 「청산리대첩에 대한 임시정부의 대응」, 『한
국근현대사연구』 15, 2000; 신용하, 『의병과 독립군의 무장독립운동』; 장세윤, 「독
립군의 봉오동전투와 청산리대첩의 재검토」, 『중국동북지역 민족운동과 한국 현대
사』, 명지사, 2005; 장세윤, 『봉오동 청산리 전투의 영웅, 홍범도의 독립전쟁』; 황민
호, 「3.1운동 직후 무장투쟁과 외교활동」, 독립기념관, 2008; 조필군, 「청산리전역
의 군사적 재조명」, 『한국독립운동사연구』 38, 2011; 신주백, 「한국현대사에서 청산
리전투에 관한 기억의 流動-회고록, 전기와 역사교과서를 중심으로」, 『한국근현
대사연구』 57, 2011; 조필군, 「항일무장독립전쟁의 군사사학적 연구 : 청산리 전역
을 중심으로」, 충남대학교 박사학위논문, 2011 등.

11) 박은식, 『韓國獨立運動之血史』, 소명출판, 2008; 『독립신문』 1920년 12월 15일, 「북
　간도에 재한 아독립군의 전투정보」.
12) 청산리 전역 중에 가장 큰 전투였던 어랑촌 전투에 대해서 신용하의 연구(『의병과
　독립군의 무장독립운동』, 211쪽)에서는 일본군 東支隊의 투입규모를 5,000여 명으
　로 보고 있다. 반면 일본 측 연구에서는 3개 대대로 보고 있다(佐佐木春隆, 『韓国
　独立運動の硏究』, 国書刊行会, 2012, 501쪽). 일본군 사상자에 대해서도 북로군정서
　가 임정에 제출한 보고서에는 1,254명으로 되어 있으며(『독립신문』 1921년 1월 18일,
　「大韓軍政署報告」), 『독립신문』에서는 1,200여 명(1920년 12월 13일, 「我軍의 活動」),

시 일본군의 탄압 준비와 청산리 전역 중 어랑촌 전투의 전개 과정을
보다 구체적으로 살펴보겠다.

II. 독립군 부대의 특징과 일본군의 중국 연변지역 독립군 탄압 추진

일본군은 중국 토비와 모의하여 '훈춘사건'을 일으킨다.[18] 이것을 빌
미로 일본 육군은 중국 연변지역의 독립군을 탄압하기 위한 준비에 본
격적으로 착수하게 되었다. 그러나 '훈춘사건'의 조작에서 보이는 것처
럼 중국 연변지역으로 파병은 중국 동북지방에 대한 영향력 확대라는
측면에서는 일본군의 군사 전략에 유용하였지만,[19] 반대로 일본인 보
호라는 조작된 대의명분을 필요로 할 만큼 정치적, 외교적, 경제적으로
많은 문제의 소지를 안고 있었다.[20]

당시 일본군은 파병 중이던 시베리아에서 군사적으로 전황(戰況)의
악화와 장기화로 인해서 이미 많은 비판에 직면한 상황이었다.[21] 국제
여론의 악화와 일본 내 정치적 반대를 막기 위해서는 '훈춘사건'이라는
조작된 명분만으로는 부족하였다. 따라서 일본군은 정치적으로 적정한
규모의 군대를 파병하여 국내외적으로 언론이 악화되기 전에 소기의

---

18) 박창욱, 「훈춘사건과 '장강호' 마적단」, 『역사비평』 51, 2000, 255~259쪽.

19) 쿠로노 타에루, 최종호 역, 『참모본부와 육군대학교』, 논형, 2015, 162쪽.

20) 당시 일본 제국의회는 정부 감시의 수단으로 對정부 질문제도를 적극적으로 활용하
였다(이형식, 「1910년대 일본제국의회 중의원과 조선통치」, 『사총』 82, 2014, 214쪽).
따라서 육군성을 비롯하여 정부 부처는 이러한 제국의회의 질문에 대처하기 위해서
많은 준비를 하였다. '간도출병'과 같은 사항은 외무성이 많은 분량의 답변 자료를
준비한 것에서 보이듯 제국의회로부터 많은 비판과 견제를 받을 수 있는 사안에 해
당하였다(『第44議会説明資料(亜細亜局管掌事項)』(아시아역사자료센터 B13081101900)).

21) 쿠로노 타에루, 『참모본부와 육군대학교』, 157~158쪽.

목적을 단기간에 달성하는 것이 중요하였다.

'북간도' 지역은 연변을 중심으로 약 4만 평방킬로미터의 지역으로
일본군 정보 보고에 따르면 독립군은 이 지역 내 연길, 훈춘, 왕청 등지
에 분산되어 있었다. 일본군은 이 지역을 도로 상황, 독립군 분포 등을
고려하여 4개의 지역으로 구분하여 토벌계획을 수립하였다.[22] 당시 일
본 육군의 주력 부대는 보병이었다. 이러한 보병부대를 독립된 작전에
투입하기 위해서는 사단과 같은 제대를 편성해서 투입해야 했다. 그러
나 4개의 지역에 사단 혹은 여단 규모의 부대를 투입하는 것은 당시 일
본 육군의 여건 등을 고려했을 때 매우 어려운 일이었다.[23]

당시 일본 육군은 러시아 내전에 개입하여 시베리아에 최초 2개 사
단 규모의 병력을 시작[24]으로 3개 사단을 교대로 파견하여[25] 최대 약
72,000여 명을 파병하는 등 이미 대규모 병력을 파병한 상태였다.[26] 여

22) 조선군사령관 宇都宮太郎의 8월 13일 일기를 보면 육군대신으로부터 중국 연변지
역에 파병할 것을 사전에 요청받았고, 이에 중국 연변지역에 대한 파병과 관련한
작전계획을 수립하였다(宇都宮太郎, 『日本陸軍とアジア政策 陸軍大将宇都宮太郎
日記』 3, 432쪽). 이를 통해서 조선군사령부에서 일본 육군에 보고 한 계획이 「不逞
鮮人討伐計画要圖」(附圖 第四, 『間島出兵史』)이다. 10월 2일 '훈춘사건' 이후에는
이때 수립된 작전 계획을 토대로 추진할 것을 결정하였다(宇都宮太郎, 『日本陸軍
とアジア政策 陸軍大将宇都宮太郎日記』 3, 446쪽).
23) 당시 일본군은 보병 사단은 2개의 보병 여단으로 편성되어 있었고, 보병 여단은 다
시 2개의 보병 연대로 편성되어 있었다. 일본군 작전 계획은 이러한 제대를 중심으
로 수립되었다(大濱徹也, 小澤郁郎, 『帝國陸海軍事典(改訂版)』, 同成社, 1995, 83~85쪽).
그리고 사단 총 인원은 러일전쟁 당시 편제를 기준으로 18,360~18,400명이었다(야
마다 아키라, 윤현명 역, 『일본, 군비확장의 역사-일본군의 팽창과 붕괴』, 어문학
사, 2014, 29쪽). 만약 4개 지역에 여단급 이상으로 파병했을 경우 일본군은 최소 2개
사단 약 3만 6천여 명의 병력이 필요하였다.
24) 「西比利亜出兵ニ要スル経費支弁ニ関スル件ヲ決定ス」, 『公文類聚・第四十二編・大
正七年・第十四巻・財政一・会計一(会計法・収支・予算一)』(아시아역사자료센터
A13100307500), 2쪽.
25) 후지와라 아키라, 서영식 역, 『일본군사사(상)』, 제이앤씨, 2013, 203쪽.
26) 原剛, 安岡昭男, 『日本陸海軍事典コンパクト版(下)』, 新人物往来社, 2003, 49쪽. 이
는 일본군 전체 21개 사단의 약 15%에 이르는 규모였다(야마다 아키라, 『일본, 군

기에 투입된 전비도 약 9억 1,980만 엔에 달하였다.[27] 이 때문에 일본 육
군이 예산과 여건 등을 고려하여 운용 가능한 규모는 일본군 전체 21개
상비사단 중에 일본이 아닌 조선에서 증설 중에 있던 '조선군' 예하 2개
사단이 적합하였다. 이 중 아직 증설 중인 보병 20사단보다 증설이 완
료된 보병 19사단이 여건 및 지리적 거리상 유리하였다. 그리고 당시
보병 19사단에는 보병 6개 대대가 파병이 가능하였다. 이 정도 규모는
당시 일본군의 입장에서 적정한 수준의 병력 규모였다.[28]

　그러나 연대 병력 이상 되는 독립군을 일본군 보병 6개 대대의 병력
으로 탄압하기에는 부족하였다.[29] 더욱이 독립군은 독립군 기지를 거
점으로 지형 등을 이용하여 유리한 입장에 있었으며, 무장에 있어서도
기관총과 대포 등을 보유하고 있는 등 과거 농민 중심의 의병 토벌과는

비확장의 역사 – 일본군의 팽창과 붕괴』, 21쪽).

[27] 최초 파병 당시 예산은 28,931,195엔으로서(「西比利亜出兵ニ要スル経費支弁ニ関ス
ル件ヲ決定ス」, 『公文類聚・第四十二編・大正七年・第十四巻・財政一・会計一(会計
法・収支・予算一)』(아시아역사자료센터 A13100307500), 5쪽) 이것은 1920년 일본
총 군사비 931,636천 엔의 3%에 해당하는 비용이다. 1918년 조선총독부 전체 수입
(100,111천 엔)과 비교하면 약 30%에 달하는 금액이었다(윤현명, 「근대일본의 임시
군사비에 대한 일고찰 : '제국'의 전쟁과 군사비의 통제」, 『한국학연구』 28, 2012).
그러나 이 비용은 이후 9억 엔 이상으로 증가하여 전체 군사비의 10% 수준까지 늘
어났다. 이처럼 시베리아지역 파병에는 일본 GNP 대비 약 1.5%에 달할 정도로 많
은 금액이 지출되고 있었다(야마다 아키라, 『일본, 군비확장의 역사–일본군의 팽
창과 붕괴』, 21쪽).
[28] 『間島出兵史』, 33쪽. 당시 일본군 대대 병력은 1920년 편제를 기준으로 약 600여 명
이었다. 「朝特 129」(1920.11.4, 조선군사령관 발신, 육군대신 수신) 당시 중국 동북
지역에 파병된 일본군이 총 8개 대대였으며 이 중 히가시 지대가 보병 3개 대대 규
모였다. 이를 편제를 고려하면 전체 병력은 약 2,000여 명이 된다. 특히 당시 3개 대
대 규모의 15연대 철수 병력 규모가 2,014명임을 고려한다면(『間島出兵史』, 319쪽)
당시 東지대 병력을 2,000명으로 추산할 수 있다.
[29] 당시 보병 19사단과 20사단은 창설되어 '조선군'에 배치 중이었다. 북간도 지역에
파병된 19사단의 경우에도 예하 2개 여단 중 37여단의 경우 1916년에 창설이 완료
되어 군기까지 수여가 되는 등 부대 편성이 완료되었지만 38여단의 경우에는 부대
창설의 최종 단계인 '군기 수여'가 파병 중인 1920년 10월 15일에야 이뤄졌다(坂本
悠一 編, 『帝國支配の最前線 : 植民地(地域のなかの軍隊)』, 吉川弘文館, 2015, 190쪽).

많은 차이가 있었다. 따라서 일본군은 이러한 병력의 부족을 보완할 수
있는 추가적인 전력을 필요로 하였다. 일본군은 독립군 탄압에 투입되
는 보병 부대에 포병과 같은 전력을 추가하여 병력의 부족을 보완하고
자 하였다.

<표> 제19사단 임시병기증가지급의 건[30]

품명	수량	품명	수량
저격포	8	41식 산포 기구상	8
저격포 탄약상자	40	41식 산포 기마구(騎馬具) 포신용	24
저격포 탄약통	2,400	41식 산포 기마구 대가용	18
경박격포탄 탄약통	400	41식 산포 기마구 탁가용	18
수류탄	4,000	41식 산포 기마구 탄약상자용	84
41식 산포 포차	8	41식 산포 기구	12
41식 산포 류탄 탄약상자	10	41식 산포 류탄 탄약통	120
41식 산포 류산탄 탄약상자	70	41식 산포 류산탄 탄약통	840

일본군이 토벌대의 전력을 증강하기 위한 노력은 중국 연변지역에
군대를 파병하기에 앞서 주축이 되는 '조선군' 보병 19사단에 무기 등을
추가로 보급하는 형태로 구체화되었다. 구체적으로 살펴보면 일본 육
군은 19사단에 '저격포(狙擊砲)', '41식 산포(四一式 山砲)' 그리고 수류
탄(手榴彈)과 경박격포탄(輕迫擊砲彈) 등을 대량으로 보급하였다. '41식
산포'는 원래 보병 사단급 부대의 직할부대에 편성되어 있는 산포연대
의 장비였다.[31] 당시 일본군 보병 연대에는 산포부대가 배치되어 있지
않았다. 그러나 일본 육군은 '조선군' 보병 19사단에 '41식 산포' 등을 집

---

30) 「第19師団へ臨時兵器増加支給の件」, 『大日記乙輯 大正 9年』(아시아역사자료센터
   C03011384600).

31) 佐山二郎, 『日本陸軍の火砲 野砲 山砲―日本の陸戦兵器徹底研究』, 潮書房光人社,
   2012, 405~406쪽.

중적으로 추가 배치하여 토벌대에 편성하였다. 이것은 독립군 탄압 과
정에서 산포의 역할에 주목한 결과였다.

산포연대에 편성된 '41식 산포'는 러일전쟁 당시에 사용되었던 '31년
식 속사산포(三十一年式 速射山砲)'의 문제점을 보완하여 보병 부대의
작전을 보다 효율적으로 지원하기 위한 목적으로 만들어진 포병무기였
다. '31식 속사산포'의 경우 러일전쟁 당시 사정거리의 부족과 느린 발
사속도 그리고 사격 방향의 전환이 불가능하여 전투 시 많은 문제가 야
기되었다. 일본군은 이를 해결하기 위해서 러일전쟁 직후 무기 개발에
착수하여 1908년에 시제 포를 완성하였고, 1911년에는 생산이 본격화되
면서 제식무기화 하였다.[32] '41식 산포'의 전체 무게는 544kg, 포신의 길
이는 1.1m, 앙각은 40도, 포구 초속은 435m/s, 최고사거리는 7,022m이었
다.[33] 산포 1문 당 13명의 인원이 조작했는데, 포수 4명과 장전수 1명,
보조 2명, 포탄 운반병 5명, 지휘관 1명으로 구성되었다. 포 운반에는
6마리의 말과 1마리의 포탄 운반용 말이 동원되었다.[34]

'41식 산포'의 개발 목적과 제원 등을 통해 알 수 있는 것은 '41식 산
포'가 일반적인 야포에 비해 포의 전체 무게가 가볍고 분해가 가능하다
는 점이다. 이것은 필요한 경우 '41식 산포'를 분해하여 인력에 의해 도
수 운반이 가능하다는 점이었다.[35] 일반적으로 도로의 사정이 좋지 않
은 산악 지형에서 작전 중인 보병 부대를 산포 부대가 근접해서 포병
화력을 지원하기에 적합하였다. 이 때문에 일본군은 국내에서 의병을

---

[32] 「41式山砲制定の件」, 『大日記甲輯 明治45年. 大正元年 第5 類1,2冊』(아시아역사자
료센터 C02030646000).

[33] 陸軍技術本部, 『41式山砲(歩兵用)説明書』(아시아역사자료센터 A03032127800).

[34] Ritta Nakanishi, *Japanese Infantry Arms In World War II*, Tokyo: Dainipponkaiga, 1998.

[35] 陸軍技術本部, 『41式山砲(歩兵用)説明書』. 당시 일본군이 운용 중인 야포 중 가장
가벼운 것이 약 1,257kg에 달하였다. 이에 비해 '41식 산포'는 절반 이하의 무게였다.

토벌하는 과정 중에도 산포 부대를 보병부대에 편성하여 적극적으로
운용하였다.[36] 즉 일본군은 화력을 통해 독립군이 가진 이점을 상쇄시
킬 목적으로 포병을 보병 부대에 추가로 배치하였고, 특히 일반적인 포
병부대를 운영하기에는 어려운 산악 지형에서 보병 부대에 근접해서
손쉽게 운용할 수 있는 산포 부대를 여단급 이하 제대까지 배속하여 일
본군 토벌대의 전력을 대폭 상승시킬 수 있었다.

　여기에 '저격포'를 8문 추가하였다. '저격포'는 일본 육군이 1차 세계
대전 후 개발한 구경 37mm의 대포로서 이 역시 보병 부대를 직접 지
원하기 위한 포다. 특히 '저격포'는 곡사화기인 포병포를 직사화기로
사용하여 기관총 진지를 직접 공격하기 위한 목적으로 개발되었다.[37]
1차 세계대전 당시 기관총과 같은 무기체계와 참호와 철조망 지대로
상징되는 참호전은 엄청난 소모전을 야기하였고, 이로 인해서 전쟁 양
상을 근본적으로 변화시켰다.[38] 단순히 인력만으로는 이러한 기관총
진지와 철조망 지대를 직접적으로 극복하기가 어려웠다. 일부에서는
이러한 변화된 전쟁 양상을 극복하기 위해 전차 등의 새로운 무기체계
를 개발하여 운용하기도 하였다.[39]

　반면 일본은 지형적 특성을 고려하여 전차와 같은 장비보다는 보병

---

36) 咸鏡道, '李範允에 關한 件', 1908년 7월, 『韓國獨立運動史 資料 11(義兵篇Ⅳ)』, 국사
　　편찬위원회, 1982; 江原道, '暴徒 討伐 目的의 出張의 件 報告', 1907년 11월, 『韓國
　　獨立運動史 資料8(義兵篇Ⅰ)』, 국사편찬위원회, 1979.

37) 陸軍技術審査部長 島川文八郎, 「試製機関銃破壊砲製造並授受の件」, 『大日記乙輯
　　大正6年』(아시아역사자료센터 C03010969200).

38) 존 키건, 조행복 역, 『1차 세계대전사』, 청어람미디어, 2009, 252~268쪽. 일본 역시
　　이러한 세계적 변화에 따라 자국의 국방방침에 대한 전반적인 검토를 하였다. 그
　　결과 세계적 전쟁 양상이 총력전, 소모전의 양상으로 변화되고 있다는 인식을 하였
　　고 이것을 「제국국방방침」에 반영하여 개정하였다(黑川雄三, 『明治から昭和・平成
　　まで 近代日本の軍事戰略概史』, 106쪽).

39) 마틴 반 클레벨트, 이동욱 역, 『과학기술과 전쟁－B.C. 2000부터 오늘날까지』, 황금
　　알, 2006, 221~227쪽.

부대를 직접 화력으로 지원할 수 있는 무기체계를 보완하는 형태로 발전하였다. 특히 사람이 직접 도수(徒手)로 운반할 수도 있으며, 필요에 따라서 그 구조 등을 변경하기 쉬운 무기체계를 선호하였다.[40] 이런 목적을 바탕으로 1차 세계대전 중이었던 1916년에 화포 개발에 착수하여, 1918년에 구경 37mm의 경량화된 포가 제작되었다.[41]

이렇게 개발된 '저격포'는 보병 부대의 돌격에 앞서서 보병 공격에 장애가 되는 기관총 진지를 파괴하는 것을 주 임무로 하였다. 이 때문에 전투의 제일선에서 보병 부대의 임무에 맞춰 지형과 상황에 따른 역할이 요구되었다.[42] 공세 시에는 필요에 따라 적절한 위치에 진출하여 퇴각하는 포병과 기관총 등을 공격하는 등 추격에 참가하기도 하였다. 때에 따라서는 포병 부대가 화력을 지원하기 전까지 일시적으로 전방의 보병 부대에 화력을 지원할 수도 있었다. 또한 방어 진지를 점령하는 경우에는 역습에 대비하는 등의 조치를 취할 수도 있었다. 이러한 민첩한 대응을 위해 지휘관은 '저격포'를 부대의 예비부대로 운용하여 긴급한 상황 시에는 독단으로 '저격포' 부대를 차출하여 활용하기도 하였다.[43]

이러한 '저격포'를 중국 연변지역의 독립군을 탄압하기 위한 보병 부대에 추가로 편성한 것은 독립군이 보유한 무기에 대응하기 위해서였다. 당시 독립군은 기관총과 같은 무기를 보유하고 있었다. 때문에 독립군이 기관총 진지 등을 구축한 후 방어하게 되면 일본군에 많은 피해

---

[40] 陸軍技術審査部長 島川文八郎, 「試製機関銃破壊砲製造並授受ノ件」, 『大日記乙輯 大正6年』(아시아역사자료센터 C03010969200).

[41] 「試製機関銃破壊砲改称ノ件」, 『大日記甲輯 大正7年』(아시아역사자료센터 C02030849600).

[42] 「試製機関銃破壊砲製造並授受ノ件」, 『大日記乙輯 大正6年』(아시아역사자료센터 C03010969200).

[43] 「特種兵器使用法教育ニ関シ訓令ノ件」, 『大正7年 密大日記4冊ノ内1』(아시아역사자료센터 C03022438900).

가 발생할 수 있었다. 일본군은 이러한 점에 대응하여 독립군의 기관총
진지를 효과적으로 파괴할 수 있는 '저격포'와 같은 무기를 보병 부대에
추가로 편성하여 운용하고자 하였다. 일본군은 시베리아지역으로 파병
당시에도 러시아에서의 전쟁이 장기화되고 병력이 부족해지자 '저격포'
등을 보충하여 보완하고자 하였다.[44]

　이러한 화포 이외에도 경박격포를 비롯하여 수류탄과 같은 탄약을
추가로 보급하였다. 일본군 편제를 고려했을 때 경박격포(輕迫擊砲)는
'저격포'와 함께 일본군 보병 연대에 2개 소대를 배치하여, 보병 부대가
전투를 하고 있을 때 근접해서 화력을 지원하기 위한 목적으로 운용하
였다.[45] 이 때문에 기본휴대량만큼 탄약을 추가 보유하고 있었다. 기본
휴대량 이외에 탄약 보급량을 증가시킨 것은 일본군의 중대급 이하 제
대가 독립군과 산악지형에서 조우전이 벌어졌을 때 일반적인 전투상황
보다 탄약 소비가 증가하고 원활한 보급이 어려울 것으로 예상하였기
때문이다.

　결국 일본 육군은 토벌대로 투입하는 보병 부대에 '저격포', '41식 산
포' 등을 추가로 배치하고, 탄약을 추가로 보급하여 전력을 강화하고자
하였다. 당시 일본군은 시베리아지역에 파병으로 인해서 많은 병력과
전비를 이미 사용하고 있었다. 이로 인해서 중국 연변지역의 독립군 부
대를 탄압하기 위해서는 한정된 병력만을 운용할 수밖에 없었다. 그러
나 일본군이 차출 가능한 병력만으로는 독립군 부대에 대응하기 어려
웠다. 결국 이러한 전력 부족을 만회하기 위해서는 어떠한 형태로든 전
력의 보강이 필요하였다. 일본군은 부족한 전력을 포병 화력과 탄약의

---

44) 「過激派を討伐する為兵力の不足を補う狙擊砲及機関銃一時的增加の件」, 『大正 8年
　　11月 西受大日記 其1』(아시아역사자료센터 C07060834900).

45) 「特種砲及擲弾銃に関する研究提出の件」, 『大正 8年 9月 西受大日記 其 1』(아시아
　　역사자료센터 C07060788800).

추가적인 보급 등을 통해서 보완하고자 하였다. 이러한 전력 보강을 위해 작전지역과 과거의 의병 탄압 경험과 전쟁 양상의 변화 등을 토대로 포병전력은 '41식 산포'와 '저격포' 등을 추가로 배치하였고, 탄약은 보병 부대가 주로 직접 운용하는 경박격포, 수류탄 등을 추가로 보급하여 구체화하였다. 이러한 전력 증강을 통해서 일본군은 근대적인 통합된 전투력을 발휘할 수 있는 체계를 구축하였다.

III. 청산리 어랑촌 전투 간 독립군의 대응과 전개과정

독립군 부대는 봉오동 전투 등에서 일본군을 상대로 상당한 전과를 거두었지만,[46] 아직 중국 동북지방 독립군의 군사적 역량은 1차 세계대전 당시 승전국으로 발돋움한 일본군을 상대하기에는 역부족이었다.[47] 일본군의 포위 토벌 상황에서 10월 7일부터 13일 사이에 독립군 부대는 단독적으로 혹은 각 단체 대표들의 연속회의를 소집하여 대응 전략을 토의하였다. 그 결과 첫째로 '적강아약(敵强我弱)'의 형세하에서 공세적인 정서를 극복하고 은인자중하며 분산, 은폐의 방법으로 전투를 피하면서 반일 역량의 보존에 힘쓸 것, 둘째로 만약 적을 공격하려면 심산 속에 유인하여 유격전으로 기습하고 신속히 은폐할 것, 셋째로 반일역

---

[46] 일본 경찰 기록에 의하면 독립군은 1920년에만 1,600여 회의 국내 진공을 시도하였다. 이것은 한반도 북부 전 지역에서 광범위하게 벌어졌으며 일일 평균 4회가 넘는 횟수이다(松田利彦, 『日本の朝鮮植民地支配と警察——九○五年~一九四五年』, 334쪽).

[47] 이러한 인식은 임정 회의에서도 그대로 나타난다. 임정은 1920년 내에 전투를 개시하는 시점에는 보병 10개 연대 규모를 육성하는 것을 목표로 하였고, 향후 10~20개 연대 규모까지 편성하여 훈련하는 계획을 수립하였다(『독립신문』 1920년 4월 3일, 「尹琦燮氏等의 提出한 軍事에 關한 建議案이 一人의 反對가 無히 最終日의 議政院을 通過하다」).

량을 보존하기 위해 될 수 있는 한 적들의 토벌권에서 탈출할 것, 넷째
로 근거지의 백성과 간부, 일체 물자 무기 탄약 등을 잘 피난시키거나
깊이 감추어 놓아 반일기지의 손실을 최소한으로 경감시킬 것 등으로
방침을 결정하였다.[48]

　이러한 인식은 김좌진을 비롯한 대부분의 독립군 지휘관이 공유하고
있던 정세 판단이었다.[49] 그 결과 일본군과 정면대결보다는 '피전책'에
따라 부대를 운영하기로 하였다.[50] 이에 따라 홍범도 부대를 비롯한 각
독립군 부대는 청산리 일대로 부대를 이동하였다.

　청산리 전역의 전투 개요를 설명하자면 용정에서 안도현으로 이동하
고자 하는 독립군 부대를 일본군 히가시 지대가 용정－연길－두도구－
이도구 방향으로 추격하던 도중에 청산리 일대에서 발생한 조우전에
해당된다. 이것은 청산리 일대의 지형 구조를 통해서도 이해할 수 있다.
용정에서 안도현으로 넘어가기 위해서는 크게 두 가지 길로 나뉜다. 화
룡시에서 청산리방향으로 우회하는 길과 어랑촌을 통해서 가는 길이다.[51]
이 길을 이용하여 독립군은 부대별로 이동하였다.[52] 일본군 역시 이러한
독립군 부대의 동향을 파악하고, 독립군 부대가 기지로 활용하고 있는

---

48) 姜德相, 『現代史資料 : 朝鮮 3』 27, みすず書房, 1970, 381~407쪽.

49) 상해 임시정부의 국무총리였던 이동휘도 "반일역량을 보존하였다가 일군이 철퇴한
　　후 원유의 역량을 회복시켜 반일투쟁을 견지"하도록 지시하였다(姜德相, 『現代史資
　　料 : 朝鮮 3』 27, 1970).

50) 반병률, 『1920년대 전반 만주 러시아 지역 항일무장투쟁』, 독립기념관, 2009,
　　234~235쪽.

51) 김훈, 「청산리 전투 관계자료」, 161쪽.

52) 신주백, 「1920년 전후 재만한인 민족주의자의 민족 현실에 대한 인식의 변화」, 『韓
　　國史研究』 111, 2000.

53) 附圖第十二 「剿討部隊行動槪見圖」, 『間島出兵史』. 『間島出兵史』에서 나타나는 일
　　본군 동향은 발간 당시 군사비밀로 취급될 정도로 일본군의 문제점을 상당부분 드
　　러내고 있다(「間島出兵史送付の件」, 『密大日記－大正15年 6冊の內第4冊』). 『間島
　　出兵史』 전반에 걸쳐 일본군의 준비가 독립군의 부대 및 지형적 특성을 제대로 반

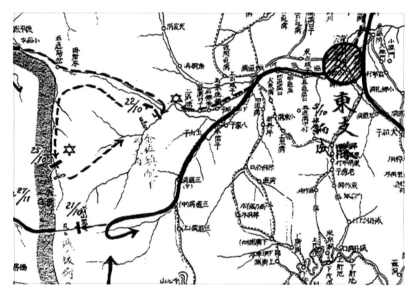

〈그림 1〉『간도출병사』초토부대행동개견도(剿討部隊行動槪見圖)[53] 부분 확대

지역과 이동을 위한 도로를 중심으로 토벌 작전을 수립하였다.[54]

　　『간도출병사』에서는 10월 22일 히가시 지대와 김좌진 부대가 교전한 것으로 기록되어 있다.[55] 이것은 독립군 기록과도 일치한다. 김좌진 부대는 백운평 전투 이후에 일본군의 공격에 직면하자 인근의 고지에서 공격받는 정면을 좁히고 유리한 지형을 이용하여 방어진지를 편성해서 일본군의 공격에 대항하였다.[56] 일본군이 작성한 어랑촌 전투 당시 전투 상황을 기록한 「동지대전투개요도(東支隊戰鬪槪要圖)」 역시 이러한 독립군의 기록과 일치한다. 일본군의 「동지대전투개요도」를 토대로

　　영하지 못한 것으로 되어 있다.

54) 附圖第四 「不逞鮮人討伐計画要圖」, 『間島出兵史』.

55) 『間島出兵史』, 75~77쪽.

56) 이범석, 『우둥불』, 66쪽.

살펴보면 김좌진 부대는 874고지를 중심으로 방어진지를 구축하고 일
본군의 공격에 대응하였다.[57]

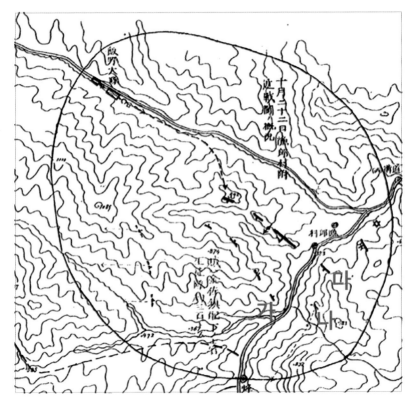

〈그림 2〉『간도출병사』동지대전투개요도(東支隊戰鬪槪要圖)[58] 부분 확대

독립군은 어랑촌에서 청산리 방향으로 내려가는 길 좌측에 위치한
874고지에서 어랑촌을 향하여 능선을 따라 방어를 하였다. 이에 대해

57) 朝鮮軍司令部, 『間島出兵史』, 76쪽(아시아역사자료센터 C03022770200).
58) 附圖第六「東支隊戰鬪槪要圖」, 朝鮮軍司令部, 『間島出兵史』(아시아역사자료센터
　　C03022770200).

일본군은 어랑촌 좌측의 능선에서 874고지와 계곡을 사이에 두고 독립
군을 공격하였다.[59] 여기에 야포 부대가 어랑촌과 어랑촌 우측 633고지
중간에 사격 진지를 점령하여 화력으로 독립군을 공격하였다.[60] 이후
일본군은 이노(飯野) 대대를 어랑촌 전투에 추가로 증원하였다. 이노
대대는 어랑촌에서 안도현 방향으로 진출하여 남양촌 일대에서 숙영하
다 도로를 따라 내려와 842고지를 중심으로 874고지 정북의 독립군 부
대, 즉 독립군 좌측방으로 공격을 개시하였다.[61]

독립군과 일본군의 어랑촌 전투 관련 기록의 공통점은 독립군이 유
리한 지형을 이용하여 방어를 했기 때문에 일본군이 쉽사리 접근할 수
없었다는 점이다.[62] 「동지대전투개요도」에서 보여지는 것처럼 일본군
과 독립군 사이의 계곡은 경사가 심하여 쉽사리 접근하기 어려운 상태
였다.[63] 히가시 지대장은 지대의 예비대까지 투입한 상황에서 이노 대
대를 증원하는 등 어랑촌 일대로 병력을 집중시키기 위해서 노력하였
다. 이에 독립군은 지형을 이용하여 완강히 방어하였다.[64] 독립군은 일
본군의 공격으로 어려움에 처해 있었지만 산봉우리의 우월한 지형을
차지하였기 때문에 성공적으로 방어를 할 수 있었다.[65]

이러한 독립군을 공격하기 위해 일본군은 전투에서 포병 부대를 적
극적으로 활용하였다.[66] 히가시 지대는 어랑촌에서 874고지 방향으로
공격하면서, 어랑촌 좌측 633고지 중턱에 자리한 히가시 지대 예하의

59) 김훈, 「청산리 전투 관계자료」, 162쪽.
60) 이범석, 『우둥불』, 67쪽.
61) 『間島出兵史』, 75~76쪽.
62) 이범석, 『우둥불』, 64쪽; 김훈, 「청산리 전투 관계자료」, 162쪽; 『間島出兵史』, 76쪽.
63) 김훈, 「청산리 전투 관계자료」, 160쪽.
64) 『間島出兵史』, 76~77쪽.
65) 이범석, 『우둥불』, 68~73쪽.
66) 김훈, 「청산리 전투 관계자료」, 162쪽.

야포 부대가 포병 화력으로 일본군의 공격을 지원하였다. 이러한 포병 공격은 기존의 보병 단독 공격과는 양상이 달랐다. 우선 전방 보병 부대 혹은 포병 관측반에 의해서 목표물이 식별되면 지형을 넘어 곡사(曲射)의 형태로 포병 공격이 이뤄졌기 때문에 독립군 부대가 단순한 은폐로는 보호받기가 어려웠다. 또한 화력의 피해 범위 역시 보병의 직사화기보다 상당히 넓었기 때문에 독립군에게 동시다발적인 피해를 줄 수 있었다.[67] 이로 인해서 독립군은 유리한 지형을 차지하고 있었지만 방어에는 많은 어려움을 겪고 있었다. 또한 포병 공격은 직접적인 공격뿐만 아니라 이른바 탄막(彈幕)을 제공하여 일본군 보병의 공격을 엄호해 줄 수도 있었다.[68] 간접적으로는 독립군에게 심리적 위압감을 주기도 하였다.[69]

그리고 전투는 점차 소모전의 양상으로 발전하였다. 일본군의 공격을 효과적으로 저지하기 위해서는 사격을 계속해야만 했다. 이를 위해 김좌진 부대는 진지를 방어하면서 엄청난 양의 탄약을 소모하고 있었다.[70] 예를 들면 독립군의 주력 기관총이었던 맥심 기관총의 경우 분당 600발까지 발사할 수 있었다. 독립군은 일본군의 공격을 저지하기 위해 계속해서 사용하였다.[71] 이때 맥심 기관총의 경우 시간당 약 36,000여 발의 탄약이 필요하고, 전투가 긴박하였던 5시간을 기준으로 고려한다면 약 18만 발의 탄약이 필요하다. 즉 이러한 소모전은 김좌진 부대의 방어에 매우 심각한 위협이 될 수 있었다.

---

[67] 이로 인해서 총지휘관이었던 김좌진의 군모가 날아가고 포탄 폭풍이 불어 이범석의 군도가 파편에 부러지는 등 피해가 발생하고 있었다(이범석, 『우둥불』, 67쪽).
[68] 이범석, 『우둥불』, 68쪽.
[69] 이범석, 『우둥불』, 65쪽.
[70] 김훈, 「청산리 전투 관계자료」, 152쪽.
[71] 이범석, 『우둥불』, 66쪽.

그러나 보급을 위한 주요 수단 중 하나였던 군마 등이 많은 피해를 입는 등[72] 탄약 등을 추가로 보급하기에는 어려운 상황에 처해 있었다. 이러한 대량의 탄약 소모와 보급의 어려움은 독립군 부대가 더 이상 전투를 유지할 수 없는 한계점에 곧 직면할 수 있었다. 물론 지역 주민들로부터 많은 지원을 받고 또한 전투 중에도 식량 등을 보급을 받은 기록을 토대로 보급선이 일부 유지되고 있는 것으로 볼 수도 있었지만, 이것은 식량 등으로 한정되었다.[73] 어둠이 깔려 더 이상 일본군의 공격과 추격이 불가능한 야간이 되기 전까지 일본군의 공격을 약화시켜줄 수 있는 도움이 필요하였다.[74]

어랑촌 전투와 관련하여 「동지대전투개요도」에서 독특한 점은 가장 우측에 있는 부대의 정체이다.[75] 일본군이 파악하기에는 독립군은 최초 874고지를 중심으로 그 능선을 따라 어랑촌에서 갈라지는 두 갈래 길 중에 봉밀구 방향으로 향하는 길 인근까지 유리한 지형을 점령해서 방어하고 있었다. 따라서 길 건너편 883고지 쪽에는 독립군 부대가 없었다. 그러나 일본군은 독립군이 철수하는 과정에 길 반대편인 883고지 인근에서도 독립군의 부대가 남쪽 방향으로 철수한 것으로 파악하였다. 일본군은 전투 당시 유리한 지형을 점령한 독립군을 포위하기 위해서 계속해서 우회기동을 시도하였다.[76] 일본군은 우회 기동을 할 수 있는 도로를 확보하기 위해 지속적으로 많은 노력을 하였다. 이에 이범석이 이끄는 중대는 일본군의 우회기동을 차단하고 김좌진 부대의 측방이 노출되지 않도록 계속해서 산봉우리를 따라 옮겨가며 방어를 하였다.[77]

---

72) 이범석, 『우둥불』, 68쪽.
73) 이범석, 『우둥불』, 69쪽; 이우석, 『청산리대첩 이우석수기·신흥무관학교』, 100쪽.
74) 이범석, 『우둥불』, 71쪽.
75) 〈그림 2〉의 '가', '나', '다'는 필자가 별도로 표기한 내용이다.
76) 이범석, 『우둥불』, 69쪽; 김훈, 「청산리 전투 관계자료」, 162쪽.

이러한 측방 방어는 874고지 일대의 김좌진 부대의 본진을 중심축으로 이뤄졌다. 「동지대전투개요도」에 표시된 4개의 김좌진 부대 중 '가' 부대가 측방 방어의 역할을 한 것을 알 수 있다. 그리고 이러한 측방을 방어한 부대는 김좌진 부대의 본진을 중심축으로 김좌진 부대와 유기적인 연결이 가능한 위치에 있었다. 이 때문에 이범석의 부대는 측방을 방어한 이후에 김좌진 부대의 본진과 손쉽게 합류할 수 있었다.[78] 또한 실제 해당 지역에 대한 지형을 살펴보면 능선을 따라 산봉우리가 연속해서 이어진다. 즉 이범석의 회고에 나타난 모습과 '가'부대의 역할이 동일하였다.

김좌진 부대가 방어 중인 874고지에서 동떨어진 길 우측의 883고지 일대에서 방어하다 철수한 '나'부대의 경우 김좌진 부대의 방어 작전에 결정적 역할을 하였다. 이 부대는 우회 기동할 수 있는 도로를 '가'부대와 함께 방어하여 실제 일본군 '다'부대가 도로를 따라 우회 기동하는 것을 저지하였다. 특히 이 부대는 883고지 일대에 위치하여 지리적으로 맞은편 633고지 일대에서 사격 진지를 점령하고 있는 일본군 포병부대와 어랑촌 일대 일본군 히가시 지대의 지휘부를 위협할 수 있는 위치에 있었다. 어랑촌 및 도로와 동떨어진 874고지 일대가 방어에 적합한 위치였다면 883고지 일대는 어랑촌을 서측으로 우회하여 히가시 지대에 결정적인 위협을 줄 수 있는 공세적인 위치에 해당하였다.

이로 인해서 일본군은 봉밀구 방향으로 도로를 따라 신속히 우회하여 독립군에 대한 포위망을 제대로 구성할 수 없었다. 특히 일본군은 현재 김좌진 부대가 방어하고 있는 874고지 일대로 전력을 집중하기 어려운 상황이었다. 이범석 부대가 측방 방어를 위해 분산되어 방어를 한

---

77) 이범석, 『우둥불』, 68~69쪽.

78) 이범석, 『우둥불』, 70~71쪽.

것처럼 일본군 역시 전력을 분산하였다. 그 결과 독립군과 일본군은 선형적인 전선을 유지한 상태에서 계속해서 소모전을 전개하는 형태로 발전하였다.[79] 이러한 전투상황은 야간에 접어들면서 밀림으로 인해서 사격과 추격 같은 전투행위가 어려웠기 때문에 소강상태에 접어들었다.[80] 이런 상황에서도 독립군은 삼림지대 내에서 지휘 통제와 기동력 등을 발휘할 수 있었다. 이것은 당시 독립군 부대의 군사적 역량의 성장을 보여준다.

　야간에 철수하면서 '나'부대는 김좌진 부대의 본진과는 전혀 다른 방향으로 철수하였다. 어랑촌 전투 당시까지 김좌진 부대는 소대 단위 제대까지 통제력을 유지한 상태였다.[81] 반면 이 부대는 874고지 일대의 김좌진 부대와 합류하기보다는 다른 방향으로 철수하였다. 만약 철수과정에서 이 부대가 우회도로를 넘어 김좌진 부대와 합류를 시도하였다면 우회도로를 장악하기 위해 노력 중이었던 일본군에게 파악되었을 것이다. 그러나 일본군은 '나' 부대가 김좌진 부대에 합류하고자 하는 시도를 전혀 파악하지 못하였다.[82]

　또한 일본군은 김좌진 부대와 홍범도 부대가 연합하여 방어중인 것으로 파악하고 있었다.[83] 반면 김좌진 부대는 홍범도 부대를 인식하지 못하였지만,[84] 홍범도 부대는 874고지 인근의 최고표고를 점령하여 일

---

79) 이범석, 『우둥불』, 73쪽; 佐佐木春隆, 『韓国独立運動の研究』, 509~512쪽.

80) 이범석, 『우둥불』, 73쪽; 『間島出兵史』, 76~77쪽.

81) 이범석, 『우둥불』, 70~71쪽. 강화린(姜化麟) 소대 등의 사례에서 나타나는 것처럼 이탈된 부대에 대해서도 파악하여 일련의 조치를 취한 것으로 보여진다. 이러한 파악과 조치는 어랑촌 전투 당시에 김좌진 부대의 지휘 통제가 정상적으로 유지되고 있다는 것을 의미하였다.

82) 『間島出兵史』, 76~77쪽.

83) 조선군사령관, 電報 朝特第114號, 1920년 10월 25일, 姜德相 編, 『現代史資料 : 朝鮮 4』 28, 226쪽.

84) 전사편찬위원회, 『민족전란사(2)-독립군 항쟁사』, 93쪽.

본군을 공격하였다.[85] 어랑촌 전투 이후 김좌진 부대는 갑산촌 일대로 철수하였으나, 홍범도 부대는 천보산 인근으로 철수하여 안도현으로 넘어가고자 하였다. 이러한 정황을 고려할 때 홍범도 부대가 점령한 최고표고는 883고지로 보여진다.[86]

홍범도 부대 역시 완루구 전투 이후 안도현 방향으로 철수 중에 있었다. 홍범도 부대는 김좌진 부대의 어랑촌 전투 소식에 인근 고지에서 김좌진 부대를 지원하였다. 그러나 독립군이 별도의 포병 부대 등을 운용할 수 없는 상황에서 홍범도 부대가 김좌진 부대 인근의 고지를 점령하였다고 김좌진 부대에 집중되고 있는 일본군의 주공을 전환시키기는 어려웠다. 일본군의 입장에서도 특별한 위협이 아닌 이상 현재 벌어지고 있는 전투를 조속히 마무리하는 것이 작전상 더 효과적이었다.

그러나 홍범도 부대는 883고지 부근을 점령하여 일본군을 공격하였다.[87] 앞에서 설명한 것처럼 홍범도 부대가 점령한 883고지 일대는 우

---

85) 장세윤, 『봉오동 청산리 전투의 영웅, 홍범도의 독립전쟁』, 182쪽.

86) 국방부 전사편찬위원회에서 편찬한 『민족전란사(2)－독립군 항쟁사』에서는 어랑촌 전투 당시 홍범도 부대의 위치를 김좌진 부대의 가장 좌측의 874고지 인근에 있던 부대로 비정하고 있다(〈그림〉 '천수동 및 어랑촌 부근 전투 상황', 『민족전란사(2)－독립군 항쟁사』, 92쪽). 그러나 김좌진 부대와 874고지를 공유하고 있으면서 김좌진 부대가 홍범도 부대를 전혀 파악하지 못하였다는 것은 전투지대가 중복되기 때문에 납득하기 어렵다. 특히 어랑촌 전투 이후 김좌진 부대가 갑산촌 인근으로 이동한 반면에 홍범도 부대는 정반대인 천보산 인근으로 이동하였다. 이처럼 홍범도 부대의 이동 경로를 고려했을 때도 874고지 인근으로 비정하는 것은 문제가 있다. 『민족전란사』에서 홍범도 부대를 874고지 일대로 비정한 것은 874고지가 그 직전 홍범도 부대가 있었던 완루구 방향에서 가깝고, 이후 홍범도 부대의 이동 경로를 김좌진 부대와 같이 고동하곡 등으로 이동한 것으로 보고 있었기 때문에 이러한 결과를 도출한 것으로 보인다(전사편찬위원회, 『민족전란사(2)－독립군 항쟁사』, 93~95쪽). 『민족전란사』의 근거에 있어서도 일본군 전보보고를 토대로 하고 있으나, 일본군 보고에서는 홍범도 부대의 위치에 대해서는 전혀 언급한 바가 없이 독립군 부대를 밀림 속으로 격퇴하였다라고만 되어 있다(朝特第115號). 홍범도 일기에 언급된 최고표고에 대해서도 인근에서 가장 높은 1089고지의 경우에는 전투가 벌어지고 있는 874고지와는 거리가 너무 멀기 때문에 홍범도 부대가 여기에서 전투에 가담한 것으로 볼 수는 없다.

선 어랑촌으로 우회하여 일본군의 측후방을 위협할 수도 있었다. 또한 자체 방호가 취약한 포병부대를 공격할 수 있었다. 결정적으로 김좌진 부대의 퇴로를 차단할 수 있는 도로를 일본군이 우회기동하지 못하도록 하였다.[88] 즉 883고지를 점령한 홍범도 부대는 일본군의 측후방을 위협하고, 포병 공격을 비롯하여 일본군의 공세를 늦춰 김좌진 부대를 지원하였다.

다만 여기서 주로 살펴보고 있는 자료는 일본군을 중심으로 작성된 『간도출병사』에 수록된 「동지대전투개요도」 등이기 때문에 이러한 기록을 전적으로 신뢰하기는 어렵다. 일본군이 패배한 사실을 숨기기 위해 상당 부분에서 명백한 사실을 제외하고는 축소, 축약, 삭제했을 수도 있다.[89] 그러나 『간도출병사』 자체가 자신들의 군사적 행동에 대한 평가를 통해서 전훈(戰訓)을 도출해내기 위한 목적에서 작성된 비밀문서에 해당된다. 이것은 『간도출병사』 자체가 대외적인 홍보 혹은 평가를 고려하기 보다는 현실적인 교훈을 도출하기 위한 것이기 때문에 객관적으로 기술한 것으로 볼 수 있다. 그리고 여기에서는 좀 더 객관적인 관점을 부여하기 위해서 독립군의 기록 등과 교차하여 검토하였다.

청산리 전역 당시 김좌진 부대가 주도한 어랑촌 전투에서 일본군의 포병 공격을 포함한 공격에도 불구하고 김좌진 부대는 홍범도 부대와 함께 일본군에 상당한 타격을 주고 전투력을 온전히 보전한 상태에서 성공적으로 철수할 수 있었다. 이것은 분명 그동안 성장한 독립군의 군사적 역량을 잘 보여주는 예라고 할 수 있었다. 특히 일본군은 874고지

---

87) 홍범도(『홍범도 장군 : 자서전 홍범도 일지와 항일무장투쟁』)는 이를 최고표고로 표현하였다.
88) 附圖第六 「東支隊戰鬪槪要圖」, 『間島出兵史』.
89) 신용하, 「일본의 봉오동전투, 청산리독립전쟁 부정론 비판」, 『의병과 독립군의 무장독립운동』, 227쪽.

일대의 독립군을 우회하여 포위하고자 계속해서 노력하였지만 결국 실패하였다. 그 결과 전투는 소모전의 형태로 고착되었다. 이러한 상황에서 독립군은 야간까지 성공적으로 방어할 수 있었고 결국 전투력을 보존한 상태에서 철수할 수 있었다. 이것은 독립군이 지형에 고착되지 않고 능동적으로 대처하면서 상호 협동한 결과라고 할 수 있다.

IV. 맺음말

독립운동사에서 청산리 전역이 가진 의미는 매우 크다. 청산리 전역은 강제병합 이후에도 민족의 주권 의지가 계속 이어진다는 측면에서 독립운동의 이념과 방략을 설정했다는 의미가 있다.[90] 이러한 역사적 중요성에 비해서 청산리 전역에 대한 실증적 연구는 부족한 편이다. 이로 인해서 일부 일본 연구자는 청산리 전역 등에 대해서 그 성과와 의미를 비판하고 평가절하하였다.[91] 다행히 이러한 비판은 다양한 연구가 진행되면서 많은 부분에서 극복되었다.[92] 하지만 여전히 절대다수의 일본군을 상대로 소수의 독립군이 승리하였다는 형태의 기본적인 전제는 여전히 유지되고 있다.[93]

전쟁 양상이 근대화되면서 단순히 병력의 양적 우세가 갖는 군사적 우위는 무기체계의 질적 우위에 의해서 상당 부분 상쇄되었다. 특히 기관총과 같은 근대적 무기체계의 등장은 이러한 병력의 양적 우세가 가

---

[90] 조동걸, 『청산리전쟁 80주년의 역사적 의의』, 118쪽.
[91] 신용하, 「일본의 봉오동전투, 청산리독립전쟁론 부정론 비판」, 225쪽.
[92] 신주백, 「한국현대사에서 청산리전투에 관한 기억의 流動 – 회고록, 전기와 역사교과서를 중심으로」 참조.
[93] 조필군, 「항일무장독립전쟁의 군사사학적 연구 : 청산리 전역을 중심으로」, 167쪽.

진 군사적 가치를 변화시켰다. 이것은 병력의 양적 우세가 갖는 군사적 가치를 완전히 무너뜨린 것은 아니었지만 근대화 과정에서 군사적 전력의 평가라는 측면에서는 매우 중요한 변수로서 작용하게 되었다. 즉 전근대 병력의 규모를 중심으로 한 군사적 전력을 평가하는 수준에서 벗어나 기관총과 같은 근대적 산물이 포함되어 전력을 평가하게 되었다.[94] 이것은 청산리 전역에서도 동일하게 작용하였다.

청산리 전역이 벌어졌던 당시에는 이미 1차 세계대전을 거치면서 전쟁 양상에 대한 패러다임의 변화가 절정에 달한 상태였다. 그리고 일본군은 러시아 내전에 개입하면서 상당한 전비를 소모하고 있었다. 이러한 상황에서 추가적인 전선(戰線)을 만들어 또다시 병력을 투입하는 것은 막대한 비용이 수반되기 때문에 병력을 중심으로 한 파병은 어려웠다. 이로 인해서 일본군은 병력의 부족을 강력한 포병 무기와 같은 근대적 무기체계와 효율적인 보급 등을 통해 보강하고자 하였다.

일본군은 당시 독립군 부대의 특성과 지형적 특성을 고려하여 무기체계를 보강하였다. 우선 사단급 제대에 편성되어 있는 포병 부대를 연대급의 제대까지 편성하였다. 특히 산악지형에서 보병부대에 근접해서 포병 화력을 지원할 수 있는 산포 부대를 추가로 편성하여 각 지대에 배치하였다. 그리고 여기에 독립군 부대가 확보한 기관총 등에 대비하여 1차 세계대전 이후 개발된 '저격포' 등을 추가로 배치하였다. 일본군의 이러한 다양한 무기체계는 토벌대의 전력을 질적으로 대폭 향상시킬 수 있었다. 하지만 이런 노력은 장편불급마복(長鞭不及馬腹)에서 채찍을 좀 더 길게 만들고자 한 것에 불과하였다.[95] 결국 채찍이 미치지 못한 곳이 존재하였고 이러한 결과가 청산리 전투를 통해서 보다 분명

94) 마틴 반 클레벨트, 『과학기술과 전쟁-B.C. 2000부터 오늘날까지』, 10쪽.
95) 古野直也, 김해경 역, 『조선군사령부 1910-1945』, 대왕사, 1997, 175쪽.

해졌다고 할 수 있었다.

청산리 전역 중에 독립군과 일본군의 전력이 가장 대규모로 조우한 전투가 어랑촌 전투였다. 기존의 연구에서는 어랑촌 전투 당시 홍범도 부대가 김좌진 부대의 가장 좌측인 874고지 일대에서 전투에 참여한 것으로 보았다. 그러나 어랑촌 전투 전개 과정을 검토한 결과 이보다는 가장 우측의 883고지 일대에 홍범도 부대가 위치하였다는 것을 확인할 수 있었다. 청산리 전역 당시 김좌진 부대가 주도한 어랑촌 전투에서 일본군은 포병공격을 포함하여 근대적인 무기체계를 바탕으로 독립군 부대를 공격하였다. 이러한 공격에도 불구하고 김좌진 부대는 홍범도 부대와 함께 일본군에 상당한 타격을 주고 전투력을 온전히 보전한 상태에서 성공적으로 철수할 수 있었다. 특히 일본군은 김좌진 부대가 점령하고 있는 874고지 일대를 우회하여 포위하고자 계속해서 노력하였지만, 홍범도 부대 등의 지원을 통해서 위기를 극복할 수 있었다. 이러한 상황은 독립군이 지형에 고착되지 않고 능동적으로 대처하면서 상호 협동한 결과라고 할 수 있다. 이것은 김좌진 부대를 비롯한 독립군의 군사적 역량이 양적 질적으로 성장한 결과였다. 이러한 구체화된 결과는 독립운동사에서 청산리 전역의 위치를 보다 공고히 할 수 있는 토대를 마련하였다고 할 수 있다.

이처럼 청산리 전역은 단순히 무장투쟁사에서 독립군 부대가 갖는 선전적 의미 이상으로 당시 동북아시아의 국제적 양상을 포함하고 있다. 특히 제1차 세계대전 이후 동북아시아에서 서구 열강의 공백을 일본군이 대치하고자 하면서 이러한 양상은 좀 더 분명해졌다. 따라서 차후에는 이러한 세계사적 관점에서 당시 독립군 부대의 무장투쟁이 재조명되어야 할 것이다.

참고문헌

김　훈, 「청산리 전투 관계자료」, 『나라사랑』 41, 1981.

박은식, 『韓國獨立運動之血史』, 소명출판, 2008.

이범석, 『우둥불』, 사상사, 1971.

이우석, 『청산리대첩 이우석수기·신흥무관학교』, 한국독립운동사연구소, 2013.

『韓國獨立運動史 資料8(義兵篇Ⅰ)』, 국사편찬위원회, 1979.

『韓國獨立運動史 資料11(義兵篇Ⅳ)』, 국사편찬위원회, 1982.

姜德相, 『現代史資料 : 朝鮮 3』 27, みすず書房, 1970.

姜德相, 『現代史資料 : 朝鮮 4』 28, みすず書房, 1972.

宇都宮太郎, 『日本陸軍とアジア政策 陸軍大将宇都宮太郎日記』, 岩波書店, 2007.

『羅南騎兵第二十七聯隊概史』, 中央公論事業出版, 1975.

陸軍技術本部, 『41式山砲(歩兵用)説明書』(아시아역사자료센터)

『間島事件関係書類』(아시아역사자료센터).

『間島出兵史』(朝鮮軍司令部, 大正15年5月3日)(아시아역사자료센터).

『公文類聚』(아시아역사자료센터).

『大日記甲輯』(아시아역사자료센터).

『大日記乙輯』(아시아역사자료센터).

『密大日記』(아시아역사자료센터).

『西受大日記』(아시아역사자료센터).

『第44議会説明資料(亜細亜局管掌事項)』(아시아역사자료센터).

『독립신문』.

古野直也, 김해경 역, 『조선군사령부 1910-1945』, 대왕사, 1997.

마틴 반 클레벨트, 이동욱 역, 『과학기술과 전쟁-B.C. 2000부터 오늘날까지』, 황금알, 2006.

반병률, 『1920년대 전반 만주 러시아 지역 항일무장투쟁』, 한국독립운동사편찬위원회, 2009.

신용하, 『한국민족독립운동사연구』, 을유문화사, 1985.

신용하, 『의병과 독립군의 무장독립운동』, 지식산업사, 2003.

신재홍, 『항일독립운동연구』, 신서원, 1999.

야마다 아키라, 윤현명 역, 『일본, 군비확장의 역사-일본군의 팽창과 붕괴』, 어
　　문학사, 2014.

윤병석, 『독립군사-봉오동 청산리의 독립전쟁』, 지식산업사, 1990.

장세윤, 『중국동북지역 민족운동과 한국 현대사』, 명지사, 2005.

장세윤, 『봉오동 청산리 전투의 영웅, 홍범도의 독립전쟁』, 역사공간, 2007.

戰史編纂委員會, 『민족전란사(2)-독립군 항쟁사』, 國防部, 1985.

조동걸 등, 『독립운동사 : 독립군전투사』 5, 독립운동사편찬위원회, 1973.

존 키건, 조행복 역, 『1차 세계대전사』, 청어람미디어, 2009.

쿠로노 타에루, 최종호 역, 『참모본부와 육군대학교』, 논형, 2015.

황민호, 『3.1운동 직후 무장투쟁과 외교활동』, 독립기념관, 2008.

후지와라 아키라, 서영식 역, 『일본군사사(상)』, 제이앤씨, 2013.

大濱徹也, 小澤郁郎, 『帝國陸海軍事典(改訂版)』, 同成社, 1995.

松田利彦, 『日本の朝鮮植民地支配と警察――一九〇五年~一九四五年』, 校倉書房, 2009.

原剛, 安岡昭男, 『日本陸海軍事典コンパクト版(下)』, 新人物往来社, 2003.

佐山二郎, 『日本陸軍の火砲 野砲 山砲―日本の陸戦兵器徹底研究』, 潮書房光人社,
　　2012.

佐佐木春隆, 『韓国独立運動の研究』, 国書刊行会, 2012.

坂本 悠一 編, 『帝國支配の最前線 : 植民地(地域のなかの軍隊)』, 吉川弘文館, 2015.

黒川雄三, 『明治から昭和・平成まで 近代日本の軍事戦略概史』, 芙蓉書房出版, 2003.

Ritta Nakanishi, *Japanese Infantry Arms In World War II*, Tokyo: Dainipponkaiga,
　　1998.

김용달, 「청산리대첩에 대한 임시정부의 대응」, 『한국근현대사연구』 15, 2000.

김택, 「왜곡된 청산리전투사의 진상을 논함」, 『한민족독립운동사논총』, 수촌박영
　　석교수화갑기념논총간행위원회, 1992.

박창욱, 「봉오동전투와 청산리전투 연구-庚申年反討伐戰을 재론함」, 『한국사연

구』 111, 2000.

송우혜, 「최근의 홍범도 연구, 오류 허점 많다」, 『역사비평』 5, 1988.

신주백, 「1920년 전후 재만한인 민족주의자의 민족 현실에 대한 인식의 변화」, 『韓國史硏究』 111, 2000.

신주백, 「한국현대사에서 청산리전투에 관한 기억의 流動－회고록, 전기와 역사 교과서를 중심으로」, 『한국근현대사연구』 57, 2011.

윤현명, 「근대일본의 임시군사비에 대한 일고찰 : '제국'의 전쟁과 군사비의 통제」, 『한국학연구』 28, 2012.

이형식, 「1910년대 일본제국의회 중의원과 조선통치」, 『사총』 82, 2014.

조동걸, 「청산리전쟁 80주년의 역사적 의의」, 『한국근현대사연구』 15, 2000.

조필군, 「청산리전역의 군사적 재조명」, 『한국독립운동사연구』 38, 2011.

조필군, 「항일무장독립전쟁의 군사사학적 연구 : 청산리 전역을 중심으로」, 충남 대학교 박사학위논문, 2011.

『간도출병사』를 통해 본 1920년 강안수비대의 활동

김연옥

I. 머리말

1919년 3·1운동 이후 독립운동의 활동거점이 국외로 이동함에 따라 국경 접경지대에서의 독립군의 활동도 활발해졌고, 동시에 이에 대한 일본군의 탄압도 거세졌다. 1920년 10월의 '청산리 대첩'[1]에서의 독립군과 일본군의 격전이 대표적인 사례이다.

'간도출병'이란 1920년 10월 7일 일본 정부의 공식 승인을 시작으로 1921년 5월 철수를 완료하기까지의 약 8개월간, 간도 일대 독립군의 근

---

[1] 1920년 10월 21일에서 10월 26일까지 청산리 지역 일대에서 일본군과 독립군이 치른 10여 차례 일련의 전투를 '청산리전투' 혹은 '청산리 전역' 및 '청산리 독립전쟁' 등으로 각기 표현하고 있다. 최근 군사사 연구에서는 '전역(戰役)'으로 표현하는 것이 타당하다는 주장도 제기되고 있지만, 본고에서는 보다 일반적으로 납득될 수 있는 용어로 표현하고자 '청산리 대첩'으로 칭하고자 한다. 여기서 칭하는 '청산리 대첩'에는 기존의 백운평 지역에 국한되거나 특정지역의 협소한 범위의 '청산리 전투'를 지칭하는 것보다는 넓은 의미의 10월 하순의 일련의 전투를 포괄하는 의미임을 밝혀둔다. '청산리독립전쟁' '청산리 전역' '청산리 전투'에 대한 개념정의는 조필군, 「청산리전역의 군사사학적 재조명」, 『한국독립운동사연구』 38, 2011, 263~268쪽 참조.

거지를 말살하고 한인촌을 파괴하고 한인 수천 명을 학살한 일본군의
일련의 군사 행동을 일컫는다.[2]

'간도출병'에 대한 일본 정부의 구상은 구체적으로 어떠했을까? '출병'
을 공식 승인한 직후, 당시 수상이었던 하라 다카시(原敬)의 일기 기록
에서 그 의도를 읽을 수 있다. "[1920.10.9.] 이번 출병은 상당한 기간 체
영(滯營)할 수밖에 없을 것이지만, 명목상으로는 어디까지나 일시적인
것으로 하고, 평정한 후에는 철병한다는 성명을 발표해야 할 것이라고
하자, 야마가타도 동감함."[3](밑줄 강조, 인용자, 이하 동일) 즉, 중국 측
의 반발을 우려하여 표면적으로는 어디까지나 일시적 체류이고, '평정'
되면 철병할 것이라는 성명을 발표하지만, 실질적으로는 '출병' 승인 당
초부터 장기 체영이 불가피함을 이미 예상하고 있었던 것이다.[4]

장기 체영을 예상한 '출동'이었음에도 불구하고 '출병' 후 철수 논의가
11월 2일 시점에 이미 가시화되었다는 점이 주목된다. 청산리대첩 이후
2주가 채 지나지 않은 시점에서 '벌써' 철수 논의가 제기된 배경에는 중
국 측의 강력한 항의에 의한 것으로 보인다.[5] 하라 수상의 11월 2일자

---

[2] 참고로 일본군의 간도침공 시기는 세분화하면 다음과 같이 3단계로 나누어 볼 수
있다. ①1920.10.14~11.20. 주로 독립운동 단체와 독립군 활동 근거지인 학교 및 교
회 탄압, ②1920.11.21~12.16. 주력부대가 철수할 때까지 한인사회를 반복적으로 수
색, ③1920.12.17~1921.5.9. 일본군 철수 마무리되는 시기이자 간도지역의 새로운
질서를 수립한 기간(김춘선, 「경신참변 연구」, 『한국사연구』 111, 한국사연구회,
2000, 149~150쪽). 김연옥, 「일본군의 '간도출병' 전략과 실태」, 『일본역사연구』 50,
2019 참조.

[3] 原奎一郎編, 『原敬日記』 5, 福村出版, 1965, 293쪽.

[4] 당시 육군이 올린 보고서에서도 "간도지방 불령선인 초토계획"이 일단락되는 소요
시일을 1기, 2기로 구분하여 최소 2개월은 소요될 것으로 계획하고 있었다.

[5] 1920년 10월 말~11월 초, 일본군의 간도침공과 간도참변 소식이 언론을 통해 중국
에 알려지면서, 중국인들의 반일 정서가 고조되었다. 북경·상해·봉천·길림 등지
에서 각종 반일성토대회가 개최되어 일본의 만행을 규탄하고 일본공사에 통첩을
보내 즉각 철병할 것을 강력히 요구했던 것이다(김춘선, 『북간도 한인사회의 형성
과 민족운동』, 고려대학교 민족문화연구원, 2017, 518쪽).

일기에서 철수에 대비한 훈령지침을 마련해야 한다는 육군대신의 의견
이 정부 수뇌부들 사이에서 공유되던 정황을 확인할 수 있다.[6] 실제로
4일 뒤인 11월 6일 일본정부는 간도철병을 결정해 중국 측에 통보했다.
11월 16일 조선군사령부에 12월 20일부로 주력부대의 철수를 명령했다.

이 글의 문제의식은 이 지점에서 시작한다. 즉, '평정'에는 최소 2개월
이상의 시일이 소요될 것으로 예상하고 침공을 개시했던 일본군과 정
부가, 중국 측의 압박에 반응했다고 하더라도, 이렇게 '순순히' 물러나
는 듯한 모습을 보인 이유는 무엇이었을까 하는 점이다. 훈춘 및 간도
일대의 독립군의 활동을 제압하지 못하면 "재앙의 피해가 조선 안으로"
미칠 수 있음을 우려했던 조선군 사령관 오바 지로의 의견이 당시 수뇌
부에서 널리 공유되었던 상황을 감안하면,[7] 간도 침공의 제1기 성과도
제대로 거두지 못한 11월 초에 조기 철병을 결정한다는 것은 선뜻 납득
이 되지 않는 부분이다. 다시 말해, 일본 측의 '조기 철병' 결정의 이면
에서 별도 전략을 마련하기 시작했을 가능성을 제시해 보려는 것이 본
고의 문제의식의 시발점이며, 이른바 '편법 전략'의 병력으로 남겨 둔
것이 강안수비대였음을 밝혀 보고자 하는 것이 본고의 목표이다.

그렇다면 기존 연구 상황은 어떠한가? 간도침공('간도출병', 간도참
변)과 관련한 선행연구의 동향을 크게 분류해 본다면, ①청산리 대첩
관련 독립군의 전투 실상에 주목한 연구,[8] ②일본군의 군사전략 및 실

---

[6] "다나카 육군대신이 간도지방에 파견된 병력을 철수시킬 경우에 관해 미리 사령관
에게 훈령할 필요가 있다고 제의하였고, 이에 대해 각지에 충분한 병력을 두고 진
압에 성공하게 된다면 철병해야 할 것임. 다만, 그때 [치안 등] 불안한 지역이 있
다면 얼마간 우리 병력을 잔류시켜 두더라도 어쩔 수 없다는 취지의 훈령안을 결
정함" 原奎一郎編, 『原敬日記』 5, 307쪽.

[7] 조선군사령부 지음, 김연옥 옮김, 『간도출병사(間島出兵史)』, 경인문화사, 2019, 25쪽.

[8] 대표적인 연구 성과로는 다음과 같다. (연도순 배열) 조동걸 외, 『독립운동사:독립
군전투사』 5, 독립운동사편찬위원회, 1973; 신용하, 『한국민족독립운동사연구』, 을
유문화사, 1985; 윤병석, 『독립군사-봉오동 청산리 독립전쟁』, 지식산업사, 1990;

태에 대한 연구,[9] ③경신참변 당시 한인촌 피해 실태에 주목하는 연구,[10] ④하라 내각 내의 외교정책,[11] ⑤간도 침공 이후의 통신문제에 주목한 연구[12] 등으로 나눠볼 수 있다.

덧붙여 '청산리 대첩' 100주년의 해를 맞이하는 시점인 2020년 후반기 에는 다양한 학술회의가 기획되었다. 그중 2곳의 기획을 집중 검토해 보자. 10월 17일 한국민족운동사학회 주최로 기획된 〈청산리전투 100주 년 학술회의 : 청산리 독립전쟁의 역사적 재조명〉에서는, 청산리전투에 참여한 독립군의 구성(김주용), 『간도출병사』를 통해 본 청산리전투의 전개과정 인식(김상현), 청산리전투 연구의 성과와 과제(황민호)의 발

김택, 「왜곡된 청산리 전투사의 진상을 논함」, 『한민족독립운동사논총』, 탐구당, 1992; 신재홍, 『항일독립운동연구』, 신서원, 1999; 조동걸, 「청산리전쟁 80주년의 역 사적 의의」, 『한국근현대사연구』 15, 2000; 박창욱, 「봉오동전투와 청산리전투 연구— 경신년반토벌전을 재론함」, 『한국사연구』 111, 2000; 장세윤, 「독립군의 봉오동전투 와 청산리대첩의 재검토」, 『중국동북지역 민족운동과 한국 현대사』, 명지사, 2005; 장세윤, 『봉오동 청산리 전투의 영웅, 홍범도의 독립전쟁』, 역사공간, 2007; 조필군, 「청산리전역의 군사사학적 재조명」, 『한국독립운동사연구』 38, 2011; 조원기, 「일 제의 만주침략과 간도참변」, 『한국독립운동사연구』 41, 2012; 신효승, 「청산리 전역 시 일본군의 군사체계와 독립군의 대응」, 『學林』 37, 2016; 박환, 『독립군과 무기』, 선인, 2020 등.

9) 松田利彦, 『日本の朝鮮植民地支配と警察─1905年~1945年』, 校倉書房, 2009(→이종 민 외 옮김, 『일본의 조선 식민지 지배와 경찰』, 경인문화사, 2020); 戸部良一, 「朝 鮮駐屯日本軍の實像:治安・防衛・帝國」, 日韓歷史共同研究委員会編, 『日韓歷史共 同研究報告書』 第3分科篇(下巻), 2005; 김연옥, 「일본군의 '간도출병' 전략과 실태」, 『일본역사연구』 50, 2019 등. 참고로 마쓰다의 연구는 '간도출병' 전후의 헌병과 경찰 개편 문제, 조선군 19사단과 국경수비대 문제 등을 이해하는데 도움이 되며, 도베 의 연구는 조선에 주둔했던 일본군의 편제, 병력규모 등을 전반적으로 이해하는 데 는 도움이 되지만, 1920년 '간도출병' 자체에 집중한 분석은 아니므로 한계가 있다.

10) 조동걸, 「1920년 간도참변의 실상」, 『역사비평』 45, 1998; 김춘선, 「경신참변 연구」, 『한국사연구』 111, 2000; 정예지, 「경신참변(庚申慘變)기 조선인 "귀순"문제 연구— 북간도를 중심으로—」, 『史林』 38, 2011; 김주용, 「경신참변에 대한 중국 언론의 반 응 : 長沙 『大公報』를 중심으로」, 『한국민족운동사연구』 70, 2012 등.

11) 이성환, 「하라 다카시(原敬) 내각의 간도정책─간도 출병을 중심으로─」, 『일본어 문학』 13, 2000.

12) 김주용, 「일제의 간도지역 통신지배체제구축에 관한 연구」, 『史學研究』 71, 2003.

표가 주목된다. 한편 11월 5일 육군교육사령부 주관 〈만주 항일무장독립전쟁과 국군의 정통성〉 세미나에서 제1주제였던 항일무장독립전쟁의 군사사학적 재조명−봉오동·청산리 지역 전투를 중심으로−(조필군)의 발표를 주목해 볼 수 있다. '독립전쟁' 원년의 대표적인 두 전투였던 봉오동·청산리 전투에 대한 재고증, 추후 과제 등의 제시들이 활발히 제기되고 있음을 확인하는 장(場)이었다.

다양한 연구가 축적되고 있는 중이지만 그럼에도 여전히 '군사사적인 분석'은 풀어나가야 할 과제가 많은 실정이다. 그 이유로는 1~2세대 연구자들이 활용했던 사료군의 초점이 '軍'이 아닌 외무성, 총독부(경찰) 관련 자료가 주를 이루었던 점, 핵심 자료의 접근성 한계(일본어 자료, 비공개 자료 등)를 꼽을 수 있다.

본고에서는 군사사적 측면에서 여전히 보강할 부분이 많다는 점에 착안하여, 특히 기존 연구에서 검토 대상으로 다루지 않았던 강안수비대의 실태와 역할을 살피고자 한다.

그렇다면 강안수비대란 무엇인가? 국경수비대, 간도파견대와 다른 별도의 개념인 것일까? 사료상에 제시된 강안수비대에 대한 명확한 정의는 없다.[13] 그러나 분명히 국경수비대 및 간도파견대와 다른 개념으로 강안수비대라는 명칭이 사료에 산발적으로 등장하며, 강안수비대−국경수비대−간도파견대 간의 차이점 혹은 연결점이 보인다.

『간도출병사』에 단편적으로 등장하는 편린을 모아 정의해보자면, 개

---

[13] 기존 연구에서는 '간도파견대'에 대해 설명한 것으로는 다음의 예시 정도에 불과하다. "주력 부대를 조선으로 철거시킬 것을 명령한 후, 북간도 지역 한인들에 대한 실질적인 지배권을 쉽게 포기할 수 없었기 때문에, 1920년 12월 16일 일본군이 19사단의 일부 병력을 잔류부대로 남겨 간도지방의 치안을 유지하게 한 부대가 간도파견대"(김춘선, 『북간도 한인사회의 형성과 민족운동』, 518~519쪽)라고 설명한 것 외에는 이들 간의 연결점 혹은 차이점 등에 대해 기초적인 의문도 제기하지 않고 있는 실정이다.

념적으로는 회령수비대, 종성수비
대, 혜산진수비대 등과 같은 지역별
고유명칭이 붙은 수비대가 있고, 두
만강 또는 압록강 주변의 강안(江
岸) 지역을 집중 수비하는 강안수비
대가 있고, 각 지역 수비대 및 강안
수비대를 포함한 국경인근 지역을
집중 관할하는 19사단 관할의 국경
수비대가 있다고 볼 수 있다. 단, 혜
산진 수비대는 제19사단 관할에 포

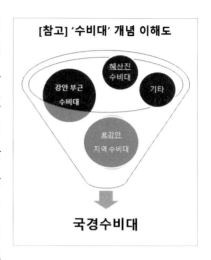

함되지 않은 상태였기 때문에 국경수비대 범주 안에 혜산진수비대는
포함되지 않는다. 또한 강안수비대의 병력이 주력부대 철수 결정 이후
19사단의 잔류 병력에 합쳐져 새롭게 편성된 간도파견대의 구성원의
일부가 되었다. 요컨대 국경수비대=강안수비대는 아니라는 점, 강안수
비대의 개념 정의 및 범위설정을 의도적으로 불명확하게(중첩 혹은 애
매) 해 둠으로써 실태파악이 어렵게 되어 있는 것이 특징이라는 점을
염두에 두어야 할 것이다.

그렇다면 왜 간도참변 당시의 강안수비대 역할 및 실태에 대해서는
간과되어 왔던 것일까? 아마도 첫째는 주력부대가 아니었던 점, 둘째는
일관된 명칭이 아닌 형태로 지칭되기 때문에 단발적인 동원으로 간주
되어 활동범위나 영향력을 축소해서 생각했기 때문이었을 것이다.

그러나 제19사단의 '초토'방침에 대한 초안(草案)에서부터 이미 강안
수비대는 거론되고 있다는 점에서 주력지대 못지않게 이들의 실태에
대한 분석도 필수불가결한 요소이다. 또한 강안수비대—국경수비대—
간도파견대 상호 간의 관련성을 밝혀내는 작업은 주력부대 철수 전후

의 일본군의 전략 및 의도의 연속성을 밝히는데 매우 중요한 요소이다.

이러한 문제의식을 토대로 본론에서는 기존연구에서는 주목하지 않았던 간도침공 당시 '초토' 과정에서의 강안수비대 활동 실태를 밝혀보고자 한다. 다만, 확인 가능한 사료의 한계상 부대의 규모, 편제 등에 대한 명확한 제시는 어렵다. 대신 『간도출병사』[14]를 주된 사료로 활용하면서 곳곳에 흩어져 있는 사료의 편린을 모아 '토벌'에서 '활약'한 주요 3지대(支隊)를 은밀하고 효율적으로 돕는 편의적 조직으로 운용한 것이 강안수비대였음을 증명할 것이다. 『간도출병사』뿐만 아니라 추가적으로 일본 공문서 기록 열람처인 아시아역사자료센터(アジア歷史資料センター: jacar.archives.go.jp)에서 찾은 사료도 같이 활용할 것이다.

그러면 본고에서 주사료로 활용할 『간도출병사』[15]란 어떤 자료인가? 본론으로 들어가기 전에 간략히 사료에 대해 소개해 두고자 한다.

『간도출병사』 원문의 첫 부분을 다음 그림으로 제시했다. 첫 번째 페이지에서는 조선군참모장 하야시 나리유키(林仙之[16])가 육군성 부관(副官) 나카무라 고타로(中村孝太郎[17])에게 1926년(大正15) 5월 3일 송부(送付)한 참고 자료가 『간도출병사』였음을, 그 다음페이지에서는 조선군사령부에서 작성·정리한 비밀문서였음을 확인할 수 있다. 자료를 송부한 시점은 1926년이지만, 내용상으로는 1920~1921년 작전 수행 당시에 작성된 기록이 많은 것으로 보인다.[18]

---

14) 『간도출병사』에 대한 간략한 소개 및 특징은 김연옥, 「일본군의 '간도출병' 전략과 실태」, 『일본역사연구』 50, 2019, 머리글을 참조할 것.

15) 아시아역사자료센터에서 제공되는 C03022770200 사료를 번역한 것임.

16) 1877.1.5~1944.5.31. 육군군인, 최종계급은 육군 대장(大將).

17) 1881.8.28.~1947.8.29. 육군군인, 최종계급은 육군 대장(大將). 육군대신 역임.

18) 김연옥 옮김, 『간도출병사』, 머리글 참조.

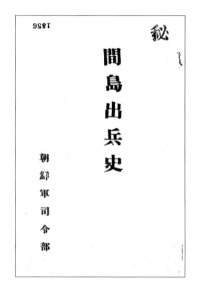

　목차는 제1장 출병전 정황, 제2장 작전행동, 제3장 선전활동 및 교섭
사항, 제4장 출병의 효과, 제5장 주력 철퇴 후의 정황, 제6장 장래에 대
한 소견 및 참고사항으로 구성되어 있다. 즉, 최초 작전계획 하달 단계
에서부터 작전에 실제 투입 시 토벌대의 행동 등을 매우 구체적으로 기
술하고 있다. 특히 청산리 전역과 가장 관련이 깊었던 히가시 지대 지
대장의 제언까지 포함하고 있다는 측면에서는 전쟁교훈을 의식해서 작
성된 보고서라는 점도 지적되고 있다.[19]

　자료의 특징 및 활용상의 주의점을 추가적으로 첨언하자면, 첫째 일
본군이 패배한 사실을 숨기기 위해 상당 부분에서 명백한 사실을 제외
하고는 축소, 축약했을 수도 있는 점을 감안하여 비판적인 시각에서 활
용해야 할 것이다.

　둘째 10월의 청산리 대첩의 교전 과정 및 작전 계획 자체는 참고할

---

19) 신효승, 「청산리 전역시 일본군의 군사체계와 독립군의 대응」, 10쪽.

만한 요소가 많으므로 독립운동 연구에도 '뒤집어' 활용가능한 중요한
사료라고 할 수 있겠다. 특히 〈부록 지도〉를 『간도출병사』 사료 본문
내용과 지도를 연결지어 활용하면 군사사적 연구 지평을 넓히는데 유
익할 것이다.

셋째 자료적 가치가 높기는 하지만, 이른바 '전투상보(戰鬪詳報)'의
형식이 아닌 차후 정리된 보고서이므로 전반적인 내용과 흐름을 제시
한 개요에 가까운 측면이 있다. 즉, 『간도출병사』에만 의지해서는 특정
사건의 전모(全貌)를 밝히는 데는 한계가 있다. 예를 들면, 장암촌 학살
사례와 같은 민감하고 불편한 부분에 대한 사료 제시는 최소화하거나
논의의 맥락을 파악하기 어렵게 부분적으로 제시해 두고 있다. 단편적
인 정보, 과장·왜곡이 있음을 감안하면서 『간도출병사』를 '참고서'로
해서 1920년 전후 간도일대의 정황을 조사할 단서를 찾아 추가적인 사
료 조사를 하는 형태로 활용한다면 이 사료는 상당히 유익한 자료가 될
것이다.

II. 초기 침공 단계의 실태(1920년 8~12월)

간도침공 당시 강안수비대의 활동의 실태를 주력부대 철수 전후로
시기를 구분하여 살펴보고자 한다. 세부적으로는, ①간도침공을 계획하
던 초기 계획 입안단계, ②실제 투입 및 동원 단계, ③주력부대 철수 이
후의 3단계로 나눠서 살필 것이다.

1. '초토'계획 입안 초기(1920년 8월 말)

간도지역 '불령선인'문제 해결과 일본-중국의 '협동수사(수색)'의 실현을 위해 외교 협상이 한참 진행중이던 1920년 8월 일본군 내부에서는 "병력출동이 필요할 경우를 고려하여" '초토'계획 입안에 착수하기 시작했다.[20] 1920년 8월 시점에 군 내부에서 작성된 초안이 〈간도지방 불령선인 초토계획〉이었다.

그 내용에서 주목되는 부분은 '초토' 기간과 '초토'에 동원할 편제구성(파견부대, 동원범위)이다. 먼저 '초토'기간은 약 2개월로 상정하여, 제1기(1개월) 때는 전적으로 각 행동지역 내에 있는 '불령선인'의 '초토'를 행하고, 제2기(잔여기간) 때는 제1기의 결과에 따라 기타 방면에 대해 실시하는 것으로 정했다. 편제구성은 〈표 1〉과 같다.

〈표 1〉

간도방면 '불령선인단' '초토' 계획표				
출동구분		출동방면	'초토'부대 편조(編組)	파견부대	행동지역
제19 사단	갑	훈춘-초모정자	보병 1대대	⎫ 步76	경원 부근에 집합 후 附圖 제1의 甲 구역
			보병 기관총대	⎭	
			기병 1소대	騎27	
			야포병 1소대	砲25	
			공병 1중대 (1소대 결여)	工19	
			헌병 약간		
			경찰관 약간		
	을	서대포-합마당 -백초구	보병 1대대 半	⎫ 步73	온성부근에 집합 후 附圖 제1의 乙
			보병 기관총대	⎭	

---

20) 김연옥 옮김, 『간도출병사』, 12쪽.

		부대	병력	구역
		기병 1소대	騎27	구역
		공병 1소대	工19	
		헌병 약간		
		경찰관 약간		
병	용정촌-대계구-국자가	보병 1대대	} 步75	회령 부근에 집합 후 附圖 제1의 丙 구역
		보병 기관총대		
		기병 1중대 (2소대편성)	騎27	
		야포병 1소대	砲25	
		공병 1중대 (1소대 결여)	工19	
		헌병 약간		
		경찰관 약간		
정	광포-두도구	보병 1대대	} 步73에서1중대 步74에서3중대	서강(西江) 부근에 집합 후 附圖 제1의 丁구역
		보병 기관총대	步74	
		기병 半소대	騎27	
		공병 半소대	工19	
		헌병 약간		
		경찰관 약간		
비고	1. 본표는 현 상황에서 [상황이 달라지면] 적절하게 변경할 수 있음.			

* 〈표 1〉의 제목은 사료상의 표현이므로, 작은 따옴표 추가하여 표기.
** 출전: 조선군사령부, 김연옥 옮김, 『간도출병사』, 경인문화사, 2019, 197쪽, 〈부록 附表 제1〉

　즉, 현지 투입이 계획되던 8월 시점에서는 아직 강안수비대를 동원할 계획은 거론되지 않았던 것이다.

　그러면 어느 시점에서부터 강안수비대를 간도일대 토벌작전에 동원할 것이 명시되었던 것일까? 이에 대해서는 다음절에서 살펴보자.

2. 실제 투입 및 동원(1920년 10월 말~12월)

10월 초순 내려진 것으로 보이는[21] 군사령관의 훈령에 입각해 19사
단장이 내린 '초토'방침은 다음과 같았다.

【사료 1】[22]

1. 제1기 (原註: 초토개시 후 약 1개월을 예정했지만 [실제] 실시 결과 약 1개
   월 반으로 됨)
   본 기간의 초토는 적의 무장단대를 수색하고 그것을 섬멸하는 데 있음.
   즉, 다음과 같음.
   초토방침
   본 토벌은 대안(對岸)에 있는 비적을 철저하게 초토하는 것을 기대함. 이
   를 위해 각 지대는 적을 수색하고 반복적으로 토벌을 실시하고 수색을 주
   도면밀하게 하여 적을 완전히 검거하고, 그 자원을 복멸(覆滅)하기에 힘
   쓸 것.
   각 강안(江岸)수비대의 행동에 연결되어 헌병경찰관과 협동하여 대안(對
   岸) 부근에 있는 적의 근거지를 초토하고 철저하게 검거 · 수색할 것. 단,
   야간에는 각 수비지로 귀환하는 것으로 함.

2. 제2기 (제1기 종료 후 약 1개월)
   본 기간의 초토는 적의 잔당이 있는 부락에 잠복해 있던 자, 혹은 인근
   산지로 달아나고 숨은 자를 복멸하는 데 있음. 즉, 다음과 같음.
   초토방침
   각 지대는 가능한 한 신속히 대략 附圖(附圖 제4)에 제시된 배치로 이동
   하여 부근 諸부락 및 산지대를 주도면밀하게 수사하고 적의 잔당을 수색

---

21) 『간도출병사』에는 명확한 지시 날짜는 기입되어 있지 않으나, 위 방침에 입각해 제
   19사단장의 세부 훈련이 각 부대, 지대 등으로 전달된 것이 10월 13일 이므로, 정부
   가 '출병'을 공식 승인한 10월 7일에서 19사단의 훈령이 내려지는 13일 사이에 〈사
   료1〉의 '초토'방침이 제시되었던 것으로 추정된다.

22) 김연옥 옮김, 『간도출병사』, 47~48쪽.

하여 이를 초토할 것.

강안(江岸) 각 수비대(惠山鎭 방면을 제외)는 필요에 따라 대안(對岸) 부근의 諸부락을 초토하는 것 외에 수시로 시위(示威) 행군을 실시할 것. 항공대는 준비가 완성되면 신속히 비행을 개시하고, 위협 및 연락을 맡을 것.

〈사료 1〉을 통해 강안수비대에 초점을 맞춰 그들의 임무를 추려보면, 강안수비대는 주력지대인 이소바야시(磯林)·기무라(木村)·히가시(東) 지대 및 헌병경찰관과 협동하여 대안 부근 독립군의 근거지를 철저하게 '초토'하는데 협력하는 것인데, 필요에 따라서는 수시로 위력을 보이기 위한 시위행군을 실시하고, 야간에는 각 수비지로 귀환하도록 규정되었던 것이다.

〈사료 1〉에서 제시된 전반적인 지침이 구체적으로는 어떻게 시행되었고 수행되었을까? 이에 대해 몇 개의 사료와 표를 통해 병력 규모, 임무의 내용 등을 실증해 보기로 하자.

먼저 〈표 2〉를 통해 청산리 대첩 시점에서 실제 동원된 부대의 규모와 임무를 파악할 수 있다.

첫째 강안수비대로 동원된 병력의 규모는 1개 대대본부 및 6개 중대급이었다는 점, 둘째 〈표 2〉의 비고란에 기입된 내용처럼 강안수비대의 주요 임무는 강안 부근 토벌에 종사하면서 병참수비 근무에 임하는 것이었음을 알 수 있다. 〈그림 1〉인 〈부도 제10: 긴급출병시 병참시설요도〉[23]를 참조하면, 병참사령부가 위치한 곳은 동-서-남-북 순으로 훈춘-용정촌-회령-온성이었다. 즉, 강안수비대가 담당한 병참수비 근무 지역은 독립군 세력의 주요 활동거점지역이었던 것이다.

---

23) 김연옥 옮김, 『간도출병사』, 399쪽.

〈표 2〉

'사변(事變)' 사용 부대 조사표 1920년(大正9) 10월 22일 조사, 제19사단 사령부												
內外 구분 各種別	부속별	조선 밖						조선 안				적요
		이소바야시 지대	기무라 지대	히가시 지대	병참	기타	계	강안 수비대	기타	계	합계	
사단사령부									1	1	1	
보병	여단사령부	1		1			2				2	
	연대본부	1	1	1			3				3	
	대대본부	3	2	3			8	1	1	2	10	
	중대	9 (3소대 결여)	4	12	3		28 (3소대 결여)	6	2	8	36 (3소대 결여)	
	기관총대	소4	소2	2, 소1			8, 소1				8, 소1	
	통신반	2	1	2			5				5	
	보병포대	2	2	3			7				7	
기병	연대본부			1			1				1	
	중대	1	소1	혼성2			3				3	
포병	연대본부											
	대대본부	1		1			2				2	
	야포중대	1		1			2				2	
	산포중대	소1	소1	1			2				2	
공병	대대본부								1	1	1	
	중대	소1	소1	소1	2		3				3	
항공대									(1)			(1) 未着이나, 특별히 기재함
전신대	무선전신 소대						1		1		2	
	통신반				半部				半部		1	
비둘기통신반									1		1	
위생반		2	1	2			5				5	
病馬수용반		1		1			2				2	
병참사령부					4		4				4	
환자수송반					2		2				2	
비고	(1) 강안(江岸)수비대 및 회령경비대는 필요에 따라 강안 부근 토벌에 종사하고, 특히 병참수비근무에 임할 것. (2) 공병(工兵)은 강안 및 조선 내지에서 도로 개축에 종사할 것.											

* 〈표 2〉의 제목은 사료상의 표현이므로, 작은 따옴표 추가하여 표기.

** 출전: 조선군사령부, 김연옥 옮김, 『간도출병사』, 경인문화사, 2019, 373쪽, 〈附表 제1〉

〈그림 1〉 긴급 '출병'시 병참 시설 요도

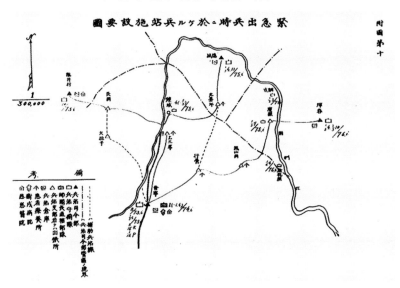

* 출전: 조선군사령부, 김연옥 옮김, 『간도출병사』, 경인문화사, 2019, 399쪽.

다음으로 〈사료 2〉를 통해 강안수비대의 주요 분포(거점)지역 및 활동양상 및 임무를 추가적으로 확인할 수 있다.

【사료 2】[24]
우리 군대의 출동 이후 (a)불령선인의 일부는 안전지대를 강안(江岸) 부근의 諸부락에 발견해 두고 널리 유언비어를 퍼뜨려 민심을 동요시켰다. 또한 이 때 우리 후방의 연락선을 위협하려는 상황이 되어 (b)회령 및 그 하류 상삼봉(上三峰), 진성(鎭城), 남양(南陽), 온성(穩城), 훈융(訓戎), 경원(慶源), 신건원(新乾原), 신아산(新阿山), 경흥(慶興), 고읍(古邑)의 각 수비대는 (c)각 소재지의 헌병 및 경찰과 연락해 대안(對岸) 부근의 諸부락을 초토하고 불

---

24) 김연옥 옮김, 『간도출병사』, 72쪽.

령자의 잔당을 검거하였다. 무기의 몰수, 자원의 복멸(覆滅) 등에 종사하였다. 한편 친일 선전 활동도 행했다.

(a)부분을 통해서 강안 부근에 '불령선인'의 활동 근거지가 있었다는 점을 읽어낼 수 있고, (b)에서는 적어도 회령, 상삼봉, 진성, 남양, 온성, 훈융, 경원, 신건원, 신아산, 경흥, 고읍 지역에는 수비대가 분포하고 있었음을 확인할 수 있다. (c)에서는 수비대의 주요 활동은 강안 부근의 여러 부락을 '초토화'하는 것은 물론, '불령자' 잔당의 검거, 무기 몰수, 자원 복멸, 친일 선전에 이르기까지 다양했음을 확인할 수 있으며, 이러한 임무는 각 소재지의 헌병 및 경찰과 연계해 수행했음을 알 수 있다. 헌병 및 수비대와의 연계 활동에 대해서는 다음의 사료에서 더욱 구체적으로 그려지고 있다.

【사료 3】[25]
경비를 위해 강안(江岸)에 있는 각 대소(隊所)에도 각각 헌병을 증원시켜 대비하였는데, ⓐ강안수비대가 국경을 넘어 부근 諸부락을 초토하자, 강안(江岸) 40여개소에 분주(分駐)하고 있던 헌병 장교 이하 362명은 때때로 이들 부대에 배속되어 초토행동에 가담하여 주로 불령선인의 체포·가택수색 등을 맡겨 군대의 행동을 용이하게 하였다. 그 밖에 ⓑ사단에서 귀순자 취급 업무가 개시되자 헌병은 용정촌·국자가·두도구 각 위원 산하로 합계 20명을 출동시켰고, 주로 귀순자의 취급 및 선전업무의 보조와 통역을 맡겨 많은 편의를 제공하였다.

첫째 ⓐ부분에서 강안수비대가 마을을 '초토화'할 때 인근 헌병부대가 가담한 기술을 통해 토벌대는 주요 지대(支隊) + 강안수비대 + 헌병

---

25) 김연옥 옮김, 『간도출병사』, 86쪽.

이 결합된 형태였음을 유추할 수 있다. 즉, 각 지역 거점별로 설치된 강안수비대와 헌병분대에서 차출된 병력들이 19사단에서 파견된 이소바야시·기무라·히가시 주요 지대를 응원하는 형태였던 것으로 파악할 수 있다.

둘째 ⓑ부분을 통해 사단에서 귀순자 취급업무를 담당했음을 알 수 있다. 위 내용에서는 귀순 업무, 관리, 선전 보조, 통역 등의 헌병이 담당한 업무가 주로 열거되어 있지만, 다음에 제시하는 표를 통해 강안수비대도 귀순 업무에서 '비중있는' 역할을 했음을 확인할 수 있다.

【사료 4】[26]
〈귀순자 취급규정〉 (일부만 인용)

제1조 불령선인으로 일본 군대(헌병병참사령부를 포함)에 자유 혹은 기타
      방법으로 귀순을 신청한 자가 있을 때는 지대장에게 보고하고, 신병
      (身柄)은 지대장이 지정한 곳으로 송치하여 그 판단·처분을 구할 것.
제11조 강안(江岸)에 근접한 지방에서는 그 부근에 있는 수비대장인 중대장
      이 이를 담당하고, 그 결과를 사단장에게 보고하며, 관계 지대장 및
      영사에게 통보할 것. 단, 직접 헌병 및 경찰관에게 신고한 귀순자는
      제8조에 준해 취급하는 것으로 함.

〈사료 4〉의 제1조에서는 귀순 업무는 지대장이 주로 관여하는 것으로 규정하고 있다. 한편 제11조를 보면, 강안 인접 지역에서는 강안수비대장이 주요 업무 담당자로 규정되어 있다. 그렇다면 실제로 강안수비대가 귀순 업무에 어느 정도의 비중으로 참여한 것이었을까? 그 실태를 〈표 3〉을 통해 확인해 보자.

---

26) 김연옥 옮김, 『간도출병사』, 351쪽, 353쪽.

〈표 3〉

귀순자 조사표						비고(%)	
구분 지대별	수괴	간부	기타	합계	귀순신청 부락수	귀순자수	부락수
히가시 지대	7	153	5,919	6,079	441	49.71%	66.11%
이소바야시 지대	1	16	674	691	56	5.65%	8.39%
기무라 지대	-	15	1,591	1,606	17	13.13%	2.54%
강안(江岸)수비대	-	116	3,735	3,851	153	31.49%	22.93%
합계	8	300	11,919	12,227	667	99.98%	99.97%

* 비고란은 원사료에 없는 부분으로, 인용자가 편의상 덧붙인 내용임.
** 출전: 조선군사령부, 김연옥 옮김,『간도출병사』, 경인문화사, 2019, 119쪽.

〈표 3-1〉 지대 및 수비대별 귀순자 처리 비율

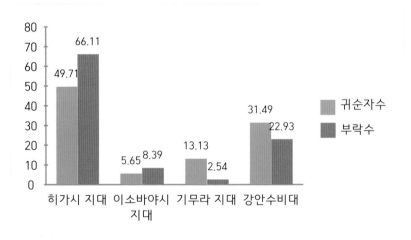

〈표 3〉은 1920년 10월 하순 간도침공 이후 대략 1921년 1월 초순까지 조사된 귀순자 및 귀순부락에 대한 보고자료이다. 위 표를 보면, 귀순자수 및 귀순 부락수 두 개 항목 모두 강안수비대가 히가시 지대 다음으로 '월등히' 높은 비중을 점하고 있음을 알 수 있다. 귀순자수에서는

강안수비대가 이소바야시 지대에 비해 약 5.6배, 기무라 지대에 비해서는 2.4배 높으며, 귀순 부락수 측면에서도 강안수비대가 이소바야시 지대에 비해 2.7배, 기무라 지대에 비해 9배나 높은 수치를 기록하고 있다. 참고로 〈표 3〉 비고란을 막대그래프로 표현한 것이 〈표 3-1〉이다. 〈표 3-1〉을 통해 강안수비대의 귀순 업무 관여도를 더욱 분명히 확인할 수 있다.

그런데 귀순 업무 취급에 높은 비중을 차지했음이 의미하는 것은 무엇일까? 『간도출병사』에서는 "이들 귀순자의 심리상태는 <u>일시적으로 우리 토벌을 면하고 생명을 위협받는 위험에서 벗어난 자가 많고</u>, 마음속으로는 후회하고 장래에 충성을 기약하는 데까지 도달한 경우는 대체로 소수이나, 유·무형으로 제국의 이익이 되는 부분이 큰 것은 의심할 바가 없다"[27]라고 서술하고 있다. 즉, 일본군의 잔악무도한 총칼의 위협 앞에 생명을 보호하기 위한 일시적인 수단이 '귀순'이었던 사례가 많았음을 일본군 스스로 간파, 인정하고 있는 대목인 것이다. 바꿔 말하면, 귀순사례가 많다는 것은 그만큼 강경한 진압이 자행되었음을 유추하게 하는 대목이다. 이를 다른 데이터로 방증해 보자.

〈표 4〉

〈附表〉 '초토' 효과 일람표											
1920년(大正9) 12월 20일 조사 제19사단 사령부											
구분 방면	사살 인원	체포 인원	노획 혹은 압수품목 수량					소각 건물 수			
			소총	기관총	권총	탄약	기타	민가	학교	교회	兵舍(棟數)
히가시 지대	222[28]	327	269	3	27	34,338	25	292	17	1	-
이소바야시 지대	50	77	129	1	4	1,550	500	43	1	-	4

----

27) 위의 각주와 동일.

기무라 지대	94	132	67	-	3	5,489	4	106	2	-	9
강안수비대	107	17	77	-	6	81	4	94	3	-	8
병참수비대	21	54	7	-	-	316	1	6	2	-	-
총계	494	607	549	4	40	41,774	531	541	25	1	21

비고
1. 사살(射殺) 인원에는 전투 결과 유기된 시체를 포함.
2. 탄약은 권총탄 163, 폭탄 16을 포함하며, 기타는 전부 소총탄임.
3. 기타 내역에는 칼, 나팔, 쌍안경, 군기(軍旗), 피복 등을 포함.
4. 소각 건축물은 불령자의 주소 혹은 불령자의 양성소 혹은 음모책략 등에 사용되던 것임.

* 〈표 4〉의 제목은 사료상의 표현이므로, 작은 따옴표 추가하여 표기.
** 출전: 조선군사령부, 김연옥 옮김, 『간도출병사』, 경인문화사, 2019, 127쪽.

위 〈표 4〉를 바탕으로 전체수 대비 사살인원, 체포인원, 소각건물 수
의 비율을 정리하고, 이를 막대그래프로 제시하면 다음과 같다. (비고%
는 인용자에 의한 추가)

〈표 4-1〉 지대 및 수비대별 사살 · 체포 · 소각 비율

구분 방면	사살 인원	사살인원 비고%	체포 인원	체포인원 비고%	소각건물 수 민가~兵舍	소각건물수 비고%
히가시 지대	222	44.93	327	53.87	310	52.72
이소바야시 지대	50	10.12	77	12.68	48	8.16
기무라 지대	94	19.02	132	21.74	117	19.89
강안수비대	107	21.65	17	2.80	105	17.85
병참수비대	21	4.25	54	8.89	8	1.36
총계	494	99.97	607	99.98	588	99.98

---

28) 김연옥 옮김, 『간도출병사』, 127쪽에는 "23명"으로 되어 있으나, "222명"의 오류이므
로 수정 표기함.

〈표 4-2〉 지대 및 수비대별 사살 · 체포 · 소각 비율

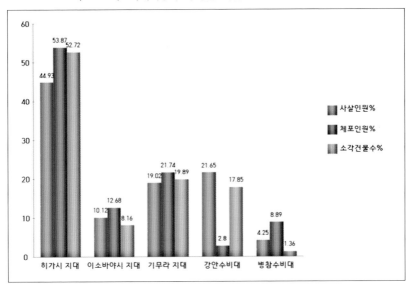

　　강안수비대에 주목해서 분석해보면, 체포인원의 비중은 2.8%에 불과
한 반면, 사살인원의 비중은 21.65%로, 이것은 이소바야시 및 기무라
지대보다 높은 비율을 보이고 있다.

　　이것은 무엇을 의미할까? 체포 즉, 생포(生捕)하기보다 주로 사살해
버리는 형태로 진압했음을 추론해 볼 수 있다. 전면에 드러나지 않는
'회색지대'(gray zone)에서 활동하면서 더욱 잔인한 방식으로 '초토'작전
에 참여했던 강안수비대의 면모를 짐작하게 하는 데이터로 주목해 볼
만하다. 이러한 추론은 앞서 제시한 표에서 귀순자 수 및 귀순부락수의
비중에서 강안수비대가 히기시 지대 다음으로 높은 비중을 점했던 부
분과 일맥상통하는 것으로 해석해 볼 수 있을 것이다. 즉, 사살인원과
소각건물수의 비중이 높은 지표를 통해서는 주력 지대와 함께 활동하
며 무자비한 사살을 감행하는 강안수비대의 위협적인 '활약상'을 읽어

낼 수 있다. 또한 강안수비대가 '확보한' 귀순자 및 귀순부락의 비중이 높았다는 지표를 통해서는 가차없는 이들의 횡포 앞에 일시적 자기보호 수단으로 표면적 '귀순'을 선택하는 사례가 많았다고 추론해 볼 수 있겠다.

그렇다면 학살의 실제적 양상은 어떠했을까? 이와 관련된 자료로는 『간도출병사』〈부록 제15〉[29]가 좋은 단서가 된다. 〈부록 제15〉 중에서 명확하게 "수비대"가 참여한 기록만을 추출하면 다음과 같다.

【사료 5】[30]

〈제5·제6〉　10월 19일 나리타(成田) 중좌가 지휘하는 회령수비대가 초토시 불령단원이었던 확증이 있어 다음의 14명을 사살함.

　　　　　지계순(池啓舜), 장성오(張成五), 이홍래(李鴻來), 최홍택(崔鴻澤), 김용관(金龍寬), 이용철(李容喆), 김상일(金相逸), 김상윤(金相潤), 김칠정(金七亭), 임학욱(林學旭), 박용훈(朴龍勳), 지용방(池龍芳), 김상원(金相元), 불명 1명.

〈제8〉　　10월 23일 나리타 중좌가 지휘하는 회령수비대는 서래동(西來洞)은 토벌하지 않았으나, 학교가 불령단 양성 및 의연금 모집과 대원숙소로 충당되었으므로 [이를] 소각함. 사살자는 모두 불령행동을 했던 것이 회령헌병대의 조사에 의해 명확해 진 자들로, 다음이 그 인명임.

　　　　　진윤극(陳允極), 김안삼(金安三), 김영석(金英石), 김덕현(金德鉉), 김상열(金尙烈), 이운일(李雲日), 최현(崔峴), 김낙규(金洛圭)

〈제14〉　　10월 28일 오노데라(小野寺) 대위가 지휘하는 종성(鍾城)수비대가 의연금 모집 대원 조강식(曹强植) 이하를 사살하였는데, 불

---

29) 〈부록15〉는 제19사단 사령부에서 작성한 보고서인데, 길림독군(吉林督軍) 측에서 일본군에게 피해 실태에 대한 항의, 배상을 요구하는 과정에서 그에 대한 답변을 위해 작성한 기초 데이터를 수집한 것으로 추측된다.

30) 김연옥 옮김, 『간도출병사』, 331~332쪽.

령 단원인 것이 확실함.

〈제17〉   步74 야마베(山邊) 대위가 지휘하는 <u>회령수비대가 10월 27일 학서동(鶴栖洞) 부근의 초토에 불령선인 10명을 사살했는데, [이 결과는] 회령헌병분대에서 조사한 것에 의거함.</u>

유경화(劉京化), 오여옥(吳如玉), 최문칠(崔文七), 허진길(許進吉), 김군화(金君化), 정병락(鄭丙落), 김도현(金道鉉), 이희윤(李希允), 정중보(鄭中甫), 허주경(許周京)

〈제18〉   步75 이시바시(石橋) 대위가 지휘하는 <u>회령수비대가 10월 13일 병봉동(瓶峰洞) 부근을 초토, 2명을 사살함.</u>

이학용(李鶴用 : 도주하였기 때문)

최남명(崔南明 : 도주를 꾀하며 우리에게 저항함)

그런데 위 기록은 얼마나 신빙성이 있는 자료일까? 『간도출병사』 기록을 추가로 비교검증해 볼 만한 자료로는 〈그림 2〉에서 제시한 기록

〈그림 2〉 간도사건 사상자 조사 기록

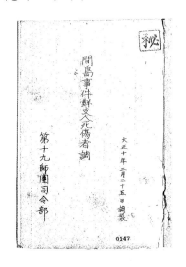

* 출전: 아시아역사자료센터, C06031228700

이 주목된다. 보고서의 제목은 〈간도사건 사상자수 조사〉이며, 당시 살해되거나 부상 입은 조선인·중국인의 피해자수에 대해 제19사단 사령부에서 조사한 보고서이다. 조선인 사망자 수를 522명으로 보고한 것에서 유추할 수 있듯이 모든 희생자수가 망라된 기록은 아니지만, 연대별(聯隊別)로 정리한 보고서이며, 1920년 10월 하순부터 12월 중순까지의 간도참변 당시 거의 '실시간' 보고서라는 점에서 사료적 가치가 높은 자료라고 할 수 있다. 상세한 분석은 별도의 논문에서 소개하기로 하고, 〈간도사건 사상자 조사〉 자료와 〈사료 5〉에서 언급된 기록 중 일부를 비교해 보면 〈표 5〉와 같이 정리할 수 있다.

〈표 5〉

사상자 인명 일람표 (조선인) 보병 제75연대							비고
연번	연월일	사유	주소	직업	성명	연령	『간도출병사』에 언급 여부
20	1920.10.27 화룡현 馬派에서 사살	국민회 통신원 겸 기부 금모집 대원, 도주하였으므로	화룡현 馬派[31]	농업	조강식 (曹强植)	23세	· 종성수비대가 사살 (10.28) · p.332, 제14
58	1920.10.19 鶴城에서 총살	토벌대에 저항했기 때문에 총살	화룡현 四茂社 鶴城	불명	지계순 (池啓舜)	19세	· 회령수비대가 사살 (10.19) · p.331, 제5·6①
59	上同	上同	上同	불명	장성오 (張成五)	31세	· 회령수비대(10.19) · p.331, 제5·6②
60	上同	군정서 강안 부근 통신부장	화룡현 江城洞	불명	이홍래 (李鴻來)	37세	· 회령수비대(10.19) · p.331, 제5·6③
61	上同	군정서 회계원(會計員)	上同	불명	최홍택 (崔鴻澤)	20세	· 회령수비대(10.19) · p.331, 제5·6④
62	上同	토벌대에 저항했기 때문	上同	불명	김용관 (金龍寬)	25세	· 회령수비대(10.19) · p.331, 제5·6⑤
63	上同	上同	上同	불명	이용철 (李容喆)[32]	21세	· 회령수비대(10.19) · p.331, 제5·6⑥
64	1920.10.19 松堰洞에서 총살	上同	화룡현 四茂社 松堰洞	불명	김상일 (金相逸)	30세	· 회령수비대(10.19) · p.331, 제5·6⑦
65	上同	上同	上同	불명	김상윤 (金相潤)	24세	· 회령수비대(10.19) · p.331, 제5·6⑧

66	上同	上同	上同	불명	김칠향 (金七享)	30세	· 회령수비대(10.19) · p.331, 제5·6⑨ (cf.김칠정(亭))
67	上同	上同	上同	불명	임학상 (林學相)	35세	· 회령수비대(10.19) · p.331, 제5·6⑩ (cf.임학욱(旭))
68	上同	上同	上同	불명	지용방 (池龍芳)	27세	· 회령수비대(10.19) · p.331, 제5·6⑫
69	上同	上同	上同	불명	김상원 (金相元)	31세	· 회령수비대(10.19) · p.331, 제5·6⑬
70	上同	군정서 통신파견원	불명	불명	박용훈 (朴龍勳)	32세	· 회령수비대(10.19) · p.331, 제5·6⑪
71	上同	김병덕(金秉德) 및 이흥래에 다음 가는 두목임	불명	불명	불명	38세	· 회령수비대(10.19) · p.331, 제5·6⑭
72	1920.10.23 西來洞에서 총살	제2국민학교 부장	화룡현 四對社 西來洞	불명	진윤극 (陳允極)	54세	· 회령수비대가 사살 (10.23) · p.331, 제8①
73	上同	광복단 통신부장	上同	불명	김안삼 (金安三)	34세	· 회령수비대(10.23) · p.331, 제8②
74	上同	제2국민학교 생도 교육자	上同	불명	김영석 (金英石)	56세	· 회령수비대(10.23) · p.331, 제8③
75	上同	군정서 김명호(金明浩)의 甥조카	上同	불명	김덕현 (金德鉉)	22세	· 회령수비대(10.23) · p.331, 제8④
76	上同	上同	上同	불명	김상열 (金尙烈)	26세	· 회령수비대(10.23) · p.331, 제8⑤
77	1920.10.23 南湖基에서 총살	광복단 통신부장 및 재무담당(財務係)	화룡현 四社 南湖基	불명	이운일 (李雲日)	45세	· 회령수비대(10.23) · p.331, 제8⑥
78	1920.10.23 孔岩洞에서 총살	광복단 통신원	孔岩洞	불명	최현 (崔峴)	26세	· 회령수비대(10.23) · p.331, 제8⑦
79	1920.10.23 石樓洞에서 총살	의용단 독립군의 병졸	石樓洞	불명	김낙규 (金洛圭)	24세	· 회령수비대(10.23) · p.331, 제8⑧

* 연번은 원사료상의 순서를 나타낸 것임.
* 비고란에서 "p.331, 제5⑤"는 『간도출병사』 331쪽, 〈부록 제15〉의 제5조항 5번째 항목과 일치함을 의미.
* 출전: 아시아역사자료센터, C06031228700 사료.

---

31) 참고로 강덕상, 『현대사자료』 28권, 528쪽에는 "마패(馬牌)"로 표기되어 있음.

32) 아시아역사자료센터 C06031228700 사료 166쪽에는 "이객철(李客喆)"로 표기되어 있으나, 〈표 2〉의 41번 이용철(李容哲)과 동일인물을 칭하는 것으로 추정되므로, 容을 客으로 표기한 오류로 판단하여, "이용철"로 표기함.

〈표 5〉는 보병75연대에서 정리한 표인데, 사망자 총 104명으로 보고된 기록 중에, 〈사료 5〉의 〈제5·6, 8, 14〉 항목과 연결되는 부분만을 추린 것이다. 『간도출병사』 기록인 〈사료 5〉의 〈제5·6, 8, 14〉를 통해서는 "회령수비대 또는 종성수비대가 '불령단원' 누구누구를 몇 명 사살했다"는 정보가 거의 전부였던 반면, 〈표 5〉를 통해서는 개별 인물들의 처단사유(=독립활동 내역 및 관계), 거주지역, 연령까지도 확인할 수 있다. 특히 〈표 5〉의 〈사유〉 항목란을 분석해 보면, 단순 저항뿐만 아니라 국민회 및 군정서, 광복단, 의용단 등 간도일대 주요 독립단체의 통신원, 통신부장, 회계원, 재무부장, 기부금 모집 대원 등의 주요 인사를 비롯해 교육관계자들도 포함되어 있었고 모두 총살당했다는 사실이 주목된다. 주요한 인적 자원을 '초토화'하는 실태의 일단(一端)이 〈표 5〉의 행간에서 드러난다고 하겠다.

III. 주력 부대 철수 이후의 실태(1920년 12월 이후)

머리말에서 제시한 것처럼, 청산리 대첩 개시 후 불과 2주가 채 지나지 않은 시점인 "11월 6일에 간도방면 출동 선후책이 논의되었고, 외무성과 북경에서 외교 교섭이 개시될 것이라는 훈령과 함께, 제19사단의 '초토'행동도 11월 말에 대략 완료될 정황이므로, 11월 16일 이후 12월 20일까지 조선으로 귀환하라는 명령이 내려졌다."[33] 이후 12월 16일, 군사령관이 제19·20사단장에게 주력철병에 관해 다음과 같이 명령을 내렸다.

---

33) 김연옥 옮김, 『간도출병사』, 86쪽.

【사료 6】[34]

〈朝軍作命 제17호〉

제19사단장, 제20사단장에게 내리는 훈령 (12월 16일, 용산에서)

1. 군은 훈춘 및 간도지방에 일부를 남기고 나머지 부대를 조선으로 귀환시킬 것. (후략)

2. 제19사단장은 그 예하부대로 보병대 본부 1개를 편성하고, 나머지 2대대(각 대대는 사단 내에서 적절한 시기에 집성하고 각 중대 편성을 하고 가능한 한 평시편제에 가깝게 하며, 소요 기관총 및 특종포를 배속시킬 것)를 여단장의 지휘에 배속시키고, 훈춘 및 간도지방에 있는 제국신민의 보호를 담당할 것. 전령(傳令)으로 기병 하사 이하 10騎를 사령부에 배속시킬 것. 이 부대를 간도파견대로 칭함. 제19사단장의 직할로 함.

3. 간도파견대는 다음과 같이 배치할 것.
   - 훈춘   보병대대 본부 및 2중대
   - 국자가   보병대 본부 및 1중대
   - 백초구   보병 1중대 (이 부대는 국자가 보병대장의 지휘에 속함)
   - 용정촌   파견대 사령부 보병 대대 본부 및 3중대
   - 두도구   보병 1중대 (이 부대는 용정촌 보병 대대장의 지휘에 속함)

(4. 분량상 생략)

5. 이후의 예하 부대 및 임시편성부대는 1921년(大正10) 1월 15일까지 점차적으로 조선으로 귀환 후 원래 소속으로 복귀할 것.

6. 기타에 관해서는 훈춘 및 간도에 파견되어 있는 부대의 잔류와 귀환에 관한 지시 및 별지 간도파견대에 관한 세부 지시에 의거할 것.

간도파견대에 관한 세부 지시

(분량상 6개 항목 중 2만 인용)

2. 간도파견대는 해당 지방 중국관헌 및 군대가 확실히 同 지방의 치안 유지, 특히 제국신민을 보호하고 불령선인 등의 토벌을 실행하여 제국영토

---

34) 김연옥 옮김, 『간도출병사』, 87쪽.

내 치안유지에 누(累)를 미치지 않기에 이르기까지 일시적 주둔하게 한 것이므로, 同 파견대는 제국관민의 보호를 위해 필요상 불가피한 경우 외에 함부로 토벌행위를 하지 말 것.

위 사료에서 비로소 "간도파견대"라는 명칭이 등장한다. 밑줄 친 내용에 주목해 보면, 간도파견대란 일본인 보호를 위한 중국 관헌과 군대에 의한 치안확보가 확립될 때까지 '불령선인들'을 토벌하기 위해 일시적으로 간도에 주둔하게 하는 부대로, 평시편제에 가깝게 하면서, 여단장의 지휘하에 1개의 본부와 2개 대대, 기병, 기관총, 특종포 편성이 포함된 배치로 기획되었다. 구체적인 배치 지역으로는 훈춘, 국자가, 백초구, 용정촌, 두도구가 상정되었다.

제19사단장은 위 훈령과 지시에 입각해, 12월 20일 각 지대의 편성을 해체하고, 보병 제38여단장이 지휘하는 보병2대대를 기간으로 하는 부대를 훈춘 및 간도지방에 남겨두고, 12월 하순부터 철병을 개시하였다. 이듬해 1921년(大正10) 1월 15일까지 전부 원래 소속으로 복귀하고 잔류하던 부대는 12월 31일에 그 편성을 완료했다.[35]

즉, 주력부대가 철수에 따라 기존 토벌대를 구성하던 주력지대+헌병+강안수비대 편성의 조정이 필요해지게 되었고, 새로이 편성된 간도파견대는 보병 제38여단장이 지휘를 맡게 된 것이다. 보병 제38여단장이 누구인가에 대해서는 후술하기로 하고, 12월 30일부터 새롭게 편성된 간도파견대의 실제 배치도는 다음에 제시하는 〈그림 3〉과 같다.

---

35) 앞의 사료, 『간도출병사』, 89쪽.

〈그림 3〉 간도 파견대 배치도 (1921년 1월 상순 시점)

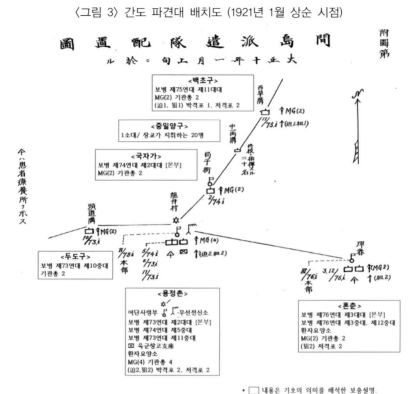

* 출전: 조선군사령부, 김연옥 옮김, 『간도출병사』, 경인문화사, 2019, 369쪽.

〈그림 3〉의 1921년 1월 초 간도파견대의 배치상황을 다음 〈그림 4〉
의 〈훈춘간도토벌대 분산배치요도〉와 비교해 보면 흥미로운 점을 발견
할 수 있다.

〈그림 4〉의 〈부도 제5〉는 '간도출병' 후 예정했던 제1차 토벌이 종반
부로 치닫고 있던 1920년 11월 하순 시점에서의 전력 배치 상황을 표시
한 것이다. 〈부도 제5〉(=〈그림 4〉)와 〈간도파견대의 배치상황〉(=〈그림
3〉)을 비교해 보면, "人"자 모양의 주요 병력배치 지역인 백초구-중일

〈그림 4〉훈춘 간도 토벌대 분산 배치 요도 (1920년 11월 하순 시점)

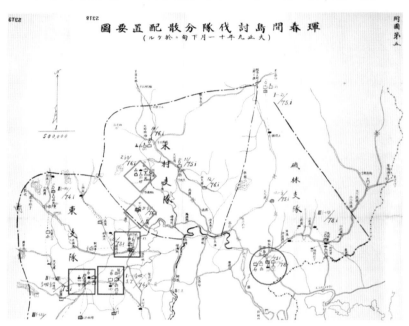

* 출전: 조선군사령부, 김연옥 옮김, 『간도출병사』, 경인문화사, 2019, 394쪽.
  (□, ○는 인용자 추가)

량구－국자가－용정촌－두도구－훈춘이 거의 그대로 계승되었음을 확
인할 수 있다. 즉, 〈부도 제5〉에서 〈간도파견대 배치상황〉으로 넘어간
관리지역이 이소바야시(磯林) 지대에서는 훈춘만 포함되고, 기무라(木
村) 및 히가시(東) 지대의 주요 토벌 거점 지역은 간도파견대의 재편성
시 주요 거점지역이 거의 그대로 포함되었다는 점이다. 왜 이들 지역이
이른바 주요 거점 또는 '중점 관리 지역'으로 설정되었던 것일까? 이 의
문을 해석하는 단서로는 청산리 대첩 수행 당시의 기무라 지대와 히가
시 지대의 전황(戰況)에 대한 내부 평가 언급에서 그 힌트가 보인다.

【사료 7】[36)]

　기무라 지대는 주력을 왕청 및 백초구 부근에 집결시켰으나, 당시 이 방면의 적의 상황을 크게 고려하지 않은 상태였다. 반면 히가시 지대 방면에서는 청산리 방면에서 불령단의 집결이 있는 것 외에도 천보산, 동불사 오지에서도 삼삼오오 적도들이 헤매고 있었지만 위 지대가 곧바로 이들을 초토하는 데 착수하지 못한 정황으로 보아, 사단은 기무라 지대에서 일부를 백초구에 남기고 주력을 북쪽 일양구(一兩溝) 부근 곡지(谷地)로부터 [남쪽인] 조양하곡(朝陽河谷)으로 옮겨 그 지역 부근 일대의 초토를 명령했기 때문에 [기무라] 지대 주력은 11월 3일 백초구에서 [초토]행동을 개시해 11월 13일까지 명령 받은 지역을 초토하였다.

　명확히 지적하고는 있지 않지만, 행간 속에는 제19사단의 잘못된 지시로 인해 초기에 전력을 집중 투입해야 할 곳을 놓치고 엉뚱한 곳에 지대의 주력들을 배치되었기 때문이었다는 시각이 깔려있다. 결과적으로 기무라 지대와 히가시 지대의 주력 토벌 지역에서 "여러 요인에 의해 그들에게[=독립군에게] 섬멸적인 타격을 가하는 것은 불가능"[37)]했기 때문에 간도파견대 재편성시에는 기무라 지대와 히가시 지대의 주요 거점지역으로 포함시켜 '평정을 완료'하도록 의도한 것으로 추론해 볼 수 있다.

　한편, 앞에서 언급을 남겨두었던 새로이 편성된 간도파견대를 지휘할 보병 제38여단장은 바로 이소바야시였다. 1921년 1월 1일자 간도파견대 경비규정을 하달하는 문서에서 이소바야시가 간도파견대 사령관으로 이미 임명되었음을 확인할 수 있다.[38)] 즉, '간도출병' 제1기 토벌

---

36) 김연옥 옮김, 『간도출병사』, 61쪽. (일부 사료 번역 표현을 수정하여 인용함)
37) 김연옥 옮김, 『간도출병사』, 125쪽.
38) 김연옥 옮김, 『간도출병사』, 361쪽.

때 가장 두드러진 성과를 보였던 이소바야시 여단장의 지휘하에 '초토
화'하지 못했던 기무라 지대와 히가시 지대의 담당구역이 고스란히 포
함되게 된 것이다. 주요지대 철병 후 간도파견대로 축소한 형태를 띠긴
했으나, "중국관헌과 중국군대를 앞세워"[39] 독립군 활동 근거지를 토벌
하고자 하려는 했던 것이다. 즉, 강안수비대를 간도파견대로 재편성한
일본군의 진의(眞意)는 미완성 임무였던 독립군의 활동근거지를 섬멸
하기 위한 병력 주둔이었던 것이다.

　그러면 12월 31일 새롭게 편성된 간도파견대는 언제까지 잔류가 가
능했던 것일까? 3월 하순~4월 초 훈령에 따르면 "간도파견대 및 무선전
신반, 비둘기 통신반은 5월 상순까지는 모든 배치를 정리하고 조선 안
으로 귀환하도록"[40] 지시가 내려졌다. 단, 철병은 영사경찰에 의한 경
비가 완비되었다고 판단되는 정도에 따라 점차 수비구역을 축소해 나
가면서 모든 철병을 완료하라는 지침이 제시되었다.[41]

　이후 구체적인 철병 시행 상황을 보면, "간도파견대는 4월 15일 먼저
용정촌 및 훈춘수비대 중에서 각 1중대의 귀환을 개시하고 이후 영사
경찰의 충실과 더불어 4월 25일부터 5월 8일에 걸쳐 오지로부터 순차적

---

39) 앞서 제시한 12월 16일 훈령에 이어 이튿날 군사령관 오바 지로가 내린 12월 17일
　　훈시를 보면, "사단의 일부는 제국관민을 보호하기 위해 계속해서 간도에 잔류하며
　　근소한 병력으로 광활한 지역을 수비할 수밖에 없으므로 그 업무가 복잡하고 많을
　　[繁多] 것임은 추측되고도 남지만, 그 책무의 중대함을 생각하여 투철한 의지로 그
　　임무를 다해줄 것이며 더불어 항상 동아시아 대국상(大局上) 중일 간의 친선을 긴
　　요(緊要)로 삼는 정세를 감안하여 중국 관헌 특히 그 군대와 제휴하여 불령선인은
　　불가피한 경우 외에는 그들[=중국군대]로 하여금 그들을[=불령선인] 토벌하게 하고
　　그 양민은 우리가 힘껏 보호하여 점점 군기를 바르게 하고 훈련에 힘쓰고 경계를
　　엄중히 함으로써 안팎의 신뢰를 얻어 제국군대의 정화(精華)를 발휘하도록 힘써야
　　할 것이다"〈간도출병사 부록 제7 훈시〉라고 언급하였다. 이 내용을 통해서도 '국제
　　적 시선' '친선관계' 등을 고려해 토벌에는 중국인을 최대한 앞세워 그들로 하여금
　　토벌하도록 해야 하는 방침을 강조하고 있었다는 것을 읽어낼 수 있다.
40) 김연옥 옮김, 『간도출병사』, 152쪽.
41) 김연옥 옮김, 『간도출병사』, 153쪽.

으로 철병하고 5월 9일부로 전원 조선 내로 귀환하고 원래 소속으로 복귀하였다"[42]고 기록하고 있다.

12월 31일 새로 편성되었던 간도파견대는 4월 15일 일부 부대의 귀환을 개시하여 5월 상순까지 모두가 원래 소속으로 복귀를 완료하였던 것이다. 즉, 간도파견대가 실제 기능했던 기간은 1921년 1~4월 상순까지의 약 3개월 반가량이었던 것이다.

그렇다면 간도파견대의 철수 이후에는 간도에 대한 경계 및 '초토' 임무는 중국 측에 완전히 위임했던 것일까? 간도파견대 이후에는 "간도연락반"의 형태로 그 기능을 유지시키려 했던 실태를 읽어낼 수 있다. "1921년 2월 군사령관과 장(張) 순열사와의 협정에 기반한 〈陸密 제95호〉에 의해 장교 9명을 간도파견대 철퇴와 연계하여 간도연락반을 마련하고 국자가에 반장 이하 3명, 훈춘에 2명, 용정촌·두도구·백초구·천보산에 각각 1명씩 배치하여 연락원으로 삼아 첩보 임무를 맡게 하였다."[43]

위 내용을 통해 간도파견대의 후속조치로 "첩보 임무"를 담당하는 장교 9명이 "간도연락반"이라는 명칭으로 새롭게 배속, 잔류하게 되었음을 확인할 수 있다. 즉, 간도에서의 '불령한' 조짐을 상시 감시할 수 있는 체계를 남겨두는 형태를 취했던 것이다. 비록 숫자는 적은 수이지만 '장교'를 남겨두었다는 점에서 의미는 크다고 할 수 있다.

물론 이 '9명 장교의 잔류'에 대해서도 중국 측으로부터 항의가 제기되었다. 5월 5일 용정촌에 도착한 도(陶) 연길도윤이 사카이 총영사대리에게 철퇴를 요구하며 "간도방면에 연락원을 배치하는 건에 대해 장(張) 연길진수사=장구경]가 장작림에게 물은 바, 오바(大庭) 군사령관과 회견 시 일본 측 연락원으로 장교 1명을 당현(當縣)에 주차(駐箚)시

---

[42] 위의 각주와 동일.
[43] 김연옥 옮김, 『간도출병사』, 154쪽.

키기로 한 것은 알고 있지만 10명을 간도방면에 분주(分駐)시키는 것은 전혀 들은 바 없는 일이므로 연락원을 철퇴시키기를 바란다"는 의향을 전달했다. 이후 일본 측(사카이 영사, 기시(貴志) 소장 등)과 중국 측(도 (陶) 연길도윤, 장(張) 순열사, 길림독군 손열신(孫烈臣), 우충한(于沖漢) 등) 사이에서 철수방법에 대한 논의가 거듭되었다. 일본군이 철수한 시점에서까지 연락원을 두려고 하는 일본 측의 행동에 대해 중국 내 여론이 좋지 않음을 의식해 중국 측은 쉽게 승인을 하지 못했다. 결국 6월 25일 손(孫) 독군은 국무원 참의 우충한(于沖漢)을 통해 기시(貴志) 소장에게 "간도에 있는 일본 장교 잔류 건에 관해 중국 측의 항의는 항의로 그대로 두고 <u>비공식적으로 주재하는 것은 지장이 없으나 9명은 너무 많으므로 7명 정도로 줄이길 바란다</u>"고 대답하였다.[44] 즉, "연락반 또는 연락원이라는 명칭을 없애고 사적으로 장교가 주재하는 것으로 한다면 공공연하게 이를 승인하지 않더라도 그대로 있어도 지장이 없다고 인정"는 형태로 공문상으로 연락반(연락원)이라는 명칭은 쓰지 않는 것으로 하고, 잔류 인원도 당분간 현상을 유지하되 시기를 봐서 감소시키는 방침을 취하도록 결정하였다.

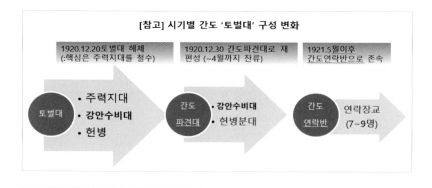

[참고] 시기별 간도 '토벌대' 구성 변화

1920.12.20토벌대 해체 (:핵심은 주력지대를 철수)

1920.12.30 간도파견대로 재편성 (~4월까지 잔류)

1921.5월이후 간도연락반으로 존속

토벌대
• 주력지대
• 강안수비대
• 헌병

간도파견대
• 강안수비대
• 헌병분대

간도연락반
연락장교 (7~9명)

---

44) 김연옥 옮김, 『간도출병사』, 154~155쪽.

본론1, 2장에서 살펴본 시기별 간도토벌대의 구성 변화 양상을 도식화하면 앞의 [참고] 그림과 같이 제시할 수 있겠다. 정리하자면, 1920년 10월 청산리 대첩 개시 당시 편성된 토벌대는 주력지대'(이소바야시 지대, 기무라 지대, 히기사 지대) + 강안수비대 + 헌병의 협력으로 구성되었다. 이후 1920년 11월 상순 주력지대 철수 지침이 결정되면서 간도파견대로 재구성되었는데, 주력부대가 빠진 (일부 잔류부대를 포함하면서) 강안수비대와 헌병 분대가 중심이 되었다. 즉, 강안수비대는 주요 지대 철수 이후에도 간도파견대의 주력 구성원으로 재편되어 잔존하는 형태가 되었던 것이다. 이후 또 한 번의 논의를 거쳐 연락장교 7명 내외의 간도연락반만 남기는 형태로 '표면적으로는' 일본군의 현지 주둔은 최소화하는 추이를 보였다고 할 수 있다.

그러면 간도연락반만 남게 되는 1921년 5월 이후에는 어떤 상황이었을까? 이후에도 끊임없이 이른바 '마적 습격'은 지속되었고, 이에 대한 중국 측 대처에 대한 불신과 일본 병력의 주둔 필요성을 다시 강조하는 보고서가 일본군 내부에서 공유되었던 것이 확인된다.[45]

요컨대 강안수비대를 간도파견대로, 다시 간도연락반 등의 형태로 재편성, 축소하는 형태로 편성하면서도, 핵심 거점지역에 배치·잔류시켜둠으로써 간도에서의 '불령한' 조짐을 상시 감시할 수 있는 체계를 구축해 둔 후 철수했던 것이다.

IV. 맺음말

이상에서 주력부대의 활동에 가려져 그 실태가 잘 드러나지 않았던

---

45) 아시아역사자료센터, C03022597200 사료 〈間島事件に関する件〉 참조.

강안수비대의 임무와 역할, 규모 등에 대해 『간도출병사』의 곳곳에 산
재하는 사료의 편린을 모아 그 실체를 밝혀 보고자 했다. 특히 주력지
대의 철수를 전후한 시기별 변화 추이를 주요 축으로 설정하여 검토하
였다. 이상의 검토를 통해 밝힌 점을 정리하면 다음과 같다.

강안수비대는 주력지대인 이소바야시(磯林)·기무라(木村)·히가시(東)
지대 및 헌병경찰관과 협동하여 대안(對岸) 부근의 독립군들의 활동 근
거지를 섬멸하는 작업에 약 6개 중대급의 규모로 동원되었다. 주요한
임무는 독립군의 주요 활동 근거지 '초토화', '불령자' 잔당의 검거, 무기
몰수, 자원 복멸, 친일 선전, 특히 귀순자의 검거와 관리 등이었다.

특히 〈귀순자 조사표〉, 〈초토효과 일람표〉를 통해 귀순자의 비중 및
사살인원과 소각건물수의 비중에서도 주요 지대 못지않게 강안수비대
의 '활약상'이 두드러졌음을 확인할 수 있다. 이 지표는 반항시 생포(生
捕)하기보다 주로 사살해버리는 가차없는 횡포가 자행되었다는 사실
과, 무자비한 강안수비대의 횡포 앞에 '귀순'을 가장(假裝)한 부락이 많
았던 실태를 추론할 수 있는 중요한 데이터인 것이다.

그렇다면 강안수비대의 실태 고증은 어떤 의미가 있을까? 이 질문은
강안수비대의 평가문제와도 결부된다.

서두에서 제시한 것처럼, 중국 측의 철병 압박에 '순순히' 물러서는
것처럼 보였던 일본 측이었지만, 내부에서는 "[1920.11.12.] 철병하더라
고 재차 출병이 불가피한 경우도 있을 것임. 거류민은 [군 병력의] 상주
(常駐)를 희망하지만 이러한 조치를 반복하는 것 외에 [다른 방도가] 없
음. 몇 번 반복한 후에는 추가로 철저한 조치를 취할 수 있을 것이므로
지금은 이것 외에는 다른 방도가 없다고 하자, 야마가타도 동감함."[46]
이라고 밝힌 하라 수상의 기록에서 보이듯이, 수뇌부(수상−원로−육

---

46) 原奎一郎編, 『原敬日記』 5, 311쪽.

군대신 레벨)에서는 침공 – 철수 – (재)침공 – 철수 등을 반복하면서 차후 더욱 철저한 조치를 취하려는 구상이 이미 공유되었다는 것을 확인할 수 있다.

반복적인 침공 – 철수 계획의 수립과 강안수비대는 어떤 형태로 연결지을 수 있을까?

1920년의 '간도출병'만으로 독립군 및 배후 지원세력을 섬멸하지 못하고, 이후에도 계속해서 재침공을 기획해야 했다는 것은 독립군 및 한인촌의 독립투쟁활동이 지속적으로 이어졌음을 방증(傍證)하는 의미일 것이다. 또한 그 전략적 측면에서는 중국 측의 강한 반발을 사기 쉬운 주력 지대(支隊)인 이소바야시 · 기무라 · 히가시 부대의 '정규 주력군'의 주둔형태가 아니라, 강안수비대, 간도파견대, 간도연락반 등으로 명칭 및 편제를 변경해 가면서 파악이 애매하고 불투명한 '회색지대'의 수비대라는 병력을 잔존시키는 편법을 택했던 것이다. 이것은 불법적인 외국군 주력부대의 주둔이라는 비난은 피하면서도 긴급 시 출동에 용이한 핵심 거점을 남겨두는 형태였던 것이다. 즉, 강안수비대의 존치(存置)는 주력 지대(支隊)인 이소바야시 · 기무라 · 히가시 부대 철수 이후 필요시 언제든 재차 '출병'하여 독립군 활동 근거지의 섬멸을 기도하기 위한 장기 · 지속적 방책의 일환이었다고 평가할 수 있겠다.

참고문헌

1. 사료(자료)

조선군사령부 지음, 김연옥 옮김, 『간도출병사(間島出兵史)』, 경인문화사, 2019.

原奎一郎編, 『原敬日記』 5, 福村出版, 1965.

「間島事件に関する件」(아시아역사자료센터, C03022597200).

「間島事件に依る鮮支人死傷者調査の件」(아시아역사자료센터, C06031228700).

2. 단행본

김춘선, 『북간도 한인사회의 형성과 민족운동』, 고려대학교 민족문화연구원, 2017.

윤병석, 『독립군사 – 봉오동 청산리 독립전쟁』, 지식산업사, 1990.

松田利彦, 『日本の朝鮮植民地支配と警察 – 1905年~1945年』, 校倉書房, 2009. (→마쓰다 토시히코, 이종민 외 옮김, 『일본의 조선 식민지 지배와 경찰』, 경인문화사, 2020)

3. 논문

김연옥, 「일본군의 '간도출병' 전략과 실태」, 『일본역사연구』 50, 2019.

김주용, 「경신참변에 대한 중국 언론의 반응 : 長沙 『大公報』를 중심으로」, 『한국민족운동사연구』 70, 2012.

김춘선, 「경신참변 연구」, 『한국사연구』 111, 한국사연구회, 2000.

박창욱, 「봉오동전투와 청산리전투 연구 – 경신년반토벌전을 재론함」, 『한국사연구』 111, 2000.

신효승, 「청산리 전역시 일본군의 군사체계와 독립군의 대응」, 『學林』 37, 2016.

장세윤, 「독립군의 봉오동전투와 청산리대첩의 재검토」, 『중국동북지역 민족운동과 한국 현대사』, 명지사, 2005.

정예지, 「경신참변(庚申慘變)기 조선인 "귀순"문제 연구 – 북간도를 중심으로 –」, 『史林』 38, 2011.

조동걸, 「1920년 간도참변의 실상」, 『역사비평』 45, 1998.

조원기, 「일제의 만주침략과 간도참변」, 『한국독립운동사연구』 41, 2012.

조필군, 「청산리전역의 군사사학적 재조명」, 『한국독립운동사연구』 38, 2011.

戸部良一, 「朝鮮駐屯日本軍の實像:治安·防衛·帝國」, 日韓歷史共同硏究委員會編, 『日韓歷史共同硏究報告書』 第3分科篇(下卷), 2005.

4. 발표집

『청산리전투 100주년 학술회의 : 청산리 독립전쟁의 역사적 재조명』, 한국민족운
동사학회, 2020년 10월 17일 발표자료집.

『청산리전투 100주년 기념식, 학술세미나 : 만주 항일무장독립전쟁과 국군의 정
통성』, 육군교육사령부 주최, 2020년 11월 5일 발표자료집.

제3부

독립전쟁과 북간도지역 민족사회

봉오동·청산리전투 전후의 간도 조선인 사회

일본의 지역조사자료를 중심으로

조정우

Ⅰ. 머리말 : 간도라는 경계지대와 현지조사

한국에서 '간도(間島)'라고 불리는 지역은 현재는 중국 동북(東北)의 연변(延邊)에 해당하는 곳이다. 물론 간도와 연변이 공간적으로 일치하는 것은 아니지만, 두만강 너머에 있는 한민족(韓民族)의 거주지를 가리킨다는 점에서는 다르지 않다. 역사적으로 간도는 유민(流民)의 땅이자 항일독립운동의 무대였고, 사회적으로는 중화인민공화국의 소수민족인 조선족(朝鮮族)이 자치주를 운영하고 있는 공간이다. '延'·'邊'이라는 한자에서 볼 수 있듯, 이 지역은 중국사에서나 한국사에 있어서나 변경지역이다.

오랫동안 간도는 여진족을 비롯한 북방민족의 삶의 공간이었는데, 청이 건국된 이후 봉금령(封禁令)이 실시되면서[1] 역사의 뒷켠으로 물러

---

1) 청 왕조는 언젠가 중원에서 철수해야 할 경우를 대비하여 만주를 북방 기마민족의 공간 그대로 보존하려 하였다. 한족(漢族)을 비롯한 이민족이 만주로 천이(遷移)해

나 있었다. 간도는 출입이 금지된 봉금지대로서 한동안 세계사의 변동과 동떨어져 있었던 것이다. 그런데 유럽 국가인 러시아가 동진 정책을 펼쳐 시베리아를 건너오기 시작하면서 상황이 급변하였다. 1860년 '북경조약'으로 러시아가 연해주를 자국 영토로 편입하자 간도는 조선 – 청 – 러시아 3국의 국경이 맞닿는 경계지대가 되어 버렸다. 광대한 원시림이 펼쳐져 있고, 일부 조선인들이 채취와 수렵을 위해 몰래 넘나들던 간도 일대가 이제 동아시아 국제관계의 변동이 중첩되는 문제지역으로 급변한 것이었다.

간도에 대해 여러 형태의 조사가 실시되었던 것은 간도가 갖는 이 경계지대로서의 특징에서 비롯되었을 것이다. 동남아시아 9개국의 변방인 '조미아(Zomia)' 산악 지대를 연구한 제임스 스캇의 논의에서 보듯,[2] 국가 통치의 안정적 정착을 위해서는 경계지대가 갖는 모호성은 어떤 방법으로든 제거해야만 했다. 측량을 하여 지도를 제작하고 재래의 문헌을 정리하는 것은 경계지대의 모호성을 가독성 있는 기호로 전환하여 가시화하는 작업이었다. 지도와 문헌으로도 읽어 낼 수 없는 것들은 현지조사(fieldwork)를 통해 해독해내야만 했다. 제국이 식민지의 지리와 역사를 편찬하고 유물을 수집하여 박물관에 전시하고, 또 현지조사 보고서를 간행한 것은 이러한 이유 때문이었다.

제국일본 역시 대만과 조선, 그리고 만주에 대해 막대한 분량의 지도

오는 것을 봉금령으로 원천봉쇄한 것이다.

[2] 제임스 C. 스캇, 이상국 역, 『조미아, 지배받지 않는 사람들: 동남아시아 산악지대 아나키즘의 역사』, 삼천리, 2015. '조미아'는 베트남·라오스 북부에서부터 중국 남부, 인도동북부에 걸친 해발 300미터 이상의 고지대를 일컫는 조어로, 1억 이상의 소수 종족들이 살아가고 있는 동남아시아의 대표적인 변경지대이다. 이 중심지가 없는 광대한 산악지대는 국민국가에 편입되어 있지 않은 탈주와 저항의 공간이면서 또 역사적으로 오랫동안 중국 한족(漢族)의 천이를 거부해 온 공간이라는 점에서 만주의 공간적 특징과 유사한 점이 많다.

와 문헌을 편찬하였고,[3] 또 주요 지점에 박물관을 건립하여 식민지의 역사와 문화를 읽어 내려 하였다.[4] 그러면서 바로 눈앞에서 펼쳐지고 있는 식민지의 현실 사회에 대해서는 다양한 형태의 조사를 통해 그 움직임을 포착하려 하였다. 간도는 조선과 만주 사이에 놓인 경계지대로서 보다 역동적이고 복합적인 성격을 갖고 있었다. 근대 일본에게 있어 조선과 만주는 일찍이 '만한(滿韓)'이라는 이름으로 한데 묶여 일본(인)이 뻗어나가야 할 공간으로 설정되었다. 조선과 만주의 국경에 위치한 간도는 '만'과 '한'을 구별지우면서도 이어주는 경계지대였기 때문에 일본의 제국 팽창에서 각별한 관심을 부여 받았다.

  일본이 간도에 대해 각별히 관심을 갖고 또 적지 않은 조사 기록을 남긴 것은 간도가 갖는 이와 같은 정치군사적 중요성 때문이었을 것이다. 잘 알려져 있듯이, 1907년 조선 통감부는 간도의 조선인 집주지인 용정촌(龍井村)에 '통감부임시간도파출소(統監府臨時間島派出所)'라는 명칭의 통감부 행정 조직을 설치하여 간도의 문제성에 직접 개입하기 시작하였다. 또 근대 일본의 대표적인 동양사−중국사 학자인 나이토 코난(內藤湖南)은 군부의 지원과 협조로 통감부 시기 동안 간도 일대에

---

3) 남만주철도주식회사조사부('滿鐵調查部')가 1908년부터 조사·간행한 '滿鮮歷史地理' 시리즈는 제국이 식민지에서 맨 먼저 찾고자 한 학지가 역사와 지리였음을 잘 보여주는 전형적인 사례이다. 이 만철조사부의 『만주역사지리』, 『조선역사지리』 편찬에 대해서는 박찬흥, 「滿鮮歷史地理調查部와 고대 '滿鮮歷史地理' 연구」, 『역사와 담론』 75, 2015를 참조할 수 있다. 한편 프랑스는 주로 지리학을 통해 외부에 대한 학지를 구성하였는데, 만주에 대한 프랑스 지리학의 조사에 대해서는 임동근, 「프랑스 지리학의 만주인식의 변화 : "아날드제오그라피" 논문에 등장한 '만주'」, 『만주연구』 24, 2017를 참조할 것.

4) 식민화 초기부터 일본은 조선 고래(古來)의 유적과 유물을 조사하여 조선에 대한 역사상(歷史像)을 정립하려 하였다. 그런데 이 초기 조선 역사 조사자들이 기록 문헌보다는 고고학적 유적을 사료로서 적극적으로 사용하였다는 점은 식민지 학지의 구성이 갖는 미묘한 곤란을 잘 보여주는 사례라 할 수 있겠다. 정상우, 「1910~1915년 조선총독부 촉탁(囑託)의 학술조사사업」, 『역사와 현실』 68, 2008.

대한 조사를 수차례 실시하기도 하였다.[5]

현재에도 조선족 집주지이자 북한−중국−러시아의 경계지대인 연변에 대해서 사회학·인류학의 지역현장조사(area fieldwork)가 조용하면서도 활발히 이루어지고 있는 것처럼, 100여 년 전의 근대 시기에도 간도 일대는 그 정치적·사회적 문제성으로 인해 조사 대상지로서 주목을 받았다. 그런데 간도(와 만주)는[6] 다른 지역조사와 달리 조사주체가 매우 다양하고 복합적이라는 특징을 갖고 있다.

이 복합성의 원인은 무엇보다 만주 지역의 영토주권이 명확하지 않은 데 있었다. 예를 들어, 식민지 조선에 대한 조사는 조선총독부가 주체가 되는 경우가 잦았고, 혹 학술기관이 조선을 조사한다고 할 때에도 조선총독부 행정조직의 협조·승인이 전제가 되어야 했었다. 이에 반해 만주는 일본, 중국, 러시아가 경합하는 지역이었기 때문에 조사의 주체는 물론이고 조사의 방법과 목적도 각기 상이하였다. 즉, 같은 지역, 같은 주제를 조사했다 하더라도 그 편차(bias)가 일정하지 않은 것이다. 따라서 이 편차가 큰 자료들을 특정한 연구방법론에 따른 개념화와 조작화 없이 사용할 경우 자료의 활용이 선택적(selective)이라는 비판을 받지 않을 수 없을 것이다.

지금도 만주에는 엄청난 양의 문서들이 아직 사서의 손길이 미처 미

5) 나이토 코난의 간도 조사에 대한 개괄적 설명과 기존 연구들에 대한 비평은 윤해동, 「나이토 코난의 '동양문화' 연구와 '근세론'의 명암」, 『제국 일본의 역사학과 '조선'』, 소명출판, 2018, 21~26쪽을 참조할 것.
6) 간도와 만주를 서로 다른 공간으로 볼 것인지 아니면 간도를 만주의 일부 지역으로 볼 것인지는 간단치 않은 문제이다. 간도는 행정구역 지정을 통한 영토화 과정에서 만주의 한 지방으로 편입되었고 또 대체로 그리 인식되고 있는 것으로 보인다. 하지만 간도와 만주가 전혀 상이한 층위의 범주일 수 있다. 간도는 공간이 아니라 이동의 범주이며, 만주에서 영토주의 경쟁이 벌어지면서 무한한 이동성으로서의 간도가 특정한 경계를 가진 지역으로서의 공간으로 재편된 것이 아닐까 한다. 이 문제에 대해서는 별도의 후속 연구를 진행할 예정이다.

치지 못한 채 아카이브에 산더미처럼 쌓여 있어 연구자들에게는 자료의 보고(寶庫)라 할 수 있지만,[7] 그 막대한 자료들의 성격을 정확히 파악하는 것은 결코 쉬운 일이 아니다. 근대 만주에 대해 가장 많은 조사자료를 남긴 '만철조사부(滿鐵調査部)'에 대해서도 조사부 조직에 대한 일부 연구 이외[8] 아직 조사의 목적, 방법, 유형이 충분히 파악되어 있지 않은 상황이다. 이런 연유로 만주에 대해 연구를 할 때에는 자료의 작성 주체, 목적, 특징에 대한 이해가 그 어느 것보다 선행되어야 한다.

이 글에서는 만주 지역조사 중 봉오동·청산리전투가 있었던 1920년을 전후해서 간행된 제국일본의 간도 조사보고서들을 집중적으로 분석해 보고자 한다. 이는 첫째, 간도 조사의 역사에 있어 이 시기에 이르러 역사조사가 아닌 지역조사 형태의 보고서가 본격적으로 간행되었다는 점, 둘째, 그런데 이 지역조사의 주체가 바로 식민지 조선에서 사업을 하던 동양척식회사와 조선은행이라는 두 국책식민회사였다는 점, 셋째, 봉오동·청산리전투의 사회경제적 기초로서 조선인 사회의 동향, 이 세 관찰 지점의 연관성을 해명해 보기 위해서이다.

II. '영토문제'로서의 간도조사 : 통감부임시간도파출소와 나이토 코난

1919년 3.1운동의 여파가 채 가시기도 전인 1920년 간도에서 무장항

---

[7] 중국 동북(東北)의 각 아카이브에는 동북군벌의 행정자료, 러시아 동청철도의 자료 등이 대거 소장되어 있지만 아직 자료의 인덱스 작업도 완료되지 않은 상황이며, 자유로이 열람도 할 수 없다.

[8] 만철조사부는 만주국이라는 국가의 성격, 사상과 지식의 문제와 관련하여 흥미로운 연구 대상으로, 일본학계에서도 일찍이 그 조직적, 인적 특징에 대한 연구가 진행된 바 있다. 하지만 이 연구들도 만철조사부의 만주 조사의 현황과 실태에 대해서는 특정한 내용에 한정해서 논의하고 있을 따름이다.

일독립군이 6월에 봉오동에서 또 10월에 청산리에서 잇달아 일본군 정규군을 격파하는 전과를 올린 것은 한국의 항일운동사에서 간도가 갖는 독보적 위상을 상징적으로 보여주는 역사적 사건이다. 간도가 무장항일투쟁의 근거지가 될 수 있었던 것은 무엇보다 만주에는 1930년대 중엽까지도 영토국가의 배타적 주권이 명확하지 않았다는 점이 일차적 이유일 것이다.

만주는 '중화민국' 성립 이후 법적으로는 중국의 영토로 선언되었지만, 1928년 역치(易幟) 이전까지 장작림―장학량의 동북군벌이 지배한 군벌의 공간이었다. 게다가 북만주 지역의 경우에는 제정 러시아가 건설하여 권리를 확보한 동청철도와 부속지가 만주를 가로지르며 놓여 있었는데, 공산주의 소련이 그 권리의 승계를 주장하면서 사실상 자신의 관할하에 두고 있었다.[9] 일본 또한 대련과 장춘을 연결하는 남만주 철도 노선과 부속지에 대한 배타적 특권을 보유하고 있었다. 즉 중국도, 소련도, 일본도 만주에서 뚜렷한 우위를 확보하지 못하였던 것인데, 이러한 상황은 1931년 만주사변 이후 1932년 일본에 의해 '만주국'이 건국되고 1936년 동청철도가 만주국에 매각되고 또 1938년 무렵 '치안숙정공작'에 의해 북만주의 항일운동세력이 거의 일소될 때까지 지속되었다.

조선인 독립군은 이러한 만주의 국제정치적 조건을 십분 활용하면서, 때로는 그 조건의 급변에 희생되기도 하면서 항일무장투쟁을 이어갔던 것이다. 이 투쟁의 사회경제적 토대가 되었던 것은 바로 만주의 조선인 농민들이었다. 이 조선농민들은 인적으로나 물적으로나 무장게릴라 활동의 은폐된 보급창 역할을 했던 것이다. 중국혁명과 베트남전

---

[9] 소련과 중화민국은 동청철도(東淸鐵道)를 공동 운영하는 법적 형식을 취했지만, 경영조직과 자본구성에 있어서 사실상 소련이 우위를 점해 중화민국의 영향력은 제한되어 있었다.

쟁이 잘 보여주듯, 게릴라형 군사행동은 외부적으로는 국제적 지원, 내부적으로는 농민민중의 지원, 이 두 가지가 충족되지 않으면 지속되기 어렵다.

　그렇기 때문에 일본은 통감부 설치 이후부터 두만강·압록강을 넘나드는 조선인을 각별히 관리하려 하였다. 간도를 중심으로 만주 곳곳에 산재한 조선농민들과 항일운동세력 간의 관계를 끊는 것은 일본 제국주의의 '대륙침략' 정책에 있어 선결 과제였기 때문이다. 앞서 언급한 '통감부임시간도파출소'를 용정(龍井)에 설치한 것은 일본에 있어서는 조선의 식민화를 차질없이 진행하기 위해서 꼭 필요한 일이었다.

　통감부임시간도파출소(이하, '간도파출소'로 약칭)에 대한 관제는 이미 1907년 2월에 마련되었다. 하지만 청이 영토주권을 강하게 주장하고 있는 상황에서 외교기구가 아닌 일반 행정조직을 간도에 설치하는 것은 당연히 손쉬운 일이 아니었다. 그럼에도 일본은 청과의 협의가 미처 완료되지도 않은 상황에서 간도파출소 관제를 마련하였다. 일본은 간도가 영토 문제가 있는 지역이며, 또 보호국인 대한제국의 신민(臣民)인 조선인들이 다수 거주하고 있는 지역이라는 점을 충분히 활용하여 간도파출소 설치를 고집하였다. 조선인을 관리하고 있는 통감부가 조선인을 '보호'하기 위해 행정력을 간도에 급파하지 않을 수 없다는 논리였다.[10]

　일본정부는 일찍이 조선과 일본, 또 일본과 청의 관계에 있어 간도가 갖는 문제성을 간파하여 러일전쟁 기부터 간도 문제에 개입하려는 움직임을 보였다. 특히 초대 조선 통감으로 부임한 이토 히로부미는 적극적인 간도 개입을 주장하며 간도독무청(間島督務廳)과 간도헌병대의

---

10) 이왕무, 「해제: 통감부임시간도파출소의 설립과 간도 경계 분쟁」, 동북아역사재단 편, 『譯註『統監府臨時間島派出所紀要』』, 2013, 22~26쪽.

268 1920년 독립전쟁과 사회

편성을 본국에 요청하기도 하였다.[11] 메이지 시대 일본이 식민지나 점
령지에 설치한 기구(關東都督府, 朝鮮總督府 등)에 대해서는 일본 학계
에서도 그 관제의 특징을 명확히 설명하지는 못하고 있지만, 도독은 군
정관(軍政官)의 성격을 띠며 총독은 군권만이 아니라 입법・사법・행정
을 모두 관할하는 직책을 의미했다. 따라서 이토가 말한 '독무청'은 그
것이 도독부이든 총독부이든 간도에 대한 군사적인 조치를 배제하지
않았던 것으로 봐야 할 것이다.

　중국사가이자 동양학자인 나이토 코난(內藤湖南)이 일본 외무성의
의뢰로 간도 일대와 만주를 수차례 조사한 것은 이러한 맥락에서 이해
할 수 있다.[12] 나이토는 러일전쟁 중이던 1905년 6월 일본의 만주 점령
지 조사에 참여한 것을 시작으로 1909년까지 3차례 간도・만주 지역조
사에 참여하여, 1906년에 「간도문제조사서(間島問題調査書)」라는 보고
서를 육군과 외무성에 제출하였고, 이듬해에는 1907년 판으로 같은 제
목의 또 다른 보고서를 작성하였고 그와 병행하여 「한국동북경계고략
(韓國東北境界考略)」을 별도로 작성하였다. 그리고 1909년에는 1908년
가을에 조사했던 내용을 정리한 「간도문제사견(間島問題私見)」을 일본
정부에 제출하였다.[13]

　나이토 코난의 간도 조사에 대해서는 한국과 일본에서 심도 있는 연
구가 진행되어 왔는데,[14] 그의 조사에서 핵심이 되는 것은 간도의 경계

---

11) 동북아역사재단 편, 『譯註『統監府臨時間島派出所紀要』』, 49쪽의 각주1).
12) 나이토 코난의 조사를 비롯한 러일전쟁 기 일본의 간도 조사에 대해서는 金靜美의
　　책에 그 정치적 목적과 실행 과정이 간명히 설명되어있다. 金靜美, 『中国東北部に
　　おける抗日朝鮮・中国民衆史序説』, 現代企画室, 1998, 74~79쪽.
13) 윤해동, 「나이토 코난의 '동양문화' 연구와 '근세론'의 명암」, 23~24쪽. 1906년 『間島
　　問題調査書』의 원문은 일본 アジア歴史資料センター 디지털 아카이브에서 볼 수
　　있다.
14) 나이토 코난의 간도 조사에 대한 연구사는 위의 윤해동, 「나이토 코난의 '동양문화'

에 대한 연혁적 조사를 통해 일본정부가 간도 영유권에 대한 방침을 세우는 데 필요한 자료를 제공하는 것에 있었다. 나이토가 조사한 것은 일본에 있어서 간도가 어떤 문제성을 갖는가 하는 점이었다. 그래서 그의 보고서는 "간도문제"를 제목으로 작성되었다. 당시 일본이 직면한 간도의 문제는 청과 조선 간의 국경 획정이 완료되지 않은 상황 그 자체였다. 조선을 보호국화하여 통감부를 설치한 이상, 통감부의 감독 범위가 어디까지인지는 일본에게 있어 매우 중요한 현안이었다. 이 범위에는 대한제국의 국경선을 긋는 문제와 간도 조선인에 대한 통감부의 관리감독권 문제, 이 두 가지가 중첩되어 있었다.

　나이토 코난은 역사학자로서 간도 국경 문제에 대한 연원과 그 전개 과정을 조사·정리했기 때문에 그의 보고서는 두만강 국경 문제를 이해하는 데 있어 필수적으로 검토해야 할 자료로 알려져 있다. 간도 영유권 문제에 대한 최근까지의 연구들이 나이토의 조사서에 대한 계승이나 비판을 주된 논점으로 삼고 있는 것은 그가 남긴 자료와 시각이 갖는 영향력 때문일 것이다. 하지만 그의 간도 조사는 특정한 목적을 설정하고 또 문헌연구를 방법으로 한 것으로, 지역의 공간적 구조와 사회적 관계에 대한 자료를 구축하는 지역조사와는 다소 거리가 있다. '문제해결형 조사'로서, 나이토는 방대한 기록문헌을 검토하여 간도의 국경 문제와 영유권 문제의 역사적 과정을 정리한 것이지, 간도라는 지

연구와 '근세론'의 명암」, 21~24쪽에 정리되어 있는데, 한국학계와 일본학계가 조사의 목적과 성격에 대한 해석이 엇갈리고 있다고 한다. 일본학계에서는 나이토의 간도 조사가 조선 식민화의 사전 정지 작업으로서 간도문제를 해결하는 데 필요한 자원을 제공한 것으로는 볼 수 없다고 주장하는 데 반해, 한국학계에서는 나이토의 간도 조사와 조선 식민지배가 결코 무관하지 않다고 보고 있다는 것이다. 윤해동은 나이토의 간도 조사를 이해하기 위해서는 그의 동양학 체계를 전체적으로 검토해야 한다고 주장한다. 간도 조사를 계기로 나이토가 중국사－동양문화론으로 연결되는 연구체계를 구축한 것은 사실이지만, 그렇다고 간도 조사만을 분석해서는 그 조사가 갖는 성격을 명확히 이해할 수 없다는 것이다.

역의 구체적 '현실'을 조사한 것은 아니었다.

간도파출소가 조사한 간도 자료를 정리한 『통감부임시간도파출소기요(統監府臨時間島派出所紀要)』(1910.3, 이하 '간도파출소기요'로 약칭)[15] 역시 국경 획정이라는 당시의 '간도문제'를 중심 내용으로 하고 있다. 간도파출소는 1909년 이른바 「간도협약」에 의해 일본이 간도를 청의 영토로 인정하는 대신 간도 용정촌에 간도파출소 대신 외교기구로서 '간도총영사관'을 설치하는 것으로 합의하면서 그해 11월 1일에 관제가 폐지되어 공식적으로 폐쇄되었다. 기관 폐쇄 후 잔무 처리 및 업무 정리를 위해 '통감부임시간도파출소잔무정리소(統監府臨時間島派出所殘務整理所)'가 설치되었는데, 여기서 그간 간도문제에 대해 간도파출소가 조사한 자료들을 정리하여 1910년 3월 간행한 것이 이 '간도파출소기요'이다.[16]

간도파출소기요의 첫 장은 「간도문제의 내력」으로 간도를 '문제'로서 설정한다. 또 그 첫 문장은 "교토제국대학 나이토 교수의 연구에 의하면"으로 하면서 나이토 코난의 간도문제 조사연구가 간도파출소의 간도 국경 조사의 기초가 되었다는 점을 언급하고 있다.[17] 간도파출소에 있어 간도문제는 곧 국경획정의 문제였으며, 간도조사의 중심 축 역시 국경 문제의 연혁 및 귀속 문제에 두고 있다. 간도의 조선인은 이 국경 획정 및 귀속 문제의 파생 문제로, 영토 영유권이 명확치 않기 때문에 조선인 '보호'를 위해 통감부가 간도에 개입할 수 있다는 논리가 성립했

---

15) 이 글은 동북아역사재단에서 번역한 『譯註『統監府間島臨時派出所紀要』』에 근거하여 논의를 전개한다. 간도파출소기요의 원문은 일본 외무성외무사료관에 소장되어 있으며 한국에서도 영인본으로 간행된 바 있다. 상세 현황은 동북아역사재단의 위 역주서의 5쪽을 참조할 것.

16) 동북아역사재단, 『譯註『統監府間島臨時派出所紀要』』, 3쪽.

17) 동북아역사재단, 『譯註『統監府間島臨時派出所紀要』』, 49쪽.

던 것이다. 간도파출소의 초대 소장 사이토 스에지로(斎藤季治郎)의 파출소원 훈시는 이 점을 명확히 설명하고 있다.

> 간도가 한국과 청국 어느 쪽의 영토에 속하는지는 현안(懸案)이 된 지 오래다. … 보통의 순서대로라면 제국정부는 우선 청국정부와 교섭하여 경계선을 결정함이 옳다. 그러나 청국의 지금 현상은 이와 같은 수단으로 본 문제를 해결할 수 없음 … 에 우리 정부는 우선 이 지방에 거주하는 한국신민의 보호에 착수하고, 경계담판(境界談判)은 이를 후일로 미루고자 하므로, 현하(現下)의 형세에서 이 지방은 완전히 한국의 영토로서 조치(措置)할 수 없음과 동시에 또한 청국의 영토로서 인정할 수도 없음은 재론의 여지가 없다.[18]

간도파출소는 그 조직으로 ①총무과, ②경무과, ③조사과, ④감찰과의 4개 과를 두었는데, 각 과는 각기 업무를 부여받았고 업무 수행을 위해 몇 가지 조사를 실시하였다. 간도파출소기요에 수록된 조사 내용들은 각 과에서 작성한 조사보고를 편집한 것이다. 각 과의 사무 사항은 다음과 같다.

①총무과는 간도의 제도연혁 및 인정관습(人情慣習)을 조사하고, 주민 간의 쟁의, 교육과 종교, 교통기관에 대한 사항 등 간도의 전반적인 사회 상황을 업무의 대상으로 하였다. ②경무과는 '안녕질서'와 전염병 및 위생 문제를 담당하였고, ③조사과는 지질·광산·농업·산림·공업·토목 등 산업 관계 부문을 특정화해서 조사하였다. ④감찰과가 담당한 것은 바로 조선인에 대한 사항 일체였다.

간도파출소 감찰과는 '한국인의 보호무육(保護撫育)', '한국인의 호구조사', '한국인의 이권(利權)조사', 이 3개 사항을 사무로 하는 조선인 관

---

18) 동북아역사재단, 『譯註『統監府間島臨時派出所紀要』』, 101~102쪽.

리 조직이었다.[19] 『간도파출소기요』의 「6장. 한국민 보호에 관한 시설」
에는 통감부 시기 간도 조선인 사회에 대한 귀중한 정보가 제시되어 있
는데, 이는 감찰과의 조선인 사무의 내용이었다.[20] 이렇게 보면, '기요'
라는 형식으로 작성된 간도파출소의 간도 조사서는 통감부의 행정조직
이 조직에 부여된 특정한 업무를 위해 조사작성한 '행정조사' 자료라 할
수 있을 것이다.[21]

Ⅲ. 간도 지역조사의 출발 : 1915년 조선총독부의 『국경지방시찰복명서』

간도조사의 계보를 추적할 때 지역조사의 원형이 되는 것으로 1915년
간행된 『국경지방시찰복명서(國境地方視察復命書)』(朝鮮總督府, 1915年
3月)를 들 수 있다.[22] 이는 조선총독부 측이 압록강·두만강 일대를
1914년 여름에 2개월간 현장조사를 하여 현황을 조선총독에게 보고하
기 위해 작성한 출장보고서이다.

조사가 입안된 특별한 경위나 사건적 사안에 대해서는 별다른 언급
이 없지만, 간도 월경 조선인 인구가 30만 명을 넘어 분쟁이 종종 발생

---

19) 동북아역사재단, 『譯註『統監府間島臨時派出所紀要』』, 99~100쪽, 「통감부파출소집
무내칙」의 규정.

20) 당시 일본에서 '감찰(監察)'이라는 용어의 뉘앙스가 정확히 어떠했는지 알 수 없지
만, 조선인을 '보호'한다는 간도파출소의 설치 목적이 실제로는 조선인에 대한 감시
와 관리에 있었다는 점은 부인할 수 없는 사실일 것이다.

21) 통감부임시간도파출소잔무정리소에서 '기요'와 함께 1910년에 편찬·간행한 『間島
産業調査書』는 간도의 농업, 지질·광업, 상업에 대한 조사 기록을 정리한 것인데,
행정조사라는 성격은 '기요'와 동일하다. 이 조사서는 한국 국립중앙도서관의 조선
총독부자료로 소장되어 있으며 디지털파일로도 열람가능하다.

22) 한국 국립중앙도서관의 조선총독부자료로 소장되어 있으며 디지털파일로도 열람
할 수 있다.

하고 있기 때문에 조선총독부로서도 "국경지방의 실지시찰이 필요하다
고 인정하여 … 조사반을 편성, 각기 방면을 나누어 실지조사를 하"게
되었다고 설명한다. 그런데 현장을 실지조사해 보니 "책상의 상상과는
전혀 상이한 실상을" 쓸 수 있게 되어 총독부의 간도 정책에 중요한 자
료를 제공해 줄 수 있게 되었다며 조사의 의의를 강조한다.[23] 즉 이 조
사보고서는 "실지조사"를 통한 "실상" 파악, 즉 '필드워크'에 기초한 것
이며, 또 특정한 정책과제를 조사한 것이 아니라 간도의 정치·경제·
사회·문화 전반을 조사했다는 점에서 다른 간도 조사서와는 달리 지
역조사로서의 내용과 형식을 갖추고 있다고 하겠다.

　보고서의 전반부는 ①간도와 동변도 지역의 '지형적 조건'을 개괄한
후, ②'지방통치기구'를 소개하고 뒤이어 ③'인구의 구성과 변천'을 기술
한 다음, ④종교·교육·위생 등 소위 '사회문화시설'을 소개·평가하고,
⑤토지·농업·임업·공업·상업 등의 '산업개황'을 제시하고 나서, ⑥
금융·도량형·교통·통신 등의 '인프라' 등을 설명한다. 이와 같은 구
성은 지역조사의 공통적인 포맷으로, 지역조사서들은 이 포맷을 유지
하면서 시기별로 조사 내용을 업데이트 하는 방식을 취한다. 즉 정치행
정, 인구변천, 사회문화, 산업경제가 지역조사의 기본 범주인데, 이 조
사는 지역조사가 갖춰야 할 조사 사항들을 대부분 담고 있다고 하겠다.
그래서 1910년대 전반기 간도 지역 조선인의 생활상을 잘 보여주는 자
료로 활용되고 있다.[24]

---

23) 朝鮮總督府, 「國境地方視察復命書」, 1915, 1쪽.

24) 1914년 이전의 간도 조선인에 대한 또 다른 자료로는 「間島居住鮮人狀態調査書」
　(1911년 6월 조사), 「圖們江對岸(支那令)移住鮮人ノ狀態 附支那革命亂ノ影響」(1912년
　3월 조사)가 있다. 이 조사 자료를 토대로 1913년까지 간도 조선인 사회의 특질을
　분석한 것으로는 申奎燮, 「帝国日本の民族政策と在滿朝鮮人」, 東京都立大学博士論
　文, 2002의 제1장을 참조할 수 있다.

조사반은 조선총독부 촉탁 3인, 일본육군 장교 6인의 총 9명으로 구성되어, 1914년 8월 16일 경성(京城)을 출발하여 약 2개월간 현지답사를 하고 10월 23일에 돌아왔다. 조사반의 구성에서 바로 눈에 띄는 것은 이른바 '조선군인(朝鮮軍人)' 3명이 포함되어 있다는 점이다.[25] 육군보병 정위(正尉) 김태원(金泰元)과 김형섭(金亨燮), 그리고 육군보병 참령(參領)으로—나중에 민생단(民生團) 단장을 하는—박두영(朴斗榮)이 그들이다.[26] 조사답사의 목적이 국경지방 조선인의 생활실태를 파악하는 것인 이상, 현지 조선농민들과 소통할 수 있고 또 생활관습 등을 잘 아는 이 '조선군인'들이 참여한 것은 필수적인 일이었다. 그래서 이 보고서만이 아니라 1940년대까지도 재만조선인에 대한 조사보고에는 어떤 형태로든 민관의 조선인과 또 군경(軍警)이 참여하였다. 조선인은 조사 실무자이자 통역관으로 참여하였고, 군경은 접경지역 조사의 안전을 확보하고 현지주민의 '협조'를 이끌어 내는 역할을 하였다.

보고서의 조사 내용을 유형 별로 재구성하면 〈가. 인구변천과 이동, 나. 토지소유의 현황, 다. 경제활동 및 상황, 라. 조선과의 관계〉의 4가지 범주로 정리할 수 있다.

먼저 〈가. 인구변천과 이동〉의 현황은 지역조사의 가장 기초적이면서 핵심적인 조사 대상이다. 무엇보다 간도는 조선인 집주지이자 잡거지로서 에스닉(ethnic) 문제가 사회적 관계의 중심을 구성한다. 조선총독부도 간도가 군사요충지이면서 동시에 조선인 집주지라는 점에서 각

---

[25] '조선군인'은 한일합방 이후에도 직을 유지하고 있던 舊대한제국 군인들을 가리키는 법률용어로, 1911년 「朝鮮軍人ニ関スル件」에 의해 규정되었다. 1920년의 「朝鮮軍人ヲ陸軍将校同相当官ニ任用等ニ関スル件」(大正9年勅令第118号)에 의해 장교 이상의 '조선군인'은 일본군의 직제로 편제되었다. 그래서 하사관 이하만 '조선군인'으로 계속 유지되었다. 1946년 復員庁令第3号에 의해 위 1920년 칙령이 폐지되면서 법적으로 소멸하였다.

[26] 朝鮮總督府, 「國境地方視察復命書」, 3~4쪽.

별한 관심을 기울였고, 이때 첫 번째 관심사항이 바로 간도의 민족 관
계였다. 이 조사서에서도 당연히 민족관계에 대한 내용을 손쉽게 찾아
볼 수 있는데 그 조사 내용은 아래와 같다.

<표 1> 1913년 말 간도의 민족별 인구구성

	일본정부의 조사	중국정부의 조사
일본인	425	-
조선인	160,499	141,025
중국인	41,340	52,750
러시아인	27	-
영국인	6	-
프랑스인	2	-

* 출처: 朝鮮總督府, 「國境地方視察復命書」, 18쪽.

간도의 민족별 인구구성은 1913년 말의 데이터를 기준으로 한 것인
데, 조선인, 중국인[27]이 약 20만 명으로 두 민족집단이 간도 인구의 대
부분을 차지하고 있음을 쉽게 파악할 수 있다. 그런데 일본정부의 조사
와 중국정부의 조사를 서로 병치시켜 그 차이를 드러내는 방식을 취하
고 있는데, 조사반은 그 이유를 다음과 같이 설명한다.

조사반에 의하면 일본정부와 중국정부의 조사에서 인구수가 차이가
나는 것은 조선인의 중국 귀화를 인정하는가 여부에 따른 것이라고 한
다. 조선인의 일본 국적 이탈을 허용하지 않는 일본정부는 간도의 조선
인 인구를 약 16만 명이라 파악했고, 조선인이 중국으로 귀화하여 일본

---

27) 조사자료에는 '支那人'으로 되어 있는데, 필자가 '중국인'으로 바꿔 표기하였다. 일
본인은 '邦人'으로 되어 있다. 만주에서 '중국인(支那人-滿人)'의 범주는 인구조사
의 시기와 주체에 따라 상이한 용어로 사용되었고 분류하는 인종·민족 집단의 기
준도 미묘하게 변화하였다. 따라서 만주 인구의 민족 구성을 논의할 때에는 그 분
류 기준의 변화와 차이를 염두에 두어야 할 것이다.

국적을 버릴 것을 원하는 중국정부는 조선인의 인구를 약 2만 명 더 적은 약 14만 명으로 파악했다는 것이다. 같은 이유에서 중국정부의 조사는 조선인 귀화자를 중국인으로 분류했기 때문에 중국인 인구는 일본측 조사보다 약 1만 명 더 많다. 따라서 조선인, 중국인 수의 차이인 약 1만 명 혹은 2만 명이 조선인 중국 귀화자인 셈이 된다.[28] 즉 일본정부는 조선인의 국적 이탈을 법적으로 허용하지 않기 때문에 반대로 중국정부는 조선인의 귀화를 요구하기 때문에 조선인-중국인의 수가 서로 달라진 것이다.

이처럼 일본이 조선인의 국적 이탈을 패전 때까지도 법적으로 허용하지 않은 이상, 이 조사서만이 아니라 일본이 주체로서 작성한 간도-만주에 대한 다른 인구 조사서에서도 '중국인'의 범주에 조선인은 포함되지 않는다고 봐야 한다.

그렇다면 이와 같은 민족별 인구구성을 낳은 원인인 조선인들의 간도 이주의 양상과 이유가 무엇인지 궁금하지 않을 수 없었을 것이다. 조사반이 정리한 조선인 이주의 동기는 ①조선에서의 생활난, ②연고 이민과 월경경작, ③세금 및 부역 등의 경제적 문제, ④배일사상(排日思想) 등이다.[29]

잘 알려져 있듯 간도는 국경지대라는 특성과 조선농민 촌락의 분포라는 조건으로 인해 항일무장투쟁의 근거지 역할을 하였다. 영토주권이 불분명하다는 간도의 특징은 일본이 대륙침략에 이용할 명분이기도

---

[28] 두 정부 인구조사에서 집계한 모집단의 수가 다르기 때문에 중국정부 조사의 중국인 수에서 일본정부 조사의 중국인 수를 뺀 것을 조선인 중국 귀화자로 보거나, 일본정부 조사의 조선인 수에서 중국정부 조사의 조선인 수를 뺀 것을 조선인 중국 귀화자로 보는 것은 둘 다 오류일 수밖에 없다. 즉 이 조사표만으로는 조선인 귀화자 수를 정확히 알 수 없다.

[29] 朝鮮總督府, 「國境地方視察復命書」, 215~216쪽.

했지만, 반대로 항일독립운동 세력에게도 일본의 영향력이 억제되어 있으면서도 일본에 직접 맞설 수 있는 기회의 공간이 되기도 하였다. 그래서 19세기 후반부터 형성된 이 조선인 집주지는 통감부 설치와 '한일합방'을 계기로 항일독립운동을 꿈꾸는 조선인들이 대거 이주해 들어왔다. 이런 사정을 잘 파악하고 있던 조사반은 "간도 이주자 중에는 배일사상을 품은 자가 있는 것은 사실이지만 … 근래에는 거의 없을 것으로 믿는다"는 자신들의 해석을 특별히 덧붙여 두기도 하였다.[30]

그러면 민족 관계와 연관되어 간도에서 매우 중요한 문제였던 토지 소유 관계를 살펴보자. 보고서에서는 1913년 간도총영사관의 추산을 인용한 것임을 밝히며, 당시 간도의 조선농민 총 호수는 약 2만 8천 호에 소유지는 2만 정보, 중국인은 총 호수 약 6천 호에 총 소유지는 약 4만 5천 정보였다고 정리하였다. 조선인 중 '지주'는 총 호수의 60% 정도인 1만 7천 호가량이며 중국인 지주는 총 중국인 호수의 80%로 추산된다고 한다.

〈표 2〉 1913년 간도의 민족별 토지소유

	地主 戶數	地主 1戶當 平均 所有地
조선인	약 17,000호	약 2町步
중국인	약 2,600호	약 10町步

* 출처: 朝鮮總督府, 「國境地方視察復命書」, 231쪽.

조사반은 조선인 지주와 소작농의 형성에 대해 조선인들은 처음에는 간도에 들어와 중국인 지주하에서 소작을 하였지만, 중국에 귀화를 하여 경작지의 소유권을 공인받아 여유 있는 지주가 되는 경우를 흔히 볼

---

30) 朝鮮總督府, 「國境地方視察復命書」, 1915, 216쪽.

수 있었다고 설명한다. 하지만 근래의 이주자들은 자금도 없고 또 조선
인들은 토지소유권도 완전히 인정받기 어렵기 때문에 소작인으로 지내
는 자들이 많아지게 되었다고 설명한다.[31]

그런데 〈표 2〉에서 '지주'라고 명기하였지만 조선인의 경우 평균 소
유지는 약 2정보로 사실은 '지주'라기보다는 '자영농'의 경작 규모이다.
당시 일본은 미작 자영농의 최소 경지 규모를 1.5정보(약 4,500평) 정도
로 산정하였는데, 간도의 조선인 지주의 경작 면적은 이 최소 기준을
조금 상회하는 수준인 것이다.[32] 따라서 〈표 2〉에서 '지주'를 다수의 소
작농을 거느린 대지주의 상(像)으로 이해해서는 결코 안 될 것이다.

그렇다면 비교적 최근 간도로 이주해 와 토지 소유권을 인정받지 못
해 소작인으로 생활하고 있다고 조사반이 관찰한 조선인 신규 이민자
들은 10정보 이상의 토지를 경작하고 있는 중국인 지주의 소작농으로
볼 수밖에 없다. 조선인 '지주'는 소작농을 거느린 지주가 아니라 자기
소유의 농지를 스스로 자영하는 소농이었기 때문이다.

〈표 3〉 1913년 당시 간도의 민족별 영농 형태

	조선인	중국인
자작농	29%	56%
자소작농	35%	27%
소작농	36%	17%

* 출처: 朝鮮總督府, 「國境地方視察復命書」, 232쪽.

〈표 3〉은 경작 형태를 민족별로 제시한 것인데 조선인은 자작농과
자소작농을 합쳐 64%로 위의 지주 60%에 근사한 수치를 보인다. 여기

---

[31] 朝鮮總督府, 「國境地方視察復命書」, 231쪽.
[32] 조선인의 소유 경지를 미작(米作) 농지로 가정할 경우이다.

서도 조선인 '지주'가 대체로 자작농이며 그 절반 이상은 소작을 겸하여 생계를 꾸리는 영세 자작농이라는 점도 확인할 수 있다. 다시 말해, 간도의 조선인 인구 중 순소작농은 100명 중 36명 정도였으며, 이들은 주로 1910년대에 들어와서 간도로 이주를 한 사람들로 보인다.

조사반은 이러한 토지소유 관계를 전제로 조선농민의 경제생활 실태를 밝혀 보고자 했는데, 자료의 미비로 충분하지는 않다고 하면서 대략 다음과 같이 설명하였다. 우선 토지가격과 농업생산성의 경우, 간도의 경지가격은 조선의 1/2 내지 1/3에 지나지 않음에도 수확고는 20·30%, 많으면 50% 정도 높기 때문에 농업경영에 매우 유리하다고 보았다. 게다가 아직 개간의 여유가 있어 더 많은 생산이 기대된다고 하였다.[33] 세금의 경우에는 조선과 일본보다 간도가 더 농민들에게 제도적으로는 유리한데,[34] 하지만 실제로는 중국 당국의 가렴주구가 있기 때문에 그렇지 않을 것이라 하면서 국가 근대화에 있어 일본의 우위를 드러내기도 하였다.[35]

한편 조사반은 조선인의 취업 실태도 조사하였는데, 취업선이 조선 내로 향한다는 점에 특별히 주목하였다. 간도의 조선인들은 함경북도 출신이 다수인데, 이들은 고향을 등진 것이 아니라 고향과 간도를 언제든지 오가면서 생활을 할 수 있다는 점에 유의해야 한다는 것이다. 조사반의 보고서에서 조선인의 전체 취업선과 인원을 찾을 수는 없지만,

---

33) 朝鮮總督府, 「國境地方視察復命書」, 233쪽. 한편 조사반은 간도의 경작 가능 농지를 총 30만 정보로 감정하였는데(8쪽), 조사 당시 6만 5천 정보가 경작되고 있었기 때문에 경지는 여전히 충분하였다. 1930년대에 동척이 '간도 자작농 창정사업'을 계획하면서 간도의 최대 경지를 30만 정보로 평가한 것으로 보아 이 조사반의 토지 감정은 매우 정확했던 것으로 보인다.

34) 소작료는 조선과 같은 방식으로 공과금은 지주가 부담하고 타조식으로 나눈다고 보고한다. 朝鮮總督府, 「國境地方視察復命書」, 234쪽.

35) 朝鮮總督府, 「國境地方視察復命書」, 232쪽.

조선 내 취업 현황은 제시되어 있다. 조사반이 확인한 취업선은 바로 조선의 헌병보조원과 학교의 교사였다. 무산헌병분대에 11명이 회령헌병분대에 4명이, 종성헌병분견소에 1명, 경원헌병분대에 4명, 경흥헌병분대에 6명으로 총 26명의 간도 조선인이 일본 헌병보조원이 되었다고 한다. 교사는 2명에 그쳤다. 조사반은 본인들이 파악하지는 못했지만 다른 직장에 더 많은 조선인들이 취업을 했을 것이라고 덧붙여 두었다.[36]

조선총독부의 1914년 간도 조사는 농업경영에 있어 간도가 갖는 호조건을 제시하면서도 조선인의 생활상태가 호전되지 않는 이유를 중국 측의 간섭과 압박으로 돌리고 있다. 조선인 신규 이주자가 개간 가능지가 많이 남아 있음에도 경작지를 매입하여 자영농이 되지 못하고 소작농으로 살아 갈 수밖에 없는 것은 중국정부가 조선인의 귀화를 종용하기 때문이라고 비판하고 있다. 간도에는 조선농민들이 개간하여 경작할 넓은 농지를 자연적인 조건으로 구비되어 있지만 중국정부의 토지정책, 조선인 정책이라는 정치적 문제로 인해 빈곤 소작농이 양산되고 있다고 분석한다. 간도에서 외국인의 토지소유권을 완전히 인정한다면, 조선인들이 굳이 귀화를 하지 않고서도 간도의 토지를 구입하여 자영농으로 생활을 해 갈 수 있다고 주장하는 것이다. 이는 만주의 토지에 대한 일본정부의 기본 방침—일본인의 만주 토지 소유권 요구—과 동일하다. 일본의 입장에서 조선인은 법적으로 일본 국적자이기 때문에 조선인의 간도 토지소유는 곧 일본인의 만주 토지소유권 보장으로 연결되는 것이었다.

조선총독부의 『간도국경지방시찰복명서』의 특징은 다음의 두 사항으로 정리할 수 있다. 첫째, 조사방법의 특징으로 이 보고서는 1909년

---

36) 朝鮮總督府, 「國境地方視察復命書」, 241~242쪽.

'간도협약'으로 간도 영유권 문제가 일단락된 이후[37] 조선 국경 지역의
상황을 실지조사한 필드워크로 역사문헌 조사와 달리 지역의 현실을
매우 구체적으로 보여주고 있다. 둘째, 조사목적의 특징으로, 이 보고
서는 일본의 만주지역 토지상조권을 획득한 1915년의 소위 '만몽조약'
체결 이전, 즉 조선인의 간도 토지 소유권이 중국 측에 의해 거부되고
있는 상황을 보여주는 자료라 하겠다. '만몽조약'에서 일본이 중국에 요
구한 핵심적 사항은 바로 일본인의 만주 지역 토지소유권 보장이었는
데, 이 보고서는 마침 이 문제를 집중적으로 거론하고 있다.

Ⅳ. 봉오동·청산리전투 직전의 간도 지역조사,
   1918년 동척의 『간도사정』

　동척은 1918년 2월 『간도사정(間島事情)』이라는 간도 지역조사 보고
서를 간행하였다. 이는 1,000쪽이 넘는 방대한 보고서로 역사·지리·
정치·경제·문화·산업·교육·위생 등 간도를 이해하는 데 필요한 모
든 부문을 총 망라하고 있다. 즉 조사 대상지로 설정된 특정 지역에 대
한 가능한 한 모든 항목을 조사, 분류, 정리한 지역종합조사이다. 이 점
에서 나이토 코난의 간도문제조사나 통감부임시간도파출소의 간도조
사와는 성격이 다르다고 하겠다. 이에 반해 앞 장에서 분석한 조선총독
부의 『국경지방시찰복명서』의 틀은 수용하면서 내용을 더욱 확대·보
강했다는 점에서 『간도사정』은 조선총독부 조사의 연장에 있다고 할
수 있다.[38]

---

37) 간도 국경 문제는 만주국 성립을 계기로 조선총독부와 만주국 사이에 다시 재론되
　　었다.

동척은 간도 현지의 일본인들[39])과 조선인으로부터 자료를 수집하였다. 조선인 조사협조자는 일진회 회원으로 통감부간도임시파출소에서부터 간도 경력을 시작하여 조사 당시에는 간도총영사관의 경부 이경재(李庚在)였다. 그는 나중에 '조선인민회(朝鮮人民會)'와 '민생단(民生團)'의 임원이 되는데, 『국경지방시찰복명서』의 간도 현지조사에 협력했던 박두병이 민생단 단장이 된 것과 같은 경로라 하겠다. 이들 현지조사자들이 제공한 자료 이외 추가로 필요한 사항은 동척의 기사가 간도에 파견되어 직접 조사를 했다고 한다.

동척은 간도의 역사·지리·정치·경제·사회 등에 대해 전반적으로 정리를 하면서도 그중에서 특히 "경제산업 방면에 비중을 두고" 조사서를 편찬했다고 밝히고 있다.[40]) 식민지 개발회사인만큼 현지 경제의 역사와 상황에 대해 충분히 숙지를 하고자 했을 것이다. 실제로 동척의 조사서는 지역조사에 필요한 항목들이 모두 포함되어 있으면서도 경제와 산업에 대한 조사 내용을 더 많은 지면을 할애하여 대단히 구체적으로 제시하고 있다.

1. 간도의 토지소유권 문제와 동척의 만주 진출

토지와 농업은 농업식민회사 동척의 본래 영역인 만큼 그 조사 내용이 대단히 상세하다. 1917년 당시 간도의 토지소유 및 경작 현황을 '사(社)'[41])

---

38) 「국경지방시찰복명서」나 『간도사정』 모두 간도총영사관과 봉천총영사관의 조사협조를 받아 현지조사원, 조사자료 등을 제공받았다. 총영사관의 조사와 같은 외무성 조사들이 조선총독부 계통의 조사와 어떤 관련을 맺고 있으며 어떤 점에서 다른 입장을 드러내는지는 후속 연구를 통해 검토해 볼 것이다.

39) 末松吉次, 川口印橘, 靑江房太로 기재되어 있다.

40) 東洋拓殖株式會社, 『間島事情』, 1918, 1쪽.

41) 이 보고서는 '社'를 간도 내 지역 명칭인 것처럼 설명하는데, 이는 행정구역인 洞과

라는 것을 단위로 하여 하나하나 기록해 두고 있다. 여기에는 토지소유
현황에서부터, 지주 일람, 농가호수, 경작면적, 경작형태, 농업노동자의
임금, 토지가격, 농가대출금리 등이 총 망라되어 제시되어 있어, 1910년
대 중엽 간도 농촌과 농업의 현황과 실태를 세밀히 들여다 볼 수 있는
자료가 되고 있다.

　토지제도의 경우, 무엇보다 토지소유권 문제를 설명하는 데 관심을
기울이고 있다. 중국정부가 외국인의 간도 토지 소유권을, 특히 일본인
을 겨냥하여 제한하면서 가장 큰 곤경에 처한 것은 간도의 농지를 경작
하고 있던 조선인 농민들이었다. 동척의 조사는 다음과 같이 그 과정을
설명한다. 원래 간도 지역의 공유지(公有地)는 5년을 기한으로 개간을
완료하면 그 토지에 대한 소유권을 획득하여 지권(地券)을 교부받을 수
있었지만, 조선인은 귀화를 하지 않는 한 소유권을 인정받지 못하였다.
그래서 조선인들은 귀화조선인의 명의를 빌려 토지를 소유하였는데 이
소유권은 꽤 불확실한 것일 수밖에 없었다.[42] 이런 탓에 토지를 매매하
려 할 경우 수속과정이 대단히 복잡하였다.

　동척은 이 과정을 도표로까지 그려가며 상세히 설명한다. 간도에서
비귀화 조선인이 토지를 매입하기 위해서는 15단계의 수속을 거쳐야만
했다고 한다. 수속 과정이 복잡하기 때문에 단계마다 많은 사람이 개입
하고 그래서 비용도 많이 들 수밖에 없었다. 동척이 설명한 토지매입

村과 겹치기도 하면서 다르기도 했다. 같은 지역에 있는 사라도 중국인들과 조선
인들이 서로 부르는 명칭이 다른 경우도 있었다. 이 '사'에 대해서는 보고서에서도
그 의미와 연원을 명확히 설명하고 있지는 않다. 그런데 '사는 그 한자의 의미로
볼 때, 본래 지역 명칭이 아니라 함께 생활을 영위하는 사람의 집단, 즉 (개척단과
같은) '사회조직'을 가리켰던 것으로 보인다. 즉 애초 사회조직을 가리키던 말이 생
활공간을 가리키는 말이 되었다가 나중에는 특정 지역명처럼 쓰이다가, 결국 근대
적 행정구역이 공간 구획을 원리로 편성되면서 소멸한 게 아닌가 한다.
[42] 東洋拓殖株式會社, 『間島事情』, 255쪽.

수속 과정은 대략 다음과 같다.[43]

> 토지의 소개 → 매수인은 토지매입 명의인[44]을 선정 → 소유권이 불확실
> 하기 때문에 매수인은 명의인·중개인과 함께 반드시 토지에 직접 가서 소
> 유·임대 관계를 실지조사 → 매수인은 중개인, 명의인과 토지매입 대금을
> 교섭 → 매매계약 → 매수인이나 명의인이 토지 대금 지급 → 매도서 교부
> (代書人이 매도증을 대서하고, 명의인·중개인·증인·인접토지소유자가 연
> 서하고, 매수인이 지장을 찍음) → 명의인은 토지 소재지 사장에게 매매사실
> 증명을 수령 → 명의인은 토지 소재지 보위단에서 매매사실 증명을 수령 →
> 명의인은 거래세를 납부하고 지권을 수령 → 명의인은 매매부가세를 납부
> → 명의인은 관공서에 가서 토지등기 수속을 함 → 매수인－실소유주는 중
> 개인에게 보수를 지급 → 실소유주는 명의인에게 토지관리비를 지급 → 실
> 소유주는 명의인을 통해 토지세를 납부.

이렇게 복잡하고 번거로운 토지 매입 수속을 밟아도 토지 등기가 실
소유주에게 있지 않았기 때문에 간도의 토지소유권에 대해서는 소송이
끊이지 않았다. 예를 들면, 명의인이 다수의 실소유주를 한데 묶어 하
나의 지권으로 등기를 한 경우, 각 실소유자들은 자기 뜻대로 토지를
팔 수 없는 상황이 종종 발생하곤 했던 것이다.

앞서 잠시 언급했듯이, 일본은 1915년 「남만주 및 동부내몽고에 관한
조약」,[45] 일명 '만몽조약'에 의해 만주에서의 토지상조권(土地商租權)을
행사할 권리를 중국으로부터 획득하였다. 일본은 제1차 세계대전 와중

---

[43] 東洋拓殖株式會社, 『間島事情』, 257~259쪽.
[44] 명의인은 주로 귀화조선인들이 맡았는데, 당시 이들을 '地方主人'이라 불렀다 한다.
[45] 공식명칭은 「南滿洲及東部內蒙古二關スル條約」으로 1915년 5월 조인되어 8월 시행
되었다. 이 '만몽조약'에 대해서는 淺田喬二, 『(增補)日本帝國主義と舊植民地地主制』,
龍溪書舍, 1989를 참조할 것.

동맹국 영국의 적국이었던 독일에 선전포고를 하고 칭따오를 중심으로
한 산동의 독일 조차지 일대를 점령하였다. 일본은 산동 주둔 일본군의
무력을 이용해 중국정부에 대해 21개의 권리와 이권을 요구하였는데,
그것이 바로 '대중국 21개조 요구'이다. 일본은 이 요구 사항에 대해 중
국정부와 협상한 끝에 몇 가지 권리를 획득하였는데, 그 권리의 핵심은
바로 만주에서의 토지소유권과 영사재판권이었다.

  그런데 일본이 요구한 토지소유권은 만몽조약에서 '일본은 만주 및
동부내몽고에서 토지를 상조할 권리를 갖는다'는 식으로, '소유'가 아니
라 '상조(商租)'라는 용어로 조인되었다. 이 '상조'라는 생소한 한자에 대
해 일본은 소유권으로 해석했고, 중국은 단지 사용권에 불과한 것으로
해석하였다. 사실 일본도 이것이 배타적 소유권을 의미하지는 않는다
는 것을 협상 시에도 알고 있었지만, 굳이 더 밀어 붙이지는 않았다.[46]
『간도사정』에서도 토지상조권의 획득에도 불구하고 조선인의 간도 토
지소유는 여전히 제한적이며, 일본인에 대해서는 거의 승인하지 않는
다고 불만을 토로하였다.[47]

  동척이 이렇게 간도 토지소유 문제를 세밀하게 조사한 것은 동척 그
자신의 변화 때문이다. 동척은 조선으로의 식민지 농업이민을 목적으
로 설립되었지만, 1910년대 후반이 되면 그 성격을 일변한다.

  데라우치 마사다케 초대 조선총독은 1916년 일본 총리대신으로 취임
하고 곧 만주에 대한 적극적 침략 정책을 입안·시행하였다. 데라우치

---

[46] 이에 대해 일본이 중국과의 힘겨루기에서 압도하지 못한 것으로 보는 전통적인 해
  석도 있고, 반대로 만주에 개입할 빌미를 위해 의식적으로 분쟁의 소지를 남겨 놓
  은 것으로 보는 견해도 있다.
[47] 중국 측은 간도 조선인에 대해서는 그 특수성을 감안하여 토지 소유를 원천 봉쇄
  하지는 않고 편법으로라도 땅을 매입하여 경작을 할 수 있도록 묵인하였다. 하지
  만 이는 민법상 많은 문제를 야기하였다.

가 각별히 관심을 기울인 것은 만주에 대한 일본의 경제적 이권 확대로, 그 초점은 만주의 통화와 토지를 장악하여 만주 경제 전체를 일본 경제권의 일부로 만드는 데 있었다. 그는 통화전쟁과 토지매수를 담당할 두 개의 국책회사를 지정하였는데, 그것이 바로 조선의 식민지 중앙은행인 조선은행과 조선의 이민·토지사업을 위해 설립되어 있던 동척이었다.

동척은 통감부기인 1908년 '조선에서의 척식사업'을 목적으로 설립된 식민지 개발회사이다. 이 국책특수회사는 일본농민의 조선 이주를 사업 목적으로 하였다. 조선의 농업 개발을 위해서는 우수한 농법을 익힌 일본농민들이 조선 농촌으로 이주해 와서 그 우수성을 조선 농민에게 확산시킨다는 것이 설립 당시 동척의 사업 내용이었다. 일본농민의 경작 이주를 위해서는 농지가 필요했는데, 동척은 이 이주 농지 확보를 위해 조선의 농지를 매수하고, 이 회사 농지를 다시 일본농민들에게 장기저리로 불하하는 방식이었다. 동척은 토지수탈 회사로 알려져 있지만, 그 출발은 식민지 농업이민에 있었으며, 주요 사업은 토지 매수업과 토지 담보대출업이었던 것이다.[48]

데라우치는 동척의 이러한 자금력과 기능을 만주에서도 활용하고자 하였다. 그래서 1917년 6월 「동양척식주식회사법」을 개정하여 동척의 영업 범위를 기존의 조선에서 만주로까지 확대하였다.[49] 국책회사인 동척은 이에 맞춰 곧바로 만주의 중심지인 봉천과 대련에 지점을 설치하여 만주 지역 토지매수에 돌입하였다. 동척이 이렇게 움직일 수 있었던 것은 '대중국 21개조 요구'와 '만몽조약'을 통해 일본이 만주 지역에

---

48) 동척의 설립 과정 및 초기 성격에 관해서는 君島和彦, 「東洋拓殖株式會社の設立過程(上, 下)」, 『歷史評論』 第282·285號, 1973·1974을 참조한 것이다.

49) 엄밀히 말하면 '일본 본토 이외의 지역'으로 여기에는 조선과 만주는 물론이고, 일본의 경제력이 닿은 중국, 동남아시아, 남양군도를 포괄하였다.

대한 토지상조권을 중국정부로부터 획득한 덕택이었다. 위에서 설명했
듯이, 토지상조권이란 말은 국제정치상의 협상을 위해 중국·일본 양자
가 타협한 조어(造語)로 일본인의 토지 '소유권'이 완전히 보장된 것은
아니었다. 그럼에도 일본은 그간 금지되었던 만주 지역의 외국인 토지
매수를 법적으로 완화시키는 데 성공했기 때문에 동척을 내세워 만주
토지 매수에 나서게 되었던 것이다.[50]

　동척이 1918년 2월 이『간도사정』이라는 방대한 간도 지역 종합조사
보고서를 편찬·간행한 것은 바로 동척 자신의 만주 진출을 위한 사전
조사였던 것으로 보인다. 동척은 1918년부터 토지 및 농업을 중심으로
한 만주 개발을 사업의 주력으로 하게 되어, 이를 위해 만주 지역의 토
지 관계 사항을 상세히 조사할 필요가 있었다. 특히 토지 매수는 동척
사업의 핵심으로 그 거래 관습 및 소유 현황을 면밀히 파악해야만 했었
다. 동척에게 있어 토지상조권이라는 모호한 권리 속에서 어떻게 토지
를 매수할 수 있는지를 이해하는 것, 더 나아가 간도라는 만주의 문제
지역의 실태를 이해하는 것은 회사 사업을 위해 꼭 필요한 자료였던 것
이다.

2. 간도 상업의 호황과 일본 경제권의 확장

　동척이『간도사정』에서 많은 지면을 할애에 조사·보고한 것은 간도
상업의 역동성이었다. 한국에서 알려진 간도 조선인에 대한 일반적인
인식과 달리, 간도 조선인의 상당수, 특히 용정 지역 조선인들 중에는

---

50) 동척의 만주진출과 동척법의 개정에 대해서는 아래의 연구들을 참조할 것. 波形昭
　一,『日本植民地金融政策史の研究』, 早稲田大学出版部, 1985; 黒瀬郁二,『東洋拓殖
　會社―日本帝國主義とアジア太平洋』, 日本經濟評論社, 2003.

상업에 종사하는 사람들이 많았으며, 그 재력 또한 만만치 않았다고 동
척 보고서는 기록하고 있다. 간도 상업에 대한 상세한 조사 덕택에 우
리는 1917년 당시 간도 조선상인들의 성명과 운영하는 업체의 상호, 업
종, 거래액까지도 확인할 수 있다.[51]

  동척의 조사에 의하면 용정 세관[52]이 개설된 이래 간도의 대외 무역
은 부침이 있긴 하지만 비교적 안정적으로 성장해 왔다고 한다. 1914년
과 15년은 제1차 세계대전의 영향으로 교역량이 다소 줄긴 했지만 16년
에는 다시 회복세를 보이고 있었다. 동척은 조사 당시인 17년에는 교역
이 더욱 활발한 추이를 보이고 있다고 간도 상업을 낙관적으로 전망하
였다.[53]

  간도의 무역은 몇 개의 루트로 진행되었는데, 그중 주요한 것으로 첫
번째로 들 수 있는 것은 '용정촌 무역'이다. 이 루트는 조선의 청진항을
출입항으로 했기 때문에 '청진계통(淸津系統)'으로 분류되어 있다. 이 용
정-청진 루트를 통해 주로 일본과 조선의 상품이 들어왔는데, 청진항
에 하역된 후 조선 국경도시 회령을 거쳐 용정으로 들어왔고, 용정에서
일본상인이나 조선상인에 의해 간도 및 길림 지역으로 유통되는 방식
이었다. 반대로 콩과 같은 간도의 농산물은 반대 순서로 청진항에 도착
한 후 일본, 조선, 그리고 영국으로까지 수출되었다. 이 용정-청진 루
트는 일본상품과 일본상인이 주도하는 일본무역망의 일부였던 것이다.

  또 다른 루트로는 '국자가 무역'으로 중국계의 중심도시인 국자가(현

[51] 東洋拓殖株式會社, 『間島事情』, 563~568쪽.

[52] 중국에서는 세관을 '海關'이라 하는데, 간도의 용정 해관에는 한 영국인이 해관장으
로 있었는데 그는 『상상의 공동체』로 유명한 동남아시아 전문가 베네딕트 앤더슨,
『절대주의 국가의 계보』 『고대에서 봉건제로의 이행』을 쓴 영국의 대표적인 마르
크스주의 역사가 페리 앤더슨 형제의 아버지였다.

[53] 東洋拓殖株式會社, 『間島事情』, 455~456쪽, 특히 「龍井村輸出入額累年比較表」(1911~16年).

延吉)을 중심으로 한 교역망이다. 국가자 무역은 다시 북쪽의 훈춘계통
(琿春系統)과 서쪽의 길림계통(吉林系統)으로 나눠졌다. 훈춘계통은 용
정 북방의 국경 도시 훈춘을 중개지로, 연해주의 블라디보스톡과 조선
북부의 웅기를 출입항으로 했다고 한다. 대러시아 교역은 블라디보스
톡-훈춘-국자자로, 대일본·조선 교역은 웅기-훈춘-국자가를 통해
이루어졌다. 그런데 훈춘계통은 제1차 세계대전으로 러시아가 전시체
제로 들어가면서 수송수단이 단절되고 물자가 거의 끊어지다시피 하여
위기에 봉착했다고 한다. 길림계통은 주로 중국산 농산물의 교역루트
인데 꾸준하기는 하지만 교통의 불비 등으로 인해 큰 몫은 차지하지 못
했다고 한다.

하지만 동척은 국자가 무역은 점차 회복세에 있으며, 특히 조선상인
들이 가세하면서 상황이 달라지고 있다고 파악하였다. 중국상인들이
지배하고 있던 국자가의 상권을 조선상인들이 거의 30% 이상 점유하면
서 활력을 되찾고 있다고 보았다. 더욱이 조선상인들은 더 큰 상권인
청진계통에 대해서도 50%를 점유하면서 간도 무역의 중심 주체로 부상
했다고 동척은 보고하고 있다.[54]

간도 무역은 청진계통과 훈춘계통을 두 축으로 하는 것 이외, 토리
(土里), 고읍(古邑), 경흥(慶興), 신아산(新阿山), 용동(龍洞), 종성(鍾城),
회령(會寧), 하사지(下社地) 등을 중개지로 한 대조선 국경무역도 적지
않은 비중을 차지하는 양상을 보였다.[55] 이처럼 간도는 동과 북으로는
대일본, 대조선, 대러시아 교역의, 서와 남으로는 대중국 교역의 국제적
중개무역지대로서 크게 번성하였다.[56] 그래서 제1차 세계대전, 러시아

---

54) 東洋拓殖株式會社, 『間島事情』, 476~479쪽.
55) 東洋拓殖株式會社, 『間島事情』, 495~519쪽.
56) 동척은 간도 무역의 국제성을 강조하기 위해서인지 수천 킬로 떨어진 '러시아에서
의 소비에트혁명과 윈난(雲南)에서의 제3혁명에 의한 동요에도 불구하고' 용정은

혁명 등 세계사적 정세 변동에 민감한 영향을 받았다. 간도의 이러한 국제적 성격은 지금 연변에서도 유지되고 있다.

그런데 간도 무역에 대한 보고에서 동척이 강조하는 것은 간도의 국제성보다는 간도가 일본 경제권의 일부로 편입되었다는 점에 있었다. 간도의 상업이 용정을 중심으로 활황을 보이게 된 것은 바로 일본과의 교역 증대 때문이었다고 하면서 간도가 일본 경제권의 일부가 되었음을 강조하는 것이다. 이렇게 일본 경제권이 간도를 중심으로 만주 일대로 뻗어나가게 된 것에는 간도 재주 일본상인과 조선상인의 활동이 그 바탕이 되었다는 것이 동척이 분석한 결론이다.[57]

지금까지 살펴봤듯이, 간도 일본상인과 조선상인의 거점이었던 용정은 조선의 청진항과 '청회선(清會線)'으로 연결된 북만주-일본 교역의 결절점으로, 일본 경제의 활황과 일본의 경제력 팽창에 민감하게 반응하던 지역이다. 일본이 청진-회령-용정으로 이어지는 북선-간도 일대를 러일전쟁 기부터 그토록 애지중지했던 것은 이 교통·교역 루트가 일본제국주의의 궁극적 목표였던 북만주를 향한 노선이었기 때문이다. 동척이 『간도사정』에서 교통과 운송에 대해 각별히 지면을 할애한 것은 이 때문이다. 특히 동척은 간도를 관통하게 될 길회철도(吉會鐵道)[58]의 부설에 대해서는 막대한 경제효과를 들어가며 부설의 시급성과 중요성을 역설한다. 동척은 노선이 확정되지 않았던 길회선 철도의 노선을 다음과 같이 제시하였다.[59]

최고수준의 무역량을 보였다고 한다.

[57] 東洋拓殖株式會社, 『間島事情』, 456쪽 등.

[58] 조선의 회령과 만주의 전통적인 중심도시 길림을 잇는 노선으로 만주를 동서로 가로지르는 횡단철도였다. 회령-용정-국자가(현 현길)-길림으로 연결되고 나중에 길림-장춘-치치하얼-하이라얼로 하여 내몽고까지 이어졌다.

[59] 東洋拓殖株式會社, 『間島事情』, 220~222쪽.

① 조선 동해의 항구인 청진과 두만강 국경의 회령을 잇는 청회선

② 회령을 거쳐 용정을 지나 길림으로 가는 길회선(吉會線)

③ 길림에서 장춘으로 연결되는 길장선(吉長線)

이 ①+②+③ 노선을 이으면 조선의 청진에서 만주의 맨 한가운데 있는 장춘으로 연결되는 만주 횡단노선을 갖게 된다는 것이다. 여기에 일본 방면으로는 청진에서 일본의 쓰루가(敦賀) 간의 항로와, 쓰루가-오사카(大阪) 간 철도를 이용하면, 일본 본토의 상업 중심도시인 오사카에서부터 만주의 중심부 장춘까지 이어지는 교통수송로를 구축할 수 있다고 보았다. 여기서 조선의 청진과 만주의 간도는 주요 경유지로서 무역의 중개지로서만이 아니라 산업도시로서도 발달할 수 있다고 전망하였다.[60]

동척의 이러한 일본-조선-만주 교통망 구축 구상은 동척의 독자적인 제안인 것은 아니다. 조선의 청진을 중개항으로 하여 일본 본토와 간도, 길림을 잇는 교통망의 중요성은 통감부임시간도파출소의 「간도산업조사서」(1910)에서도 이미 언급되고 있는 등,[61] 조선과 만주를 일본 경제권으로 편입시키고자 할 때 항상 반복적으로 제기되었다. 이 구상은 러일전쟁 기에 일본군이 청진에 주둔하면서 청진-회령-간도의 육로 교통망 구축을 군의 실지 답사를 통해 검토한 후, 전쟁 직후 일본 육군성이 공식화한 대륙전략 루트였다.[62][63]

---

[60] 東洋拓殖株式會社, 『間島事情』, 214~231쪽.

[61] 統監府臨時間島派出所殘務整理所, 「間島産業調査書」, 1910.

[62] 金靜美, 『中國東北部における抗日朝鮮·中國民衆史序説』, 現代企画室, 1998, 78쪽.

[63] 이는 1930년대 말에 이른바 '環日本海루트'라는 이름으로 기본 골격에서 거의 그대로 실현되었다. 1931년 조선총독에 취임하는 우가키 가즈시게는 이 제국 교통망을 총독부의 '북선루트' 정책으로 구체화하였는데, 그는 러일전쟁 기에 육군 소장 장교로서 청진 부근에 주둔하며 청진-회령-간도를 잇는 루트의 중요성을 절감했다고

물론 이 만주 횡단 철도는 경제적인 기능만이 아니라 사실은 군사철
도로서의 역할을 전제로 하고 있었기 때문에, 철도망의 완성은 곧 만주
에 대한 일본의 군사 지배력 강화로 연결되었다는 점을 간과해서는 안
된다. 일본이 대련에서부터 하얼빈을 거쳐 북만주 – 소련 국경도시인
흑하(黑河, '아이훈')에 이르는 만주 종단철도와 회령에서부터 하얼빈을
거쳐 몽고 – 소련 – 만주의 삼각국경도시인 만주리(滿洲里)에 이르는 만
주 횡단철도를 완성하여 대규모 군사력을 일거에 투입할 수 있게 된
1936년 이후 북만주의 항일게릴라 활동이 급속히 소멸해 갔다는 사실
은 철도망이 갖는 군사적 성격을 잘 보여준다.

V. 봉오동 · 청산리전투 직후의 간도조사
: 1921년 조선은행의 경제조사

3.1운동 직전인 1918년 조선 식민개발회사였던 동척은 마침내 對만
주 사업을 시작하였다. 같은 해 동척이 간행한 『간도사정』은 이를 위한
자료조사의 결과물이었다고 하겠다. 동척과 함께 만주 사업에 참여한
조선계 국책회사가 하나 더 있었는데 그것은 바로 '조선은행'이었다. 위
에서 잠시 언급했듯이, 데라우치 당시 일본총리는 제국일본의 만주 경
제침략을 위해 조선은행과 동척으로 하여금 만주에서 통화전쟁과 토지
매수를 각각 담당하도록 하였다. 그러면 이제 조선은행의 간도 조사에
대해 검토해 보도록 하겠다.

알려져 있다(金靜美, 『中国東北部における抗日朝鮮 · 中国民衆史序説』). 일본본토
의 환일본해루트와 조선총독부의 북선루트는 다소 다른데, 이에 대해서는 정재정,
「일제하 '北鮮鐵道'의 경영과 日朝滿 新幹線의 형성」, 『역사교육논집』 54, 2015를
참조할 것.

대한제국의 구(舊)한국은행을 계승하여 한일합방 직후인 1911년 출범한 조선은행은 국정통화발권과 통화관리를 목적으로 하는 현재의 국립중앙은행과는 그 성격이 다소 다르다. 조선은행은 식민지의 국고출납과 화폐발권을 담당한다는 점에서는 중앙은행(central bank)이지만, 외환거래와 해외금융을 또 하나의 주력 업무로 한다는 점에서는 해외은행(overseas bank)이었다. 또 일반예금과 대출까지도 취급했다는 점에서 겸업은행(universal bank)이기까지도 하였다. 조선은행의 이러한 복합적·종합적 기능은 조선은행의 움직임을 이해하는 데 필수적인 사항이라 할 수 있다.

조선은행이 만주와 연해주 일대에 지점이나 출장소를 설치하여 대출 및 예금 업무를 하며 해외영업을 할 수 있었던 것은 법적으로 조선은행이 해외은행이면서 겸업은행인 덕택이었다. 조선은행 해외지점·출장소에서는 무역상을 위한 외환결제와 상공인들을 위한 예금대출 등을 통해 수익을 올리고 있었다.

조선은행 조사부가 조선 내 경제금융 현황만이 아니라 간도-만주를 비롯한 해외의 경제상황 및 금융정보에 대해서도 많은 조사를 시행한 것은 이러한 이유 때문이었다. 경제조사는 국책은행의 통상 업무로, 조선은행도 조사부를 두어 조선의 경제는 물론이고 조선은행의 영업구역과 관련된 지역경제에 대한 조사를 정기적으로 실시하였다. 그래서 조선은행의 경제조사보고서는 식민지 조선의 경제 및 일본경제권, 특히엔 통화권의 상황[64]을 분석할 때 필수적인 자료로 활용되고 있다.

---

[64] 발권은행인 조선은행은 조선은행권으로서의 円을 발행하였고 이 조선은행권 엔과 일본은행권 엔은 1:1 태환으로 설정되어 엔 통화권을 구성하였다. 하지만 일본정부는 태환의 절차에 교묘한 제한을 두어 일본은행권이 조선은행권과 자동적으로 연동되지 않도록 하였다. 일본은행권은 조선은행권에 영향을 줄 수 있지만 조선은행권은 일본은행권에 영향을 줄 수 없도록 설계하여, 조선은행권의 가치 하락이 일본은행권과 일본경제에 타격을 주지 않도록 했던 것이다.

1917년 조선은행은 간도 용정에 출장소를 개설하여 간도에서의 영업
을 개시하였다. 이는 북선(北鮮) 일대와 간도, 그리고 블라디보스톡 등
한중러 접경 지역에서의 무역량이 크게 증대하고 외환 거래 수요가 늘
어난 것에 대한 대응이면서, 동시에 데라우치 총리가 주도한 일본 엔
통화권 확대 기획이기도 하였다.

동척의 『간도사정』이 간행된 1918년 조선은행도 간도 지역에 대한
경제조사 보고서를 간행하였다. 조선은행 조사부가 간행한 「국자가 방
면의 경제상황(局子街方面二於ケル經濟狀況)」(1918.4)이 그것이다.[65] 이
보고서는 1917년 말을 시점으로 간도 경제의 현황을 조사한 것으로, 간
도의 무역, 금융기관, 경제계의 근황, 유통통화의 4개 부문으로 정리되
어 있다. 작성자는 조선은행 용정출장소 소장 이케다 고로(池田五郎)
로, 보고서는 조선은행 조사부의 명의로 간행되었지만 실제 작성한 것
은 조선은행 용정출장소였다.

조사의 주된 주제는 간도 금융기관의 현황과 물자의 유통 루트, 두
가지에 맞춰져 있다. 조사 보고서는 조선은행 용정출장소의 역할과 위
상을 강조한다. 간도의 중심이 중국인의 중심지로서 정치 중심이기도
한 국자가에서 조선인 집주지이자 상업 도시인 용정으로 옮겨 오고 있
는데, 여기에는 일본의 국책금융기관으로서의 조선은행의 역할이 매우
컸다는 점을 부각시키고 있다.

상업과 산업의 발달에 있어서 원활한 금융 공급은 그 무엇보다 중요
한데, 부실한 상황에 있던 다른 중국계 은행과 달리 강력한 엔을 기반
으로 한 조선은행의 존재 덕택에 간도의 경제가 활성화되고 있다는 주

---

65) 조선은행의 이 간도 경제조사 보고서가 갖는 중요성은 원광대학교 김주용 교수가
   필자에게 환기시켜 준 것이다. 보고서의 원문은 한국 국립중앙도서관에 조선총독
   부자료로 소장되어 있으며 디지털파일로도 열람할 수 있다.

장이었다. 또 물자 유통 루트에 있어서도, 조선은행 출장소가 위치한 용정은 조선의 청진항－국경도시 회령으로 연결되는 지점으로, 청진항을 통한 만주 물류 유통에 있어 대단히 중요한 지리적 거점인데, 마침이 곳에 조선은행 출장소가 설치되면서 그 지리적 경쟁력이 한층 강화되었다고도 말한다.[66]

간도는 조선인들이 이주를 해오면서 용정이 먼저 발달하였지만, 중국은 국자가에 행정조직을 설치하여 중국인이 주도하는 도시이자 간도의 중심 도시로 육성하려 하였다. 이에 반해 일본은 조선인 '보호'를 빌미로 간도에 개입하였기 때문에 간도총영사관을 비롯한 주요 시설을 용정에 두고, 용정을 간도의 중심 도시로 하려 하였다.[67] 즉 중국의 국자가와 조선－일본의 용정이 대립·경쟁 구도를 취하고 있었던 것이다.

조선은행 용정출장소는 이 도시 간 경쟁에서 용정이 우위를 점하게 되었으며, 그것은 엔을 기반으로 한 조선은행의 금융능력과 청진－회령－용정으로 연결되는 일본과의 교역 루트가 갖는 경제력덕택이라고 분석한다. 일본은 조선은행권 엔(円)과 조선은행 용정출장소를 통해 간도를 일본 금융망의 일부로 포섭하려 하였던 것이다. 용정은 엔 통화권 금융도시이자 대일본 교역도시라는 점에서 일본본토－식민지 조선－간도로 연결되는 일본 경제권의 허브 역할을 하고 있으며, 그 결정적인 계기가 된 것은 바로 조선은행 용정출장소의 설치라는 것이 이 보고서의 논지이다. 즉 조선은행은 1910년대 후반 간도 경제의 호황에는 용정의 역할이 중요했으며, 또 용정이 간도의 중심지로 부상하고 있다고 주장하는 것이다.

---

[66] 朝鮮銀行調査部,「局子街方面二於ケル經濟狀況」, 1918, 19~20쪽.

[67] 현재에도 간도의 중심 도시인 연길이 아니라 용정에 일본의 주요 식민통치기구의 건물이 남아 있는 것은 이러한 이유 때문이다.

1921년 조선은행 조사부가 간행한 「만주지방 조선인의 경제 및 금융 상황(滿洲地方に於ける朝鮮人の經濟及金融狀況)」(1921년 11월 조사)[68] 은 간도의 조선인 상업계의 흥망을 보다 상세하게 조사한 보고서이다.[69] 이 보고서는 조선인들은 간도 이주 후에 상업으로 전환하여 자산을 불린 사람들이 많았는데, 그 수단은 회령과 청진의 조선상인과의 교역 네트워크에 있었다고 파악한다. '청진항 – 국경도시 회령 – 용정'으로 연결되는 對일본 교역망의 핵심 고리를 조선상인들이 장악하고 있었고, 때로는 이 조선상인('鮮商')들은 일본상인들을 누를 정도였다고 한다.[70]

그런데 이 보고서를 살펴보면 앞서 동척의 『간도사정』과 위의 「국자가 방면의 경제상황」이 기록한 간도 상업의 활황이 1920년에 종료되었다는 사실을 발견할 수 있다. 1920년 봄 일본 본국이 전후반동공황(戰後反動恐慌)으로 경제가 위축되자 간도의 조선상인들은 일거에 대타격을 입었다. 파산자가 속출하고 점포를 폐쇄하거나 축소하는 상인들이 다수였을 정도였다고 한다.[71]

사실 조선상인들은 그 기반을 대(對)일본 교역에 두고 있었기 때문에 일본의 경제위기에 취약할 수밖에 없었고, 그것이 바로 몰락의 원인 그 자체였을 것이다. 조선은행은 이 점을 지적하면서도 조선인의 민족성

---

[68] 朝鮮銀行調査部, 「滿洲地方に於ける朝鮮人の經済及金融狀況」, 1921. 이 조사보고서는 日本國立國會圖書館 소장본이며, 디지털컬렉션으로도 공개되어 있다.

[69] 흔히 간도의 조선인 사회는 농업 중심, 그것도 미작 중심의 경제구조를 갖고 있었으며, 조선인들은 대부분 농업에 종사했던 것으로 알려져 있다. 하지만 동척과 조선은행의 보고서들은 간도의 상업 발달과 조선 상인들의 자본 축적을 구체적으로 기록하여 간도가 국경 교역지대였음을 강조하고 있다. 간도에서의 상업 발달과 그 성격에 대해서는 김주용, 『일제의 간도 경제침략과 한인사회』, 도서출판선인, 2008에서 그 전모를 종합적으로 분석해 두었다.

[70] 朝鮮銀行調査部, 「滿洲地方に於ける朝鮮人の經済及金融狀況」, 1쪽.

[71] 朝鮮銀行調査部, 「滿洲地方に於ける朝鮮人の經済及金融狀況」, 1쪽.

과 항일독립운동이라는 사회문화적 요소를 굳이 요인으로 끼워 넣어
두었다. 조선은행은 조선상인의 몰락은 조선상인들의 한탕주의와 무책
임성, 무계획성에 그 원인이 있어 일본 경제의 위축에 전혀 버티지 못
하고 일시에 몰락했다고 분석한다. 그리고 별다른 설명 없이 조선상인
들의 경제력 붕괴에는 '불령단(不逞團)의 위협'이 중요한 요인으로 작용
했다고 덧붙여 두기도 하였다. 조선은행은 향후 대책으로 조선인들이
보다 합리적이고 근면해져야 하며, 또 생명재산의 온전한 보전을 위해
'불령선인이 준동(蠢動)할 여지'를 제거해야 한다고 하였다.[72] 1920년
간도 상업 붕괴의 원인이 실제 무엇이었으며 어떻게 진행되었는지에 대
해서는 별도의 분석이 필요하겠지만, 조선은행의 기록은 조선상인의 재
력 축적과 항일운동 간의 모종의 관련을 언급한 것으로 볼 수 있겠다.

조선은행 용정출장소는 식민지인 조선과 중국의 영토 만주를 잇는
간도라는 경계지대에서 제국의 경제권을 연결하고 확장시키는 임무를
부여받았다. 조선은행과 동척의 간도 경제조사에서 강조되는 것은 일
본 경제의 확대로 인한 간도 상업의 활황이다. 간도의 경제는 일본과의
활발한 교역 속에서 성장·발달하였기 때문에 두 지역의 경제적 연계
는 더욱 강화되어야 한다는 점을 내포하고 있는 것이다. 또 이 연계의
구축에서 중요한 역할을 한 집단은 일본상인과 조선상인이었다는 점을
보여주고 있기도 하다.

조선은행은 조선상인이 연계망의 핵심을 차지하고 있었고, 이들은
일본상인을 능가할 정도로 수완을 발휘했다고 기록해 두었다. 하지만
김주용이 지적하듯 북선-간도 교역 루트는 일본이 창출하여 장악한
교역망으로 그 주도권은 일본상인들에 있었다[73]는 점을 생각할 때 조

---

[72] 朝鮮銀行調査部,「滿洲地方に於ける朝鮮人の經濟及金融狀況」, 2쪽.
[73] 김주용,『일제의 간도 경제침략과 한인사회』, 173쪽.

선상인에 대한 조선은행의 기록은 다소 과장된 것으로 보인다. 조선상
인들은 일본상인들의 현지 파트너로서 교역의 이익을 공유하고 있었다
고 봐야 할 것이다. 그럼에도 조선은행이 '선상(鮮商)'이라는 칭호까지
내려가며 조선상인을 부각시킨 것은 일본 경제의 만주 침투, 즉 일본
경제권의 확대에 있어 두 민족집단 간 협력의 필요성과 제국신민으로
서 조선인의 역할을 강조하기 위해서였을 것이다.

VI. 맺음말 : 조사체제의 전환, 영토주의에서 경제주의로

이 글이 '1919년 전후'를 분석의 시점으로 삼은 것은 한국사와 동북아
시아사에서 1918~20년의 시기가 갖는 중요성에 주목했기 때문이다.
1918년은 조선의 식민개발회사이자 경제지배기구였던 동척과 조선은행
이 만주에서 본격적으로 영업을 한 시기였다. 또 여기에서 언급하지는
않았지만 만주를 비롯한 동북아시아의 정세 변동에 중대한 영향을 끼
쳤던 일본군의 '시베리아 출병'이 단행된 해이기도 하다. 시베리아 출병
이라는 대규모 병력 동원이 간도 경제에 어떤 영향을 미쳤는지 혹은 별
로 관계가 없었는지 아직 판별할 수 없지만, 연해주 러시아의 격동은
간도와 결코 무관하지 않았을 것이다.

간도 상업의 호황이 끝난 1920년은 조선에서는 소위 '문화통치'와 '산
미증식계획'이 실시된 해이다. 간도에서 1920년은 '봉오동전투'와 '청산
리대첩'이라는 항일무장투쟁의 전과가 있었던 해이면서, 또 그에 대한
보복으로 10월 소위 '간도대토벌'이라는 일본군의 잔혹한 군사작전이
펼쳐진 해였다. 1920년 경신년은 간도 조선인들에게 경제파탄, 승전,
'참변'으로 기억되었을 것이다.

지금까지 이 글에서 검토한 것은 한국사 연구의 맥락에 비추어 간도 조사의 계통을 재구성해 보는 작업이었다. 그래서 맨 먼저 통감부기의 간도 국경문제에 대한 조사를 간략히 살펴보았던 것이다. 한국사에 있어 간도는 학술적으로나 대중적으로나 그 무엇보다 영유권 문제로 관심을 받고 있으며, 그 때문에 국경 획정에 대해서 막대한 연구 성과가 축적되고 있는 중이다. 또 하나의 맥락은 항일독립운동사의 일환으로서의 간도 연구이다. 간도 그리고 그 조선인 중심인 용정은 항일운동의 거점이면서 동시에 일본 만주침략의 교두보이기도 하였다. 간도총영사관을 비롯하여, 동척·조선은행 등 일본의 주요 지배기구가 용정에 설치되었다는 것은 간도가 갖는 정치적 중요성을 잘 보여준다. 간도에 대한 수많은 기록들은 이 기구들이 조사·작성한 문서들이 대부분을 차지하며, 항일독립운동사 연구에 있어 이 간도 생산 문헌들은 기초적이고 필수적인 자료로서 분석되고 있다.

이 글이 밝히고자 한 것은 이 조사자료들이 갖는 정치적 성격이었다. 이 자료들은 수치화되고 객관화된 데이터에 기초하고 있어 제국주의의 간도 침략과 조선인 지배를 비판하는 데에도 사용되고 있지만, 조사가 기획되고 조사의 목적이 선정되고, 또 조사자가 구성되는 과정은 제국 지배의 확장이라는 목표에 맞춰져 있었다. 조사의 목표를 기준으로 할 때 1906년부터 1920년까지 진행된 일본의 간도 조사는 크게 세 가지 유형으로 나눌 수 있다.

나이코 코난과 통감부임시간도파출소의 간도 조사는 국경 문제를 중심 과제로 분석하고 있다. 따라서 이는 제국일본의 영토권의 확장을 목적으로 한 조사라 하겠다. 이에 비해 조선총독부의 『국경지방시찰복명서』는 간도에서의 민족관계를 중심 과제로 하여 차별받는 조선인에 대한 대책을 강구하는 것을 목적으로 하였다. 그리고 동척의 『간도사정』

과 조선은행의 경제조사는 용정을 거점으로 한 제국일본 경제권의 확
장을 중심 과제로 하였다. 즉, 이 세 시기 조사들은 그 목적으로 말하면
제국일본의 영토 지배, 인민 지배, 경제 지배라는 3개의 유형별 단계로
나눌 수 있다. 간도 지역조사의 각 체제는 제국 영토의 확장, 제국 신민
의 확장, 제국 경제의 확장이라는 일본 제국주의의 국면 변화에 상응했
던 것이다. 특히 동척과 조선은행의 보고서들은 방대한 내용을 다루고
는 있지만 간도 조사의 목적과 초점이 영토주의에서 경제주의로 전환
되었음을 명확히 보여준다. 국경 영토문제는 단지 연혁적인 것으로만
설정되어 당대 간도의 현실을 구성하는 역사적 배경으로 축소되어 다
뤄지고 있을 뿐이다.

참고문헌

東洋拓殖株式會社, 『間島事情』, 1918.

朝鮮銀行調査部, 「局子街方面ニ於ケル經濟狀況」, 1918.

朝鮮銀行調査部, 「滿洲地方に於ける朝鮮人の經濟及金融狀況」, 1921.

朝鮮總督府, 「國境地方視察復命書」, 1915.

統監府臨時間島派出所殘務整理所, 『統監府臨時間島派出所紀要』, 1910(동북아역
　　　사재단 역주판, 2013).

統監府臨時間島派出所殘務整理所, 「間島産業調査書」, 1910.

김주용, 『일제의 간도 경제침략과 한인사회』, 도서출판선인, 2008.

이규수, 『제국 일본의 한국 인식 그 왜곡의 역사』, 논형, 2007.

제임스 C. 스캇, 이상국 역, 『조미아, 지배받지 않는 사람들: 동남아시아 산악지대
　　　아나키즘의 역사』, 삼천리, 2015.

金靜美, 『中國東北部における抗日朝鮮·中國民衆史序說』, 現代企画室., 1998.

淺田喬二, 『(增補)日本帝國主義と舊植民地主制: 台灣·朝鮮·滿州における日本
　　　人大土地所有の史的分析』, 龍溪書舍, 1989.

波形昭一, 『日本植民地金融政策史の研究』, 早稲田大学出版部, 1985.

黒瀬郁二, 『東洋拓殖會社―日本帝國主義とアジア太平洋』, 日本經濟評論社, 2003.

박찬흥, 「滿鮮歷史地理調査部와 고대 ‘滿鮮歷史地理’ 연구」, 『역사와 담론』 75,
　　　2015.

윤해동, 「나이토 코난의 ‘동양문화’ 연구와 ‘근세론’의 명암」, 『제국 일본의 역사학
　　　과 ‘조선’』, 소명출판, 2018.

이왕무, 「해제: 통감부임시간도파출소의 설립과 간도 경계 분쟁」, 『譯註『統監府
　　　臨時間島派出所紀要』』, 동북아역사재단 편, 2013.

임동근, 「프랑스 지리학의 만주인식의 변화 : “아날드제오그라피” 논문에 등장한
　　　‘만주’」, 『만주연구』 24, 2017.

정상우, 「1910~1915년 조선총독부 촉탁(囑託)의 학술조사사업」, 『역사와 현실』 68,
    2008.

정재정, 「일제하 '北鮮鐵道'의 경영과 日朝滿 新幹線의 형성」, 『역사교육논집』 54,
    2015.

申奎燮, 「帝国日本の民族政策と在満朝鮮人」, 東京都立大学 博士論文, 2002.

君島和彦, 「東洋拓殖株式會社の設立過程(上, 下)」, 『歷史評論』 第282·285號,
    1973·1974.

1920년 제국주의 일본군의 간도침략과 한인 대학살
통제와 은폐

김주용

I. 머리말

　역사적 시각에서 국가, 전쟁, 제노사이드는 근대를 지나 현대로 오면서 더 강한 연결성을 보여주고 있다. 전쟁은 인류 역사의 시작부터 있어 왔지만 근대 국민국가의 등장으로 그 차원이 달라졌다. 전쟁의 형태가 전방과 후방을 가리지 않는 총력전의 양상으로 바뀌기 시작한 것이다. 이는 민간인에 대한 대규모의 학살이 일어나는 시점과 맞닿아 있기도 하다. 그 당시 제국주의 열강들은 국가를 동원해 타민족 혹은 타국가의 구성원을 집단학살하며, 이를 전에 없던 '애국'이라고 정당화하곤 했다. 인류 역사상 민간인을 집단학살한 사례 가운데 대부분이 19세기 말부터 20세기에 집중적으로 일어났다.

　민간인 학살을 정당화하는 이데올로기와 그 이데올로기를 실현할 수 있는 문명의 도구들이 구비되었을 때, 비로소 제노사이드는 가능해진다. 그리고 이런 측면에서 모든 참전 국가들이 국민들을 '총동원'했던

제1차 세계대전은 그 과정에서 군인들은 물론이며 일반인과 전투원, 비
전투원에게 대량학살의 의식과 실현수단을 제공해 주었다는 점에서 제
노사이드의 시대를 활짝 열었다고 해도 과언이 아니다. 하지만 이것은
시작에 불과하였다. 제2차 세계대전에서 전체 희생자의 60%가 민간인
이었다. 제1차 세계대전의 희생자 가운데 민간인 비율이 5%였던 것과
비교해 보면, 인간의 애국심에 포장된 '도덕적 잔악상'은 절멸 전쟁의
양상을 강하게 띠어 갔다. 1970년대, 80년대에는 전쟁 또는 준 전쟁에
서 민간인 희생이 80%를 넘어섰다. 이 글에서 다룰 경신참변(간도참변)
역시 이러한 범주에 포함되어 있다.[1]

철기 이범석은 그의 자서전 우둥불에서 청산리 전투의 승리와 '경신
참변'의 실상을 다음과 같이 기록하였다.

어쨌든 황군은 청산리 전쟁에서 치욕의 패전을 당하고 맨주먹의 교포를
공격할 때는 영광(?)의 승리를 거두었다. 그래서 적군은 랴오닝, 지린 두성
에서 대도살운동을 전개하여 무고한 한국 농민 3만여 명을 살해하였던 것이
다. 혈채(血債)는 면면부단(綿綿不斷)이 이어간다. 청산리 산천 초목은 오늘
도 예나 다름 없을 것이다. 다만 1천 여 명의 시체가 쌓여 있던 산림 공지
부근에는 쓸쓸하고 차디찬 초혼비가 홀로 서 있을 뿐이다. 날마다 해마다
황혼의 붉은 햇살이 그 검푸른 글자국을 어루만져 주고 있을 것이다.[2]

경신참변을 보다 정확하게 파악할 수 있는 한국 측 자료가 거의 없

[1] 일반농민 피해가 직업적 독립군보다 최소한 20배 이상 많았다. 예컨대 청산리 전
투에서 희생된 독립군의 숫자가 약 200여 명인데 반해 일반 이주민은 약 4천 명을
헤아리고 있다. 한인 학살에 동원된 일본군에게 학살 대상은 오늘날 시각에서 보
면 정상적인 인간으로 보이지 않았다. 열등하고 차별적인 존재로서 한인을 타자화
하여 학살을 자행하였다. 고유한 문화와 민족적 정체성을 지니고 있었던 한인에
대한 학살을 제노사이드의 개념에 범주화시켜 논지를 전개하고자 한다.
[2] 이범석, 『우둥불』, 사상사, 1971, 85쪽.

다. 특히 독립군 지도자들의 회고나 일기류에 나타난 경신참변 실태는
너무 소략하여 실상을 규명하는데 한계가 있다.[3]

이처럼 경신참변은 한인 항일세력 말살을 통해 동북아시아의 패권을
장악하기 위한 제국주의 일본의 큰 그림 속에서 이루어진 군사작전의
결과였다. 그것은 또 다른 이름 즉, 제노사이드였다. 제노사이드란,
1948년 UN이 채택한 [제노사이드의 방지와 처벌을 위한 협정]에서 정의
한 바에 의하면 국가적, 종족적, 인종적 혹은 종교적 집단의 전체 혹은
부분을 파괴하기 위해 집단의 구성원을 죽이는 행위, 집단 구성원들에
게 심각한 육체적 정신적 손상을 가하는 행위, 집단을 전체적 혹은 부
분적으로 파괴하기 위해 집단의 생활 조건에 의도적으로 고통을 가하
는 행위, 집단 내의 출생을 방해하기 위한 행동, 한 집단의 어린이들을
강제적으로 다른 집단에 이주시키는 행위를 말한다.[4]

사실 1920년 10월부터 제국주의 일본군의 서간도, 북간도 지역 침략
으로 이주한인이 학살당한 사건에 대해서는 지금까지도 용어 정리가
이루어지지 않았다.[5] 이른바 '경신참변' 또는 '간도참변'으로 불리고 있

---

[3] 독립기념관 한국독립운동사연구소,『龍淵金鼎奎日記』, 1994. 최근 필자는 대한제국
육군무관학교 마지막 생도이자 일본 육사 26기, 27기생에 관심을 가지면서 글을 발
표하였다. 그들은 경술국치 이후 일본군의 크고 작은 작전에 투입되었다. 예컨대
26기생 지청천 등은 제1차 세계대전에 참전하였으며, 27기 이종혁 등은 시베리아
출병 때 참전하였다. 1920년 이른바 '간도토벌' 때 참전한 일본 육사 출신 한인 장
교의 신원을 확인하려 했지만 자료를 확보하지 못했다. 다만 그 당시 일본군은 작
전을 펼치면서 국내 경찰들 가운데 한인들을 선발하여 투입하였으며, 그 공로를 일
제로부터 인정받은 사실까지 확인하였다.
[4] 이 글에서는 제노사이드 개념 규정을 강성현,「제노사이드」,『역사연구』 18, 역사
학연구소, 2008의 글을 참조하여 적용하였다.
[5] 제국주의 일본의 '간도출병'과 경신참변은 불가분의 관계에 있다. 이에 대한 연구
는 다음과 같다. 김춘선,「경신참변연구」,『한국사연구』 111, 한국사연구회, 2000;
박민영,「경신참변의 분석 연구」,『국사관논총』 103, 2003; 조원기,「일제의 만주침
략과 간도참변」,『한국독립운동사연구』 41, 2012; 정예지,「庚申慘變기 조선인 "귀
순"문제 연구-북간도를 중심으로-」,『사림』 38, 수선사학회, 2011; 김연옥,「일본

다. 이 역사적 사건에 대한 연구는 연변지역 학자들이 선구적으로 진행
해 왔다.[6] 조원기는 훈춘사건을 비롯한 일련의 사건들이 이미 1919년
3・1운동 이후 일본군부에서 치밀하게 진행되었음을 분석하였다.[7] 또
한 간도출병사 원전을 번역하여 이를 바탕으로 일본군 간도침략의 실
태를 밝힌 연구,[8] 학살의 잔악성과 이주 한인의 '귀순' 관계를 연동해서
규명한 연구,[9] 화룡과 왕청 등에 거주하고 있던 대종교인들의 참상을
다룬 연구,[10] 중화민국 시기 중요한 참안(慘案)의 하나로 주목해야 한
다는 연구[11] 등이 나오기 시작했다.

　이 글에서 경신참변(간도참변)을 제국주의 일본군의 대학살, 즉 제노
사이드로 규정 또는 정명(正名)하려는 이유는 다음과 같다. 첫째, 제국
주의 시대 정규군을 동원한 민간인 대학살이라는 점이다. 예컨대 일제
간도침략군은 그들의 출병 목적이 한국독립군 '토벌'이라고 했지만 정
작 가장 많은 사망자는 일반 이주 농민들이었던 점을 들 수 있다. 둘째,
지금까지 연구에서는 '참변' 또는 '참안'이라는 용어를 사용하였다 하지
만 제노사이드를 담아내기에는 부족하다고 여겨진다. 다시 말해 '참변'
과 '참안'은 행위자의 '잔인성'과 피해자의 '참혹함'에 방점을 둔 용어이
다. 반면 제노사이드는 행위자의 잔인성에 머물지 않고 행위 주체 의

　　군의 '간도출병' 전략과 실태」, 『일본역사연구』 50, 일본사학회, 2019.
6)　김춘선, 「경신참변연구」.
7)　조원기, 「일제의 만주침략과 간도참변」.
8)　김연옥, 「일본군의 '간도출병' 전략과 실태」.
9)　정예지, 「庚申慘變기 조선인 "귀순"문제 연구-북간도를 중심으로-」. 간도출병 이
　　후 귀순문제는 지식인이자 역사학자였던 김정규가 경신참변 이후 어떠한 역사적
　　저술과 독립운동사에 대한 관심을 제거할 정도로 심각한 사안이었다. 이에 대해서
　　는 김건실, 「용연 김정규의 저술과 역사 인식」, 『한국근현대사연구』 67, 2013 참조.
10)　신운용, 「경신참변과 대종교」, 『단군학연구』 37, 2017.
11)　許壽童, 「關于 "間島慘變" 研究與紀念問題」, 『만주연구』 10, 2010. 필자는 이 글에서
　　간도참변 또는 경신참변의 용어를 연변경신참변으로 교정할 것을 주장하였다.

도, 목적이 명확하다는 점, 즉 학살의 규정력에 방점을 두었다고 볼 수 있다. 따라서 경신참변 또는 간도참변을 제노사이드의 범주로 보아야만 이 사건의 실체가 더 선명하게 드러날 수 있을 것이다. 셋째 일본측 자료를 통해서 역설적으로 그들이 한인뿐만 아니라 중국인 민간인들을 군사행동으로 학살했다는 사실을 입증할 수 있기 때문이다.

이를 위해서 먼저 훈춘사건을 보도한 중국 언론의 기사를 분석하고, 제3장에서는 간도지역에서 일본군이 통신시스템을 구축하고 이에 따라 학살의 공간적 외연을 확대하였다는 데 초점을 두었다. 제4장은 학살의 과정과 실상을 육군성 자료와 간도출병사를 통해서 밝히려 했다. 일제는 의도된 절멸 전쟁이 아니라고 강변하였지만 1920년 10월 말부터 3개월간 일제가 자행한 인간 살육 광풍은 서간도, 북간도 지역[12] 이주 한인사회 공동체를 위협하였던 제노사이드였다. 국제사회의 법적 규정력 범위에서 간도지역 한인 제노사이드를 다루려는 이유가 여기에 있다.

II. 기획된 대학살의 전주곡, 훈춘사건

1919년 3·1운동의 열기가 한반도를 뒤덮을 때 조선군사령관 우쓰노미야는 조선의 젊은 장교와 함께 한반도를 순시하였다.[13] 그는 순시 후 만주지역 한인 독립운동가들의 활동에 주목하였다. 특히 한인 독립운

---

12) 서간도 지역 학살에 관련해서는 다음 기회에 다루고자 한다. 현재 길림성 통화현 부강향 배달촌에는 1920년 10월에 학살당한 7위의 독립운동가 묘역이 조성되어 있다. 따라서 서간도지역 간도침략군의 학살도 그 규모와 실상을 명확하게 밝힐 필요가 있다. 중국 언론 대공보에도 서간도 지역 한인 학살 기사들이 게재되었다(『대공보』 1921년 1월 6일).

13) 宇都宮太郎關係資料研究會 編, 『陸軍大將宇都宮太郎 日記』 3, 岩波書店, 2007, 45쪽.

동가들은 1910년대 서, 북간도의 민족교육기관에서 인재양성을 통해 길러진 독립군을 토대로 무장투쟁을 전개하고자 만반의 준비를 하고 있었다. 제국주의 일본의 정보력은 외무성 영사경찰 및 정보원, 관동군 헌병 밀정, 조선총독부에서 파견한 경찰 등을 통해 축적된 것들이다. 간도정세에 대한 정보를 취하면서 우쓰노미야 타로(宇都宮太郎)는 1919년 9월 12일 [對不逞鮮人作戰에 관한 訓令(朝參第906)]을 발표하였으며 독립운동단체에 대한 '잔멸적 타격'을 가하면서 필요시 중국영토인 간도지역으로 군대를 이동시킬 방침을 세웠다. 국경지대에서 병력증강 계획이 세워지기 시작하였다. 그해 9월, 우쓰노미야는 도쿄에서 다나카 기이치(田中義一) 육군성 수뇌부와 협의하여 국경을 넘어 독립군 단체를 토벌하는 방안을 연구하였다.[14]

  1920년 10월, 추위와 함께 찾아온 일본군들의 무자비한 탄압은 3·1운동 이후 불길과도 같이 번진 만주지역 독립운동의 열기를 무참하게 꺾어 놓았다. 특히 간도 지역 독립군에 대한 '토벌계획'은 일제가 봉천군벌인 장작림과의 회의를 통하여 골격을 세웠다. 1920년 5월부터 8월 사이에 조선총독부, 조선군사령관, 관동군사령부, 시베리아파견군, 봉천총영사 등이 3회에 걸쳐 봉천회의를 개최하고 항일무장단체에 대한 탄압대책을 강구하였다. 이러한 과정 속에서 8월 경성회의를 거쳐 일본과 중국의 '합동토벌'을 적극 추진하기로 합의하였던 것이다.[15] 다음달 9월부터 마적단의 활동이 본격화되었으며, 10월 2일 대규모 마적단이 훈춘일본영사관을 습격하였다. 이 때 일제는 마적단에 100여 명의 한인(조선인)이 있었다고 선전하였다. 그들이 일컫는 조선인이란 이른바 '불령선인(不逞鮮人)'이었다. 하지만 1921년 5월 북경주재 미국공사관

14) 宇都宮太郎關係資料研究會 編, 『陸軍大將宇都宮太郎 日記』 3, 44쪽.

15) 김춘선, 「경신참변연구」, 142~145쪽.

무관과의 간담회에서 한인은 1~2명이었다고 말했다.[16] 곧이어 훈춘 일
본영사관이 파괴되고 독립군들이 러시아 지역으로 이동하였다는 중국
창사(長沙) 『대공보(大公報)』 기사가 보도되었다.[17] 『대공보』에서는 일
제가 간도에 출병하는 명분 가운데 하나를 '현지 주민의 요청' 때문이라
고 보도했다.

　　간도 정보에 의하면 천보산 방면에는 반역적인 생각을 가진 조선인의 횡
　포가 심하고 다시 습격당해서 민심이 매우 흔들리고 있다는 소식을 계속 전
　했다. 중국측은 수비대와 경찰력이 부족해서 결국 토벌할 힘이 없었다. 일
　본 거주민 가운데 지방을 향해 피난 가는 사람이 있었는데 광산회사 대표가
　일본에게 군대를 파견해 달라고 요청했다.[18]

『대공보』가 정보를 받아서 보도하고 있는 상황에서 간도정보 제공자
의 주체를 구체적으로 밝히기는 어렵지만 일본이 제공한 정보를 받은
것으로 생각된다. 바로 전날 동경전보를 인용하여 일본의 군대 출병 상
황을 생생하게 보도한 것도 같은 맥락이라 여겨진다.[19] 그 내용은 1920년
10월 7일 새벽녘에 회령을 출발하여 그날 밤 용정촌에 출병 군대가 거
주하고 있다는 보도였다.[20]
　　간도지역에 군대를 출병하기 위해 훈춘사건을 조작하였다면, '군대출
병'으로 한인사회를 통제하려 했던 표본은 일본사령부의 포고문이었다.
1920년 10월 18일, 일본군 사령부 명의의 포고문은 간도출병이 훈춘사

---

16) 김정주, 『朝鮮統治史料』 2, 448~451쪽 참조. 「(秘)대정10년 1월 7일조특보 제1호, 미
　　국 무관의 행동에 관하여(秘)미국 무관의 행동」.
17) 『大公報』 1920년 10월 10일, 「훈춘 일본영사관이 훼손된 진상, 조선인들의 복수」.
18) 『大公報』 1920년 10월 17일자, 「琿春事後之雜迅」.
19) 『大公報』 1920년 10월 16일자, 「日本紛紛進兵」.
20) 10월 6일 오전에 회령에서 용정으로 조선군 제19사단 2개 중대가 이동하였다.

건과 연계해서 불가피하게 진행되었다는 점을 선전하는데 주요한 목적
으로 활용되었다. 『대공보』에는 훈춘지역에 게재된 포고문의 내용을
실으면서 일본 병사들이 지속적으로 중국 땅에 들어오고 있는 상황을
보도하였다. 다음은 포고문의 내용이다.

> 무장한 한당과 경계 밖의 마적은 훈춘 일본영사관을 공격하여 불태우고
> 훈춘 일대의 일본교민을 도살했다. 또한 감히 일본 영토(일본영사관)에 함
> 부로 들어와서 소란을 피웠다. 이러한 행동은 사람으로서 지켜야 할 도리에
> 어긋난 것이며 일본의 주권을 침범한 것으로 일본 정부는 스스로 지키기 위
> 한 수단을 사용하지 않을 수 없었다. 우리는 중국의 주권을 존중하며 국민
> 의 권리를 절대 범하지 않을 것이라고 맹세한다. <u>우리의 목적은 중국 정부
> 및 군대와 연합하여 진행하고 서로 도우면서 중국 전 국민의 행복을 바라는
> 것이다</u>(밑줄 인용자).[21]

간도출병의 원인을 훈춘사건에서 찾고 있다는 것은 이미 일본이 줄
기차게 선전하였던 것인데 위 기사와 같이 그 군대 파견 목적이 중국 국
민의 행복을 바라는 것으로 설정되었다. 북경정부와 협의를 지속적으
로 추진했지만 실질적으로 제국주의 일본은 자국국민을 보호한다는 구
실로 서·북간도 각 지방에 주둔하였다. 그뿐만 아니라 일본군은 점령
군으로 행세하면서 중국 관리의 입장을 전혀 반영하지 않고 임의로 이
주 한인을 조사하고 단속하였다.[22] 일제는 한발 더 나아가 조선군사령
관 명의로 다음과 같은 포고문을 게시하여 이중적 태도를 견지하였다.

---

21) 『大公報』 1920년 11월 1일자, 「日本增兵不已」.
22) 『大公報』 1920년 10월 23일자, 「日本蹂躪吉邊之近迅」. 귀순자의 규모와 성격에 대
   해서는 정예지, 「庚申慘變기 조선인 "귀순"문제 연구-북간도를 중심으로-」, 41~
   48쪽 참조.

훈춘과 간도 일대의 반역적인 조선인과 마적, 기타 동맹을 맺은 비적들이
휴대하고 있는 무기를 가지고 훈춘 영사관을 습격하여 잔혹하게 불태우고
제국영토의 무장침입을 기도했다. 제국은 출병시켜 거주의 평안을 보장하고
비적을 통벌하여 제국 영토의 치안을 유지하려고 했다. 이것은 스스로 지키
기 위한 어쩔 수 없는 방법이었다. 결코 그 뜻이 없더라도 중국의 주권을 엄
격히 존중하고 준수하며 일반 백성의 생명과 신체와 재산에 대해서 조금도
건드리지 않고 중국 관병 및 군부대와의 협조를 유지하여 뜻을 이루려 했
다. 그러나 우리 거주민은 박해를 받고 있었고 군사행동에도 제약을 받아
우리 군은 스스로 지키기 위하여 군대를 파견한 것이니 중국 관민은 이 뜻
을 헤아려주기 바란다. 우리 군은 중국 관병과 함께 마적을 소탕하기를 원
한다. 마적을 소탕하여 중국 인민의 복리를 증진시키는 데 노력하니 진심을
다해 우리 군을 돕기 바란다(밑줄 인용자).23)

위의 포고문에 대해서 『대공보』는 일본인의 이중성을 간파했으며,
북경 거주 외국인의 말을 인용해서 일본군의 이번 침략이 중일전쟁의
도화선이 될지도 모른다며 경각심을 일깨웠다.24) 이 시점부터 『대공보』
는 훈춘사건과 간도침략에 대한 중국의 대응을 본격적으로 언급했다.
그 대안으로 먼저 중앙정부 차원에서 간도 일대를 세계 여러 나라의 주
재원이 상주할 수 있는 정도의 개방도시로 바꾸고, 둘째, 길회(吉會)철
도(길림과 회령 간)를 시급히 개통하여 그 관리권을 중국이 장악해야
한다고 하였다. 물론 전자를 실현하기에는 현실적인 어려움이 있었지
만, 길회철도 문제를 반드시 해결함으로써 일본 세력의 진출을 더 이상
묵과할 수 없다는 점을 분명히 한 것이다.25)
하지만 중국 언론의 기대와는 달리 일본 군대는 간도지역을 자국 영

23) 『大公報』 1920년 10월 27일자, 「日本在延邊之橫行」.
24) 『大公報』 1920년 10월 27일자, 「日本在延邊之橫行」.
25) 『大公報』 1920년 10월 27일자, 「日本在延邊之橫行」.

토로 인식하는 듯 마음대로 행동했다. 1920년 11월 1일자 보도에는 우수리스크에서 파견된 일본군 보병부대가 훈춘일대를 정찰하고 또 새로운 부대가 증강되고 있다고 했다.[26] 국경 부근인 도문의 양수천자(凉水泉子) 부근에 집중적으로 군대가 배치되었으며, 심지어 비행기 부대가 주둔하였다고 보도되었다.[27] 일본이 간도지역 중국 측 전화국 및 우체국을 점령하였다는 것은 공공연한 사실이며, 중국 직원들에게도 비인간적 처사를 서슴지 않았다.[28] 한국독립군에 대한 일본군의 탄압과 자국 내에서 발생하는 일본세력의 치밀한 작전을 『대공보』는 중국의 국력과 연관하여 보도했다.[29] 일본군은 한인뿐만 아니라 중국인들에게도 철저하게 검사를 했고, 중국 관병과의 우호관계 증진도 초기와는 달리 무시했다. 『대공보』는 이러한 일본군대의 행동이 중국 주권을 침해하는 것이며 만국공법을 경시하는 처사라고 지적했다. 하지만 북경정부의 미온적인 태도와 일본의 강경한 자세로 외교회담의 성과는 미미했다. 결국 훈춘사건은 1919년 3·1운동의 열기 속에서 서·북간도지역의 독립운동세력을 탄압하기 위한 타락한 촉매제 역할을 수행하였다.

Ⅲ. 군용통신 시스템 구축과 학살의 공간 확대

1919년 3·1운동은 제국주의 일본에게도 충격적인 사건이었다. 당시

---

26) 『大公報』 1920년 11월 1일자, 「日本增兵不已」.
27) 『大公報』 1920년 10월 28일자, 「吉邊日軍益形橫暴」.
28) 『大公報』 1920년 10월 28일자, 「吉邊日軍益形橫暴」.
29) 『大公報』 1920년 11월 5일자, 「中日會剿胡匪韓黨之眞相」.

조선군 사령관 우쓰노미야가 만주지역 한국독립군의 동향을 예의주시
한 것도 이와 연결되어 있다. 다음해 10월 제국주의 일본이 북간도와
서간도에 군대를 파견한 목적은 이 지역에 대한 친일 세력 확장과 독립
군 세력의 제거였다. 이 과정에서 대학살이 자행된 것이다.

간도에 파견된 일본군은 조선주둔의 제19사단 예하부대가 주축이 되
었다.[30] 일제는 이미 북간도 한인사회에 대한 '토벌계획'을 치밀하게 준
비하였으며, 이는 「간도지방불령선인초토계획」으로 구체화되었다.[31] 이
를 근거로 일본군은 간도지역 한인사회를 철저히 유린하였으며, 이러
한 잔혹 행위는 한인사회를 통제하는 채찍으로 사용되었다. 뿐만 아니
라 용정에 설치된 간도일본총영사관은 한인사회와 독립운동단체 및 한
인사회의 운명을 좌우하였다. 특히 일본군과 연결하여 독립운동가의
인적사항과 동향, 단체의 병력과 장비상황 등을 예의 주시하면서 정보
수집에 적극 가담하였다.[32] 그렇다면 일제가 '간도출병'을 단행하면서
신속하게 움직일 수 있었던 기동력의 원천은 무엇이었을까. 바로 '통신'
이었다.[33]

---

[30] 金正柱, 『朝鮮統治史料』 2, 40~80쪽. 일제는 3·1운동 과정에서 본국에 있는 군대
를 한반도로 파송하였다. 3·1운동 이후 용산에 주둔하고 있는 20사단 사령부는 일
본 내 17사단을 기반으로 새로 편성하였다. 19사단은 1919년 4월 1일 예하의 제39
여단을 제20사단으로 복귀시켰으며 이로 인해 1개 보병여단이 부족하였다. 그해
11월부터 제19사단 인원보충이 추진되었으며, 다음 해 4월에는 보병 제75, 76연대
를 새로 편성하여 사단 편제를 완료하였다(김상태, 「3.1운동기 조선 주둔 일본군의
탄압-국사편찬위원회 삼일운동데이터베이스를 중심으로-」, 『역사와 교육』 29,
2019, 317쪽). 이러한 군사력을 바탕으로 '간도침략'을 수행하게 된 것은 우쓰노미야
의 3·1운동 경험과 이를 바탕으로 전개된 치밀한 군사전략의 하나였다.

[31] 金春善, 「경신참변연구」, 146쪽.

[32] 金泰國, 『滿洲地域 '朝鮮人 民會' 硏究』, 國民大 博士學位論文, 2002, 57쪽.

[33] 김주용, 『일제의 간도 경제침략과 한인사회』, 선인, 2008, 72~79쪽 참조. 통신관련
자료는 조선군사령부에서 작성한 『간도출병사』보다는 1920년 당시 陸軍省, 『間島
事件關係書類』가 자세하기 때문에 이를 많이 활용하였다.

통신의 중요성이 강조되었던 것은 제국주의 일본과 장쭤린(張作霖)과의 한인 독립군 '토벌' 협동을 협의하는 과정에서도 충분히 알 수 있다. 1920년 5월부터 7월에 걸쳐 진행된 장쭤린과 일제와의 협상 과정에서 독립군 토벌의 범위를 간도지역뿐만 아니라 오늘날 흑룡강성 둥닝(東寧)까지 포함하려고 했다. 즉 작전 범위를 확대하기 위해서는 통신망 확보가 우선이었던 셈이다.[34]

제국주의 일본은 간도출병을 독립군에 대한 '전쟁'으로 규정하면서 통신시설 확충과 중요성에 초점을 맞추었다.[35] 게다가 중국 관헌의 움직임에 대한 불만 역시 전신선 가설을 촉진시켰다.[36] 육군성에서는 조선총독부에 의뢰하여 경원(慶源)과 훈융(訓戎) 간 체신 전신주에 군용 전신선을 첨설(添設)하였다. 이는 훈춘과 가까운 지역을 먼저 통신으로 연결하면서 원거리에 대한 정보의 가시적 확보를 위함이었다.[37] 이를 위해 육군성은 시베리아 사건 때 특무(特務)[38]로 활동했던 청진우체국 소속 육군통신 기사 2명을 임시 훈융수비대에 파견하여 통신사무를 맡겼다.[39] 또한 10월 4일 오후에 통신반을 훈춘에 파견하였다.[40] 규모는 장교를 포함해서 35명이었다. 특히 간도일본총영사관 사카이(堺) 영사의 출병요청에 따라 전화반과 위생반이 10월 7일 함경북도 회령을 출발하여 용정으로 향했다. 10월 9일 제19사단 공병 제19대대는 국자가, 두

---

34) 김연옥 옮김, 『간도출병사』, 경인출판사, 2019, 11쪽.
35) 金正柱, 『朝鮮統治史料』 2 韓國史料研究所, 1970, 63쪽.
36) 『日本外務省特殊調査文書』 13(영인본; 고려서림, 1989), 540쪽.
37) 김연옥 옮김, 『간도출병사』, 74쪽.
38) '특무'의 개념은 광범위하다. 밀정, 간첩, 스파이 등이 이 범주에 포함된다고 할 수 있다.
39) 金正柱, 『朝鮮統治史料』 2, 64쪽. 육군성은 19사단에 지시하여 총독부에 신설 통신망 및 건축소재, 통신원 문제에 대하여 협조를 구하였다.
40) 金正柱, 『朝鮮統治史料』 2, 354쪽.

도구의 통신망 가설 작업에 투입되었다.[41] 하지만 일본군의 통신망 시
설이 순조롭게 진행되지 못했다. 곳곳에서 독립군들이 일본군 가설 통
신선을 훼손하였기 때문이다.[42]

이후 육군성에는 용산 병기창에서 통신기자재를 보급 받아 이를 간
도지역 전신선 가설에 충당하였다. 1920년 10월 11일 일본 육군성 군사
과에서는 소위 '불령선인'을 제거한다는 목적으로 예산을 배정하였으며
필요에 따라 조선총독부에 통신원 파견을 요청하였다.[43] 이에 따라
1920년 10월 14일 군참모 아마노(天野) 소좌는 육군성에서 세부사항을
지시받아 본격적으로 전신선 가설에 착수하였다.[44] 일제는 이를 크게
4기로 나누어 작업에 착수하였고 군용통신망의 범위도 크게 벗어나지
않았다. 훈춘사건으로 제일 시급하다고 판단했던 경원과 훈춘 간 전신
선을 신설하면서 회령과 용정, 국자가 및 종성과 용정 간 전신선을 첨
설 또는 신설하였다. 특히 용정과 두도구 사이에는 전화 복선을 신설하
고자 했다. 두 번째 구간은 회령과 청진 및 나남 간을 연결하는 전신선
을 첨설하고, 세 번째 구간은 회령과 북창평, 경원 및 북창평과 온성의
전신선을 첨설하는 것이었다. 마지막으로는 무산지역과 간도지역을
연결하는 선이었다. 이러한 군용 통신망을 정리하면 다음 〈그림 1〉과
같다.

---

41) 김정주, 『朝鮮統治史料』 2, 361쪽.
42) 김정주, 『朝鮮統治史料』 2, 385쪽.
43) 陸軍省, 『間島事件關係書類』 上, 「間島事件ニ關スル朝鮮軍參謀指示事項」 (1920.10.11).
44) 김연옥 옮김, 『간도출병사』, 74쪽.

〈그림 1〉 군용통신망회선도(1921.1)

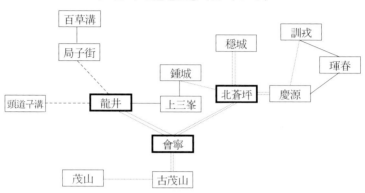

* == 체신국선 첨설 복선, -- 체신국선 단선, - 신설 군용선, -- 중국 전주에 첨설

한반도 이주민의 주된 이주루트였던 회령과 용정, 북창평에는 전화교환소를 설치하여 각 지역의 통신상황을 유연하게 대처할 수 있게 하였으며 회령, 경원, 훈춘, 용정, 국자가에는 육군전신소가 설치되었다. 이처럼 일제가 신속하게 통신망을 설치하였던 까닭은 당시 일본군 수뇌부에서 간도에 출병한 일본군의 안위가 통신시설과 직결된다고 인식할 정도로 중요시했기 때문이다. 특히 통신기재는 임시군사비에서 지급될 정도로 시급한 사안이었다. 통신기재는 육군성 경리부에서 지급하였으며, 체신국과의 협의를 통하여 이루어졌다. 이미 그 해 10월 9일 제19사단에 유무선 전신용 기재에 대하여 지급을 청구하였다. 주요 물품으로 통신차, 전주차, 중피복선(300km), 전령식 전화기, 인부용 전화기 등이었다.[45] 통신기재 가운데 소모품은 일반적으로 2개월을 기준으로 지급하였다.

---

45) 陸軍省, 『間島事件關係書類』 上-3, 「通信器材支給 ノ 件」(146호, 1920년 10월 9일); 金正柱, 『朝鮮統治史料』 2, 324~325쪽.

또한 일본군은 원활한 통신작전을 전개하기 위해서 통신기재뿐만 아
니라 전신 요원의 증가를 요청하였다. 당시 일본군의 유무선 통신 시설
에 대한 중국 측의 간섭과 한인 독립운동가들의 저항이 도처에서 일어
나고 있었기 때문에 실무진이 절대적으로 부족하였다.[46] 12월 말 근
위사단장 후지이 코쓰치(藤井幸搥)가 육군대신 다나카 기이치에게 "이
번 작전에 가장 중요한 인물이기 때문에 이 요원들에 대한 교육과 지원
이 절대적이라"고 하면서 전신요원의 필요성을 재차 강조하였다.[47] 이
렇듯 일본 육군에서는 간도출병 시에 전신요원의 필요성을 인식하였고
이에 대해서 특별경비를 책정하여 이들을 파송하기에 이르렀다. 이러
한 예비비의 지출을 부담하면서까지 진행된 전신요원의 증파는 당시
정확한 정보와 군대의 이동에 대한 문제점이 드러났기 때문이다.[48] 즉
육군성 지시와 조선군과 조선총독부 체국 협정 사이에 차이점이 생긴
것이다.

  첫째 청진 이북 조선 내의 전신을 단선으로 하면 체신국의 작업력이 부족
해서 그 결과 긴급을 요하는 선로의 완성이 늦어지고 추가로 체신국에 요구
해야 함. 둘째 청진-무산선을 古무산-무산선으로 변경한 것은 지리상, 保
線上 후자가 유리한 것으로 인정한 것에 의거함. 용정촌-두도구 사이의 전

---

[46] 당시 한인 독립운동가들은 간도통신부를 설치하였으며 이를 통하여 일본군의 동태
를 관찰하였다. 額穆縣에 통신 중앙기관을 두었으며 통신 중앙부장은 崔元一이었
다(金正明, 『朝鮮獨立運動』, 原書房, 1970, 376~377쪽).

[47] 陸軍省, 『間島事件關係書類』上-3, 285~286쪽. 「間島派遣中ノ技手ヲ歸還セシメラレ
度件上申」(제312호, 1920.12.25).

[48] 제19사단 공병 작업에 소요된 금액은 총 4,084원이었다. 세부적으로 보면 훈춘, 경
원, 훈융 간 건설비로 2,911원, 회령-용정 간 254원, 용정-국자가 간 179원, 용정-
두도구 간 247원, 두도구-동불사 간 493원이다(金正柱, 『朝鮮統治史料』 2, 326쪽).
이 가운데 훈춘과 경원지역은 국경선을 사이에 두었기 때문에 가장 많은 경비가
소요되었으며 특히 이 지역이 중국과 러시아 접경 지역이었기에 더욱 그러하였다.

화선은 작업상 필요하므로 전신 통신원 부족 때문에 전화로 하고 복선으로
할 것[49]

　이처럼 전신가설과 통신원은 육군성의 작전에 필수적인 사항이었다.
따라서 육군성이 특별예산을 편성하여 통신원을 충원하고 통신 기자재
를 증파하였던 것이다. 작전 범위도 넓었기 때문에 통신 관련 예산과
인력 및 기자재를 증파할 수밖에 없었다. 이는 한편으로 독립군들의 저
항이 거셌다는 사실을 반증하는 것이기도 하다.[50] 특히 청산리 전투에
서 패배한 원인을 군용선과 체신국선의 혼선, 이주한인 교환수의 정보
도청이라고 짐작하던 일제는 한인독립운동가를 '토벌'한 결과, 오히려
그들이 간도에서 안전하게 활동하고 있으며 이는 전화 교환수로 한인
을 고용하면서 이들이 기밀을 누설하였기 때문이라고 인식하였다.[51]
일제로서는 정확한 증거를 확보하지 못한 상태에서 자국의 피해 사실
을 한인의 기밀누설로 호도하려고 하였으며, 나아가 군대 출동에 수반
되어 나타난 민간인 학살 역시 은폐하고자 하였던 것이다.[52]
　한편 육군성에서는 간도지역에 가설한 통신기관이 독립운동가 및 마
적 등을 탄압하는데 유효한 수단이었다고 평가하였다.[53] 간도 전 지역
의 군용선 가설과 훈춘 지역 무선 전신은 '간도침략' 작전에 필수적 수
단이었으며, 일본군 철병 이후에도 통신선은 중국과의 관계를 고려하

---

49) 김연옥 옮김, 『간도출병사』, 75~76쪽.
50) 최근에 제국주의 일본군의 간도침략 당시 한국독립군의 군사적 대응양태에 대해서
　　는 신효승의 글이 주목된다. 신효승, 「청산리 전역시 일본군의 군사체계와 독립군
　　의 대응」, 『학림』 37, 2016; 신효승, 「청산리 전역의 전개배경과 독립군의 작전」,
　　『한국민족운동사연구』 86, 2016
51) 陸軍省, 『間島事件關係書類』 上, 「鮮人電話手機密漏泄ノ件回答(朝參密제1110호)」.
52) 金正明, 『朝鮮獨立運動』 3, 376~377쪽.
53) 김정주, 『朝鮮統治史料』 2, 432쪽.

여 존치하는 것이 바람직하다는 것이 육군성의 입장이었다. 무선통신소는 1920년 1월 26일 경성 육군 무선통신소를 개설하면서 시작하였다. 간도지역에 이동식 무선을 개설하기에 앞서 조선군은 블라디보스토크 야전 교통부와 협정하였다. 블라디보스토크-경성, 블라디보스토크-간도지역 교신 시간을 정하였다. 이동식 무선 전신요원과 기자재가 10월 19일 저녁 회령에 도착하였고 20일 무선대 편성을 마쳤다. 회령 및 훈춘에 통신소를 개설하였다. 이처럼 간도와 경성의 무선연락은 블라디보스토크에서 중계하였다. 11월 17일 훈춘 무선을 폐지하고 용정으로 이전하였다. 12월 3일에는 회령 무선을 폐지하고 19사단 사령부가 있는 나남으로 옮겼다.[54]

유무선 통신 활용으로 군사작전에 큰 성공을 거둔 것으로 자평했지만[55] 이 통신선은 1921년 간도지역에서 군 철병과 함께 몇 가지 갈등 양상이 표출되었다. 조선군은 총독부 체신국에 의탁하여 통신선을 활용했지만 군 작전 속도를 따라오지 못해 큰 불편을 느꼈다고 주장했다.[56] 또한 육군성에서는 외무성과 간도총영사관이 군용전선을 이용하여 업무연락을 하고 있는 것에 대하여 불만을 토로하였다. 19사단 참모장은 영사관의 관보취급을 아예 못하게 할 정도였다. 육군성에서는 외무성이 군용선을 이용하여 관보를 취급하면 간도지역에 출병한 일본군의 작전에 방해를 줄 수 있다고 판단하였다.[57] 이 문제는 당시 외무대신인 우치다 야스야(內田康哉)가 육군대신 다나카 기이치에게 외무성의 군용전선 사용방법에 대하여 협조를 구하는 선에서 마무리되는 듯

54) 김연옥 옮김, 『간도출병사』, 77~78쪽.
55) 김연옥 옮김, 『간도출병사』, 172쪽.
56) 김연옥 옮김, 『간도출병사』, 172쪽.
57) 陸軍省, 『間島事件關係書類』 上, 「間島地方軍用電信使用方ニ關スル件」(密제566호, 1920.11.18).

하였으나, 오히려 문제는 더욱 복잡하게 확대되었다.[58] 왜냐하면 당시 일제는 용정 – 국자가 – 훈춘을 선으로 연결하였는데 훈춘과 국자가 군용 통신소에서의 전보취급이 3자 간, 즉 육군성, 외무성, 조선총독부 간의 알력으로 표출되었던 것이다. 특히 일본 육군성과 외무성의 전신 사용권 문제는 간도지역에서 그들의 헤게모니 쟁탈전과 같은 양상을 보였다.

조선총독부 체신국에서는 육군성이 설치한 군용선을 보수·유지하는데 상당한 비용을 지출하였다. 이는 양 기관의 이해에 따른 것으로 조선총독부 입장에서는 함경도와 대륙을 잇는 전신선을 구축하기 위함이었고, 육군성에서는 외무성과의 마찰을 피하고 군 작전에 불필요한 힘의 낭비를 미연에 방지하기 위함이었다. 체신국에 위탁한 군용통신망은 용정과 두도구에서 10월 8일로 가장 먼저 완료되었으며, 11월 1일에는 회령과 훈춘에서 완료되었다. 다음으로 11월 6일에 용정과 국자가에서 완료되었으며, 11월 28일에는 경원과 온성에서, 12월 12일에는 나남과 회령 간 전신선 공사가 완료되었다. 이러한 통신선은 1921년 4월 제국주의 일본군대가 철병할 때 조선총독부 체신국에 위탁했던 통신선은 19사단 공병단의 작업을 통해 별도로 관리하기로 결정했다.[59] 이처럼 제국주의 일본은 자국민 보호를 구실로 '간도출병'을 단행하면서 장기적인 관리와 지배권을 확립하고, 필수적인 통신선을 구축하는데 성공한 것이었다. 독립운동의 열기를 차단하고 만주지역에 대한 실질적 지배권 확보를 위한 기초 작업을 진행하였고, 그것은 통신선 가설로 구체화되었다.

---

[58] 陸軍省, 『間島事件關係書類』 上, 「間島地方軍用電線ノ使用方ニ關スル件」(1920년 11월 16일).

[59] 김정주, 『朝鮮統治史料』 2, 「간도파견대 철퇴에 관한 지시 송부의 건(1921년 4월 7일)」.

IV. 대학살의 과정과 실상

1920년 10월 3일 육군대신 앞으로 한통의 전보가 도착하였다. 만주 일본거류민회장 카도히로 켄키치(門廣健吉)가 보낸 전보였다. 그 내용은 "오늘 아침 마적과 불령선인, 러시아인 200명과 혼란을 일으킨 700명의 무리가 영사분관을 습격하여 소각하고 내국인 부녀자 10명이 살해되고"라고 적혀 있었다. 이후 3일부터 4일, 6일, 7일까지 훈춘영사분관 습격 소식이 연이어 보고되었다.[60]

1920년 10월 6일 간도총영사 사카이(堺)는 간도 지역 '불령선인'이 극렬하게 활동한다고 하면서 일본 본국에 군대 출병을 요청하였다.[61] 오전 전보가 나남에 접수되자, 오후 2시에 회령에서 보병 2개 중대와 기병 일부가 용정촌을 향해 출발하였다.[62] 군사작전이 일사분란하게 전개되어도 이러한 상황은 치밀하게 미리 짠 계획이 아니면 실행되기 어려운 것이었다. 그뿐만 아니라 같은 날 제국주의 일본은 청진부에서 일본거류민을 추동하여 훈춘사건 궐기대회를 개최하였다. 주된 내용은 훈춘사건이 전대미문의 추악한 사건이므로 이러한 사건의 주동자를 색출하여 실추된 '제국'의 이미지를 회복하자는 것이었다.[63] 10월 7일 조선군사령관 오바 지로(大庭二郎)는 오전 2시 55분에 간도뿐만 아니라 온성을 비롯한 국경지역의 거류민 보호가 시급하다는 내용의 전보를

---

[60] 金正柱, 『朝鮮統治史料』 2, 349쪽.

[61] 중국 영토인 간도에 자국인 보호를 위한 다는 명목으로 군대 출동을 요청할 수 있었던 것은 1920년 5월부터 중국 군벌 張作霖과의 몇 차례 협상을 통해서 '출병'분위기를 다졌기 때문이다. 중국 측과의 협상 과정은 김연옥, 「일본군의 '간도출병' 전략과 실태－간도출병사 자료를 중심으로」, 『일본역사연구』 50, 2019, 133~136쪽 참조.

[62] 金正柱, 『朝鮮統治史料』 2, 352쪽.

[63] 金正柱, 『朝鮮統治史料』 2, 353쪽.

육군대신 앞으로 발송하였다. 그리고 당일 육군대신으로부터 조선군사
령관에게 간도 방면의 "제국신민의 보호와 경비를 위해 군대를 파견하
고 중국과 공동작전 실행을 승낙한다"라며 '군대출병'을 공식 허가하였
다.[64] 또 바로 민을 동원하여 '군대출병'의 정당성을 확보하고자 했다.
10월 8일 회령에서 시민대회를 개최하여 훈춘사건을 성토하고, '제국인'
의 생명과 재산을 보전하기 위해 군대를 파견해야 한다는 것이었다.[65]
또한 10월 15일 군사작전이 한참 진행되었을 때 함경북도를 중심으로
'북선(北鮮) 연합대회'를 개최한 일본은 민간인들의 자발적인 집회를 통
해 훈춘사건을 성토하였다고 했다.[66] 이른바 '군관민'의 합작품이 군대
출병으로 표현되었다.

　1920년 10월 10일, 조선군사령관 앞으로 본국에서 군대 출병 명령서
가 하달되었다.[67] 조선군사령관이 훈춘 및 간도 방면에 파견해야 할 병
력은 보병 약 6대대, 기병 약 1중대, 산포 8문, 공병 2중대, 비행기 4대
였다.[68] 그리고 나남에 주둔했던 19사단장은 이를 위해 다음과 같은 조
치를 내렸다.

　1. 보병 제37여단장 히가시(東) 소장에게 함흥으로부터 보병 1대대(2중대 결
　　여) 기관총 1소대를 나남으로 파견하게 하고 여단장은 소요기관을 따라
　　나남에 도달하게 함

---

[64]　金正柱, 『朝鮮統治史料』 2, 354쪽.

[65]　金正柱, 『朝鮮統治史料』 2, 355~356쪽. 김연옥은 이 부분에 대해서는 주목하지 않았
　　다. 다만 군대출병을 결정하였던 제국 일본 수뇌부인 수상 하라 다카시의 일기를
　　인용하여 '간도출병'이 시급을 요하는 사안이었다는 점을 강조하였다(김연옥, 「일
　　본군의 '간도출병' 전략과 실태 – 간도출병사 자료를 중심으로」, 139~140쪽).

[66]　金正柱, 『朝鮮統治史料』 2, 365~366쪽.

[67]　金正柱, 『朝鮮統治史料』 2, 362쪽.

[68]　김연옥 옮김, 『간도출병사』, 33쪽. '간도출병' 당시 각 지대별 군사작전에 대해서는
　　김연옥, 「일본군의 '간도출병' 전략과 실태 – 간도출병사 자료를 중심으로」 참조.

2. 보병 제38여단장 이소바야시(磯林) 소장에게 10일 나남 출발, 훈춘에 도
   착하게 하여 해당 방면 전반의 지휘를 맡게 함.

3. 제20사단으로부터 증파된 보병 제78연대 제3대대를 이소바야시 소장의
   지휘하에 속하게 하고 9일 나남을 출발하여 회력을 거쳐 훈춘에 도착하
   게 함.

4. 보병 제76연대장 기무라(木村) 대좌에게 11일 나남 출발, 온성에 도착하
   여 다음의 부대를 지휘하고 대왕청 방면의 초토준비를 하게 함(하략).[69]

　간도침략군(조선군, 블라디보스토크 파견군, 관동군)[70]은 10월 13일
중국 측에서 정식으로 '간도출병'을 동의하지 않았다는 의사 표현을 해
왔지만 이와는 별개로 출병을 선언하였다.[71] 그리고 본격적인 대학살
이 시작되었다. 중국 언론에서는 일본군의 자국 영토 침략의 심각성을
보도했다. 창사(長沙) 『대공보』 1920년 10월 28일 자에 "중국 전화국과
우체국을 점령하였으며, 비적들을 은닉하였다고 하면서 중국 관원들을
겁박하였다"라고 전했다.[72] 11월 12일 『대공보』에도 "중국의 평민 또한
그 손해를 입었는데 일본 헌병이 곳곳을 수색하여 집에 있는 돈과 장신
구 등을 강탈해 갔다"라고 전하면서 중국인들은 억울하지만 굴욕을 참
을 수밖에 없었다는 내용을 담았다.[73]

　이소바야시(磯林) 지대는 주로 훈춘과 왕청지역에서 독립군과의 전
투 및 민간인 학살을 자행하였으며, 기무라(木村) 부대 역시 왕청의 하
마탕 일대를 주 무대로 활동했다.[74] 기무라 부대의 주된 목표는 대한군

69) 김연옥 옮김, 『간도출병사』, 33~34쪽.
70) 필자는 이하 간도에 '출병'한 일본의 명칭을 '간도침략군'으로 칭하고자 한다. 다만
　　군의 특성상 각기 작전을 수행할 부대 단위일 때에는 고유한 사단 등의 명칭으로
　　서술하겠다.
71) 金正柱, 『朝鮮統治史料』 2, 364쪽.
72) 『大公報』 1920년 10월 28일, 「연길의 일본군대는 점점 흉악해지다」.
73) 『大公報』 1920년 11월 12일, 「일본군대가 연길에서 했던 잔인하고 포악한 행동」.

정서였다. 왕청현 서대파의 군정서 사관연성소 및 그 주변 지역에 거주
하고 있던 대종교인들에 대한 학살이 기무라 부대에서 자행된 제노사
이드였다.[75] 용정과 화룡 일대는 히가시 지대의 '군사작전', 즉 학살 무
대였다. 특히 10월 30일 일어난 장암동(일명 노루바위골) 학살은 간도
침략군 입장에서도 11월 16일 발송된 [장암동 부근의 토벌 정황(朝特報
제84회]이라는 공문서를 간도출병사의 부록에서 다룰 만큼 중대한 사건
이었다.[76] 무엇보다도 선교사였던 푸트가 이 사건에 이의를 제기하였
으며, 중국 언론에도 크게 보도되었다.

　獐岩洞에서 도적들의 사체를 불태울 때,(밑줄 인용자) 연료 부족으로 인
하여 아직 불에 타지 않은 것이 있었다. 다음날 31일이 일본 天長节였기 때
문에 급히 서둘러서 불에 탄 것을 미처 다 보지 못했다. 만약 이것을 학살행
위로 여긴다면 일본의 악명을 세계에 선전해야 할 것이다.[77]

청산리 전투가 끝난 시점이 10월 26일인데, 잔류한 간도침략군은 한

---

74) 김연옥, 「일본군의 '간도출병' 전략과 실태－간도출병사 자료를 중심으로」, 151쪽.
75) 신운용, 「경신참변과 대종교」, 56~57쪽.
76) 김연옥 옮김, 『간도출병사』, 323~329쪽. 간도침략군이 장암동에 도착한 시간은 31
일 새벽이었으며, 국민회 지부를 '토벌'한다는 명목으로 수십 명의 한인들을 학살하
였다. 침략군은 '불령선인'들이 격렬하게 저항하였기 때문에 이에 대한 정당한 군
사작전을 진행하였다고 했다.
77) 『大公報』 1920년 12월 11일, 「일본군대가 간도에서 잔인한 행동을 한 자백서를 보
시오」. 장암동 사건의 참상을 조사하기 위하여 용정촌 제창병원장(濟昌病院長) 영
국령 캐나다인 마틴(閔山海) 및 중국 해관 고문 영국인 홉푸스는 11월 1일 장암촌
에 이르러 실황을 시찰하고 동민에 대해 조위금 200원을 교부하고 돌아갔다(金正
柱, 『朝鮮統治史料』 2, 461~462쪽). 북간도에 파견된 캐나다 선교사들의 활동은 간
도대학살을 해외에 알리는 데 집중하였다. 마틴의 경우에는 북간도 지역에서 자행
되었던 일제의 만행상황을 캐나다 선교부에 전달하였다. 북간도 선교사들의 경신
참변에서의 활동은 문백란, 「캐나다 선교사들의 북간도 한인사회 인식」, 『동방학지』
144, 2008 참조.

국독립군을 색출한다는 명목상 구실을 내세워 한인마을을 초토화시켰다. 이 과정에서 간도침략군은 그들이 '간도출병' 당시 수립했던 제1기(1개월) '불령선인단'을 초토화하고 제2기(잔여기간)에는 1기의 결과에 따라 대략적으로 정하는 것이었는데, 간도지역 곳곳에서 자행되고 있는 학살은 어디에 해당되는 것인지 알 수 없을 정도이다. 이미 간도침략군이 '절멸 전쟁'을 구상하여 민간인까지 학살하였다고 볼 수밖에 없다. 간도침략군 가운데 76연대가 자행한 학살의 희생자들을 정리하면 다음과 같다.

〈표 3〉 보병 76연대에 학살당한 한인 현황

연번	성명	연령	주소	직업	사유	연월일
1	최병우	50	연길현 삼도구	농업	불령단의 통신연락을 맡고 불령행위를 하다가 사살 당함	9.11.6
2	배승권	40	훈춘현 대호동	농업	대한독립단 재무원으로 활동 (대호동에서 총살)	9.12.2
3	박중보	50	위와 같음	농업	대한독립단 재무원으로 활동 (대호동에서 총살)	9.12.2
4	김병원	46	훈춘현 대하전	농업	대한독립단 부회장으로 활동 (대하전에서 총살)	9.11.8
5	서재일	56	훈춘현 대하전	농업	대한독립단 외교부부장으로 활동 (대하전에서 총살)	9.11.8
6	김진현	32	훈춘현 소하전	농업	대한독립단 재무원으로 활동 (대하전에서 총살)	9.11.8
7	김경곤	35	훈춘현 대하전	농업	대한독립단 평의원으로 활동 (대하전에서 총살)	9.11.8
8	방서일	41	훈춘현 하구동	무직	대한독립 군자금을 강요하였음 (하구동에서 총살)	9.11.3
9	이홍윤	65	위와 같음	농업	위와 같음	9.11.3
10	김명진	52	훈춘현 작개동	농업	대한독립을 선전함 (작개동에서 총살)	9.11.3
11	한규량	55	훈춘현 상의사 회룡봉	농업	불령선인 영수로 11월 2일 월강, 회룡봉 부근에서 토벌대와 조우하여 체포되어 귀영하는 도중 오후 7시 30분경 흑정자 금당촌 중간에서 야간 암행	9.11.2

연번	성명	연령	주소	직업	사유	연월일
					도주하는 것을 사살	
12	박형규	37	위와 같음	농업	위와 같음	9.11.2
13	박인권	28	위와 같음	교사, 약상	위와 같음	9.11.2
14	김승세	28	위와 같음	교사	위와 같음	9.11.2
15	김용연	41	위와 같음	농업	위와 같음	9.11.2
16	김정규	28	위와 같음	농업	위와 같음	9.11.2
17	김홍석	29		교사	위와 같음	9.11.2
18	정길순	65	훈춘현 장족등	농업	오가자 부근 출동 토벌 중 체포되어 구사평에서 대안에 이르렀을 때 야음을 틈타 도주하는 것을 추격 사살하였음	9.11.4
19	김태준	46	오도포자	농업	위와 같음	9.11.4
20	김입법	39	십리평	농업	불령단에 소속되어 양식의 공급 및 가옥건설에 종사하고 첩보 근무에 복무하다가 사살됨	9.11.4
21	김도화	47	십리평	농업	위와 같음	9.11.4
22	김병우	28	십리평	농업	위와 같음	9.11.4
23	엄주현	27	십리평	농업	위와 같음	9.11.4
24	최준천	57	십리평	농업	위와 같음	9.11.4
25	신손락	30	십리평	농업	위와 같음	9.11.4
26	윤재원	46	십리평	농업	위와 같음	9.11.4
27	신순수	38	십리평	농업	위와 같음	9.11.4
28	신태근	39	십리평	농업	위와 같음	9.11.4
29	하순규	41	십리평	농업	위와 같음	9.11.4
30	김성환	29	십리평	농업	위와 같음	9.11.4
31	조사원	27	십리평	농업	위와 같음	9.11.4
32	원재용	37	십리평	농업	위와 같음	9.11.4
33	한재원	26	십리평	농업	위와 같음	9.11.4
34	최일원	24	십리평	농업	위와 같음	9.11.4
35	이경적	30	십리평	농업	위와 같음	9.11.4
36	한이순	41	십리평	농업	위와 같음	9.11.4
37	한수석	18	십리평	농업	위와 같음	9.11.4
38	방인수	50	십리평	농업	위와 같음	9.11.4
39	신태영	31	십리평	농업	위와 같음	9.11.4
40	한순규	40	십리평	농업	위와 같음	9.11.4
41	최학천	42	십리평	농업	위와 같음	9.11.4
42	최학순	28	십리평	농업	위와 같음	9.11.4
43	신순호	30	십리평	농업	위와 같음	9.11.4

연번	성명	연령	주소	직업	사유	연월일
44	조달원	19	십리평	농업	위와 같음	9.11.4
45	장사천	21	십리평	농업	위와 같음	9.11.4
46	박팔봉	30	십리평	농업	위와 같음	9.11.4
47	지창린	48	양수천자	농업	불령단에 투신하여 통신업무 및 군자금 모금에 종사하였음. 또한 첩보 활동에도 복무함. 십리평에서 총살	9.10.22
48	지인도	35	양수천자	농업	위와 같음	9.10.22
49	지승수	18	석두하자	농업	위와 같음	9.10.22
50	채남섭	45	신촌평	농업	내정조사에 의하면 불령단에 투신한 자임. 석두하자에서 총살	9.10.22
51	김원삼	48	신촌평	농업	위와 같음	9.10.22
52	김기봉	42	신촌평	농업	위와 같음	9.10.22
53	이경원	47	신촌평	농업	위와 같음	9.10.22
54	송화여	51	신촌평	농업	위와 같음	9.10.22
55	김천사	18	신촌평	농업	위와 같음	9.10.22
56	유치순	33	신촌평	농업	위와 같음	9.10.22
57	이영학	53	신촌평	농업	위와 같음	9.10.22
58	김성인	37	신촌평	농업	위와 같음	9.10.22
59	최군석	54	신촌평	농업	위와 같음	9.10.22
60	이성실	28	신촌평	농업	위와 같음	9.10.22
61	이춘실	31	신촌평	농업	위와 같음	9.10.22
62	한현백	48	신촌평	농업	위와 같음	9.10.22
63	박영훈	35	대왕청	농업	내정조사에 의하면 불령단에 투신한 자임(왕청 산중에서 총살)	9.10.25
64	최치삼	39	대왕청	농업	위와 같음	9.10.25
65	나순호	19	대왕청	농업	내정조사에 의하면 불령단에 투신한 자임(대토천자에서 총살)	9.10.25
66	나순익	21	대왕청	농업	위와 같음	9.10.25
67	박규호	43	대토천자	농업	위와 같음	9.10.25
68	한춘삼	38	대왕청	농업	내정조사에 의하면 불령단에 투신한 자임(대감자에서 총살)	9.10.25
69	김병길	23	대왕청	농업	위와 같음	9.10.25
70	김봉준	28	대감자	농업	위와 같음	9.10.25
71	김용국	35	대감자	농업	위와 같음	9.10.25
72	김성극	39	합마당	농업	내정조사에 의하면 불령단에 투신한 자임(합마당에서 총살)	9.10.27
73	한연하	43	합마당	농업	위와 같음	9.10.27
74	박성락	26	합마당	농업	위와 같음	9.10.27

연번	성명	연령	주소	직업	사유	연월일
75	정금용	32	황구구자	농업	내정조사에 의하면 불령단에 투신한 자임(황구구자에서 총살)	9.10.27
76	정봉익	28	황구구자	농업	위와 같음	9.10.27
77	윤의록	54	황구구자	농업	불령단 양성소를 설립하여 배일사상을 선정함. 또한 불령단에 투신하였음(왕청에서 총살)	9.10.30
78	오병묵	42	황구구자	농업	위와 같음	9.10.30
79	양도명	40	황구구자	농업	위와 같음	9.10.30
80	이국화	43	북일양구	농업	위와 같음	9.11.3
81	이일재	42	북일양구	농업	국민회원으로 기부금 모집에 종사하였으며, 통신첩보 근무도 하였음(북일양구에서 총살)	9.11.3
82	이명초	35	북일양구	농업	위와 같음	9.11.3
83	이종란	19	북일양구	농업	위와 같음	9.11.3
84	이종눌	47	북일양구	농업	위와 같음	9.11.3
85	이여익	29	북일양구	농업	위와 같음	9.11.3
86	이여일	47	북일양구	농업	위와 같음	9.11.3
87	이여락	44	북일양구	농업	위와 같음	9.11.3
88	이여국	27	북일양구	농업	위와 같음	9.11.3
89	이병재	44	북일양구	농업	위와 같음	9.11.3
90	허익	63	북일양구	농업	위와 같음	9.11.3
91	최병우	45(?)	불명	불명	국민회원으로 기부금 모집에 종사하였으며, 통신첩보 근무도 하였음(일양구에서 총살)	9.11.5
92	최우익	49	불명	의군단 총무	독립가옥에 있었으며, 아군을 보자마자 도주(일양구에서 총살)	9.11.5
93	이을	35	불명	의군단 서무부장	위와 같음	9.11.5
94	홍정필	40	불명	불명	위와 같음	9.11.5
95	불명	23	불명	불명	위와 같음	9.11.5
96	불명	25	불명	불명	위와 같음	9.11.5
97	불명	25	불명	불명	위와 같음	9.11.5
98	불명	26	불명	불명	위와 같음	9.11.5
99	불명	26	불명	불명	위와 같음	9.11.5
100	불명	28	불명	불명	위와 같음	9.11.5
101	불명	22	불명	불명	위와 같음	9.11.5
102	노간선	49	북일양구	농업	의군단 산포대의 수령으로 독립운동에 관여함(팔도구에서 총살)	9.11.6
103	박창렬	35	북일양구	농업	위와 같음	9.11.6

연번	성명	연령	주소	직업	사유	연월일
104	이동수	20	북일양구	농업	위와 같음	9.11.6
105	신재섭	25	북일양구	농업	위와 같음	9.11.6
106	이경찬	35	팔도구	농업	위와 같음	9.11.8
107	이원일	45	백초구	농업	불령단에 속하였고 조선 내에 잠입하여 강도적 군자금을 모집(백초구에서 총살)	9.12.1
108	이영무	37	불명	불명	우리군을 보자마자 권총을 발사하고 도주함(왕청에서 총살)	9.12.17
109	이학성	28	불명	불명	위와 같음	9.12.17
110	불명	27	불명	불명	위와 같음	9.12.17
111	이석명	26	중경리	불명	군정서에 속한 불령조선인(왕청현에서 부상)	9.12.17
112	불명	25(?)	불명	불명	무장을 한 조선인으로 일본군과 전투 결과 전사	9.10.20
113	불명	25(?)	불명	불명	위와 같음	9.10.20
114	불명	25(?)	불명	불명	위와 같음	9.10.20
115	불명	25(?)	불명	불명	위와 같음	9.10.20
116	불명	25(?)	불명	불명	위와 같음	9.10.20
117	불명	25(?)	불명	불명	위와 같음	9.10.20
					死 136명, 부상 1명	합계

* 金正柱, 『朝鮮統治史料』 2, 390~397쪽.
** 연원일은 일본 연호인 다이쇼(大正) 9년(1920)으로 표기.

위의 〈표 3〉과 김정주 『조선통치사료』 2의 한인학살과 중국인 학살 숫자를 합치면 1,058명이다.[78] 그 가운데 한인은 1,041명이며 중국인은 17명이 학살당했다. 『독립신문』 1920년 12월 18일자에는 한인 총 3,469명 이 학살당했다고 했다.[79] 청산리에서만 409명이 학살당한 것으로 되어

78) 金正柱, 『朝鮮統治史料』 2, 398~403쪽.
79) 『獨立新聞』 1920년 12월 18일, 「서북간도 동포의 상황」.

있다. 중국 언론 가운데 대공보는 1920년 11월까지 300여 명이 학살되었다고 했으며, 만주지역에서 발행한 언론에는 약 2,000명의 한인이 학살되었다고 나와 있다.[80] 간도대학살 숫자를 자료별로 정리하면 다음과 같다.

〈표 4〉 일본군의 한인 학살 현황

자료	독립신문	육군성문서	한국독립운동지혈사	길장일보
학살 수	3,469명	1,041명	3,106명	2,000여 명

* 『독립신문』 1920년 12월 18일자; 金正柱, 『朝鮮統治史料』 2, 390~403쪽; 『길장일보』
는 김춘선, 『북간도 한인사회의 형성과 민족운동』, 513쪽 재인용.

간도침략군의 학살은 중국 지방정부의 강력한 항의에 직면하였다. 길림성장도 애초 1920년 5월부터 중 일간 협상을 통해서 이른바 한국의 독립을 기획하고 실행하는 자를 체포하는 것이었는데, 이제는 간도침략군이 이주 한인뿐만 아니라 중국인도 학살하였으니 심각한 약속위반이라는 의견을 11월 4일 봉천총영사 아카즈카(赤塚)에게 보냈다. 그 공식 문서를 잠시 보겠다.

　근래 일본 군대의 행동은 오로지 각 지방에 산재하는 조선인 (불명) 수사와 체포를 성사하기 위해 무고한 조선인 또는 지나인을 연루자로서 살상하거나 혹은 가옥을 태워버리는 일이 두드러지는데 이는 공동 토벌의 약정에 반할 뿐 아니라, 이 때문에 해당 지방의 인민 또는 관헌으로부터 매일 수통의 전보가 도착하여 고충을 말하니, 그 심각함에 이르러서는 본건 공동 토벌에 동의한 장 순열사 및 본인(포;鮑)을 공격하는 인쇄물이 각지에 살포되어 지금에는 점점 여론이 일어나려고 하는 경향을 보이기에 달하는데, 도저

---

80) 김춘선, 『북간도 한인사회의 형성과 민족운동』, 고려대학교 민족문화연구원, 2016, 513쪽.

히 이를 억압할 수 없다.[81]

간도침략군은 자신들의 학살행위가 이주 한인들에게는 공포의 대상
이었음을 인지하였다. 예컨대 연길현 지인향 와룡동 등 한인 마을에서
는 "국자가 병참을 축하드립니다. 사령부 만세"라는 현수막을 내걸 정
도였다. 이에 대해서 간도침략군은 "우리 군대가 각지에서 토벌수사를
위해 방화, 살상을 행하는 것을 두려워하고 재해를 미연에 방지하려는
애원적 의지로부터 나온 것으로, 해당 지방 작금에 있어서 민심의 이면
을 살핌에 만족한 것이라고 인정한다"[82]라고 자평하였다.

경신년 간도대학살이 자행되었을 때, 또 하나 주목해야 할 점은 일본
이 군사력뿐만 아니라 경찰력도 증강했다는 점이다. 1920년 10월 12일
이후 동월 31일까지의 경찰관 출동 횟수 및 그 성적 등을 조사하면 다
음의 〈표 5〉와 같다.

〈표 5〉 대학살 시기 일제 경찰관 출동 횟수

경찰서별	출동월일	철수월일	출동인원	출동지명	성적				
					敵死	傷	체포	가옥소각	노획품
삼장	10.19	10.19	3	농사동					
삼장	10.28	10.29	2	석인구					
무산	10.12	10.15	12	유동			2	19	
무산	10.14	10.14	6	남평			6		
무산	10.17	10.17	7	부동					장총 2
무산	10.20	10.20	6	청산리					
무산	10.27	10.28	3	석인구				12	
무산	10.29	10.29	2	석인구					

81) 金正柱, 『朝鮮統治史料』 2, 408쪽.
82) 金正柱, 『朝鮮統治史料』 2, 407쪽.

V. 맺음말 : 경신참변은 제노사이드이다

이 글에서는 간도참변 또는 경신참변이 왜 제노사이드여야 하는지를 규정하려고 했다. 일제는 군대파견과 함께 학살의 빠른 진행을 위해 통신선을 확보해야 했다. 근대 이후 제국주의 국가의 침략행위는 본질적으로 통신의 신속성에 의해 좌우된다고 할 수 있다. 특히 일제는 간도라는 특수한 지역을 통제하기 위해 '잠재적인 저항집단'이라고 할 수 있는 한인사회에 대한 감시를 보다 강력하게 실행할 필요가 있었다. 즉 독립운동가의 체포 및 취조를 위해 신속함이 필수인 통신을 통하지 않고는 불가능하였다.

일제가 간도지역에 통신 시스템을 구축한 목적은 그들의 독점적이며 배타적인 권익을 획득하기 위한 수단을 완비하였던 것이지, 결코 간도지역에 거주하는 이주한인의 생활 편의 및 삶의 질적 향상을 위한 것은 아니었다. 일제가 통신체제를 통해 궁극적으로 추구하였던 것은 대륙에 대한 탐지였다. 예를 들면, 간도임시파출소 설치 이후 한인의 호구조사 및 간도 지역 산업조사를 위하여 전신·전화선을 가설하였던 것을 보면 알 수 있다. '간도출병' 때에는 노골적으로 통신선을 가설하거나 중국인 통신선에 첨설하는 방법으로 학살의 공간적 확대를 추진하였다.

이러한 근대 통신시스템을 완비한 일본군은 '불령선인 토벌'이라는 미명하에 간도지역 한인사회에 대한 통제와 학살을 자행하였다. 일본군은 집단의 사회적 파괴자로서 한인사회를 유린하였다. 근대 사회에서 국가 간의 군대를 동원하는 것은 전시 상황이거나 그에 준하는 상황에 처해 있을 때 가능하다. 일본군대가 중국 영토에 침입하기 위해 1920년 5월부터 꾸준히 지방군벌인 장쭤린을 회유하여 그 정당성을 확보했다고 했지만, 중국 북경정부의 승인은 받지 못했다. 따라서 1920년 10월 훈춘사건은 보다 완전하게 만주를 침략하기 위한 수단으로 작용하였던 것이며, 그 목적은 한인 학살이었다. 개인 학살이 아닌 한인 사회를 파괴하고자 함이었다. 파괴 이후에도 일제는 이를 희석하기 위해 '귀순'이라는 회유정책과 학살의 주체인 육군성을 통해 한인사회에 10만 원을 지원한다고 선전할 정도였다.

따라서 간도지역의 한인대학살은 의도적이고, 계획적이며, 미리 고안된 방식으로 수행되었다. 근대 국가의 관료주의, 빠르게 발전하는 과학기술, 국가권력의 급속한 팽창이 결합되어 '타락한 전쟁'이라는 오명을 쓰면서도, 간도지역 한인사회를 파괴하는 대학살을 자행하였다. 일반적으로 국가 간 제노사이드는 전쟁을 전제조건으로 할 때 발생하는 경우가 많다. 하지만 1920년 간도지역에 정규군이었던 일본군은 비정규군을 '토벌'한다는 명목으로 타국 영토를 침략했으며, 이 과정에서 민간인 대량학살이 발생한 것은 전쟁이 아니라도 얼마든지 제노사이드가 가능하다는 것을 확실하게 보여주는 사건이었다. '절멸'이 개인의 존엄과 삶뿐만 아니라 그들이 향유했던 공동체의 기반, 정신세계, 민족감정까지 그 범위가 확대될 때 비로소 제노사이드라고 할 수 있다. 따라서 제국주의 일본군이 1920년 서간도, 북간도지역 한인들을 학살했던 사건을 '경신년 간도(한인)대학살'로 정명하고자 하는 이유가 바로 여기에 있다.

요컨대 1920년 간도지역에서 제국주의 일본군대의 한인사회에 대한 '절멸전쟁'은 제노사이드이며, 이에 대하여 유엔이 정한 [제노사이드 범죄의 방지와 처벌에 관한 협약]에 현재적 적용은 가능한 것이 아닐까 여겨진다. 간도 한인대학살 100년이 되는 현 시점에 역사의 수면 위에서 간도 대학살을 제노사이드로 규정하려는 것은 제국주의 시대에 무수히 자행되었던 국가 간의 타락한 폭력과 전쟁의 '도돌이표'를 되풀이

하지 않기 위해서이다. 그 논의 자체가 큰 실효성을 거둘지는 의문이
다. 왜냐하면 가해 당사자는 비난받을 역사에 자신의 이름을 올리는 데
동의하지 않기 때문이다. 그래도 이 논의는 동북아시아 평화지대 구축
을 위해서라도 필요하다고 여겨진다.

참고문헌

『獨立新聞』, 『대공보』

陸軍省, 『間島事件關係書類』 上, 「間島事件二關スル朝鮮軍參謀指示事項」

『日本外務省特殊調査文書』 13(영인본; 고려서림, 1989).

金正柱, 『朝鮮統治史料』 2, 韓國史料研究所, 1970.

이범석, 『우둥불』, 사상사, 1971.

『外務省警察史』 21, 不二出版, 1998.

宇都宮太郎關係資料研究會 編, 『陸軍大將宇都宮太郎 日記』 3, 岩波書店, 2007.

김주용, 『일제의 간도 경제침략과 한인사회』, 선인, 2008.

김춘선, 『북간도 한인사회의 형성과 민족운동』, 고려대학교 민족문화연구원, 2016.

김상태, 「3.1운동기 조선 주둔 일본군의 탄압－국사편찬위원회 삼잉운동데이터베이스를 중심으로－」, 『역사와 교육』 29, 2019.

김연옥, 「일본군의 '간도출병' 전략과 실태－간도출병사 자료를 중심으로」, 『일본역사연구』 50, 2019.

김춘선, 「경신참변연구」, 『한국사연구』 111, 한국사연구회, 2000.

金泰國, 「滿洲地域 '朝鮮人 民會' 研究」, 國民大 博士學位論文, 2002.

문백란, 「캐나다 선교사들의 북간도 한인사회 인식」, 『동방학지』 144, 2008.

정예지, 「庚申慘變기 조선인 "귀순"문제 연구－북간도를 중심으로－」, 『사림』 38, 수선사학회, 2011.

조원기, 「일제의 만주침략과 간도참변」, 『한국독립운동사연구』 41, 2012.

許壽童, 「關于 "間島慘變" 研究與紀念問題」, 『만주연구』 10, 2010.

훈춘 일본인사회와 훈춘사건

다나카 류이치

I. 머리말

오늘 아침 마적과 불령선인, 러시아인 200명과 혼란을 일으킨 약 7백여 명의 패거리는 영사분관을 습격하여 소각하고, 내지인(內地人) 부녀자(婦女子) 10명을 참살하였으며 십수 명의 중상자와 20여 명의 경상자를 냈으니 제2의 니항(尼港: 러시아 니콜라옙스크 – 번역자주)과 같다. 또한 재습격 소식도 있다. 출병을 청한다(「만주거류민회 회장 가도히로 켄고(門廣健吾)가 육군대신에게 보내는 전보」, 1920년 10월 2일[1]).

1920년 10월 3일, 일본 육군성은 훈춘(琿春) 만주거류민회장 가도히로 켄고(門廣健吾)로부터 2일 아침에 재간도(間島) 일본총영사관 훈춘 분관이 '마적'(이하 ' ' 생략), 한인 독립운동단체, 러시아인 등 200명을

---

[1] 「大正九年十月二日, 滿洲居留民会長門廣健吾発信陸軍大臣宛電報」, 국가보훈처, 『間島事件関係書類(Ⅰ)』, 2003, 57쪽. 門廣健吾는 '門廣謙吾' 등 원자료에 따라 한자 표기가 다르지만 같은 인물로 볼 수 있다.

포함한 군중 약 700명에게 습격당해 '내지인 부녀자' 10명이 사망, 십수명의 중상자와 20명 이상의 부상자가 나왔기에 현지 일본인 보호를 위한 일본군 출병을 요청한다는 전보를 받았다. 경신참변(간도출병)의 출발점이 된 제2차 훈춘사건의 발발을 알리는 전보였다.[2] 그렇다면 이 전보를 보낸 훈춘 일본인거류민회는 어떠한 단체이며 당시의 훈춘 일본인사회는 어떠한 상황이었을까.

이 글의 목적은 1920년 경신참변의 발화점이 된 훈춘사건에 대해 그 배경인 간도 일본인사회, 특히 훈춘 일본인사회의 형성과 이후의 변용과정을 중심으로 밝히는 것이다.[3]

---

[2] 1920년 9월 12일에 발생한 사건을 제1차 훈춘사건, 10월 2일에 발생한 사건은 제2차 훈춘사건이라고 한다. 본고에서는 1, 2차를 구별할 필요가 없을 경우 제2차 훈춘사건을 '훈춘사건'으로 통칭하고자 한다.

[3] 일본 학계의 경신참변(간도출병) 연구는 활발하다고 할 수 없다. 姜德相, 「解說」, 『現代史資料28 朝鮮4』, みすず書房, 1972; 井上学, 「日本帝国主義と間島問題」, 『朝鮮史研究会論文集』 10, 朝鮮史研究会, 1972; 東尾和子, 「琿春事件と間島出兵」, 『朝鮮史研究会論文集』 14, 朝鮮史研究会, 1977은 훈춘사건이 일제의 모략임을 밝히는 데 역점을 둔 선구적 연구라 할 수 있다. 한편 佐々木春隆, 「『琿春事件』考(上·中·下)」, 『防衛大学校紀要 人文·社会科学編』 39·40·41, 1979·1980은 기존연구들이 주장한 '모략론'의 자료적 근거가 희박하다고 비판하였다. 하지만 사사키(佐々木)는 '제2차 훈춘사건'이 가지는 특수성, 즉 이전의 마적의 습격과 달리 이때는 일본인들이 공격대상으로 포함되어 있었다는 점에 대한 분석을 하지 못했다. 최근에는 金静美, 「朝鮮独立運動史における1920年10月」, 『朝鮮民族運動史研究』 3, 1986; 孫穎, 「『琿春事件』の事後処理について : 間島における朝鮮墾民を中心として(1920~23)」, 『法政大学大学院紀要』 69, 2012; 麻田雅文, 『シベリア出兵』, 中公新書, 2016이 시베리아 출병과 경신참변의 관계를 언급하고 있다. 그러나 芳井研一, 『環日本海地域社会の変容』, 青木書店, 2000이 간도 일본인사회를 개관한 외에는 심도 있는 연구가 부족한 상황이다. 한편 만주 일본인사회에 관한 연구는 柳沢遊, 『日本人の植民地経験』, 青木書店, 1999; 塚瀬進, 『満洲の日本人』, 吉川弘文館, 2004; 楊圓, 「偽満洲国首都『新京』の日本人社会の形成に関する研究」, 『文化共生学研究』 14, 岡山大学大学院社会文化科学研究科, 2015; ゾーヤ·モルグン, 藤本和貴夫訳, 『ウラジオストク 日本人居留民の歴史 1860~1937』, 東京堂出版, 2016 등이 있다. 한국학계의 연구 성과에 관해서는 황민호, 「청산리전투에 관한 연구성과와 과제」, 『한국민족운동사연구』 105, 한국민족운동사연구회, 2020, 중국학계의 연구 성과에 관해서는 许寿童, 「关于间岛慘变研究与纪念问题」, 『만주연구』 10, 만주학회, 2010를 참조하기 바란다. 김태국, 「청산리전쟁 전후 북간도지역 일본영사관의 동향과 그 성격」, 『한국사연구』

구체적인 과제는 첫째, 경신참변에 이르기까지의 훈춘 일본인사회의 형성과정을 거주 일본인의 인구 추이와 직업 구성 및 일본인 거류민회의 조직 경위를 중심으로 검토한다.

둘째, 경신참변 당시 훈춘의 사회경제적 상황을 한반도 북부지역과의 관계를 통해 살펴본다. 후술하겠지만 일본군의 출병 요청은 훈춘, 용정(龍井) 등지의 간도 일본인사회뿐만 아니라 한반도 북부지역의 웅기(雄基)와 청진(淸津)에서도 있었다. 이들 한반도 북부지역 주민들은 훈춘사건을 어떻게 인식하고 일본군 출병을 요청하게 되었는지 그 이유를 사회경제적 측면에서 고찰해 보겠다.

셋째, 경신참변 이후 훈춘 일본인사회의 변용을 검토하고 경신참변이 훈춘을 비롯한 간도 사회에 어떤 변화를 가져왔는지에 대해 전망하고자 한다.

II. 훈춘 일본인사회의 형성

1. 인구추이와 직업별 구성

먼저 1910년대 훈춘의 일본인 거주 상황을 검토하겠다. 외무성 기록

111, 한국사연구회, 2000은 "기왕의 연구들은 주로 전투사에 치중된 경향을 보여온 측면이 없지 않다.…북간도 지역의 특성과 더불어 사회사적 접근을 통한 성격규명이 요청된다고 하겠다"고 말해 일본군과 현지 일제기관과의 관계를 밝혔다. 이 글의 목적은 김태국 논문의 문제제기를 받아, 훈춘 일본인사회의 형성과 변용과정의 검토를 통해 경신참변의 사회적 배경의 일단을 밝히는 것에 있다. 본고에서는 특별한 경우를 제외하고는 '일본인'은 일본내지인(內地人)을 가리키고 한인은 포함되지 않다. 훈춘 한인사회에 관해서는 최석승『훈춘조선족이민사』, 연변교육출판사, 2015; 尹煐,「二等公民擡頭下의琿春」,『東洋史學硏究』136, 동양사학회, 2016 등을 참조하기 바란다.

에 따르면 "일본인이 훈춘에 거주한 주된 이유는 러일전쟁 이후 처음에 중국인을 고객으로 하는 매춘부 및 이를 경영하는 소수의 인원에 지나지 않았다"4)고 하듯이 러일전쟁 후부터 '가라유키상'으로 불리는 일본인 여성 '매춘부'를 중심으로 훈춘의 일본인사회가 형성되기 시작했다.

〈그림1〉 훈춘 성내 사진

* 출처: 滿鉄総務部調査課, 『吉林省其1(吉会線関係地方)』, 1919, 일본 국회도서관 소장.

그리고 1910년대 훈춘 거주 일본인의 인구 추이에 대해 재간도 일본 총영사관 훈춘분관에서는 "메이지 43(1910)년 이래⋯(훈춘에서 일본인 수는⋯필자주) 168명에 달했지만 다시 감소하였다. 증가 이유는 본 현 내 삼도구(三道溝)에서 사금(砂金)이 한때 성황을 이룬 것에 기인하며 음식점 등의 증가까지 이어졌으나 이후 불경기로 인해 점차 감소한 것"5)으로 설명하고 있다. 즉 훈춘현 내 '골드러시'로 한때 168명까지 인구가 증가했지만 그 내용은 음식점 등의 증가에 있었다. 그러나 이후

---

4) 外務省通商局, 『満洲事情第二輯』, 1920, 278쪽.
5) 外務省通商局, 『在支那本邦人進勢概覧』, 1915, 31쪽(일본 국회도서관 소장).

불경기로 인해 점차 감소하였다고 한다.[6]

〈표 1〉 1910년대 훈춘 일본인 인구 추이

	1910	1911	1912	1913	1914	1915	1916	1917
호수	26	27	39	41	29	29	29	29
남성	36	47	67	59	45	43	39	42
여성	78	91	101	87	87	80	74	86
계	114	138	168	146	132	123	113	128

* 출처: 朝鮮銀行調査局, 『琿春地方ニ於ケル経済状況』, 1918, 44~45쪽.

다음으로 1910·15·17년 시점 훈춘 거주 일본인의 주요 직업별 구성을 살펴보면 관리를 제외하고는 여성 '작부'가 다수를 차지하고 있음을 알 수 있다. 대부분의 여성들이 일하던 요리점은 사실상 중국인 고객을 상대하는 기루(妓樓)와 다름없었고 작부들은 창기와 마찬가지였다.[7]

---

6) 1915년 6월경부터 국자가(局子街) 상무회를 중심으로 일화배척운동이 고양되어 같은 지역의 일본 음식점이나 일본 잡화점 등은 타격을 입었다. 김주용은 그의 박사학위논문에서(「일제의 대 간도 금융침략정책과 한인의 저항운동 연구:1910~1920년대를 중심으로」, 동국대학교 박사학위논문, 2000) 이 시기의 일화배척운동이 간도 경제에 미친 영향을 지적했다. 그러나 다음에 보는 바와 같이 재간도 일본총영사관에서는 해당 시기의 일화배척운동은 중국인이 많이 거주하는 국자가에 한정되어 용정, 두도구(頭道溝), 백초구(百草溝)에서는 영향을 찾아볼 수 없다고 보고하고 있어 일화배척운동뿐만 아니라 농산물의 흉작·홍수 등 다른 요인도 복합적으로 작용했을 가능성이 있다. "간도지방은 전반적으로 목화 상업이 굉장히 부진한 상태에 있음은 사실이지만 이것은 2년전(1913년…인용자주) 이후 흉작과 홍수의 재액(災厄)을 입어 일반 구매력이 감소한 것이 그 주된 원인으로 일화배척의 결과만으로 인정할 수는 없다. 단순히 원인의 하나라고 생각한다…만약 일화배척 때문이라고 한다면 그 기세는 일화에 대체할 만한 물자를 수입해야 할텐데 이러한 형적(形跡)은 전혀 없다."(「大正四年六月三十日, 在間島総領事代理鈴木要太郎発信外務大臣加藤高明宛電報, 日貨排斥並ニ救国儲金ニ関シ報告ノ件」, 外務省記録, 『支那人日本品ボイコット一件日支交渉前後第五巻』)

7) "화류병이 중국인, 조선인(支鮮人) 사이에서 만연하고 있음은 놀랍다. 일반적으로 위생사상이 박약하고 예방 근치(根治) 방법을 강구하지 않은 것에 기인한다. 특히 만성질병 및 제3기 매독 때문에 대부분 몹쓸병(廢疾)에 가까운 경우가 적지 않다.

<표 2> 훈춘 거주 일본인의 주요 직업별 구성

연도	관료			잡화상			목수		
	1910	1915	1917	1910	1915	1917	1910	1915	1917
호수	1	8	9	6	4	3	1	1	-
남성	6	10	12	5	3	3	3	1	-
여성	-	8	4	3	4	3	1	2	-
계	6	18	16	8	7	6	4	3	-

연도	요리점			술접대업			피고용인		
	1910	1915	1917	1910	1915	1917	1910	1915	1917
호수	13	8	8	-	-	-	-	-	-
남성	11	7	6	-	-	-	8	10	9
여성	13	11	11	46	36	48	10	5	1
계	24	18	17	46	36	48	18	15	10

* 출처: 外務省通商局, 『在支那本邦人進勢槪覽』, 1915, 31~32쪽; 『同(第2回)』, 1919, 38~39쪽.

1910년 재간도 일본총영사관의 보고서 「琿春地方狀況調査報告書」는 당시 훈춘 재주 일본인의 상황에 대해 다음과 같이 기록하고 있다.

특정 임무를 띠고 있는 한 사람을 제외하고는 한국 또는 블라디보스토크 방면에서 유랑해 온 무뢰한 또는 면직 순사 등 모두 강욕비도(强欲非道)한 악당의 무리로, 우리 관헌의 단속이 없는 것을 기회로 삼아 백주 대낮에 공공연히 도박장을 열거나 젊은 작부를 학대하며 음행(淫行)을 권하고 항상 음주를 일삼고 무리를 지어 정의의 약자를 압박하고 때로는 흉기를 휘두르며 일본인, 중국인 구별 없이 상해를 입히는 등 풍기를 어지럽히고 안녕을

게다가 여성으로서 이 중병으로 힘들어함에도 불구하고 의료(기관-인용자주)를 찾는 경우가 극히 드문 것은 하체를 타인에게 보여주는 것을 수치스러워하기 때문이다. 그리고 주로 중국인을 고객으로 삼는 추업부(醜業婦) 중에는 이 병에 걸려 악성에 빠지는 자가 대단히 많다고 한다"라는 기록도 있다(外務省通商局, 『滿洲事情第二輯』, 19쪽).

방해하며 난폭낭자(亂暴狼藉)하기 짝이 없기에 중국 관민들이 사갈(蛇蝎) 보
듯 꺼렸다……작부는 총 40명이었다. 모두 만주, 한국, 시베리아 방면을 오
가는 막련녀(莫連女: 닳고 닳은 여성이라는 뜻—인용자)들뿐이라고 상상했
으나 사실은 전혀 달랐다. 일본 내지에서 직수입된 젊은 여성들이 다수를
점하고 있다. 심지어는 아직 성 경험이 없는 소녀들로 예의작법을 배운다는
미명에 속아서 딱하게도 포주의 가책(呵責)을 견디지 못하고 할 수 없이 추
업(醜業)을 하는 사람도 있다. 그들은 낮에도 어두운 조악한 건물의 일실(一
室) 안에 침대를 놓고 얼추 서양식 옷을 입고 있었고, 그 중에는 중국 여성
처럼 앞머리를 길게 늘어뜨린 자도 있다. 밤낮 구별 없이 중국인 노동자를
유일한 고객으로 삼아 마음에도 없는 애교를 부리고 있다. 지금까지 그들에
게 건강진단을 실시한 적이 없어서 화류병 환자도 적지 않다.[8]

1909년 용정에 재간도 일본총영사관이 설립되자마자 〈경찰범처벌령〉
(1909년 관령 제1호)이 내려지고 "밀매음을 하거나 알선(원문: 媒合容止
—번역자주)한 자"는 "구류 또는 과료"(제1조) 처분으로 정해졌다. 또한
〈거류민 취체규칙〉(관령 제3호)은 "여관, 하숙집, 요리점, 음식점업 및
예기(藝妓)·작부 장사는 본 관에 청원허가를 받아야 한다"(제4조)고 규
정하고 여성 작부에 대한 단속, 감독에 착수했다.

마찬가지로 〈여인숙 요리점 음식점 영업취체규칙〉(관령 제4호)에서
는 "요리점 영업자는 예기, 무기(舞妓) 또는 작부가 아닌 부녀자를 손님
자리에 두면 안된다"(제14조)고 규정하고 〈예기 무기 작부 취체규칙〉
(관령 제5호)에서는 "예기 무기 또는 작부가 되려는 사람은 본 관에 출
두하여 왼쪽의 사항을 갖추어 청원 감찰을 받아야 한다"(제1조), "예기,
작부는 본 관(분관 소재지 경우는 분관)이 지정한 일시와 장소에서 건

8) 「琿春地方狀況調査報告書」; 「明治四十三年四月二二日, 在間島總領事永滝久吉発信
外務大臣小村寿太郎宛電報, 琿春地方狀況調査報告書進達ノ件」, 外務省記錄, 『間島
總領事館報告書』.

강 진단을 받아야 한다"(제4조)는 것이 규정되었다.

1910년에 훈춘 영사분관이 설립되고 이러한 법규는 훈춘 일본인사회에도 적용되었다.[9]

2. 훈춘 일본인 거류민회의 형성

1905년 겨울, 러시아 옌추(煙秋)에서 훈춘으로 이동한 가고시마현(鹿兒島縣) 사람 오야마 규에몬(大山久右衛門)이 훈춘에는 작부 외에 중국인의 아내가 된 일본인 여성이 1, 2명 있었다고 회고했다. 1906년 가고시마현에서 온 사람들을 중심으로 약 20명의 일본인이 거주하고 오야마 규에몬이 초대 일본인회 회장이 되었다. 이어서 스기우라 다쓰지로(杉浦辰次郎)가 회장에 취임했다. 그 후 가고시마현 외의 다른 현의 사람들도 훈춘으로 왔기에 거류민회 운영에 한때 혼란이 발생하였다.[10] 이에 함경북도 경원군(慶源郡) 훈융(訓戎)수비대장의 인가 아래 재건이 시도되었으나 다시 우여곡절을 겪었다. 가도히로 켄고, 시바 겐타로(志波源太郎) 등을 중심으로 재조직되었고, 1915년에 이르러 〈훈춘거류민회 규칙〉(1915년 9월 관령 제13호)이 제정되었다.[11] 이 규칙을 통해 훈

9) 外務省通商局, 『領事館令集』, 1916, 1~6쪽.
10) 朝鮮軍参謀部, 「大正十二年琿春事情」, 陸軍省, 「自大正十二年至大正十三年朝鮮軍参謀部発朝特報ニ関スル綴」.
11) 「琿春居留民会規則」(大正四年九月二九日館令第十三号). "제1조 본회는 훈춘 재류 제국신민으로 조직한다. 제2조 본회는 거류민의 공동이익에 관한 사항을 심의처리한다. 제3조 본회에 행정위원 5명을 둔다. 행정위원은 통상 부과금의 부담자 중에서 선출하여 영사관의 승인을 받는다. 제4조 행정위원의 임기는 1년으로 한다. 행정위원은 명예직으로 영사관에서 정당하다고 인정되는 이유 외에는 사임할 수 없다. 제5조 본회에 회장 1명을 둔다. 회무를 처리하고 본회를 대표한다. 회장은 행정위원 중에서 선출하고 영사관의 인가를 받아야 한다. 제6조 본회는 제2조의 목적을 실행하는 데 필요한 경비를 지출하기 위한 부과금 과목 및 등급 등을 논의하여 정하고 영사관의 인가를 받아야 한다. 제7조 행정위원회의 회의는 3명 이상의

춘의 일본인 거류민회는 일본 영사관의 통제하에 있는 단체이며, 훈춘
일본인사회가 일본의 국가 권력에 강하게 의존하고 있음을 알 수 있다.

훈춘 일본인사회에서 유력자는 스기우라 다쓰지로(杉浦辰次郎, 무역
상, 자본금 30만 엔), 가도히로 켄고(목재상, 자본금 15만 엔), 다치바나
타모쓰(橘保都, 무역상, 자본금 5만 엔), 후지사와 겐키치(藤沢兼吉, 잡
화상, 자본금 2만 엔), 우에노 헤이타로(上野平太郎, 음식점, 자본금 1만
엔) 등이었는데 성쇠가 심했던 것으로 보인다(자본금 액수는 1923년 현
재). 이들 잡화영업자 5호 중에서 스기우라, 가타야마(片山), 훈와(琿
和), 아이미(相見)의 각 상점은 쌀, 석유, 성냥, 담배 및 일용 잡화 등을
오사카, 부산, 청진에서 구입하여 웅기를 경유하여 수입하고 오로지 중
국인에게 박리로 현금 도매했다. 특히 스기우라 상점은 훈융, 경원 지
방에 출장점을 두어 일용 잡화는 물론 쌀, 석유, 야채류에 이르기까지
수출·공급하고 있었다.[12]

3. '만주페스트'(1910~1911)와 일본인사회

1910년 11월 만주리(滿洲里)에서 페스트가 발생했다. 페스트는 곧 하
얼빈으로 전염되었고 철도를 통해 중국 동북지방 전역으로 확산됐다.
12월 말, 훈춘과 국경을 맞댄 러시아에서는 국경을 통과하는 사람에게
검역을 위해 5일간 구금하는 조치를 취했다.[13] 그리고 1911년 2월 재간

출석을 요한다. 결의는 다수결로 하되 동수가 될 경우에는 의장이 이를 결재한다.
제8조 본회의 수입지출은 매월 명세표를 만들고 다음 달 5일까지 영사관에 제출해
야 한다. 제9조 본회의 결의사항은 모두 영사관의 인가를 거쳐야 한다. 제10조 본
회는 별도 세칙을 논의하여 정하고 영사관의 인가를 거쳐 시행할 수 있다. 부칙 제
11조 본 규칙은 발포 날부터 실시한다"(外務省通商局, 『領事館令集』, 10쪽).
[12] 「明治四四年七月十七日, 在琿春副領事大賀亀吉発信外務大臣小村寿太郎宛報告要旨,
琿春在留相見亀之助行衛不明ノ件」, 『外務省警察史』 19, 不二出版復刻版, 1998, 88쪽.

도 일본총영사관에서는 청국 지방관과 협력하여 길림(吉林) 방면에서 오는 사람에게는 합이파령(哈爾巴嶺)에서, 영고탑(寧古塔) 방면에서 오는 사람에게는 영고탑 시외 및 왕청(汪淸)에서, 또 수분(綏芬) 지방에서 오는 사람에게는 삼의강(三義江)에서 입경 통과를 엄격히 금하여 훈춘으로 통하는 교통을 차단하고 각 차단 지점에는 순방대(巡防隊) 병사와 의사를 파견했다.[14]

국자가(局子街) 일본인회에서는 페스트 예방법으로 다음의 사항을 결의하였다.

금1백 엔으로 제1회 방역비를 충당할 것, 일호(一戶)를 가진 회원에게 일정한 쥐덫을 배포하여 최대한 쥐잡이를 독려하고 포획한 쥐는 경찰관의 지휘에 따라 이를 처분하도록 한다. 매주 1회 이상 방역위원은 회원의 가옥을 순시하며 청결 방법에 힘쓰고 특히 쥐잡이를 감독하는데 이 때는 경관의 입회를 청구하도록 한다. 제1회 방역 때에는 각 호당 석탄산 2파운드 비례로 구입하여, '포르말린' 등도 각 호당 1파운드의 비율로 매입할 것으로 예상한다. 기타 요소(要所)의 약품류와 기계 등에 이르는 것은 자문의사에게 상의하여 수시로 매입하도록 한다. … 청국 관헌이 시행하는 방역 방법을 시찰하는 것이 우리 방역상에 크게 필요할 때는 부영사의 소개로 본회 부회장 및 자문의사로 하여금 청국 관헌의 영소(营所) 기타 방역상황을 시찰하도록 한다. 각 요리점은 특히 방역을 위해 손님이 통행하는 장소에 적당한 장치를 마련하여 이에 적절한 소독약을 비치하여 출입 시 부지불식간에 이를 밟게

---

13) 「明治四三年十二月二六日, 間島総領事永滝久吉発信外務大臣小村寿太郎宛電報, 露境ニ於テ淸国人ニ対シ 『ペスト』検疫施行ノ件」, 外務省記録, 『満洲ニ於ケルペスト病勢及予防措置報告第一巻』.

14) 「明治四四年二月一日, 間島総領事永滝久吉発信外務大臣小村寿太郎宛電報」, 外務省記録, 『満洲ニ於ケルペスト病勢及予防措置報告第一巻』. 김주용, 「일제의 대 간도 금융침략정책과 한인의 저항운동 연구」은 이 교통 차단이 간도 무역에 미친 영향에 대해 논하였다.

하고, 짚신, 구두 및 나막신 등에 붙어 있는 병균을 소멸시킬 수 있게 하라.[15]

훈춘 일본인회가 어떤 조치를 취했는지 분명하지는 않지만 "훈춘에서도 청국 관헌과 협력하여 오로지 예방법을 실시하고 쥐잡이는 훈융진(訓戎鎭) 헌병분대장과 협의하여 이 분대로 보내 회령(會寧)에서 검균하게 한다"[16]라고 한 것은 거의 같은 조치가 취해진 것으로 추정된다. 6월에는 러시아 측의 국경 통과자에 대한 검역, 구속도 종료하여 페스트는 종식됐다.

III. 훈춘 일본인사회와 훈춘사건

1. 경신참변 전야의 훈춘사회

1) 또 하나의 '훈춘사건'(1917) 과 황병길(黃炳吉)

1920년 경신참변의 계기가 된 '훈춘사건'이 일어나기 3년 전인 1917년 9월, 또 하나의 '훈춘사건'이 발생했다. 훈춘에 식염을 밀수입하려던 한인 10여 명이 중국 관헌에 구류되었기에 재훈춘 일본영사분관이 이들의 신병 인도를 요청했다. 중국 측 관헌은 이 요청을 거부했을 뿐만 아니라 중국 측 순경을 영사분관 내로 진입시켰다. 영사분관에서는 자위

---

15) 「明治四四年二月八日, 在局子街副領事速水一孔発信在間島総領事永滝久吉宛電報, ペスト病予防ニ関スル件続報」, 外務省記録, 『滿洲ニ於ケルペスト病勢及予防措置報告第一卷』.

16) 「明治四四年二月二一日, 間島総領事永滝久吉発信外務大臣小村寿太郎宛電報, 間島方面ペスト疫予防ニ関スル報告」, 外務省記録, 『滿洲ニ於ケルペスト病勢及予防措置報告第一卷』. 상부지(商埠地)란 1905년 '청일만주선후조약(淸日滿洲善後條約)' 제1조에 근거하여 청국이 외국인 거류지로 지정, 개방한 지역을 뜻한다(번역자주).

(自衛)를 이유로 경원 수비대와 헌병에게 응원을 요청했고 경원에서 약 100명, 종성(鐘城) 수비대에서도 인력을 파견했다. 이에 따라 중국 측에서도 중국군 병사를 훈춘 인근에 200여 명, 양수천자(涼水泉子) 부근에 100여 명을 증파하였고, 그 결과 긴장이 고조되었다. 일본 측에서는 회령(會寧)에서 경원으로 보병 1개 중대, 종성으로 약 40명을 파견하는 등의 추가 조치를 취했다.[17]

일본 측은 중국 측과의 교섭과정에서 "①헌병 10명을 주둔시킬 것, ②상부지(商埠地) 내 조선인을 중국 영역에서 함부로 체포하는 것을 용납하지 말 것, ③훈춘, 조선 간의 전선을 속히 개설할 것, ④훈춘 서문 밖을 차지(借地)하여 조선인의 시장을 허용할 것"[18]을 요구했다. 결국 중국 측은 구속한 한인의 신병을 넘기지 않은 채 석방하며 사죄만 하였고, 일본 측에서도 다음달 10월에 철병하면서 사태는 일단 진정되었다.

이 '훈춘사건' 와중에 저명한 훈춘 거주 한인 독립운동가 황병길이 체포되는 사건이 발생했다. 황병길(1883~1920)은 함경북도 경원의 소작인 집안에서 태어났다. 안중근과 단지동맹을 맺고 기독교를 믿었으며 러시아 연해주, 북간도 지역에서 학교 설립, 군자금 모금, 한반도 내 진입작전 등 폭넓은 독립운동을 전개하였다. '훈춘사건'이 발생하자 현지에 주둔하고 있던 중국군을 방문해, 중국군이 일본군을 공격하면 자신도 군사를 이끌고 가세하겠다며 일본군에 대한 공격을 요청했다. 그 소식이 훈춘의 일본영사분관에 누설되어 영사분관 측에서는 황병길의 체포를 결정하고 황병길이 거주하고 있던 연통랍자(煙筒砬子)를 사복경찰 10명과 헌병 17명이 급습해 현지 주민과 총격전이 벌어졌다. 결국 황병

17) 參謀本部,「(大正六年)自九月一日至九月三十日・支那ノ情況」, 外務省記錄,『各国内政関係雑纂・支那ノ部第十三巻』.
18)「大正六年九月二十日, 在支林権助公使発信外務大臣本野一郎宛電報要旨, 琿春事件ニ関シ撤兵方外交部ヨリ照会ノ件」,『外務省警察史』19, 165~166쪽.

길과 한인 1명이 체포되었다.[19]

2) 훈춘의 '3·13운동'

경신참변 전야 훈춘 시가의 민족별 구성을 보면, 1919년 7월 현재 훈춘 시가 총 호수는 1,082호, 남성 4,579명, 여성 684명 등 총 5,263명이었다. 그중 중국인 호수 846호, 남성 4,175명, 여성 378명 등 총 4,553명으로 압도적 다수가 중국인 남성임을 알 수 있다. 한인 호수는 185호, 남성 321명, 여성 240명, 총 561명, 일본인 호수는 48호, 남성 78명, 여성 65명, 총 143명이었다. 이 시기 일본인들은 훈춘 상부지 내에 거주하며 바깥에는 거주하지 않았다. 그 외에는 이탈리아인 호수 2호, 남성 4명, 여성 1명, 러시아인 호수 1호, 남성 1명이었다.[20]

간도에서도 3·1운동이 일어났다. 용정을 중심으로 3·13독립운동이 발발했고 훈춘에서는 3월 20일에 대규모 독립운동이 전개되었다.[21] 사전에 정보를 입수한 재훈춘 일본영사분관에서는 일본수비대와 헌병대에게 경원에서 출동 준비를 갖출 것을 요청하는 한편 훈춘현 지사에게 재류일본인의 생명 및 재산 보호해줄 것을 요청했다. 훈춘현 지사는 "일본인 거주지역인 동서문에서 서쪽의 서대묘(西大廟), 남쪽의 훈춘강(琿春河) 및 북쪽의 무명천(無名川)에 이르는 구간에는 폭도들의 침입을 절대로 불허하고 교통을 차단할 것"[22]을 지시했다. 훈춘 시내에서는

19) 김동화, 「황병길의 생애와 독립운동」, 『중국 조선족 독립운동사』, 느티나무, 1991; 김주용, 「황병길의 생애와 독립운동」, 『한국독립운동사연구』 37, 독립기념관 한국독립운동사연구소, 2010; 「大正六年十月十四日, 在琿春分館岩越美高発信外務大臣本野一郎宛電報要旨」, 『外務省警察史』 19, 170쪽.
20) 外務省通商局, 『滿洲事情第二輯』, 231쪽.
21) 김동화, 「3·13'반일시위운동과 연변청년학생」, 『중국 조선족 독립운동사』, 느티나무, 1991.
22) 「大正八年三月二十日, 在琿春分館主任秋洲郁三郎発信外務大臣內田康哉宛電報要旨,

며칠 전부터 운동 발발 조짐이 보여 한인·중국인의 상점은 문을 닫았
다. 일본영사분관 앞에 사람의 왕래가 증가하자 긴장이 고조되었다. 평
소 영사관원이나 일본인을 만나면 인사를 하던 현지인들이 "곁눈질하
며 마치 원수 같은 모습"[23]을 보이고 있다. 보통학교 학생들은 모장(帽
章)이나 학급 표시의 흰 선을 제거했다고 한다.

20일 오전 8시 북일(北一)중학교, 광동(光東)학교, 사립국민학교 학생
200여 명이 동문 바깥에 모여 4열 종대로 성안으로 진입했다. 스기우라
상점 앞 광장에 모였을 때는 약 700여 명으로 불어나 있었다. 사람들은
손에 종이로 만든 태극기를 들고 만세를 부르며 원형을 만들어 돌기 시
작했고 '독립선언서'를 뿌렸다.[24] 시위대를 이끌던 황병길이 단상에 올
라 태극기를 흔들며 다음과 같은 연설을 하자 현장은 만세를 부르며 들
뜬 분위기에 휩싸였다.

> 우리 조선인은 열국의 승인으로 국가의 치욕을 면하고 독립을 이루어 지
> 난 10년간 해외로 유랑했어도 지금은 완전히 독립국의 국민이 되어 기쁘기
> 짝이 없으니 이에 제군과 함께 만세를 부르리라.[25]

일본 측에서는 "사람들이 훈춘 영사분관 앞에 이르러 만세를 부르고
국기를 끌어내려서 들고 갔다. 끊임없이 러시아령 방면에서 집합 중이
며, 지휘관은 황병길인데 인축(人畜)에게 위해는 없다"[26]라고 보고했다.

鮮人ノ獨立示威運動ニ関スル件」,『外務省警察史』20, 15쪽.

[23] 「大正八年三月二十日, 在琿春分館主任秋洲郁三郎発信外務大臣内田康哉宛電報要旨,
鮮人ノ獨立示威運動ニ関スル件」.

[24] 훈춘의 '독립선언서'에 대해서는 김소진, 『한국독립선언서연구』, 국학자료원, 1999,
178~190쪽을 참조하기 바란다.

[25] 「大正八年三月二十日, 在琿春分館主任秋洲郁三郎発信外務大臣内田康哉宛電報要旨,
鮮人ノ獨立示威運動ニ関スル件」.

만세를 외친 사람들은 오후 1시경 동문 밖에서 해산했으나 일부는 다시 성안으로 들어갔고 "사실상 한국이 독립한 것으로 오인하고 축하의 의미에서 음주·만취했다"고 한다. 일본영사분관에서는 집회가 끝난 뒤 태극기를 회수했다. 훈춘 일본인거류민회에서는 전날부터 재향군인 및 장정 50여 명으로 자위단을 조직해 경찰관과 일치된 보조를 취하고 경계했다.[27] 이처럼 훈춘을 비롯한 간도 일본인사회에서는 재향군인들이 중심이 되어 영사관 경찰과 협력하며 자위단을 조직하는 등 민관이 하나가 되어 행동을 취했다.

3) 훈춘의 '5·4운동'

중국의 5·4운동은 훈춘에도 영향을 미쳤다. 6월 하순 여름방학을 맞아 고향인 훈춘으로 돌아와 있던 학생들을 중심으로 시위가 전개되었다. 국자가 소재 도립중학교와 사범학교 학생 20여 명은 상점에게 일화배척운동을 권유했을 뿐만 아니라 훈춘소학교 학생들을 모아 선동했다.[28] 또한 '연길학생총단'(별칭 '동남로(東南路)학생단')을 조직해 운동을 전개했다.[29]

훈춘에서는 「북경(北京)농업전문학교 학생선언서」, 「상공 각계를 향해 속히 국시(国是)를 도모할 것을 권하는 글」, 「산동(山東)은 과연 산동인의 것인가」 등 갖가지 항일격문이 살포되었다. 일본 측에서는 "인민이 동요하고 있는 상황"이라고 파악했다.[30] 훈춘 각 상인조합에서는

26) 「大正八年三月二十一日, 朝鮮軍司令官·琿春領事館前における抗日武裝示威運動報告の件」, 金正明 編, 『朝鮮独立運動Ⅲ』, 原書房, 1967, 17쪽.

27) 「大正八年三月二十日, 在琿春分館主任秋洲郁三郎発信外務大臣内田康哉宛電報要旨, 鮮人ノ獨立示威運動ニ関スル件」.

28) 「大正八年七月四日, 琿春副領事秋洲郁三郎発信外務大臣内田康哉宛電報, 學生ノ日貨排斥運動ニ関スル件」, 外務省記録, 『支那ニ於テ日本商品同盟排斥一件第四巻』.

29) 김동화, 「연변에서의 '5·4운동」, 『중국 조선족 독립운동사』.

'십인단(十人団)'이라 부르는 '배일단체'를 조직하여 일화배척운동이 전
개하였다.[31]

---

[30] 「大正八年八月六日, 在琿春副領事秋洲郁三郎発信外務大臣内田康哉宛電報, 山東問
題ニ対スル檄文ノ件」;「大正八年八月七日, 在琿春副領事秋洲郁三郎発信外務大臣
内田康哉宛電報, 抗日檄文撒布ニ関スル件」, 外務省記録, 『支那ニ於テ日本商品同盟
排斥一件第四巻』.「북경농업전문학교학생 선언서」에는 "산동은 중국의 산동이다.
장조(章曹) 등은 이미 산동을 팔았다. 이는 중국을 판 것과 다름없다. 매국노(売国
ノ賊)는 사람들이 벌할 수 있다. 그래서 전날 구타한 것은 매국노이지 장조가 아니
다…우리들은 전날 구속된 학우의 방면을 요구함과 동시에 노력할 일을 진행하여
산동문제 주체 논쟁에는 감언에 속지 않고 위무(威武)에도 굴하지 않을 것이다. 그
렇게 된다면 중국은 매우 행복할 것이다"라고 적혀 있다.「상공 각계를 향해 속히
국시를 도모할 것을 권하는 글」에는 "파리강화회의는 공도(公道)로써 세계의 영원
한 평화를 도모하는 것이다. 따라서 청도문제에 관해서는 일본은 주장(원문: 詞 -
번역자주)을 강하게 하여 이를 탈취하려 하고 있지만 아직 조인되지 못하고 있다.
국인(国人)이 일치하여 싸우면 곧 인도(人道)의 공리(公理)를 주장하는 자가 스스
로 사람이다…무릇 청도는 산동의 문호이고 산동은 북경의 목구멍이며 남북의 중
축(원문: 枢紐 - 번역자주)이다. 청도를 잃으면 산동이 위험하고 산동을 잃으면 북
경이 불안해지고 남북이 따라서 어려워진다…즉 나라를 망하게 할 뿐이다. 각계의
상공업자는 속히 이를 꾀하라"라고 쓰여 있다. 그리고「산동은 과연 산동인의 산동
인가」에는 "우리들은 또한 산동의 동포들에게 고한다. 우리 북경 당국은 이미 산동
을 버리고 중화민국을 버리고자 결심했다. 이에 따르는 것은 무익하다. 이를 원하
는 것은 무익하다. 국민 자결(自決)을 도모하지 않으면 망하는 것은 시간 문제다.
아아 동포여. 산동은 중화민국의 산동이지 산동인의 산동이 아니다. 중국을 구하고
자 한다면 반드시 산동을 구하라. 산동을 구하고자 한다면 속히 각자 떨쳐 일어나
라"라고 적혀 있다.

[31] 「大正八年八月十一日, 在琿春副領事秋洲郁三郎発信外務大臣内田康哉宛電報, 排日
文書檄文ニ関スル件」, 外務省記録, 『支那ニ於テ日本商品同盟排斥一件第四巻』. '십
인단'은 "우리 나라를 구하고자 급히 십인단을 조직했음은 왼쪽과 같다. 1. 본 단의
정식 명칭은 십인단으로 한다, 각자 은밀하게 친척, 친구 및 동지자와 연락하여 10명
혹은 10명 전후로 조직한다. 지방에서는 2집을 단위로 삼는다. 10가 혹은 10가 전
후를 모아 1단으로 만든다. 이는 지방의 상황을 참작하여 정한다. 2. 본 단은 국화
(国貨)를 유지하고 각지의 단체와 연락하여 국가를 위급에서 구하는 것을 주지(主
旨)로 한다. 3. 1단마다 20대표자 1인, 매10단에 100대표자 1인, 매100단에 1000대표
자 1인을 두고 대표단원과 각지의 십인단과는 연락 협의하여 그 구국의 방략을 도
모한다. 4. 무릇 십인단 단원은 국화를 구입, 사용하되 필수품 중에 국화가 없을 경
우는 우방의 물자를 대용하지만 결코 적의 물자를 구입, 사용하는 것을 허하지 않
는다" 등이 기록되어 있다.

2. '훈춘사건'(1920)과 일본인사회

1920년 10월 2일 새벽 4시경 마적 400명은 훈춘 북쪽에 있는 청구자(青溝子)에서 동서 두 방향으로 나뉘어 훈춘 현성을 습격했다. 대포로

〈그림 2〉 훈춘시가지
* 출처: 満鉄東亜経済調査局, 『東部吉林省経済事情』, 1928.

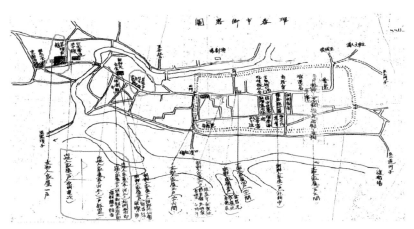

〈그림 3〉 훈춘시가지 약도
* 출처: 外務省記録, 『琿春ニ於ケル朝鮮人暴動一件・発端及経過情報ノ部第一巻』.

3곳의 성문을 제압하고 기관총 2개로 성안으로 침입했다. 이후 일본영
사분관을 비롯한 6곳의 상점에 불을 지르고 약탈, 방화, 살인을 저질렀
으며, 8시경 훈춘 현성 서북 관문 추자(咀子)를 거쳐 노흑산(老黑山) 방
면으로 도주하였다.[32]

훈춘사건이 일어나기 전에 9월 중순부터 훈춘에는 마적이 습격할 것
이라는 사실이 알려져 있었다. 대부분의 일본인들은 매일 밤 일본영사
분관에 대피해 있던 상황이었다. 사건 전날인 10월 1일, 대황구(大荒溝)
의 중국 공병대가 마적에게 습격당해 궤멸되었고 일부 공병대원들이
마적에 가담하여 훈춘 성내를 공격할 것이라는 소문도 돌고 있었다. 중
국 당국에서는 약 270명의 병사와 경찰을 동원하여 일본영사분관 부근
과 일본인 거주지역을 수비하며 경계를 강화하였다. 그러나 막상 마적
의 공격을 받자 중국 병사들은 저항 없이 퇴각했고 일본영사분관은 마
적에게 포위당했다.[33]

사건이 일어난 후에는 훈춘 재류 일본인 대다수가 경원으로 피난했
다. 조선군참모부에서는 "우리 거류민 중 부녀자 전부와 남자 약 3분의
2가 경원으로 피난했고 조선인과 중국인 역시 재산을 챙겨 시골로 피
난한 자가 많아서 시가지는 완전히 적막해졌다"[34]라고 보고 했다.

사건 발생 후 이소바야시 지대를 비롯한 일본군이 훈춘에 주둔했다.
1921년 5월 헌병이 철수할 때의 자료에는 "청숙사(庁宿舍) 기타 건물 처
분 상황, 임대(借上)했던 상등병 숙사는 7일자로 해약하고 또한 무료
임대했던 청사 및 반장 숙사는 8일 영사분관 경찰서원의 입회하에 인

32) 김동화, 「초기 만주이민과 훈춘사건」, 『중국 조선족 독립운동사』.
33) 「大正九年十月三十一日, 在琿春分館主任秋洲郁三郎発信外務大臣內田康哉宛電報要
旨」, 『外務省警察史』 21, 36~38쪽.
34) 朝鮮軍參謀部, 「大正九年十月二十三日, 琿春事件ニ就テ」, 국가보훈처, 『간도사건
관계서류(Ⅱ)』, 2003, 232쪽.

도(引渡)했다"[35]라고 기록된 것을 볼 때 훈춘 일본인사회에서 일본군에게 편의를 제공했던 것으로 보인다.

<표 3> 훈춘사건 발생경과와 간도파병경위

사건	월일	시간	사건내용
제1차 훈춘사건	9월 12일	오전5시~8시30분	마적 약 300명 훈춘 시가를 습격. 약탈방화. 응원경찰대 파견. 15일 철수.
	9월 16일		마적습격 소문 발생. 응원대 파견. 17일 철수.
	9월 30일		마적 약 50명 대황구(大荒溝) 중국공병대 습격. 무기 등 약탈.
제2차 훈춘사건	10월 1일		마적습격 정보 입수. 중국 관병 경계 강화. 훈춘일본영사 특사파견. 응원요청.
	10월 2일	오전4시~8시30분	마적 훈춘 습격.
		오전9시	경원수비대 이소카와(五十川) 특무조장(준위) 이하 10명 훈춘 도착.
		오후7시30분	경원수비대 80명 훈춘 도착.
	10월 3일	오후4시	아베(安部) 소좌 지휘하 보병 1중대, 기관총 1소대 훈춘 도착.
		3일밤~4일미명	마적습격 격퇴.
	10월 4일	오전4시	이도구(二道溝)통신소(훈춘~훈융 간 중계소, 공병장교 이하 30명 근무) 습격당해 병사 1명 부상
간도파병 경위	10월 3일	오후5시	용정 사카이(堺) 총영사대리, 우치다 외상에게 출병요청 전보 발신. 도쿄 외무성 4일 오전 8시 40분 전보 접수.
	10월 4일	오후11시30분	사카이 총영사 대리, 출병요청 전보 다시 발신. 도쿄 외무성 5일 오전 7시 10분 전보 접수.
	10월 6일	오후2시	제19사단장, 회령 보병 2중대, 일부 기병을 용정 파견.
	10월 7일	새벽	보병 2중대 용정 도착.
			출병 각의 결정.

---

35) 朝鮮憲兵司令官 前田昇, 「間島及琿春派遣憲兵撤退狀況の件報告」, 金正柱 편, 『朝鮮統治史料』 2, 한국사료연구소, 1970, 518쪽.

			조선군사령관 및 블라디보스토크 파견 군사령관에게 간도출병 명령.
	10월 9일		(훈춘파병상황) 보병 제7연대본부 및 보병 2대대, 기관총 4, 보병포 2, 기병 1(반소대결), 야포병 1중대, 공병 1중대
			(용정파병상황) 보병 제73연대본부 및 보병 2대대(국자가 및 두도구에 보병 각 1중대), 기관총 6, 보병포 2, 기병 1중대, 공병 제19대대 (1중대결)
	10월 14일경		(훈춘방면 파병상황) 이소바야시(磯林) 지대
			(용정방면 파병상황) 아쯔마(東)지대
			(왕청방면 파병상황) 기무라(木村)지대

* 출처: 佐々木春隆,「『琿春事件』考<上>」,『防衛大学校紀要 人文・社会科学編』39, 1979를 바탕으로「間島出兵史(上),『朝鮮統治史料』2, 1970;『外務省警察史』21, 1998을 참조해 재정리함.

　사건 발생 1개월이 경과한 11월에는 훈춘거류민 대표자들(가도히로・스기우라・아베・마쓰오카)은 "본 지방에 우리 군대를 주둔하게 할 것"을 청원했다. 이와 함께 부대사항으로 중국지방관은 일본사정을 잘 이해할 수 있는 자를 임명하도록 중국당국과 교섭할 것, 영사분관을 영사관으로 승격시킬 것, 영사(부) 또는 서기생으로 중국어를 아는 사람을 임명할 것, 납치자 귀환을 위해 교섭을 실시할 것, 사회주의 사상 침입 방지에 노력할 것, 재류 한인에 대해 '일시동인(一視同仁)'의 결실을 올릴 것, 외무성 및 조선총독부는 향후 한층 더 상호 이해 소통에 힘쓸 것, 중국 측 책임자 처벌, 교통기관 완비를 요구했다.[36]

　1921년 3월 12일, 일본군의 간도철군을 내용으로 하는 「훈춘진정서」가 작성되었다. 작성자는 훈춘 거주 '내선인 대표자' 이근양(李根陽)이

---

[36] 「大正九年十一月五日, 在琿春副領事秋洲郁三郎発信外務大臣内田康哉宛電報, 琿春在留民請願書写送付ノ件」, 外務省記録,『琿春ニ於ケル朝鮮人暴動一件・在留民請願及決議ノ部』.

다. 대표자는 한인 이근양 한 명이지만 훈춘 거주 '내선인 대표자'로 되어 있는 점으로 볼 때 일본인과 한인의 융화를 강조하는 의미로 한인을 대표자로 삼았던 것으로 보인다.

> 황군 출병 토벌 이래 훈춘지방은 평온을 찾은 것 같은 느낌이 들지만 이는 표면상일 뿐 실정과 주위의 관계는 아주 낙관할 수만은 없다. 우리 출정군은 그 지방 일대를 소탕하고 일반 양민은 차츰 안도하여 본업에 안주했지만 그 기간은 매우 짧다…이제 황군 토벌의 효과는 수포로 돌아가 다시 위험상태를 드러내려 하고 있으며…그래서 우리 제국에서는 일차적으로 재류 제국 신민의 생명재산의 안전을 기하고, 다른 한편 과격 사상의 남하, 침투를 방지하기 위해 본 지방의 치안을 유지할 수 있을 때까지 우리 군대를 주둔시키고 기득 이권을 옹호함과 동시에 그 목적을 달성하기 위해 다음의 각 조항을 실시하고 거류 신민의 복지증진에 힘쓰기를 갈망한다.[37]

이들의 진정항목은 ①육군 철군 연기, ②훈춘현에 '남만주 및 동부 내몽고에 관한 조약' 실시, ③한인에 대하여 일본인과 같은 대우를 할 것, ④마적의 훈춘 습격 때문에 입은 일본인·한인의 손해배상, ⑤최근에 일어난 한인 피살사건에 대한 중국 책임자 처벌 및 손해배상, ⑥한인을 부영사, 서기생 및 경부 임용, ⑦현하 사도구(四道溝), 대황구(大荒溝)에 영사관 분관 신설, ⑧교육, 위생, 금융기관 설치, ⑨통신기관의 보류(군사통신시설을 그대로 남길 것…인용자주) 및 교통기관 급속 설립, ⑩수입관세 경감, ⑪영사관 관하의 인민으로 조직하는 자문기관 설치, ⑫귀순자의 관공리 채용이다.

제2차 훈춘사건은 공격대상에 일본인들이 포함되었다는 점에서 특이한 사건이었지만 피해자 규모와 내용에 관해서는 자료마다 조금씩 차

---

[37] 「琿春陳情書」, 『琿春ニ於ケル朝鮮人暴動一件·在留民請願及決議ノ部』.

이를 보인다. 우선 앞에서 인용한 가도히로의 전보에는 "내지인 부녀자 10명을 참살하였으며 십수 명의 중상자와 20여 명의 경상자를 냈다"라고 쓰여 있다. 1920년 10월 3일 조선군사령관이 육군대신에게 보낸 전보에는 "일본인 사망자 10명, 부상자 20여 명…부녀자까지 참살"[38]이라고 쓰여 있다. 조선군사령부, 『間島出兵史(上)』에는 "사망자 14명(조선인 순경 1명 포함), 중경상자 30여 명, 조선인, 중국인 피해자는 영사관에 구금 중인 조선인 3명과 중국인 1명뿐"[39]이라는 기록도 있다. 또한 「大正九年十一月二十三日及同年十二月四日付在琿春分館主任秋洲郁三郎発信外務大臣内田康哉宛報告要旨, 琿春事件ニ因ル死亡者ノ件」(『外務省警察史』21, 64 쪽) 및 일본외무성기록『琿春ニ於ケル朝鮮人暴動一件・本邦側被害ノ部・被害申告書第一巻』에는 〈표 4〉와 같이 일본인 사

〈표 4〉 훈춘사건 일본인 사망자

번호	성별	연령(세)	출신지	직업
1	남성	54	후쿠오카	영사관경찰
2	남성	51	나가사키	목재상
3	남성	37	히로시마	목록없음
4	남성	35	오카야마	잡화상
5	여성	26	오카야마	(4)의 처
6	남성	34	아이치	목재업
7	남성	35	아오모리	조선총독부 경부파견원
8	여성	1	아오모리	(7)의 차녀
9	남성	29	가나가와	목수
10	여성	21	나가사키	여종업원
11	남성	2	사가	영사관직원의 차남

* 출처: 「馬賊被害死亡者調査表及目録(日人10)」, 『琿春ニ於ケル朝鮮人暴動一件 本邦側被害ノ部 被害申告書・第一巻』

38) 「大正九年十月三日,朝鮮軍司令官発信陸軍大臣宛電報」, 『朝鮮統治史料』 2, 349쪽.
39) 「間島出兵史(上)」, 『朝鮮統治史料』 2, 15쪽.

망자 11명(남성(3)는 조사 후 명단에서 제외)이 기록되어 있다.

〈그림 4〉 훈춘사건 사진

* 출처: 『간도사건 관계서류(Ⅱ)』, 국가보훈처, 2003, 314쪽.

일본정부는 중국 측에게 사상자에 대한 조위금 및 위적금(慰籍金), 재산상의 손해배상, 책임자 처벌, 중국 중앙정부의 사과 등을 요구했다. 하지만 중국 측이 훈춘사건의 처리를 일본군의 철군 문제와 떼어놓고 논의할 수 없다고 하여 교섭은 정체되었다. 결국 일본군이 철수한 후에야 교섭이 재개되었다. 하지만 교섭과정에서 중국 측은 일본 측이 요구하는 손해배상액에 대해 우려했다. 그 결과 손해배상액을 결정한 후 교섭을 재개하게 되었다.[40]

---

40) 「琿春事件自体ニ関スル支那側トノ交渉経過」, 『第四十五議会説明資料, 亜細亜局第

일본 측에서는 〈표 5〉와 같은 피해사실과 손해배상을 중국 측에 요구했지만 그 후에도 중국 측은 일본군 철군 후의 일본 측 경찰관 증원 등을 이유로 교섭을 지연시켰다. 이로 인해 훈춘 일본인거류민회에서는 거듭 중앙정부에 손해배상을 청원했으나 1930년대에 들어서기까지 여전히 해결을 보지 못했다.[41]

〈표 5〉 훈춘사건 일본인 피해상황

피해사실	인원수	피해액
사망자유가족	26명	127,000엔
부상자	8명	36,000엔
납치자	1명	4,500엔
방화가옥	2호	6,000엔
일반피해자	139명	41,700엔

* 출처: 「在支那琿春日本人居留民 「救恤金御下附請願書」(「大正十二年三月二十七日, 在琿春副領事佐藤今朝成発信外務大臣内田康哉宛電報,救恤金下附請願送達ノ件」, 外務省記録, 『琿春ニ於ケル朝鮮人暴動一件 在留民請願及決議ノ部』)

결국 1932년에 제정된 〈조폐국(造幣局) 대금지불(貸金支拂)에 관한 법률〉(쇼와 7년 법률 제12호)에 따라 피해자들에게 일본 정부의 '구제적 은혜(救濟的恩惠)'로 돈을 빌려주는 형태로 처리되었다.[42]

三課管掌事項』. 훈춘사건에 대한 중일 양국 간의 교섭에 대해서는 국가보훈처 편, 『간도사건 관계서류(Ⅰ)』, 2003에 수록된 채영국의 「해제」를 참조하기 바란다. 채영국의 「해제」에 따르면 경신참변에 의한 한인 피살 인원은 3,693명, 체포인원 171명, 부녀강간 71건, 가옥소실은 3,288건, 학교소실은 41건, 교회소실은 16건, 양곡소실은 53,415석이다(16~17쪽, 근거자료는『독립신문』1920년 12월 28일, 1921년 1월 27일).
[41] 같은 자료에 의하면 한인피해사실에 관해서는 사망자유가족 32명 96,000엔, 부상자 8명 24,000엔, 납치자 8명 24,000엔, 방화가옥 11호 22,000엔, 일반피해자 450명 90,000엔이다.
[42] 「琿春事件ニ関スル措置」, 『外務省警察史』 21, 106쪽.

IV. 1910년대 간도무역의 변용과 훈춘

훈춘사변에 대해 시민대회를 열고 다음에 기술한 바와 같이 의결한다. 이번에 발발한 훈춘사변은 훈춘 및 간도 일대, 북선(北鮮)무역을 두절시키고 우리 동포들을 사지에 빠뜨리고 나아가 제국의 국위를 심히 실추시키는 것이다. 정부는 정도껏 훈춘 및 간도 일대 지역을 무력 점령하기 바란다.

　(「조선 웅기 시민대회에서 육군대신으로 보내는 전보」, 1920년 10월 7일[43])

이번에 돌발한 훈춘사변은 날로 형세가 더욱 험악해져 바야흐로 국자가, 용정촌 또한 위기에 처하려 한다. 따라서 훈춘 간도 건너편의 북선의 무역도 두절되어 각종 사업에 큰 영향을 미쳤고 우리 동포의 사활에 관한 중대한 문제가 되었다…정부는 적절히 간도 일대에 걸쳐 신속하게 무력 점령을 감행하여 영구히 질서 유지, 안녕 회복에 그 전력을 기울이고 국위 선양에 힘써야 한다.

　(「조선 청진 부민대회에서 육군대신으로 보내는 전보」, 1920년 10월 7일[44])

훈춘사건이 발발하자 한반도 북부의 웅기, 청진에서도 간도에 대한 일본군 출병요청이 있었다. 위의 전보는 모두 훈춘을 포함한 간도지방과 한반도 북부지역 사이의 무역관계가 단절되고, 이로 인해 웅기, 청진의 생존이 위협받을 것을 우려한다는 것이었다. 함경북도 지방과에서 편찬한 『함북요람』(咸北要覽 1924년 초판, 1926년 개정5판)을 통해 간도 및 훈춘의 경제계 동향이 함경북도와 밀접하게 연관돼 있었음을 알 수 있다.[45]

---

43) 「大正九年十月七日, 朝鮮雄基市民大会発信陸軍大臣宛電報」, 『朝鮮統治史料』 2, 353쪽.
44) 「大正九年十月七日, 朝鮮淸津府民大会発信陸軍大臣宛電報」, 『朝鮮統治史料』 2, 355~356쪽.
45) 김주용, 「일제의 대 간도 금융침략정책과 한인의 저항운동 연구」는 1910년대 간도무역의 변용을 용정을 중심으로 검토하였다. 본고에서는 해당 시기 간도 무역의

대정(大正) 6년(1917) 11월, 청회(淸會)철도 전면개통의 결과 기존에 길림(吉林) 및 블라디보스토크(浦潮)를 경유하여 반입된 화물은 거의 대부분 회령에서 반입되고 있다. 더욱이 도문(圖們)철도와 천도(天圖)철도의 개통은 완전히 함북과 간도를 융화시켰다. 또한 훈춘도 종래는 블라디보스토크 방면에서 반입되었지만, 웅기·경흥(慶興) 간 1등도로 개수 이후 본 도로를 통과하는 대부분을 점하기에 이르렀다. 지리·교통관계상 간도 및 훈춘에 대한 수출입은 모두 본 도로의 내선인(內鮮人)의 손으로 이루어지며 간도 및 훈춘에서의 경제계의 변동은 금세 본 도로 경제에 영향을 미치는 것이 많다.(191~192쪽)

1. 1910년대 간도무역

간도 무역에는 길림, 훈춘, 청진의 세 가지 계통이 있었다. 처음에는 국자가를 거점으로 하는 중국인 상인에 의한 길림계 무역이 가장 번성하여 간도 무역의 반 정도를 차지하였고 훈춘계 무역이 그 뒤를 이었으며 용정을 거점으로 하는 청진계 무역은 가장 열세였다. 1910년 기준 민족별 수입액을 보면 중국인 상인이 가장 많았고 그 다음으로 한인 상인이었으며 일본인 상인이 가장 열세였다. 그러나 1910년 전후를 기점으로 이러한 무역구조는 크게 변모한다.

그 이유는 첫째, 1909년 함경북도 청진항이 개항했기 때문이다. 이로써 청진항을 출발해 회령을 경유하는 간도 무역 인프라가 정비되었다. 둘째, 1910년 청진을 경유하는 간도무역에는 한반도에서의 통과무역 관세 면제가 실시되었다. 셋째, 러일전쟁의 영향으로 러시아의 물가가 폭등했기 때문에 1909년 블라디보스토크 자유항제 폐지가 결정되고 이듬해 1910년 1월 1일부터 실시되었다. 그 결과 기존 블라디보스토크에서

구조변화 속에서의 훈춘 무역의 변용을 중심으로 살펴보겠다.

훈춘을 경유해 간도로 수입되는 면제품 등 공산품에는 중세가 부과되었고 청진을 경유하는 것이 유리한 상황이 되었다. 1917년에 청진·회령 간 철도(청회선) 전면개통으로 청진 계통의 무역 우세가 한층 강화되었다.

특히 함경북도 주민의 주식인 조는 함경북도 총 경작지 면적의 약 30%를 차지하고 있었음에도 불구하고 생산량이 수요를 충족시키지 못하여 간도에서 약 3만 석을 수입하고 있었다.[46] "간도 곡류의 남향을 막으면 아마 우리 제국의 함경도에 기아민이 생긴다"[47]라고 말할 정도였다.

이렇게 "청진의 개항은 직접 물자를 간도(연길, 왕청)에서 교역하게 되는 결과를 낳아 훈춘 시장의 거래 범위를 현저히 감소시켜 겨우 훈춘현 전체와 왕청현의 반 정도를 남긴 것에 불과하다"[48]라고 하듯이, 간도 무역에서 청진계 무역이 1위를 차지했고 길림계가 그 뒤를 잇게 되면서 훈춘계 무역은 상대적으로 열세에 놓이게 되었다. 그리고 "청진계 무역의 우세는 즉 일본 상인의 우세",[49] 즉 용청촌을 중심으로 한 일본인 상권의 확대를 의미했다.

2. 1910년대 훈춘 무역

훈춘 무역은 주로 러시아 경유와 한반도 경유로 나뉘는데 교통수단

---

[46] 1913년부터 시행된 '조선육접(陸接)국경관세령'에 따라 간도 지방의 곡물을 한반도 북부 지방으로 수출할 때에는 관세가 면제되었다. 그리고 중국과 일본 사이에도 '3분의 1 감세'가 적용되어 수출이 촉진되었다(우영란, 「일제시기 '간도'와 조선간 무역에서의 관세문제」, 『한국민족운동사연구』 28, 2001).

[47] 飯田延太郎, 『間島事情概叙』, 1922, 外務省記錄, 『各国事情関係雑纂·支那ノ部·間島』.

[48] 『満洲事情第二輯』, 242쪽.

[49] 南満洲鉄道総務部調査課, 『吉林省其1(吉会線関係地方)』, 1919, 120쪽.

관계상 러시아를 경유하는 경우가 많았다. 훈춘을 통해 러시아에서 간
도로 공업제품이 수입되고 간도의 농산품이 러시아로 수출되었다. 1910년
블라디보스토크 자유항 폐지 후에도 좁쌀이나 콩지게미 같은 간도 농
산물의 수출은 러시아 경유도 여전히 계속되고 있었다.[50]

그러나 제1차 세계대전과 러시아 혁명의 영향으로 블라디보스토크-
포셰트 간의 정기항로가 정지된 점, 포셰트 주둔 러시아 병사의 감소,
길림 관첩·루블의 하락과 물가 등귀 등 여러 요인에 의해 러시아 경유
무역은 감소하게 되었다.[51] 1914~15년에는 홍수로 인해 훈춘현 농산물
이 타격을 입으면서 수출량 전반이 급감했다.[52]

그러다가 1916년 이후 무역액은 증가추세를 보이게 된다. 그 이유는
"노령 방면에 대한 거래가 부활되어 농산물 및 일본 제품의 재수출 전
망이 보이자 일본에 대한 지방 농산물, 특히 흰콩 등의 수출이 급증하
고 또한 지방 농민의 경기가 호전됨에 따라 일본으로부터의 수입 무역
이 현저히 활기를 띠게 되었다"[53]라고 하듯이 일본과의 무역 신장이 그
이유였다.

수입품목별로 이를 검토하면 면제품 중 일부는 훈춘을 거쳐 다시 러
시아로 재수출되었는데 러시아에서의 '사라사(更紗: 목면 염직공예품-
번역자주)' 생산이 끊기자 일본 제품이 이를 보충한 것이었다. 또 성냥
역시 훈춘을 거쳐 러시아로 재수출되고 있었다. 석유는 제1차 세계대전
의 영향으로 미국산 수입이 감소했기 때문에 일본산 석유가 이를 메우

---

50) 石川亮太, 「1910年代滿洲における朝鮮銀行券の流通と地域経済」, 『社会経済史学』
    68巻2号, 2002; 石川亮太, 『近代東アジア市場と朝鮮』, 名古屋大学出版会, 2016.
51) 『滿洲事情第二輯』, 242~244쪽; 「大正三年九月六日, 在琿春副領事北条太洋発信外務
    大臣加藤高明宛電報・欧州戦乱影響ニ関スル件」, 外務省記録, 『欧州戦争ノ経済貿
    易ニ及ホス影響報告雑件・経済関係報告第一巻』
52) 朝鮮軍司令部, 『琿春県概況』, 1918, 163쪽.
53) 『滿洲事情第二輯』, 242쪽.

려고 수입되었지만 품질에 문제가 있었다고 한다. 그 외에는 일본산 궐
련이 상당부분을 차지했다. [54]

수출품은 곡류, 목재, 콩, 가공품 등 특산물 수출과 외국 수입품의 재
수출인데, 전반적으로 지방 농산물이 풍작인 데다 러시아에 대한 식료
품 수출 급증, 일본의 콩 시세 호황이 영향을 미쳤다.[55]

<표 6> 1910~20년대 전반 훈춘 무역추이(수입)

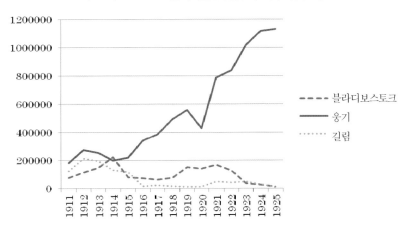

* 출처: 朝鮮銀行調査局, 『琿春地方ニ於ケル經濟狀況』, 1918; 在間島日本總領事館琿
春分館, 『大正十年琿春貿易年報』・『大正十一年琿春貿易年報』, 外務省記錄, 『各国
貿易狀況雑纂・琿春ノ部』; 満鉄東亜經濟調査局, 『東部吉林省經濟事情』, 1928에서
작성.
* 단위: 해관량(海關兩)

---

54) 『満洲事情第二輯』, 248~249쪽.
55) 『満洲事情第二輯』, 249쪽.

〈표 7〉 1910∼20년대 전반 훈춘 무역추이(수출)

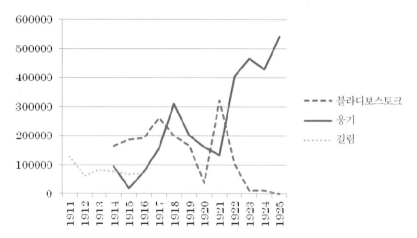

* 출처: 〈표 6〉과 같음.

V. 1920년대 전반 훈춘무역과 일본인사회

1. 1920년대 전반 훈춘 일본인사회

1924년 시점에서 훈춘 거주 일본인 인구를 보면 훈춘현의 상부지는 137호, 남성 194명, 여성 157명, 총 351명으로 경신참변 이전에 비해 2배 이상 늘어났다. 또한 상부지 이외에도 22호, 남성 24명, 여성 18명, 총 42명으로 거주하여 생활지역이 확대되었다.[56] 취업인구가 많은 직업을 보면, 관리와 공무원이 압도적 다수를 차지했다. 상부지 밖의 일본인 거주자는 영사관 관계자였다. 다음으로 회사원·은행원 등 출장자, 그

---

56) 在間島日本総領事館琿春分館, 「琿春地方事情」, 1925, 外務省記録, 『各国事情関係雑纂・支那ノ部・吉林省第一巻』.

밖에 목수, 목재 · 석재업과 예기 · 작부 등이 있었다.

〈표 8〉 1924년 훈춘 거주 일본인 직업표

직업	상부지 내				상부지 외			
	취업자		가족		취업자		가족	
	남성	여성	남성	여성	남성	여성	남성	여성
공무원	78		14	63	19		3	11
회사원	31		2	3				
목석재	5		1	4				
목공	8		2	3				
접대업		14						

* 출처: 在間島日本総領事館琿春分館,『琿春地方事情』, 1925, 外務省記録『各国事情 関係雑纂 · 支那ノ部吉林省第一巻』

〈표 9〉 1920년대 전반 훈춘 거주 유력 일본인 명부

성명	회사	업종	출신지
스기우라	스기우라양행	무역상	아이치
요시다	후쿠오양행	무역상	교토
히코사카	히코사카상점	잡화상	아이치
야마시타	대륙목재회사	목재상	오사카
시바타	시바타상점	목재상	후쿠이
야마다	청진목재회사	목재상	히로시마
미야모토	미야모토상점	목재상	히로시마
나구라	나구라상점	목재상	아이치
후지사와	구라모토상점	잡화상	가가와
마쓰오카	마쓰오카상점	된장, 간장 양조업	나라
미야케	미야케상점	과자제조업	오카야마
오치이와	아사히상점	일본옷 상점	히로시마
세토구치	세토구치상점	목재상	사가
가도히로	훈화상점	목재상	히로시마

* 출처: 〈표 8〉과 같음.

또 훈춘 일본인사회의 유력자는 〈표 9〉와 같다. 훈춘 거주 일본인의 출신지를 살펴보면 히로시마(廣島) 38명, 아이치(愛知) 31명, 나가사키(長崎) 21명, 구마모토(熊本)·가고시마 각 25명이다. 유력 인사 대부분은 '훈춘 목재'를 다루는 목재상인 점에 주목해야 한다. 훈춘 일본인회에서는 훈융우체국 신설 및 훈융-훈춘 간 중요우편물(환전공용 우편물)의 체송(遞送)·취급을 시작했다. 그리고 새로이 히가시혼간지(東本願寺) 포교사에 의해 일본인 소학교도 개설되었다.

2. 1920년대 전반 훈춘 무역과 배일운동

1) 1920년대 전반의 훈춘 무역

1921년의 훈춘 무역총액은 146만 1,095해관량(海關兩)으로, "훈춘 지나(支那)해관 개설 이래 미증유의 최고기록"이었다. 그중 한반도 경유 무역액은 92만 1,775량으로 전체 무역액의 63%를 차지하였다. 같은 해 웅기항이 개항되면서 이 중 72%는 웅기 경유의 일본산 일용품으로 "일본 상권이 거의 확립"된 상황이 되었다.[57]

1922년은 전년에 비해 무역총액이 증가하였으나 봄에는 봉직(奉直) 전쟁 발발에 따른 계엄령 선포로 인해 상황(商況)이 전반적으로 침체되었다. 여름에는 두도구(頭道溝) 마적 습격 사건으로 민심의 동요가 거의 극에 달했다. 가을에는 소비에트연방의 성립에 따른 정치적 혼란으로 대러 무역이 "일대좌절"되는 여러 요인으로 인해 결과적으로 웅기 경유 무역액수는 수출입 모두 "공전의 활황(活況)"을 보이며 전체 무역액의 89%를 차지하기에 이르렀다. [58]

---

[57] 在間島日本総領事館琿春分館, 「大正十年琿春貿易年報」, 外務省記録, 『各国貿易状況雑纂·琿春ノ部』.

1923년은 "해당 지방(블라디보스토크 - 인용자주)의 불령선인 발호가
극심하여 본 지방과의 왕래가 위험에 빠져 화물 운수가 불가능해지고
해당 지방과의 거래는 두절, 길림계 내지 무역은 마치 화물 폭주기(輻
輳期)에 산간 도로에는 마적이 늘 횡행하기 때문에 동 지방과의 거래도
자연 휴지(休止)",59) 봉직전쟁 발발은 또 "(길림관첩 - 인용자주) 남발
때문에 시세의 급락은 거의 멈출 길이 없는 등의 사정이며, 상가(商家)
는 금융핍박으로 인해 대부분 자금을 회수하고 잠시 쉬어가는 상태로
활발한 거래도 이루어지지 않는 상태"60) 등 전반적 불황에 휩싸였다.
그러나 그중에서도 "간도 훈춘 지방의 밀 흉작으로 인해 기존 간도 지
방에서 공급받는 토제 맥분(土製麥粉)의 이입 두절을 예측하여 웅기를
경유하여 입하하는 일본 및 미국산 맥분은 비정상적인 금액"에 달했다.
농산물은 "4월 이후 대러 거래의 좌절로 인해 대부분 일본으로 가서 대
일 수출액의 급증을 초래함에 따라 수입 일본품의 증가를 더욱 촉진하
고 이에 웅기 경유 수출입 무역은 미증유의 일대 성황"61)을 이루었다.
　1924년에는 국경지방 러시아 관헌은 순라병(巡邏兵)을 파견하여 국
경을 순찰 감시하고 입국자의 단속을 엄격히 하였다. 만약 국경을 출입
하는 밀수꾼 등을 발견한 경우에는 화물 몰수 후 이를 엄벌에 처하고,
심지어 입경자를 중국·일본관헌의 밀정으로 오인하여 체포 감금하고
신체에 위해를 가한 사례가 한두 번에 그치지 않는 상태가 되어 러시아

58) 在間島日本総領事館琿春分館,「大正十一年琿春貿易年報」,『各国貿易状況雑纂·琿春ノ部』.
59) 在間島日本総領事館琿春分館,「大正十二年琿春貿易年報」,『各国貿易状況雑纂·琿春ノ部』.
60) 「大正十二年六月二十七日, 在琿春副領事佐藤今朝成発信外務大臣内田康哉宛電報, 琿春市況報告ノ件」, 外務省記録,『商況報告雑件·支那ノ部第二巻』.
61) 在間島日本総領事館琿春分館,「大正十二年琿春貿易年報」,『各国貿易状況雑纂·琿春ノ部』.

방면과의 무역은 계속 위축되고 있었다. 길림계 경유 무역은 여전히 마적으로 인한 치안 불안으로 화물 운수가 거의 두절 상태였다. 농산물은 결빙 중에 한창 수출돼 품귀현상을 빚고 있고 매점매석으로 인해 시세가 상승하고 가격 급등을 초래하였기에 훈춘현 방곡령이 포고되면서 콩과 흰콩을 제외한 곡물 수출이 급감했다. 이런 가운데 "웅기 계통에 속하는 일본으로부터의 수입 무역은 계속 활황을 보이고 그중 맥분 및 술지게미 수입은 현저한 급증"했다. [62]

1925년 상반기에는 한인·중국인 농민 중에서 기아에 허덕이는 자마저 다수 발생하는 데 이르렀다. 중국 및 일본 당국의 각종 구제 자금 상당액을 빌려 보아도 제반 경제를 어떻게 할 수가 없었다. 민중들의 음식이 결핍되고 곡식가격이 폭등하여 3, 4월경부터 한반도 및 간도의 오지에서 노령으로 향하는 한인의 대이주가 일어났으며 한때 러시아와 중국 국경에 이주민들이 운집하였는데 그들이 가져오는 술지게미, 면사포, 식료품 등 밀무역이 되는 것은 해관 통계 이외에 더욱 놀랄만한 수치가 되었다. 여름철이 되어 농작물의 풍작이 예상되자 중국 화남, 북경, 천진 방면에서 들어오는 상인들이 투자하는 목재 매입 자금이 유입되어 사전 경기로 인해 연말 농가의 필수품을 예측 매입하는 자가 있었다. 또한 특산 콩, 팥, 보리, 조의 예매가 시작되었고, 방곡령도 해금되어 일본의 모지(門司), 시모노세키(下關), 우지나(宇品)로 수출되었다.[63]

이처럼 1920년대 초반에는 블라디보스토크 방면, 길림 방면 정치 정세의 불안, 치안 불안이 심각해질 정도로 훈춘 무역에서 웅기 경유 대일 무역이 활발해졌고 그 결과 일본 상권이 우세해지는 기형적인 현상

---

[62] 在間島日本総領事館琿春分館, 「大正十三年琿春貿易年報」, 『各国貿易状況雑纂·琿春ノ部』.

[63] 在間島日本総領事館琿春分館, 「大正十四年琿春貿易年報」, 『各国貿易状況雑纂·琿春ノ部』.

이 형성되었다. 이로 인해 조선군 참모부에서는 "대정 9년(1920년 – 번역자주) 훈춘사건 이후, 훈춘은 절대위험지역으로 사람들의 왕래가 적고 식민지적 관념은 한층 더 강해져 매사가 이기주의로 흐른다. 민회 혹은 일본인 발전책에 관해 실로 국가적 정신으로써 공헌하고자 하는 인사가 극히 드물다. 또한 감독 관청의 지도도 시대의 진운(進運)에 따르지 않는 것이 많은 듯하여 공공 단체적 사업이 전혀 활성화되지 않음이 유감이다"[64]라고 하며 훈춘 일본인사회의 "식민지적" 성격을 문제 삼았다.

2) 배일(排日)운동

1920년대 전반에는 '대화(對華) 21개조 요구'에 반대하는 일화배척운동이 계속되었다. 1922년부터는 '여대회수운동'이 발발하였다. 더구나 1923년 간토(關東)대지진 당시 학살당한 중국인 유학생 왕희천(王希天)이 길림 출신이어서 다음해 5월 '국치기념일'에는 길림 현지의 중국계 학교, 법정(法政)전문학교, 여자사범학교, 길림 제일사범학교 학생들로 구성된 길림학생회 등을 중심으로 격문 살포 등의 배일운동이 고양됐다.[65] 길림학생회에서는 격문 살포 외에 "도쿄지진에서 참사당한 왕희천의 기념비를 세우기 위한 기부금을 모집할 것, 국화(國貨)를 존중하고 일화 배척을 단행할 것"[66] 등을 결의했다. 성 의회와 각 학교, 일부

---

[64] 「大正十二年琿春事情」.

[65] 「大正十三年四月二十八日, 在吉林総領事代理深沢暹発信外務大臣松井慶四郎宛電報, 支那学生ノ旅大回収運動ニ関スル件」, 外務省記録, 『支那排日関係雑件第六巻』. 여대(旅大)회수운동이란, '21개조 요구' 폐지, 일본의 여순(旅順)과 대련(大連)의 조차권 기한 종료로 인한 중국으로의 반환, 일본의 이권 철폐 등을 위해 전개된 운동이다(번역자주).

[66] 「大正十三年七月十八日, 在吉林総領事代理深沢暹発信外務大臣幣原喜重郎宛電報, 在上海国民対日外交大会ノ激烈ナル排日通電ニ関スル件」, 『支那排日関係雑件第六巻』.

상점에서도 국기를 게양하며 학생들의 국치기념운동에 호응하는 움직임을 보였다.[67]

이런 가운데 1924년 5월 연변각지의 "공민 대표자"들은 길림성장 앞으로 「연훈화왕 4현 공민청원서(延琿和汪四県公民請願書)」를 제출했다. 그 내용은 다음과 같다.

> 연변(延邊) 각 현은 동쪽성의 목구멍(咽喉)으로 국방상의 중요지역이다. 일본인이 군침을 흘리고 경영한 지 오래되었고 경찰을 설치하여 우리 내정에 간섭하고 민회를 조직하여 우리 치안을 어지럽히고 구제회를 사설(私設)하여 몰래 우리 국토를 매수하는 등의 침략 정책은 모두 우리 연변을 망하게 할 계략이니…… 한(韓)의 망함은 전거가감(前車可鑑: 반면교사와 유사한 뜻－번역자주)이니 여순과 대련을 잃는다면 후회가 막심하리라… (1) 구제회 취소, (2) 일본 경찰 철수, (3) 거류민회 단속, (4) 주둔군의 군비 증가. 이상의 몇몇 항목은 일본인의 연변 침략의 각 절(節)에 관한 것으로 누차 연길 도윤(道尹)에서 최대한 교섭해도 일인은 항상 겉으로는 승낙하고 뒤로는 다르게 이행한다…우리 동3성의 힘으로 그들과 힘써 싸워 원만한 결과를 얻을 수 있기를. 만약 그렇지 않으면 제2의 망한(亡韓) 상태에 이르리라.[68]

이에 1925년 상해(上海) 5·30사건을 거치고, 1926년에는 훈춘 상회장 왕지초(王志超)가 다음과 같은 연설을 하였다.

> 왕년에 이토 히로부미를 죽인 안중근과 같은 이들은 우리들의 은인으로 만약 안중근이 없었다면 지나는 수년 전에 일본의 영토가 되었을 것이기에

---

67) 「大正十三年五月十六日, 在吉林総領事代理深沢暹発信外務大臣松井慶四郎宛電報, 吉林ニ於ケル国恥紀念日ノ状況ニ関スル件」, 『支那排日関係雑件第六巻』.

68) 「大正十三年六月一日, 在琿春副領事田中正一発信外務大臣松井慶四郎宛電報, 排日請願ニ関スル件」, 『支那排日関係雑件第六巻』.

앞으로는 아무쪼록 이러한 선인을 적절히 보호해야 한다.[69]

위 사료에서 볼 수 있듯이 1920년대 전반의 연변 상황을 "제2의 망한"
으로 한반도의 식민지배에 겹쳐 생각하며 안중근을 "우리들의 은인"이
라고 하고 "이러한 선인을 적절히 보호해야 한다"고 논하고 있다. 안중
근과 단지동맹을 맺은 황병길의 독립정신이 그의 사후에도 안중근에
대한 추도라는 형태로 훈춘 사회에 뿌리내렸음을 알 수 있다.

VI. 맺음말

이상의 논의를 요약하면 다음과 같다.

첫째, 훈춘 일본인 사회는 러일전쟁 이후 몇 명의 일본인 '작부' 여성
에서 출발했다. 현지 일본영사관 설립 이후에는 페스트 방역과 3·13운
동, 5·4운동 등 반일운동이 고양될 때에는 영사관 통제 아래 재향군인
을 중심으로 자위단을 조직해 대응했다. 훈춘 일본인사회는 영업통제
나 공중위생문제를 통해 일본영사관 통제하에 있었고, 아울러 주변 중
국인사회나 한국독립운동으로부터 항상 안전을 위협받는 사회였다.
그렇기 때문에 일본국가권력에 크게 의존하고 있었다. 훈춘사건으로
일본인 부녀자를 포함한 인적·물적 피해가 발생했기 때문에 훈춘 일
본인회에서는 일본 정부에게 계속 손해배상을 요구했지만 중국과의 외
교 교섭은 난항을 겪었다

---

69)「大正十五年十一月一日, 在琿春分館主任田中作発信外務大臣幣原喜重郎宛電報, 本
邦高官名士ノ来琿ニ関シ琿春商会長ノ為シタル排日ノ演説ニ関スル件」, 外務省記録,
『支那排日関係雑件第八巻』.

둘째, 1910년대 일본상권이 확대됨에 따라 간도와 한반도 북부 지역 사이의 사회경제적 관계는 긴밀해졌다. 이러한 간도 무역의 변용 속에서 훈춘 무역은 상대적으로 낙오되었다. 이에 훈춘 무역은 러시아혁명과 시베리아 출병, 웅기항 개항, 봉직전쟁 발발과 치안불안과 같은 여러 요인들을 배경으로 웅기를 통한 일본과의 유대관계를 강화하였다.

셋째, 훈춘사건을 거치면서 훈춘을 위험시하는 시각이 일본인들 사이에 자리 잡았고 훈춘 일본인사회에는 "식민지적 관념"이 강해 정상적인 사회 발전을 이뤄낼 수 없었다. 한편 1920년대 초반에 들어서자 간도지역에서도 배일운동이 활발해지면서 안중근과 황병길을 비롯한 한국독립운동을 현창하는 시각이 훈춘 사회에 뿌리내렸다.

참고문헌

1. 일본국회도서관 소장 사료

満鉄総務部調査課, 『吉林省其1(吉会線関係地方)』, 1919.

満鉄東亜経済調査局, 『東部吉林省経済事情』, 1928.

外務省通商局, 『在支那本邦人進勢概覧』, 1915・1919.

外務省通商局, 『満洲事情 第二輯』, 1920.

朝鮮銀行調査局, 『琿春地方ニ於ケル経済状況』, 1918.

咸鏡北道地方課編, 『咸北要覧』, 1924. (1926年改訂5版)

2. 아시아역사자료센터 제공 사료

『支那人日本品ボイコット一件・日支交渉前後第五巻』

『満洲ニ於ケルペスト病勢及予防措置報告第一巻』

『各国内政関係雑纂・支那ノ部第十三巻』

『各国事情関係雑纂・支那ノ部吉林省第一巻』

『各国事情関係雑纂・支那ノ部・間島』

『支那ニ於テ日本商品同盟排斥一件第四巻』

『琿春ニ於ケル朝鮮人暴動一件・発端及経過情報ノ部第一巻』

『琿春ニ於ケル朝鮮人暴動一件・在留民請願及決議ノ部』

『琿春ニ於ケル朝鮮人暴動一件・本邦側被害ノ部・被害申告書第一巻』

『欧州戦争ノ経済貿易ニ及ホス影響報告雑件・経済関係報告第一巻』

『各国貿易状況雑纂・琿春ノ部』

『商況報告雑纂・支那ノ部第二巻』

『支那排日関係雑件第六巻』

『支那排日関係雑件第八巻』

『間島総領事館報告書』

外務省通商局, 『領事館令集』, 1916.

外務省, 『第四十五議会説明資料 亜細亜局第三課管掌事項』

朝鮮軍司令部, 『琿春県概況』, 1918.

陸軍省, 『自大正十二年至大正十三年朝鮮軍参謀部発朝特報二関スル綴』

3. 기타 간행 사료

『外務省警察史』 19・20・21, 不二出版復刻版, 1998.

金正柱 編, 『朝鮮統治史料』 2, 韓国史料研究所, 1970.

国家報勲処, 『間島事件関係書類(Ⅰ・Ⅱ)』, 2003.

金正明 編, 『朝鮮独立運動Ⅲ』, 原書房, 1967.

4. 단행본

김동화, 『中国朝鮮族独立運動史』, 느티나무, 1991.

김소진, 『韓国独立宣言書研究』, 국학자료원, 1999.

최석승, 『훈춘조선족이민사』, 연변교육출판사, 2015.

李盛煥, 『近代東アジアの政治力学』, 錦正社, 1991.

柳沢遊, 『日本人の植民地体験』, 青木書店, 1999.

芳井研一, 『環日本海地域社会の変容』, 青木書店, 2000.

塚瀬進, 『満洲の日本人』, 吉川弘文館, 2004.

麻田雅文, 『シベリア出兵』, 中公新書, 2016.

石川亮太, 『近代東アジア市場と朝鮮』, 名古屋大学出版会, 2016.

ゾーヤ・モルグン(藤本和貴夫訳), 『ウラジオストク 日本人居留民の歴史1860~1937
        年』, 東京堂出版, 2016.

5. 논문

김주용, 「일제의 대간도금융짐략정책과 한인의 저항운동」, 동국대 박사학위눈문,
        2000.

김주용, 「황병길의 생애와 동립운동」, 『한국독립운동사연구』 37, 2010.

김태국, 「청산리전쟁 후 북간도지역 일본영사관의 동향과 그 성격」, 『한국사연구』
        111, 2000.

우영란, 「일제 시기 '간도'와 조선무역에서의 관세문제」, 『한국민족운동사연구』 28,

2001.

尹　煜, 「二等國民擡頭下'의 琿春」, 『東洋史學연구』 136, 2016.

황민호, 「청산리전투에 관한 연구성과와 과제」, 『한국민족운동사연구』 105, 2020.

许寿童, 「关于间岛惨变研究与纪念问题」, 『만주연구』 10, 2010.

井上学, 「日本帝国主義と間島問題」, 『朝鮮史研究会論文集』 10, 朝鮮史研究会, 1973.

佐々木春隆, 「『琿春事件』考(上・中・下)」, 『防衛大学校紀要 人文・社会科学編』 39・40・41, 1979・1980.

東尾和子, 「琿春事件と間島出兵」, 『朝鮮史研究会論文集』 14, 朝鮮史研究会, 1977.

金静美, 「朝鮮独立運動史における1920年10月」, 『朝鮮民族運動史研究』 3, 1986.

孫穎, 「『琿春事件』の事後処理について : 間島における朝鮮墾民を中心として(1920~1923)」, 『法政大学大学院紀要』 69, 2012.

楊圓, 「偽満洲国首都『新京』の日本人社会の形成に関する研究」, 『文化共生学研究』 14, 岡山大学大学院社会文化科学研究科, 2015.

石川亮太, 「1910年代満洲における朝鮮銀行券の流通と地域経済」, 『社会経済史学』 68-2, 2002.

논문출처

본 학술연구총서 제2집에 수록된 논문들은 독립기념관이 2020년 개최한 〈1920년 독립전쟁의 재조명〉(2020.07.09)과 〈1920년대 항일무장투쟁과 중국 동북지역 사회〉(2020.11.26) 학술심포지엄의 결과물을 수정·보완한 것입니다.

■ 1910년대 만주·연해주지역 의병세력과 독립운동

　심철기, 「1910년대 만주·연해주지역 의병세력과 독립운동」, 『사림』 76, 2021.

■ 1920년의 임시정부 독립전쟁론과 북간도지역 독립군

　신주백, 「1920년의 임시정부 독립전쟁론과 북간도지역 독립군」, 『한국민족운동사연구』 106, 2021.

■ 「봉오동부근전투상보」를 통해 본 봉오동전투

　이상훈, 「「봉오동부근전투상보」를 통해 본 봉오동 전투」, 『한국독립운동사연구』 72, 2020.

■ 청산리 전역시 일본군의 군사체계와 독립군의 대응

　신효승, 「청산리 전역시 일본군의 군사체계와 독립군의 대응」, 『학림』 37, 2016.

- ■ 『간도출병사』를 통해 본 1920년 강안수비대의 활동

  김연옥,「『간도출병사』를 통해 본 1920년 강안(江岸)수비대의 활동」,
  『한국독립운동사연구』 72, 2020.

- ■ 봉오동·청산리전투 전후의 간도 조선인 사회 : 일본의 지역조사자료를 중심으로

  조정우,「지역조사와 식민지의 경계지대-1919년 전후 동척과 조선
  은행의 간도조사-」,『만주연구』 26, 2018.

- ■ 1920년 제국주의 일본군의 간도침략과 한인 대학살 : 통제와 은폐

  김주용,「1920년 제국주의 일본군의 간도침략과 한인 대학살-통제
  와 은폐-」,『만주연구』 31, 2021.

- ■ 훈춘 일본인사회와 훈춘사건

  다나카 류이치,「훈춘 일본인사회와 훈춘사건」,『만주연구』 31, 2021.

❚ 필자 소개 ❚

신주백 ❘ 독립기념관 한국독립운동사연구소 소장

김연옥 ❘ 육군사관학교 군사학과 교수

김주용 ❘ 원광대학교 한중관계연구원 HK교수

다나카 류이치 ❘ 중국 연변대학 외국어학원 외국인교원

신효승 ❘ 동북아역사재단 연구위원

심철기 ❘ 근현대사기념관 학예실장

이상훈 ❘ 육군사관학교 군사사학과 교수

조정우 ❘ 경남대학교 사회학과 교수